在海南建设自由贸易港，是党中央着眼于国内国际两个大局、为推动中国特色社会主义创新发展作出的一个重大战略决策，是我国新时代改革开放进程中的一件大事。要坚持党的领导，坚持中国特色社会主义制度，对接国际高水平经贸规则，促进生产要素自由便利流动，高质量高标准建设自由贸易港。要把制度集成创新摆在突出位置，解放思想、大胆创新，成熟一项推出一项，行稳致远，久久为功。

海南省要认真贯彻党中央决策部署，把准方向、敢于担当、主动作为，抓紧落实政策早期安排，以钉钉子精神夯实自由贸易港建设基础。中央和国家有关部门要从大局出发，支持海南大胆改革创新，推动海南自由贸易港建设不断取得新成效。

——习近平总书记对海南自由贸易港建设作出的
重要指示（据新华社北京 2020 年 6 月 1 日电）

为什么是

海南

——海南自由贸易港十讲

钟业昌 著

人民出版社

目　录

C O N T E N T S

我国新时代改革开放进程中的一件大事

2020 年 5 月 28 日，习近平总书记对海南自由贸易港建设作出重要指示指出，在海南建设自由贸易港，是党中央着眼于国内国际两个大局、为推动中国特色社会主义创新发展作出的一个重大战略决策，是我国新时代改革开放进程中的一件大事。这个重要论述，深刻阐明了在海南建设自由贸易港这一我国改革开放重大举措出台的时代背景与重大意义，为海南自由贸易港建设定舵引航。

党中央作出的重大战略决策

2018 年 4 月，习近平总书记在庆祝海南建省办经济特区 30 周年大会上的重要讲话中郑重宣布："党中央决定支持海南全岛建设自由贸易试验区，支持海南逐步探索、稳步推进中国特色自由贸易港建设，分步骤、分阶段建立自由贸易港政策和制度体系。这是党中央着眼于国际国内发展大局，深入研究、统筹考虑、科学谋划作出的重大决策，是彰显我国扩大对外开放、积极推动经济全球化决心的重大举措。"

改革开放 40 多年来，我们坚持统筹国内国际两个大局，坚持对外开放的基本国策，实行积极主动的开放政策，形成全方位、多层次、宽领域的全面开放新格局，为我国创造了良好国际环境、开拓了广阔发展空间。在新时代，党中央又统筹国内国际两个大局，适应经济全球化新形势，支持海南全面深化改革开放，探索建立开放型经济新体制，推动海南成为新时代全面深化改革开放的新标杆，形成更高层次改革开放新格局。正是对应这样一种重大战略决策，习近平总书记发出"海南全面深化改革开放是国家的重大战略，必须举全国之力、聚四方之才"的号召。随着《海南自由贸易港建设总体方案》（以下简称《总体方案》）的发布实施，高质量高标准建设海南自由贸易港按下"快进键"，我国新时代全面深化改革开放拉开了新的序幕。

在海南建设自由贸易港具有重大战略意义

关于海南全面深化改革开放的重大意义，2018 年发布的《中共中央　国务院关于支持海南全面深化改革开放的指导意见》（以下简称中央 12 号文件）用"三个有利于"来概括："支持海南全面深化改革开放有利于探索可复制可推广的经验，压茬拓展改革广度和深度，完善和发展中国特色社会主义制度；有利于我国主动参与和推动经济全球化进程，发展更高层次的开放型经济，加快推动形成全面开放新格局；有利于推动海南加快实现社会主义现代化，打造成新时代中国特色社会主义新亮点，彰显中国特色社会主义制度优越性，增强中华民族的凝聚力和向心力。"这是从宏观层面、战略高度来阐述新时代支持海南全面深化改革开放的重大意义。

今天，世界正在经历新一轮的大发展大变革大调整，保护主义、单边主义抬头，经济全球化遭遇更大的逆风和回头浪。减免关税、取消壁垒、畅通贸易，成为提振世界经济复苏士气的时代要求。放眼国内，中国特色社会主义进入新时代，我们拥有一亿多市场主体和包括四亿多中等收入群体在内的 14 亿多人口所形成的超大规模内需市场，以国内大循环为主体、国内国际双循环相互促进的新发展格局正在逐步形成。在这样的时代大格局下出台的《总体方案》，致力于将海南自由贸易港打造成为引领我国新时代对外开放的鲜明旗帜和重要开放门户，打造成为我国深度融入全球经济体系的前沿地带，意义十分重大。

　　《总体方案》指出："在海南建设自由贸易港，是推进高水平开放，建立开放型经济新体制的根本要求；是深化市场化改革，打造法治化、国际化、便利化营商环境的迫切需要；是贯彻新发展理念，推动高质量发展，建设现代化经济体系的战略选择；是支持经济全球化，构建人类命运共同体的实际行动。"它从高水平开放、市场化改革、高质量发展和经济全球化四个维度，从"根本要求""迫切需要""战略选择"和"实际行动"的思想高度，全新定义了建设海南自由贸易港的重大战略意义。就支持经济全球化、构建人类命运共同体的实际行动而言，在海南建设自由贸易港，开放范围之大、幅度之广、标准之高、预期之好前所未有。这兑现了"中国开放的大门只会越开越大"的庄重承诺，也必将进一步提振经济全球化的信心，为维护全球自由贸易、完善全球治理体系、加快世界经济复苏注入新的动能。在新冠肺炎疫情全球蔓延的影响下，全球贸易投资极度低迷，市场信心萎靡不振，全球产业链、供应链出现断裂，世界经济陷入了衰退的境地。与此同时，经济全球化面临更严峻的挑战，一些国家推动产业链本地化回迁，贸易投资单边主义、保护主义盛行。中国正式发布《总体方案》，并宣示高质量高标准建设海南自由贸易港，进一步支持了经济全球化，并将有力推动构建人类命运共同体。

新时代海南对外开放"总蓝图"

《总体方案》是将海南自由贸易港打造成为引领我国新时代对外开放鲜明旗帜、重要门户和前沿地带的总体构想，是海南对外开放的"总蓝图"。

第一，它鲜明指出海南自由贸易港建设的未来方向。建设海南自由贸易港，客观上要求对标国际高水平经贸规则，聚焦贸易投资自由化便利化，建立与高水平自由贸易港相适应的政策制度体系，建设具有国际竞争力和影响力的海关监管特殊区域。为适应这样的要求，《总体方案》提出了借鉴国际经验、体现中国特色、符合海南定位、突出改革创新、坚持底线思维五项原则，确立了海南自由贸易港建设的"总遵循"，确保海南自由贸易港建设方向正确、行稳致远。

第二，它科学确立海南自由贸易港建设的发展目标。《总体方案》确立了到 2025 年、到 2035 年、到本世纪中叶的分"三步走"的全面建成具有较强国际影响力的高水平自由贸易港的发展目标。确立这样的发展目标，符合自由贸易港发展的一般规律。第二次世界大战以后，世界自由港、自由贸易区蓬勃发展起来。中国香港、新加坡被世界公认为具有较好投资环境的自由港，而今世界上比较著名的自由港名单又加上了阿联酋迪拜港自由港区。这些世界闻名的自由贸易港的发展有一条重要经验，就是自由贸易港需要有大流量的经济活动支撑，这是经过几十年甚至上百年的发展与积累才能实现的。因此，党中央决定用 30 年时间把海南自由贸易港全面建成具有较强国际影响力的高水平自由贸易港，这是积极进取的目标。通过稳扎稳打、步步为营，科学统筹安排好开放节奏和进度，这样的目标是完全可以实现的，也符合海南发展的实际。这就要求在发展目标设计和推进步骤安排上，必须讲究久久为功、行稳致远，既"慢不得"，也"急不得"。

第三，它系统设计海南自由贸易港建设的政策制度体系。《总体方案》

遵循重点、支撑、保障、底线四大自由贸易港政策制度体系设计的思路，作出"五个自由便利＋一个安全有序流动"的政策制度安排，这是当前海南自由贸易港最重要的政策制度。这些政策制度内容丰富、体系完整、指向有力，对于贯彻落实习近平总书记关于"要把制度集成创新摆在突出位置，解放思想、大胆创新，成熟一项推出一项，行稳致远，久久为功"的重要指示精神，必将起到很好的指导作用。同时，对于发挥海南岛全岛试点的整体优势，加强改革系统集成，力争取得更多制度创新成果，彰显全面深化改革和扩大开放试验田作用，也将产生广泛而深远的影响。

第四，它精确安排分步骤、分阶段建设海南自由贸易港的重点任务。根据全面建成具有较强国际影响力的高水平自由贸易港的分"三步走"发展目标，《总体方案》部署了海南自由贸易港建设分步骤、分阶段安排的重点任务。一是 2025 年前重点任务，即围绕贸易投资自由化便利化，在有效监管基础上，有序推进开放进程，推动各类要素便捷高效流动，形成早期收获，适时启动全岛封关运作。二是 2035 年前重点任务，即进一步优化完善开放政策和相关制度安排，全面实现贸易自由便利、投资自由便利、跨境资金流动自由便利、人员进出自由便利、运输往来自由便利和数据安全有序流动，推进建设高水平自由贸易港。其中，又有七项具体任务。三是在完成这两步骤、两阶段重点任务，推进建设高水平自由贸易港取得显著成就的基础上，接下来的任务是朝着到本世纪中叶全面建成具有较强国际影响力的高水平自由贸易港的目标奋进。

第五，它强力部署海南自由贸易港建设的组织实施。2018 年中央 12 号文件明确要求："建立健全'中央统筹、部门支持、省抓落实'的工作机制，坚定自觉地把党中央、国务院的决策部署落到实处。"在这种工作机制强力发挥作用下，近年来，海南得以高标准高质量建设自由贸易试验区，并取得显著成绩，为如期出台《总体方案》创造了有利条件。如今，这一《总体方案》又从加强党的全面领导、健全实施机制、稳步推进政策落地三个方面提出了具体措施。其中，有两项工作是最新安排。一是确定推进海南全面深化改革开放领导小组办公室牵头成立指导海南推进自由贸易港建设工作小组，由国家发展改革委、财政部、商务部、中国人民银行、海关总署等部门分别派出干部驻海南实地指导开展自由贸易港建设工作，有关情况及时上报领导小组。二是确定国务院发展研究中心组织对海南自由贸易港建设开展全过程评估，牵头设立专家咨询委员会，为海南自由贸易港建设建言献策。海南自由贸易港将被打造成为我国深度融入全球经济体系的前沿地带，而指导海南推进自由贸易港建设工作小组派驻海南实地指导开展自由贸易港建设工作，使这个"前沿地带"有了"前指"，并能及时有力地指导自由贸易港建设的有力有序推进。由国务院发展研究中心组织对海南自由贸易港建设开展全过程评估，将有利于对海南自由贸易港建设全过程的动态把握，时刻校准航行方向。可以预见，这些"硬核"举措的落地，必将保证海南自由贸易港这艘"巨轮"乘风破浪、勇往直前。

蓝图已经绘就，奋进正当其时。在抓住千载难逢的历史机遇中，海南的广大干部群众要认真贯彻落实党中央决策部署和习近平总书记的指示批示精神，以"功成不必在我"的精神境界和"功成必定有我"的历史担当，以钉钉子精神夯实自由贸易港建设基础，切实把海南自由贸易港建设的宏伟"总蓝图"变成中华民族伟大复兴的美好"实景图"。

| 第 一 讲 |
海南建设自由贸易港的时代背景

2018 年 4 月 13 日，习近平总书记在庆祝海南建省办经济特区 30 周年大会上郑重宣布，支持海南全岛建设自由贸易试验区，支持海南逐步探索、稳步推进中国特色自由贸易港建设，分步骤、分阶段建立自由贸易港政策和制度体系。2020 年 6 月 1 日，中共中央、国务院印发《海南自由贸易港建设总体方案》（以下简称《总体方案》），这是将海南自由贸易港打造成为引领我国新时代对外开放的鲜明旗帜、重要门户和前沿地带的"总蓝图"。它的正式发布，标志着中国特色自由贸易港建设进入全面实施阶段，我国新时代全面深化改革开放拉开史诗般的历史序幕。

（一）海南是我国最大的经济特区

《总体方案》开宗明义：

海南是我国最大的经济特区，具有实施全面深化改革和试验最高水平开放政策的独特优势。支持海南逐步探索、稳步推进中国特色自由贸易港建设，分步骤、分阶段建立自由贸易港政策和制度体系，是习近平总书记亲自谋划、亲自部署、亲自推动的改革开放重大举措，是党中央着眼国内国际两个大局，深入研究、统筹考虑、科学谋划作出的战略决策。

这段重要论述精辟阐述了党中央决定在海南建设自由贸易港的重大时代背景，表明海南自由贸易港建设在党和国家工作全局中处于十分重要的位置。

"海南是我国最大的经济特区"，《总体方案》的这个重要宣示既充分肯定党和国家为推进改革开放和社会主义现代化建设而创办经济特区的历史功绩，也郑重表明在中国特色社会主义进入新时代，经济特区不仅要继续办下去，而且要办得更好、办出水平的坚定信心。

1."海南省因改革开放而生，也因改革开放而兴"

"海南省因改革开放而生，也因改革开放而兴"，这句话是对海南发展历程的鲜明定位，生动传神，意味深长。它从 2018 年 4 月 13 日庆祝海南建省办经济特区 30 周年大会之后，广泛流行起来。

但是，这句话最早公开见诸 2017 年 6 月 28 日举行的海南综合招商活动部分院士、专家和知名企业家座谈上。当时海南省委主要负责人在座谈会上说，海南因改革开放而生、因改革开放而兴，2018 年即将迎来海南建省办特区 30 周年，不久前胜利闭幕的海南省第七次党代会，以习近平总书记 2013 年视察时提出的"加快建设美好新海南"为主题，谋划了海南未来五年的发展蓝图。

如今我们知道，在此之前，习近平总书记对海南呈报的《关于支持海南经济特区进一步深化改革开放的请示》作出重要批示，要求出台一份支持和引导海南全面深化改革开放的综合指导性文件。这份文件就是后来于 2018 年 4 月 14 日发布的《中共中央 国务院关于支持海南全面深化改革开放的指导意见》（以下简称中央 12 号文件），文件在阐述海南建省和兴办经济特区 30 年来的巨大变化时强调："海南省因改革开放而生，也因改革开放而兴。"

"海南省因改革开放而生，也因改革开放而兴"，这个提神提气的精辟概括和凝练表述，之所以引发社会的强烈共鸣，是因为它有着深厚的历史根源——当深圳、珠海还默默无闻的时候,"怎样开放海南"的时代之问就已经提出!

第一,由旅游事业而来的海南岛"对外开放"。1978 年 6 月 6 日,外交部、公安部、解放军总参谋部和国家旅行游览事业管理总局联合下发《关于增加对外开放城市的通知》,决定将海南岛(海口)列入 1979 年对外国自费旅行者开放的范围。这表明,"海外风光别一家"的海南岛的旅游价值一定程度上受到国家的重视。但是,由于当时海南岛交通不便、住宿条件差等,且这些问题在短期内无法解决,经广东省委研究,暂不同意开放海南岛(海口)。

客观地说,在当时作出这样的决定是有事实根据的。因为海南那时实在是太落后了,还缺乏接待外国旅行者的最基本条件。1980 年,香港富豪霍英东到海南考察,海南区党委主要领导亲自陪同他到海口、文昌、兴隆、三亚、通什等几个地方走了一圈。海南给霍英东的印象是:什么都没有,老百姓穷,又不卫生,稻谷放在公路上晒,牛在马路上走,基础设施差,水、电都不够。走了两天,除了累,他毫无所获。这次海南之行,霍英东还听了一个笑话:有不少游客在大东海一家酒店洗澡时,擦了满身香皂泡沫,突然间断了水,令他们非常狼狈。由此而倒推至七年前的 1978 年,海南接待海外游客的条件如何便可想而知了。但是,既然国家选择要"对外开放"海南岛,那么简单地暂停也不是积极的做法,不利于发展广东的旅游事业。

事情这就有了转机。在此两个月前,习仲勋南下主政广东(1978 年 4 月 6 日在广东省委四届一次全会上当选为广东省委第二书记,当年 12 月任第一书记)。习仲勋非常重视旅游事业发展,为加强对全省旅游工程建设的领导,他于 10 月 30 日主持召开省委常委会会议,决定成立广东省旅游工作领导小组,由省领导焦林义任组长,领导小组在广东省计委设办公室。

在此背景下,广东省革命委员会外事办公室从旅游事业发展前景考虑，特派人前往海南了解情况，并向海南区党委领导汇报请示。他们认为，海南岛具有发展旅游的特色——热带地区，尤其以崖县三亚更为显著。在冬季很适宜于外国旅行者在三亚的海滩游泳。此外，参观热带作物、游览风光和名胜，还可了解少数民族历史、文化和生活的发展变化。但从居住、交通和风景区的建设来看，接受旅游者条件尚未具备。因此，他们于当年 11 月 20 日向广东省革命委员会写了一份《关于对外开放海南岛的请示报告》，提出意见："明年暂不开放，进行一年的准备和建设工作，一九八〇年有控制的开放，加紧建设，争取一九八一年较全面的开放。"这个意见是积极的，按 1979 年暂不开放、1980 年有控制地开放、争取 1981 年较全面开放的"三步走"设想是科学的、符合海南实际的，甚至可以说不开放——有控制地开放——较全面地开放，这个递次开放的策略是"高招"！

实际的情况也是如此，以三亚的大东海游泳场为例，自 1981 年 1 月对外开放至 3 月 7 日，接待美国、日本、加拿大、菲律宾、罗马尼亚、西德、朝鲜、伊朗、泰国、澳大利亚等 10 个国家的旅游者 400 余人。

他们还提出，现在时间紧迫，要立即做好规划（如三亚镇附近各部门都在圈地建房，必须从速退出旅游区用地），选定重点，集中财力、物力搞好几个区域的宾馆和游览项目的建设。重点拟在三亚、海口、兴隆、那大、通什，按照 1978 年 9 月上报旅游总局投资帮助建设的规划中提出在海南建 1000 张床位的宾馆，拟安排三亚和海口各 400 张床位、兴隆和那大各 100 张床位；另加通什建外宾餐厅一座，三亚海滨泳场和天涯海角、南山八景、落笔洞、东山岭、松涛水库等风景区建设投资 200 万元。此外，他们建议省里也给海南拿出一些钱铺好环岛公路的柏油路面和修饰旅游沿途环境。并建议民航总局在 1980 年增加广州—海口三叉戟航班，开辟海口—三亚安 24 航班线。

由报告提出 1978 年 9 月计划在海南建 1000 张床位的宾馆，拟安排三亚和海口各 400 张床位、兴隆和那大各 100 张床位看，海南旅游业才刚刚准备起步。

当时也看到了海南岛具有发展旅游的特色——热带地区,尤其以三亚更为显著。在冬季很适宜于外国旅行者在三亚的海滩游泳。这也是即将进入新时期,发现三亚旅游价值之滥觞。直至1983年,国家开始确定在海南建设国际避寒度假旅游胜地。

"珠崖毕竟占春先。"这是在1978年的秋季之前,也就是说中央工作会议、党的十一届三中全会还没有召开之前,海南岛的对外开放,主要是向国外旅行者开放,作为一项具体的外事工作,已进入广东省的工作议事日程。这也是海南得风气之先的一个标志。

第二,海南开放"基因"根植于1978年的中央工作会议。1978年11月10日至12月15日,中央工作会议在北京召开。这次中央工作会议为接着于12月18日至22日召开的党的十一届三中全会,作了充分的准备。

在中央工作会议上,习仲勋作了题为《广东的建设如何大干快上》的工作汇报。在所汇报的四个问题中,就有一个"开发海南"问题。他指出:"海南岛的面积三万二千二百多平方公里,比台湾才少三千平方公里,人口不及台湾三分之一,自然条件比台湾要好,又是革命老根据地,但目前经济建设落后,市场紧张,群众生活贫困,这不能不值得我们深思。"这是从土地面积大小、人口数量多少、自然条件优劣和经济发展水平差异等方面,将海南和台湾直接进行联系比较,这对于国家把加快海南岛的开发建设摆上重要议事日程,对后来的海南建省办大特区,都起到思想认识上的重要铺垫作用和对实际工作中的重大推动作用。

习仲勋在"开发海南"的汇报中,还"建议国家把海南的开发作为重点,大力发展橡胶、剑麻等热带作物",并提出放手开发海南岛的思想,提出让华侨投资开发海南、引进先进设备和技术开发海南等具体设想,这已经体现实行对外开放政策的要求。这些设想,后来都贯彻到海南岛的开发建设过程中。

当1978年"国门"还未打开的时候,海南是国防前线、对敌斗争前沿，全岛还处于"加强防卫，巩固海南"的备战状态；处于贯彻"以粮为纲，全面发展"的方针而使热带、亚热带资源优势得不到充分发挥的开发状态；处于"宝岛，宝岛，就是吃不饱"的群众生产生活贫困的落后状态。就是在这样乍暖还寒的时刻，习仲勋在中央工作会议上为开发海南陈情，"深思"海南与台湾发展的差距，并建议国家把海南的开发作为重点，这是富有远见的。海南最终走出"闭岛锁区"状态，直至建省办大特区，"基因"就深植在 1978 年 11 月召开的中央工作会议上。

这次中央工作会议也飘出了"开放"的时代新讯息。为了开阔与会者的视野，借鉴有益的经验，会议期间向与会者印发了《苏联在二三十年代是怎样利用外国资金和技术发展经济的》《香港、新加坡、南朝鲜、台湾的经济是怎样迅速发展起来的》《罗马尼亚、南斯拉夫的经济为什么能高速发展》《战后日本、西德、法国经济是怎样迅速发展起来的》等四份材料。这些材料引起大家极大的兴趣。习仲勋等与会者从中开了眼界，也打开了思路。这对后来广东要求中央放权，让广东在改革开放中先走一步产生了积极影响。

台湾与海南是我国的两大岛，人们对她们的联系比较不是今天的事，撇开我国最古老的《尚书》上的模糊记载不说，至少可以上溯至三国时代吴大帝黄龙二年（公元 230 年），迄今 1790 年。尤其自清季迄今的 100 多年中，国人对琼台两岛的比较更是此起彼伏、不绝如缕，经历了三次高潮：刘坤一、彭玉麟、王之春、曾纪泽、张之洞等晚清名臣，是拿海南与台湾进行比较的第一代国人；继之而起者，则是孙中山、胡汉民、宋子文、张发奎等民国政要；新中国进入改革开放的新时期，习仲勋、谷牧、王震、胡耀邦、邓小平、万里等老一辈无产阶级革命家先后将海南与台湾进行比较，并不断作出加快开发建设海南岛的决定。

在历史的长河中，人们对琼台两大岛比较的内容也与时俱进，由最初的自然环境、资源禀赋的形胜比较，发展为 1895 年甲午战争后两岛开发的差距比较，进而发展为社会主义与资本主义的制度优劣比较。海南 40

年来的开放，可谓一路高开高走，经历了 1980 年的"准特区"、1983 年的"不是特区的特区"、1988 年的"大特区"、2009 年的"国际旅游岛"等阶段，现在又进入了建设全球最大的自由贸易港的新时代。这都是"台湾因素"在发挥作用。

第三，早于设立经济特区倡议的"开放海南"设想。1979 年 1 月 15 日，叶剑英元帅由习仲勋陪同到海南榆林考察。当年习仲勋的这段重要行程，还有一个年轻人也全程参加。他就是在清华大学就读的习近平，他利用寒暑假时间到广东看望父亲。1979 年陪同父亲的海南之行，习近平 30 多年后仍记忆犹新，感慨万千。

海南气候好，春耕生产已经开始，群众的生产情绪很好，这些都给习仲勋留下非常美好的印象。从海南岛回到广州，1 月 19 日下午，习仲勋主持广东省委常委会会议，汇报海南的情况和对搞好海南各方面工作的设想。他在讲话中说：怎样开放海南？日本很快搞上去，我们为什么搞不上去？海南比台湾少 3000 多平方公里。从战略上讲，海南无论如何要巩固。要从这出发，把农业搞上去。要搞大的农场，搞十来二十万亩。先搞规划要点，请示中央。利用春节对外面回来的人说说，要他们投资，有的合营，以旅游收入建设海南。兴隆农场 1978 年旅游收入一万多元。搞旅游叫风景出口，可以大搞。资本家来可鼓动鼓动，首先搞旅游，搞旅游来得快。胡椒等亚热带作物可大搞，于我们有利就要搞起来，把老百姓生活搞好，我们搞好也是给台湾看看。

习仲勋在 1978 年 11 月的中央工作会议上拿海南岛与台湾比较；1979 年 1 月考察海南之后在思考怎样开放海南的时候，他再次拿海南与台湾比，还表达了把海南老百姓生活搞好，是要给台湾看看的心愿。

这个讲话表明，在参加 1979 年 4 月的中央工作会议、向中央提出要权及设立经济特区之前，习仲勋就已经思考怎样开放海南的时代问题了。当时的海南完全处于"闭岛锁区"的状态，就是整个国家也还处于贫穷落后且谈"资"色变的时代，这时就提出鼓动"资本家"来海南投资、发展旅游业，这是怎样一种胆略气魄和远见卓识！

怎样开放海南？习仲勋一开始就提搞旅游，说旅游叫风景出口，海南可以大搞，以旅游收入建设海南。后来海南的发展，无论是提出"工农贸旅并举"方针，还是实施"一省两地"产业发展战略，及至"国际旅游岛"建设纳入国家战略，旅游都置于海南产业发展的显赫位置。尤其是进入新时代的海南，建设国际旅游消费中心成为中央确定的海南全面深化改革开放的"三区一中心"战略定位之一，海南正以卓尔不凡的姿态打造国际旅游消费胜地。

"怎样开放海南"的时代之问，也推动着海南的工作。海南区党委贯彻习仲勋的要求，1979 年 5 月在《关于调整海南经济建设的意见》中就提出这样的新设想："利用外资来加快海南的开发。要搞好对外贸易，办好二十个外贸主要产品出口基地，明年达到九十万亩。要大力发展旅游事业，发展补偿贸易，合作经营，来料加工，吸收侨汇等，积极引进外资。"这对于推动海南从封闭落后走向开放搞活，具有开风气之先的时代意义。

第四，对标深圳、珠海，海南迎来"开放元年"。在习仲勋和国务院副总理万里的大力推动和精心准备下，国务院于 1980 年 6 月 30 日至 7 月 11 日在北京召开"海南岛问题座谈会"，国务院当年 7 月 24 日批转的《海南岛问题座谈会纪要》（国发〔1980〕202 号文件）开篇就说："海南岛是我国少有的热带宝地之一，面积同台湾岛相近。"这种地理条件的联系比较，进一步开启了加快海南岛开发建设对促进台湾回归、完成祖国统一大业重大意义认识的发端。因为当时对海南的面积比台湾少多少未能确定，这就有了她们面积"相近"的说法，如同后来邓小平说她们的面积"差不多"。

海南和台湾是中国的两大岛屿。把海南岛发展起来，建设成为名副其实的宝岛，不仅具有重大的经济意义，而且具有重大的政治意义。1983 年 4 月 1 日，中共中央、国务院关于批转的《加快海南岛开发建设问题讨论纪要》（中发〔1983〕11 号文件）中明确指出："加快海南的开发建设，是全党全国的一项重要任务。它对于支援全国的四化建设，加强民族团结，巩固祖国南海国防，促进台湾回归、完成祖国统一大业，都具有重大意义。"再到 1988 年 4 月 14 日，国务院批转的《关于海南岛进一步对外开放加快经济开发建设的座谈会纪要》中又指出："海南岛地处南海前沿，战略地位十分重要，具有独特的资源优势，是我国的宝岛，又是著名的老革命根据地，有黎、苗等兄弟民族的聚居区。把这里的经济和文教科技事业尽快搞上去，对于实现社会主义现代化，加强民族团结，巩固国防，完成祖国统一大业，有着深远的意义。"

1978 年中央工作会议上海南与台湾发展差距的比较，成为海南最终建省办经济特区的重要影响因素。是习仲勋开了先声，由邓小平一锤定音。1984 年 2 月 24 日，邓小平在北京同中央领导同志谈关于增加对外开放的沿海港口城市问题时说："如果用二十年时间把海南岛的经济发展到台湾的水平，那就是很大的胜利。"（后来这句话修改为："我们还要开发海南岛，如果能把海南岛的经济迅速发展起来，那就是很大的胜利。"）1987 年 6 月 12 日，他在北京对应邀来访的南斯拉夫客人又说："我们正在搞一个更大的特区，这就是海南岛经济特区。海南岛和台湾的面积差不多，那里有许多资源，有富铁矿，有石油天然气，还有橡胶和别的热带亚热带作物。海南岛好好发展起来，是很了不起的。"

对此，习近平总书记 2013 年 4 月 10 日在海南考察工作结束时强调：邓小平同志拿海南同台湾比较，意味深长。海南和台湾是祖国的两大宝岛，台湾 3.62 万平方公里、2332 万人，海南 3.54 万平方公里、901 万人，人文、资源多有相似之处。如果把海南岛好好发展起来，中国特色社会主义就很有说服力，就能够增强人们对中国特色社会主义的信心，也就能促进祖国和平统一进程。

可以说，海南对外开放之所以一路高开高走，一是因为绕不开的台湾，二是因为离不开的香港。绕不开台湾，就是比较海南与台湾的发展差距，通过进一步加快开发建设海南，把海南岛的经济迅速发展起来，用生动实践证明社会主义制度优于资本主义制度；离不开香港，就是海南岛要更好发展起来，需要参照对标香港的自由港模式，实行资金、商品、人员进出自由的开放政策。

国发〔1980〕202 号文件提出对海南岛实行"放宽政策，把经济搞活"，所确定的八条措施中，第一条就是："在进出口贸易上，主要是对香港的出口，应让海南有更多一些自主权。对外经济活动可参照深圳、珠海市的办法，给以较大的权限。"由于有了对外经济活动可以参照深圳、珠海市的办法的特殊政策，使海南岛在当时中国的对外开放格局中，实际上取得了"准特区"的地位。对外开放结束了海南长期"闭岛锁区"的历史，开辟了海南岛开发建设新纪元。正是在这个意义上说，1980 年成为海南的"开放元年"。

中央的重大决定，从方针、政策上解决了海南治穷致富的问题，为海南"四化"建设指明了方向，反映了海南人民的根本利益和共同愿望，体现了党和国家对海南各族人民的巨大关怀，因而受到全区人民的衷心拥护。有些干部群众把国发〔1980〕202 号文件称为"海南第二次解放"，把新的生产方针称为开发海南的"金钥匙"。他们说，国务院的决定解决了我们 30 年来想解决而没有解决的问题，只要我们同心同德，按照这个新的生产方针，扎扎实实搞三五年，海南岛就将变成真正的"宝岛"。

海南封闭的"岛门"打开后，很快吸引了岛内外的热切关注。一度出现"现在外商的积极性可高了"的喜人景况。1981 年 4 月召开的海南汉区对外经济工作会议，传递了这样的信息："引进外资促进开发也有所发展，半年多来，全区与外商、侨商和港澳商人达成协议 15 项，共 7906 万美元，经营种植、养殖及矿产等生产项目。"从会议透露的情况可以看出外商看好海南，尤其很多大项目建设备受他们的青睐，让海南展现出"岛门"初开的无限魅力。

甚至英国《金融时报》也关注到了海南岛的开放。该报 1980 年 11 月 7 日刊登托尼·沃克的报道，题为《海南岛向外国投资者开放》，开篇就说："多年来一直不向来访者开放的海南岛不仅能提供丰富的矿藏和经济作物，而且在旅游业方面也很有发展前途。北京现在向外界开放该岛了。"

怎样开放海南？从当时的改革开放新时期的实际看，海南也只能对标深圳、珠海等经济特区来搞开放；40 年后，新时代的海南怎样走向世界最高水平的开放形态？那就要对标新加坡、中国香港和迪拜等国际著名自由港，探索建设中国特色的自由贸易港。

第五，"以开放促开发"方针的形成。1980 年 10 月，中央决定调习仲勋、杨尚昆回中央工作，由任仲夷任广东省委第一书记，梁灵光任广东省委书记兼广州市委第一书记。在海南工作问题上，习仲勋、任仲夷这两任广东省委第一书记，几乎做到快速"无缝"交接。任仲夷上任 10 多天后，召开的第一个常委会议，就是听取省委工作组和海南区党委关于国发〔1980〕202 号文件情况的汇报，讨论了海南工作的问题。12 月 8 日，中共广东省委办公厅发出《中共广东省委常委会讨论海南工作问题会议纪要（1980 年 11 月 29 日）》，传递强烈信号："要充分发挥海南岛的特点和优势，把经济进一步搞活。省对海南岛要进一步放宽政策。要参照深圳、珠海市的办法，在海南岛的对外经济活动中，实行特殊政策和灵活措施，使海南有更多的自主权。"这表明，新的广东省委领导班子决心努力把封闭落后的海南不断推向开放。

任仲夷对海南工作的重视，更具体地表现为"在海南岛的对外经济活动中，实行特殊政策和灵活措施"，主张大胆用好中央赋予海南的自主权。1981 年 3 月 16 日，他在广东省对外经济工作会议上提出："对海南岛的开发要采取更积极的方针，要参照实行特区的办法。国发〔1980〕202 号文件规定：'在进出口贸易上，主要是对香港的出口，应让海南有更多一些自主权。对外经济活动可参照深圳、珠海市的办法，给以较大的权限。'国务院既然给了这个权，我们就要大胆使用这个权，用好这个权。对海南，如果要求像对深圳、珠海那样，由国家投资搞'三通一平'，目前不可能。但在某些政策上，例如'进口物资和出口商品，实行优惠税制'，

'简化人员出入手续'等等，应当允许海南参照执行深圳、珠海的办法。"

在推动海南对外开放上，任仲夷准备大做国务院 202 号文件的文章。1981 年 5 月 18 日，他做关于特区建设和对外经济工作的讲话说："要把办特区的政策扩大到海南岛。国务院〔1980〕202 号文件已明确规定：海南岛'对外经济活动可参照深圳、珠海市的办法'，'应让海南有更多一些自主权'。中央指示我们要积极落实。目前，寄希望于国家或省向海南岛大规模投资，是不可能的。我们主要靠政策，用开放促进开发。例如可以像特区一样，在海南岛实行生产资料和部分生活资料进出口免税，引进外资给以优惠，加大海南对外经济活动的审批权限，简化人员进出手续等等。海南岛可以吸收外资搞综合开发，包括基础建设。"此处任仲夷说"用开放促开发"，更显个人的语言特色和时代风采。

1981 年 9 月底至 10 月初，广东省委、省政府召开省、地、县三级干部会议，并作出《关于加快海南岛开发建设几个问题的决定》，强调加快海南岛开发建设，必须坚持用开放促开发，让海南更加自主地从实际出发进行建设。

"用开放促开发"很快被表述为"以开放促开发"，成为新时期加快海南岛开发建设的新方针。

1981 年 12 月 8 日，《海南日报》发表题为《以开放促开发》的社论。此后，认真贯彻以开放促开发的方针，对外积极引进外资，对内放宽政策，调动一切积极因素，千方百计发展生产，搞活经济，扩大对外贸易，以加快经济建设的步伐，使海南岛尽快富裕起来，成为名副其实的、富裕文明的宝岛，成了海南工作的主旋律。

1983 年 4 月 1 日，中发〔1983〕11 号文件中指出："积极稳妥地利用外资，引进先进技术，发展进出口贸易和旅游事业，以对外开放促进内部开发，是加快海南建设的一项重要措施。中央领导同志指出，海南不作为经济特区，但在对外经济合作方面需要给以较多的自主权。"告别"闭岛锁区"历史的海南，至此走上了"以开放促开发"的全新道路。

中发〔1983〕11 号文件强调"海南不作为经济特区，但在对外经济合作方面需要给予较多的自主权"，并决定对海南岛放宽政策，从 8 个方面给海南岛在对外经济合作方面以较大的自主权。由于海南不是特区，但 11 号文件给予海南的一些政策比特区还"特"，比如规定："海南行政区可以根据需要，批准进口工农业生产资料，用于生产建设，可以使用地方留成外汇，进口若干海南市场短缺的消费品（包括国家控制进口的十七种商品），以活跃市场，保证旅游和侨汇物资的供应。上列进口物资和商品只限于在海南行政区使用和销售，不得向行政区外转销。"因此，自 1980 年成为"准特区"后，至此海南又被称为"不是特区的特区"。

同时，鉴于"海南岛战略地位十分重要。开发建设好这个资源丰富的宝岛，对加强民族团结，实现国家四化，巩固南海国防都有重要的意义"，中央要求各部门从人、财、物上积极给予海南必要的直接支持。海南的对外开放由此再次启动，进入新的高潮，开发建设的规模和速度都是前所未有的。

2. 我国经济特区的一个生动缩影

1979 年 4 月中央工作会议期间，邓小平对广东省委领导习仲勋、杨尚昆提出的在邻近香港、澳门的深圳、珠海以及汕头兴办出口加工区的意见，表示赞同。并说："还是叫特区好，陕甘宁开始就叫特区嘛！中央没有钱，可以给些政策，你们自己去搞，杀出一条血路来。"根据邓小平的提议，中央工作会议正式讨论了广东省的提议。7 月 15 日，中共中央、国务院批转中共广东省委、福建省委关于对外经济活动实行特殊政策和灵活措施的报告，决定先在深圳、珠海两市试办出口特区。1980 年 5 月16 日，中共中央、国务院批转《广东、福建两省会议纪要》，正式将此前的"出口特区"定名为"经济特区"。8 月 26 日，五届全国人大常委会第十五次会议审议批准《广东省经济特区条例》，标志着我国的经济特区正式诞生。

邓小平后来在回顾 1980 年这一事件时说:"开始的时候广东提出搞特区,我同意了他们的意见,我说名字叫经济特区,搞政治特区就不好了。"最初我们对经济特区的理解,就是经济特区实行特殊的经济政策和经济管理体制,建设上以吸收利用外资为主,经济所有制实行以社会主义公有制为主导的多元化结构;经济活动在国家宏观经济指导调控下,以市场调节为主;对外商投资予以优惠和方便;特区拥有较大的经济管理权限。

在特区建设的初期,邓小平就鲜明指出:"特区是个窗口,是技术的窗口,管理的窗口,知识的窗口,也是对外政策的窗口","特区成为开放的基地,不仅在经济方面、培养人才方面使我们得到好处,而且会扩大我国的对外影响"。实践充分证明,经济特区在我国发展对外贸易,引进国外资金、技术和管理经验,扩大对外经济交流和合作中,发挥了重要的"窗口"和"基地"作用,在改革开放和社会主义现代化建设中发挥了"试验田"和"排头兵"作用,为探索中国特色社会主义道路作出了历史性的贡献,大大丰富了人们对中国特色社会主义理论的认识。

在深圳、珠海、汕头、厦门四个经济特区建立八年之后,海南这个我国最大的经济特区横空出世,是我国加快改革开放步子的又一重大宣示。1987 年 6 月 12 日,邓小平在北京对应邀来访的南斯拉夫共产主义者联盟中央主席团委员科罗舍茨表示:"我们正在搞一个更大的特区,这就是海南岛经济特区。海南岛和台湾的面积差不多,那里有许多资源,有富铁矿,有石油天然气,还有橡胶和别的热带亚热带作物。海南岛好好发展起来,是很了不起的。"

海南兴办经济特区是与建省同时进行的。习仲勋重返中央工作后,依然心系海南,心系解决制约搞好海南开发建设的行政体制问题。1986 年 5 月 2 日,在约请中央统战部、国家民委、民政部和人大民委的负责同志进行座谈之后,他向中央领导写了《关于海南岛行政体制的意见》的信,汇报解决海南岛行政体制的"撤州"(撤销海南黎族苗族自治州,将所属各县改建为自治县)、"并州"(海南黎族苗族自治州同海南行政区合并,改海南行政区为自治州，即整个海南岛建为自治州）、"建省"（海南岛建省，下辖若干地区级政权，即海口市和黎族苗族自治州）和"调整"（在现行体制基础上，采取一些调整措施，解决工作不顺和某些弊端，保证整个海南岛一体化建设方针的实施）4种方案，并作出"从长远考虑，海南岛迟早要从广东省分出来独立建省"的重要判断。他指出："海南岛建省，下辖若干地区级政权，即海口市和黎族苗族自治州。这是一个比较彻底解决问题的方案，既有利于全岛的统一开发，解决'两个婆婆'的问题，又可避免撤销自治州所带来的问题。"这为中央决定海南建省，从根本上解决制约海南发展的体制问题，奠定了基础、创造了条件。

当时，中央领导同志在习仲勋的《关于海南岛行政体制的意见》上作出批示，然后转到广东省委。广东省委于6月6日上午召开省委常委会会议进行了认真的讨论。参加会议的大多数同志认为，既然中央领导同志已肯定地指出"从长远考虑，海南岛迟早要从广东省分出来独立建省"，那么，与其迟建不如早建，宜早不宜迟。主要从以下几个方面考虑：（一）从地理位置看，海南岛自成一体，便于统一管理。（二）海南岛设省，可以解决自治州有"两个婆婆"的问题和现行体制存在的别的一些矛盾，可能便于实行全岛的一体化领导。（三）海南岛设省后，国家可以调动全国的财力、人力、物力给以支持，中央还可以对海南实行更特殊更灵活一些的政策。现在广东省虽然在财政、外贸、粮食等方面每年都给海南岛大量的帮助和支持，但一个省的力量毕竟有限。海南岛单独建省后，其发展会更快。（四）海南岛军事地位特殊，驻岛部门众多。从海南解放初起，这里就设有与广东省军区平行的海南军区，直接受广州军区指挥。如单独设省，全岛的党政军诸方面工作就自成一体了。

广东省委向中央汇报，如果中央已有让海南单独建省的打算，希望早日下决心，越早越好。有的同志希望能在"七五"计划前期确定下来，有的希望最好能在1986年底定下来。至于还有一些不完备的条件，可在设省后加快实现。

1987 年 8 月 28 日，新华社发布消息称，国务院总理向六届全国人大常委会提出议案，建议撤销海南行政区，将海南行政区所辖区域从广东省划出来，单独建立海南省。议案说，鉴于海南建省的各项筹备工作需要早做安排，建议全国人大常委会在提请全国人民代表大会审议决定以前，授权国务院成立海南建省筹备组，开展筹备工作。

1987 年 9 月 2 日，出席六届全国人大常委会第 22 次会议的委员一致同意设立海南省，表示可以提请全国人民代表大会审议决定，并同意授权国务院成立海南建省筹备组；认为建立海南省，对于加速海南的开发建设，改善海南人民的物质、文化生活，加强民族团结，巩固国防，促进祖国统一，都具有重大意义；建议中央准予海南实行更加开放、灵活的政策。

1987 年 9 月 26 日，中共中央、国务院发出《关于建立海南省及其筹建工作的通知》（中发〔1987〕23 号文件），决定成立海南建省筹备组，由许士杰、梁湘、姚文绪、孟庆平、王越丰组成，许士杰任组长，梁湘任副组长。这个通知确定了海南筹备建省的大政方针政策，对于海南省的筹建及发展具有纲领性意义。

1988 年 3 月 31 日，民政部部长崔乃夫在向七届全国人大一次会议作关于设立海南省的议案的说明时说，海南岛是我国的第二大岛，连同南海诸岛，面积 34000 多平方公里，气候温和，海洋水产和旅游资源得天独厚。为了进一步开发海南，在充分调查研究的基础上，国务院建议撤销海南行政区，将其所辖区域从广东省划出来，单独设立海南省。海南建省后，由中央直接领导，更有利于集中全国力量支援海南，有利于海南比较独立自主地实行更加开放、灵活的特殊政策，有利于简政放权，提高办事效率，统一组织领导全岛的开发建设，使海南的各项优势得到充分发挥。

同日，国务委员谷牧作关于提请审议建立海南经济特区议案的说明时说，海南单独设省后，最重要的任务是发展生产力。为加快海南岛的开发建设，需要采取更加开放、更加灵活的措施，大力吸收利用外资，引进先进技术和人才，拓展对外贸易，扩大对外经济技术合作和交流，在国际大循环中加快经济发展。香港地区的和外国的许多客商都表示有参与开发建设海南的意向。因此，国务院建议把海南岛建设为我国最大的经济特区，对外商投资可以给予比现有其他经济特区现行规定更加放宽的政策，经济管理体制也可以更为灵活，以便创造对外商有较大吸引力的投资环境，加速开发建设。

1988年4月13日上午，七届全国人大一次会议举行闭幕大会，大会执行主席习仲勋主持了大会。出席这次会议的2900多名代表，以举手表决的方式通过国务院关于设立海南省的议案，批准设立海南省，撤销海南行政区。紧接着，代表们再次举手，通过国务院关于建立海南经济特区的议案，划定海南岛为海南经济特区。

从此，海南这个祖国美丽的宝岛获得了前所未有的发展机遇，进入了深化改革、扩大开放、加快发展的历史新时期，经济社会发展取得了令人瞩目的成绩。1987年海南地区生产总值仅有57.28亿元、地方财政收入不到3个亿，到2017年海南地区生产总值达到4462.5亿元、人均地区生产总值7179美元、地方一般公共预算收入674亿元，分别增长21.8倍、14.3倍、226.8倍。人民生活明显改善，教育、卫生、文化等社会事业加快发展，城乡面貌发生深刻变化。经过30年的不懈努力，海南已从一个封闭落后的边陲海岛发展成为我国改革开放的重要窗口。

实践充分说明，海南经济特区是我国经济特区的一个生动缩影，海南经济特区取得的成就是改革开放以来我国实现历史性变革、取得历史性成就的一个生动缩影。

3. 新时代经济特区要办得更好、办出水平

经济特区在习近平总书记的心目中占有很重要的位置。2012年12月7日到8日，党的十八大刚刚闭幕不久，习近平总书记就来到改革开放的前沿阵地深圳特区考察。这是他当选中共中央总书记之后离京视察的第一

站。他在视察中强调，全党全国各族人民要坚定不移走改革开放的强国之路，做到改革不停顿、开放不止步。这向世界传递了我国继续扩大改革开放的强烈信号。

"经济特区不仅要继续办下去，而且要办得更好、办出水平"。2018年4月13日，习近平总书记出席庆祝海南建省办经济特区30周年大会并发表重要讲话（以下简称习近平总书记"4·13"重要讲话），着眼于国内国际大局、着眼于新时代、着眼于未来，充分肯定经济特区建设的历史功绩，深刻总结经济特区建设的宝贵经验，对经济特区改革发展提出新要求，宣布支持海南全面深化改革开放的重大决策。

中国特色社会主义进入了新时代，新形势、新任务、新挑战赋予经济特区新的历史使命，经济特区需要在伟大斗争、伟大工程、伟大事业、伟大梦想中寻找新的方位，把握好新的战略定位。习近平总书记要求：经济特区要成为改革开放的重要窗口、要成为改革开放的试验平台、要成为改革开放的开拓者、要成为改革开放的实干家。这掷地有声的话语，宣示了新时代中国坚定不移走改革开放这条正确之路、强国之路、富民之路的坚定决心，对继续办好经济特区、把改革开放事业推向前进，具有重大现实意义和深远历史意义。

2018年是我国改革开放40周年，也是海南建省办经济特区30周年。在这样的重要节点上，习近平总书记出席庆祝海南建省办经济特区30周年大会，并对中外宣告："新时代，海南要高举改革开放旗帜，创新思路、凝聚力量、突出特色、增创优势，努力成为新时代全面深化改革开放的新标杆，形成更高层次改革开放新格局。这是我们庆祝海南建省办经济特区30周年的最好方式，也是庆祝我国改革开放40周年的重大举措。"

海南因改革开放而生、因改革开放而兴。乘着新时代强劲的改革开放春风，海南由此又走上了建设全球最大自由贸易港、擦亮中国最大经济特区金字招牌的历史新征程。

（二）海南具有实施全面深化改革和试验最高水平开放政策的独特优势

《总体方案》中关于海南"具有实施全面深化改革和试验最高水平开放政策的独特优势"的重要判断，深刻回答了党中央决定在海南建设自由贸易港的主要因由。

1. 面向东盟、背靠珠三角的区位优势

习近平总书记对海南岛、对海南经济特区饱含深情。早在 1979 年初，在清华大学就读的他，就陪同时任广东省委第一书记的父亲习仲勋到过海南。那时的海南虽然还是一个贫穷落后的封闭海岛，但当年建设者筚路蓝缕、以启山林开发建设海南的冲天干劲，却给年轻的习近平留下深刻印象。2018 年全国两会期间，习近平总书记在广东代表团还特别谈及这段往事。他回忆道，1979 年寒假到广东，随父亲到海南陪同叶剑英元帅调研。再到海南，对比今昔之变，习近平总书记不禁感慨："这个确实是沧桑巨变。"

到中央工作后，他一直关心海南，要求海南深化改革开放。2010 年 4 月 13 日，时任中共中央政治局常委、国家副主席的习近平在海南考察时明确提出进一步深化改革开放，要求利用好海南面向东盟、背靠珠三角的区位优势，积极参与中国—东盟自由贸易区建设，提高贸易和投资便利化程度，进一步改善对外开放的政策环境和服务环境；要优化外资结构，增强洋浦保税港区、海口综合保税区的吸引力和国际竞争力。

这段最早的论述，我们今天结合《总体方案》来理解，足见其对在海南探索建设中国特色自由贸易港具有思想发轫般的意义。就"利用好海南面向东盟、背靠珠三角的区位优势"而言，《总体方案》要求海南自由贸易港建设要"加强与东南国家交流合作，促进与粤港澳大湾区联动发展"。就"提高贸易和投资便利化程度"而言，海南自由贸易港制度设计是"以

贸易投资自由化便利化为重点"。就"增强洋浦保税港区、海口综合保税区的吸引力和国际竞争力"而言,《总体方案》安排 2025 年前的 18 项重点任务,第一条就是:"在洋浦保税港区等具备条件的海关特殊监管区域率先实行'一线'放开、'二线'管住的进出口管理制度。根据海南自由贸易港建设需要,增设海关特殊监管区域。"要增设的海关特殊监管区域,最有条件的就是海口综合保税区,《总体方案》为此留下了"口子"。

2013 年 4 月 10 日,习近平总书记在海南考察工作结束时发表重要讲话,又明确要求:"海南对外开放基础较好,具有面向东盟最前沿的区位优势,又是一个独立的地理单元,应该在开放方面先走一步。"海南具有面向东盟的最前沿区位优势,又是一个独立的地理单元,这也正是今天所说海南具有实施全面深化改革和试验最高水平开放政策独特优势最早的、最重要的观察与阐述。

这种独特观察和深入思考,与《关于海南岛进一步对外开放加快经济开发建设的座谈会纪要》(国发〔1988〕24 号文件)的精神既一脉相承,又与时俱进。国发〔1988〕24 号文件提出:"中央和国务院最近提出,海南建省以后,实行比现行经济特区更加灵活的政策,进一步放宽搞活,加快开发建设的步伐。这是顺应国内外形势的正确决策,是贯彻落实党的十三大精神的重要步骤,也符合海南有琼州海峡与大陆相隔的地理特点。"因为琼州海峡把海南岛与大陆融离开来,海南岛就成了一个独立的地理单元,这是海南最大的地理特点。

习近平总书记 2013 年 4 月在海南考察中还指出,海南地处祖国最南端,是国家南大门,地理位置重要。把海南建设好,把祖国南大门守卫好,政治责任重大,是光荣的使命。又强调:"从中央决定海南建省办经济特区开始,我们就决心把海南岛好好发展起来。海南的同志一定要埋头苦干、奋起直追,使海南成为实践中国特色社会主义的生动范例,我们要有这样的雄心壮志。"他希望利用好各项政策优势,加快建设经济繁荣、社会文明、生态宜居、人民幸福的美好新海南。可以说,从那时起,海南的改革开放事业就成为他牵挂、思考的一件大事。

　　而我们今天回望，习近平总书记 2013 年 4 月对海南工作的重要指示，为海南探索建设中国特色自由贸易港奠定了极其重要的思想和理论基础。

　　2018 年 4 月 13 日，习近平总书记在庆祝海南建省办经济特区 30 周年大会上郑重宣布党中央决定支持海南全岛建设自由贸易试验区，支持海南逐步探索、稳步推进中国特色自由贸易港建设，分步骤、分阶段建立自由贸易港政策和制度体系时，又强调："海南是我国最大的经济特区，地理位置独特，拥有全国最好的生态环境，同时又是相对独立的地理单元，具有成为全国改革开放试验田的独特优势。海南在我国改革开放和社会主义现代化建设大局中具有特殊地位和重要作用。"

　　从这样的独特优势出发，中央 12 号文件确立全面深化改革开放试验区作为海南全面深化改革开放的战略定位之一，要求："大力弘扬敢闯敢试、敢为人先、埋头苦干的特区精神，在经济体制改革和社会治理创新等方面先行先试。适应经济全球化新形势，实行更加积极主动的开放战略，探索建立开放型经济新体制，把海南打造成为我国面向太平洋和印度洋的重要对外开放门户。"由面向东盟最前沿的区位优势，而确立打造我国面向"两洋"（太平洋、印度洋）的重要对外开放门户的定位，放大了海南开放的格局，是海南开放"先走一步"的要求和体现。

　　海南岛是我国最大的经济特区，面积 3.4 万多平方公里。作为我国最南端的省份，海南地理位置独特，既背靠超大规模国内市场和腹地经济，与粤港澳大湾区联系紧密；又面向太平洋、印度洋，是"一带一路"建设的战略支点，拥有通达全球特别是辐射东南亚的能力。同时，作为我国的一个大离岛，海南又是相对独立的地理单元和岛屿经济体，具有整体封关运作、实施海关特殊监管制度的良好天然地理条件。海南自然资源丰富，人口规模和经济体量适中，2019 年常住人口 945 万人，地区生产总值 5309 亿元。这些条件相对而言，经济发展的空间大、潜力大，比较容易掌控在实施全面深化改革和试验最高水平开放政策进程中可能出现的风险。这种独特优势表明，在海南探索建设中国特色自由贸易港、加快建立开放型经济新体制具备较好的基础条件。在海南建设全球最大的自由贸易港，已是呼之欲出。

2. 重点领域改革开放向纵深推进的改革优势

建省办大特区以来，海南放胆发展生产力，努力打造更具活力的体制机制，改革开放不断取得重大突破，在省直管市县的行政管理体制改革、农垦体制改革、交通规费征收制度改革、航权开放等方面走在全国前列，为加快发展注入了强劲动力。从 2013 年以来，海南按照习近平总书记的要求，发扬敢闯敢试、敢为人先、埋头苦干的特区精神，进一步推进改革开放事业。其中，"多规合一"改革两次上了中央全面深化改革领导小组的会议。

2015 年 6 月 5 日，习近平总书记主持召开中央全面深化改革领导小组第十三次会议并发表重要讲话强调，试点是改革的重要任务，更是改革的重要方法。要牢固树立改革全局观，顶层设计要立足全局，基层探索要观照全局，大胆探索，积极作为，发挥好试点对全局性改革的示范、突破、带动作用。会议同意海南省就统筹经济社会发展规划、城乡规划、土地利用规划等开展省域"多规合一"改革试点。

一年之后，2016 年 6 月 27 日，习近平总书记主持召开中央全面深化改革领导小组第二十五次会议，审议通过了《关于海南省域"多规合一"改革试点情况的报告》等文件。会议指出，中央授权海南开展省域"多规合一"改革试点一年来，海南结合实际，积极推进改革探索，梳理化解规划矛盾，统筹主体功能区、生态保护红线、城镇体系、土地利用、林地保护利用、海洋功能区规划，在推动形成全省统一空间规划体系上迈出了步子、探索了经验。深入推进这项改革，要着重解决好体制机制问题，处理好改革探索和依法推进的关系，一张蓝图干到底。中央有关部门要加强统筹指导。

"多规合一"改革是指推动国民经济和社会发展规划、城乡规划、土地利用规划、生态环境保护规划等多个规划的相互融合，强化政府空间管控能力，建立统一衔接、功能互补、相互协调的空间规划体系的重要基础，实现国土空间集约、高效、可持续利用的政府规划体制改革。"多规合一"改革解决了现有一些规划自成体系、内容冲突、缺乏衔接协调的问题，改变了资源配置方式，起到了深化改革的规划引领作用。海南的这一重大改革探索，为海南全面深化改革开放国家重大战略的出台，奠定了良好的基础。

尤其是，习近平总书记发表"4·13"重要讲话和中央12号文件公布以来，推进海南全面深化改革开放领导小组办公室、海南省、有关部门深入贯彻习近平总书记重要讲话精神，认真落实中央指导意见，坚持高标准高质量建设全岛自由贸易试验区，推动海南全面深化改革开放取得阶段性成效，重点领域改革开放向纵深推进。海南全面深化改革开放的"四梁八柱"制度框架基本健全，"1+N"政策体系逐步建立。国务院印发《中国（海南）自由贸易试验区总体方案》（国务院34号文件），推动中央和国家30多个部门专门制定支持方案、商务部等18个部门联合印发支持海南试点30项其他自贸试验区实施的政策，取得良好的效果。

3. 重要功能平台建设成效显著的开放优势

博鳌亚洲论坛是海南对外开放的重要功能平台。2010年4月13日，习近平在海南考察时指出：建设海南国际旅游岛，必须充分发挥海南对外开放排头兵的作用，要利用好博鳌亚洲论坛这个平台，拓展对外开放空间，推进与港澳台地区、环北部湾经济合作。2013年4月10日，习近平总书记在海南考察时又强调，海南具有许多独特的亮丽名片，如全国最大的经济特区、博鳌亚洲论坛永久举办地、国际旅游岛、洋浦开发区、热带农产品主产区等，这每一张名片都蕴藏着深厚发展潜力、孕育着重要发展生机，都可以做出一篇大文章、好文章。自2001年2月成立至今，海南已成功举办了18届博鳌亚洲论坛年会，使国际交流合作空前扩大，成为连接中国和世界的重要桥梁，成为兼具亚洲特色和全球影响的国际交流平台。此后，海南又诞生了博鳌乐城国际医疗旅游先行区等重要功能平台。

博鳌乐城国际医疗旅游先行区是我国首个以国际医疗旅游服务、低碳生态社区和国际组织聚集地为主要内容的国家级试验区。博鳌乐城先行区已经进入发展快车道，至 2020 年 3 月已在应用国际医疗新药品、新装备、新技术方面创造了 53 个"全国首例"，如开展了国内第一例特许美敦力蓝牙起搏器临床应用、国内第一例特许波士顿 I 型人工角膜应用、国内第一例特许 MEDEL 人工耳蜗应用、国内第一例 COMBO 心脏支架临床应用、国内第一例特许进口苏金单抗银屑病治疗、国内第一例九价宫颈癌疫苗注射等。这些第一例的出现，均填补了国内相关领域的空白，让患者不出国门就可接受治疗。

2013 年 4 月，习近平总书记在海南考察工作时强调：洋浦经济开发区是当年邓小平同志批示推动成立的我国第一个吸引外资、成片开发的国家级开发区，要在多年开发积累的基础上继续办好。如今，洋浦开发区完成了海南港航控股有限公司重组，海南港航原为海南省国资委旗下控股的省属国有企业，下辖海南秀英港、新海港、马村港和洋浦小铲滩四个主要港区。重组工作完成后，中远海运集团旗下企业通过股权划转方式取得海南港航控制权。2019 年 11 月 27 日，海南港航控股有限公司举行重组成立启航仪式，标志着该公司重组工作完成，正式开始实质性运作，统一运营洋浦等四个港区。这对于推动海南对外互联互通和洋浦区域国际集装箱枢纽港的建设，为海南港口能力提升、航线网络铺设、临港产业培育、邮轮旅游发展和琼州海峡一体化提供了强有力的支持。洋浦开发区对外开放平台的作用更加凸显。

新崛起的三亚崖州湾科技城，规划面积为 26.1 平方公里。主要由南山港、南繁科技城、深海科技城、大学城和全球动植物种质资源引进中转基地（即一港、三城、一基地）五部分共同构成。崖州湾科技城以"世界眼光、国际标准、三亚特色、高点定位"为构架，致力于建设成为陆海统筹、开放创新、产业繁荣、文化自信、绿色节能的先导科技新城。其中，南繁科技城以南繁科技产业为核心，致力于打造产业化、市场化、专业化、集约化、国家化的国家南繁科研基地。深海科技城是以海洋科技产业为核心，重点集聚深海科技、海洋产业和现代服务三大领域。大学城以海洋、农业科研产业为核心，以高水平科研机构和高等院校为载体，重点发展内容包括与深海科技和南繁科技形成产学研一体化相关的教育科研、公共科技研发服务和创新创业孵化与转化平台等三个方面。全球动植物种质资源引进中转基地将引入全球动物、植物、微生物种质资源，具备检验隔离、战略储备、产业应用、国际贸易交易等功能，成为海南自由贸易港创新、产业核心竞争力塑造以及国家种质资源全球竞争力升级的"四梁八柱"项目。

文昌国际航天城是中国首个滨海发射基地，也是军民融合的先行发展示范区。其起步区已启动建设，分八门湾西片区和航天超算产业片区，将重点打造"四基地一中心"，即航天领域重大科技创新产业基地、空间科技创新战略产业基地、融合创新产业示范基地、航天国际合作产业基地和航天超算中心。园区以航天科技为主导，重点发展航天发射及配套服务、航天高端产品研发制造、航天大数据开发应用、国际航天交流合作以及"航天+"涉及的其他产业。

这些重要功能平台是海南扩大对外开放的重要载体和突出优势，承载着海南腾飞的梦想。北有文昌卫星发射基地，南有中国科学院三亚深海科学与工程研究所，放眼今日寰宇，能同时实现"可上九天揽月，可下五洋捉鳖"人类梦想的地方，也就是海南了。

4.重点产业发展潜力巨大的后发优势

2010年4月13日，习近平在海南考察时指出：加快推进产业结构调整，依托海南的特色资源和环境、区位优势，升级第一产业、优化第二产业、提升第三产业，积极培育壮大优势产业、特色产业，形成与"国际旅游岛"定位相适应、以旅游业为龙头、以现代服务业为主导的特色经济结构，促进三次产业在更高水平上协同发展，全面提升产业技术水平的国际竞争力。鼓励和引导外资投向旅游业、现代服务业等海南特色产业以及高新技术产业。这是他谋划海南三大主导产业的开始。

2013 年 4 月 10 日，习近平总书记在海南考察时又强调，要着力提升服务业比重，把服务业大发展作为产业结构优化升级的战略重点，加快形成以旅游业为龙头、现代服务业为主导的服务业产业体系。当务之急是优先发展旅游、金融、商业、航运、物流、通信、电子商务等现代服务业，积极拓展新型服务领域，培育新的服务业态。特别是要把国家赋予海南的开放政策用足用好，努力使海南成为我国服务业对外开放的重要窗口。

有了这样的科学判断和明确要求为前提，习近平总书记在"4·13"重要讲话中作出以下重要结论就变得水到渠成了。他鲜明指出："海南发展不能以转口贸易和加工制造为重点，而要以发展旅游业、现代服务业、高新技术产业为主导，更加注重通过人的全面发展充分激发发展活力和创造力。"如今，海南旅游业、现代服务业和高新技术产业持续健康发展，国际旅游消费中心建设稳步推进，2019 年接待国内外游客 8311 万人次，比上年增长 90%，其中入境游客 143.59 万人次，增长 13.6%；实现旅游总收入 1057 亿元，增长 113%。全省高新技术企业数量年均增长 45.1%，互联网产业实现营业收入约 800 亿元，年均增速超过 25%。

在这个过程中，海南以壮士断腕的决心减少经济对房地产的依赖。在过去相当长一段时间，海南的房地产"一枝独秀"，占到投资和税收各 50%左右；占全国人口 0.6%的海南，一度留下占全国 10%的空置商品房，烂尾楼有 600 多栋、1600 多万平方米，闲置土地达 1.88 万公顷，从而导致海南出现生态危机，金融也处于高风险期。痛定思痛，海南决心不做"房地产的加工厂"，不是外面想要多少就建多少，开始采取严格控制房地产开发的硬措施。从 2016 年开始，海南就实行"两个暂停"政策，即对不符合条件的市县暂停办理新增商品住宅（含酒店式公寓）及产权式酒店用地审批，暂停新建商品住宅项目规划报建审批；2017 年，海南永久停止五指山、保亭、白沙、琼中四个中部生态核心区市县开发建设外销房地产项目，对中部 12 个市县取消了 GDP 和固定资产投资的考核；2018 年，海南实行全域限购政策；2020 年，海南推出安居房、人才房等保障性住房。如今海南有效防控了房地产风险，房价保持总体平稳，促进经济结构明显优化，经济发展质量明显提高，为实体经济大发展腾挪空间、增强预期，为海南自由贸易港建设顺利起步、开局创造了良好条件。

海南，因为具有实施全面深化改革和试验最高水平开放政策的独特优势、后发优势，而再一次走向我国对外开放的最前沿，惊艳全球。

（三）习近平总书记亲自谋划亲自部署亲自推动的改革开放重大举措

在海南建设自由贸易港是习近平总书记亲自谋划、亲自部署、亲自推动的我国新时代改革开放的重大举措。这"三个亲自"决定了海南全面深化改革开放、探索建设中国特色自由贸易港的战略全局意义。

1. 国家加快实施自由贸易区战略的"天时"

2013 年 4 月，习近平总书记在考察海南的重要讲话中，就希望海南发挥对外开放基础较好、具有面向东盟最前沿的区位优势和独立的地理单元条件，积极探索，先走一步，"实施更加开放的投资、贸易、旅游等政策，为全国发展开放型经济提供新鲜经验"。正在这时，中央提出加快实施自由贸易区战略，全面提高我国开放型经济水平。

2012 年 11 月召开的党的十八大提出："统筹双边、多边、区域次区域开放合作，加快实施自由贸易区战略，推动同周边国家互联互通。"2013年 9 月，中央决定在原上海综合保税区 28.78 平方公里的地方设立中国(上海）自由贸易试验区，涵盖上海市外高桥保税区、外高桥保税物流园区、洋山保税港区和上海浦东机场综合保税等四个海关特殊监管区域（2014

年 12 月 28 日全国人大常务委员会授权国务院将面积扩展到 120.72 平方公里）。这是我国政府设立在上海的区域性自由贸易园区。

2013 年 11 月召开的党的十八届三中全会通过的《中共中央关于全面深化改革若干重大问题的决定》提出："建立中国上海自由贸易试验区是党中央在新形势下推进改革开放的重大举措，要切实建设好、管理好，为全面深化改革和扩大开放探索新途径、积累新经验。在推进现有试点基础上，选择若干具备条件地方发展自由贸易园（港）区。"这是"自由贸易港区"首次见于党的文件，也表明在建立中国（上海）自由贸易试验区的基础上，以习近平同志为核心的党中央开始统筹考虑建设自由贸易园区和自由贸易港区。

在这样的"天时"之下，海南的机遇意识又被激发出来。2015 年以来，海南加快研究探索设立自由贸易试验区、加快推进深化离岛免税购物政策、加快推进西沙旅游、加快推进简政放权、加快用足用好中央政策、加快推进三沙建设、加快推进"多规合一"改革等七项重点专项工作，并积极推动研究成果落实到各项工作中。当年 4 月 14 日，海南省政府专题研究讨论近期开展的七项深化改革扩大开放重点专项工作，指出七项重点专项工作事关海南长远发展，是海南全面深化改革、扩大开放的重要内容，务必把各项研究成果落到实处，成为开展工作的行动指南，为海南经济社会发展创造良好的氛围。会议指出，要勇于担当、主动作为，积极服从服务国家大局，加快建设面向东盟的自贸区，充分发挥博鳌亚洲论坛平台作用，以国际旅游岛建设为总抓手，突出发展现代服务业，突出特区的体制机制创新优势，突出发挥海口、三亚重要战略支点作用，努力在推进 21 世纪海上丝绸之路建设中注入海南元素，体现海南担当，为建设合作之海、发展之海、友谊之海作出更大贡献。

2. 开启探索建设中国特色自由贸易港的时代进程

转眼到了 2017 年 6 月，习近平总书记在海南呈报的《关于支持海南经济特区进一步深化改革开放的请示》上作出重要批示，要求出台一份支持和引导海南全面深化改革开放的综合指导性文件，要求海南落实新发展理念，充分发扬敢闯敢试、敢为人先、埋头苦干的特区精神，发挥自身优势，大胆探索创新，服务国家战略，努力开创海南经济特区改革发展新局面。

习近平总书记的这份重要批示，对海南坚定不移改革开放、积极探索建设中国特色自由贸易港具有决定性意义，是最根本的方向指引。海南由此开启了探索建设中国特色自由贸易港的时代进程。

全面深化改革开放，既需要党中央顶层设计、把舵引航，也需要地方发挥主观能动性、创造性，深入谋划、担当作为。

2017年4月2日至3日，新的海南省委领导班子召开了第一次会议，原原本本重温了习近平总书记2013年在海南考察时的重要讲话及相关文件。习近平总书记关于"加快建设经济繁荣、社会文明、生态宜居、人民幸福的美好新海南"的重要指示，引起了大家的强烈共鸣，决定将其作为中国共产党海南省第七次代表大会报告的主题，以凝心聚力加油干，奋力拼搏向前走。

2017年4月25日，海南省第七次党代会在海口召开。大会的主题是："紧密团结在以习近平同志为核心的党中央周围，深入贯彻习近平总书记系列重要讲话精神和治国理政新理念新思想新战略，全面落实习近平总书记视察海南时的重要讲话精神，凝心聚力，奋力拼搏，加快建设经济繁荣、社会文明、生态宜居、人民幸福的美好新海南！"这次海南省党代会作出了深入推进改革开放、争创经济特区体制机制新优势的具体部署。以此为标志，海南掀起了学习贯彻习近平总书记2013年海南考察工作的重要讲话精神的热潮。随后，海南省委就海南新一个30年的发展思路进行调查研究，并向中央呈报了关于支持海南经济特区进一步深化改革开放的请示。

于是，就有了习近平总书记2017年6月在海南呈报的《关于支持海南经济特区进一步深化改革开放的请示》上所作出的重要批示。

为贯彻落实习近平总书记 2013 年 4 月考察海南的重要讲话精神和 2017 年 6 月对海南工作的重要批示精神，海南省委启动"深入学习贯彻习近平总书记视察海南时的重要讲话精神建设美好新海南大研讨大行动"，带领全省上下进一步解放思想、形成合力，强化特区意识、发扬特区精神、擦亮特区品牌，认真谋划推动新一轮全面深化改革开放工作，以优异的成绩迎接党的十九大胜利召开。因时间为当年 6 月至 9 月，所以称为"百日大研讨大行动"。

也就是在这时，人们从海南省委的一次座谈会中，"间接"听到习近平总书记对海南工作的重要指示精神，是一句非常提神、体现海南得风气之先的，后来写进中央 12 号文件并为媒体广为引用的话：海南省因改革开放而生，也因改革开放而兴！

那是 2017 年 6 月 28 日，海南省委主要负责人与前来参加 2017 年海南综合招商活动的部分院士、专家和知名企业家举行座谈，围绕海南在新形势下进一步推动改革开放发展听取意见建议。他指出，站在新的历史节点上，海南既要回顾总结省办特区以来走过的历程，更要展望未来 30 年的改革开放。要通过大研讨大行动，继续高举改革开放旗帜，发扬敢闯敢试敢为人先埋头苦干的特区精神，把习近平总书记视察海南重要讲话精神落实到具体行动上，努力开创海南改革开放发展新局面。他说，海南因改革开放而生、因改革开放而兴，2018 年即将迎来海南建省办特区 30 周年，30 年来海南从边陲小岛发展成为国际旅游岛，经济社会发生了巨大变化，得益于中央的坚强领导，得益于各方对海南的关心支持。特别是习近平总书记 2013 年视察海南时对海南发展建设作出了重要指示，为当前和今后一个时期海南工作指明了方向。不久前胜利闭幕的省第七次党代会，以习近平总书记视察时提出的"加快建设美好新海南"为主题，谋划了海南未来五年的发展蓝图。当前，全省上下积极开展大研讨大行动，就是要进一步深入学习贯彻习近平总书记重要讲话精神，在未来 30 年的改革开放发展中有更多作为、作出更大贡献。

"百日大研讨大行动"有这样四个要求：一是要求对事关海南未来长远发展的重大问题进行深入研究，并在下一阶段把着力点转入到推进海南经济社会发展的具体行动上。二是要求认真学习、深刻领会习近平总书记系列重要讲话精神和治国理政新理念新思想新战略，特别是习近平总书记2013年视察海南时的重要讲话精神，准确理解和把握"加快建设经济繁荣、社会文明、生态宜居、人民幸福的美好新海南"的重要指示精神，全面践行新发展理念，充分发挥比较优势，大胆改革创新，努力开创海南经济社会发展新局面。要努力在服务国家战略上更有作为，在发扬敢闯敢试、敢为人先、埋头苦干的特区精神上有实际成效。三是要求发挥海南优势，明确海南省在中华民族伟大复兴进程和国家战略中的地位和作用。要充分认识海南拥有的全国最好的生态环境、全国最大的经济特区、全国唯一的省域国际旅游岛"三大优势"，以及作为"一带一路"重要节点，拥有博鳌亚洲论坛这个重要的外交平台等特殊优势，在建设全国生态文明示范区、促进军民融合、海洋经济创新发展、热带高效农业、全域旅游、城乡一体化等方面先行先试、积极探索、勇于创新，形成更多可推广复制的经验。四是要求立足海南省情，解决实际问题，最终把大研讨大行动的成效落实在推动海南新一轮发展上，体现在使广大群众共享改革开放红利和民生改善上，为实现"全省人民的幸福家园、中华民族的四季花园、中外游客的度假天堂"三大愿景而努力奋斗。

此项大研讨大行动活动统一了海南干部思想，凝聚了共识，为推动海南全面深化改革开放打下了坚实的思想基础。

随后，海南省委、省政府进一步配合中央和国家有关部门开展建设海南自由贸易试验区和中国特色自由贸易港相关研究工作。

为落实习近平总书记对海南工作的重要批示精神，2017年8月14日，由国家发改委主任何立峰带队的35个部门、80多名成员组成的国家调研组，赴海南开展为期一周的实地调研。调研组听取了海南省委关于在海南建设中国特色社会主义自由港的初步设想。对海南省委、省政府提出的这个建议，中央改革办、国家发改委等部门在开展综合性指导文件的深入研究起草过程中，给予了重点考量。之后，海南省委、省政府正式向党中央明确提出了在海南建设中国特色社会主义自由港的建议。

在习近平总书记的亲自指导、亲自推动下，中央改革办、国家发改委等部门深入调查研究，认真组织起草支持和引导海南全面深化改革开放的综合指导性文件。海南省委、省政府积极主动配合，研究提出了指导性文件的海南版本。

如今我们知道，习近平总书记要求出台支持和引导海南全面深化改革开放的综合性指导文件，就是10个月后出台的中央12号文件《中共中央 国务院关于支持海南全面深化改革开放的指导意见》。一方面是地方"请求支持"，另一方面是中央"决定支持"。"上下同欲者胜。"海南全面深化改革开放成为国家重大战略，已是如箭在弦，蓄势待发。

2017年10月18日，备受国内外瞩目的党的十九大在北京隆重召开。习近平总书记在报告中指出："赋予自由贸易试验区更大改革自主权，探索建设自由贸易港。"这是"自由贸易港"的概念首次出现在党的文件中，一时间引起广泛的关注。人们关注的是这个"大礼包"花落谁家——我国会在哪里探索建设自由贸易港？

其实，我们从中央政治局常委汪洋2017年11月10日发表在《人民日报》上的学习党的十九大报告的体会文章《推动形成全面开放新格局》，已经可以看出端倪。

第一，解释了"自由港"的含义。党的十九大报告提出了三项重要举措：一是加大西部开放力度；二是赋予自贸试验区更大改革自主权；三是探索建设自由贸易港。就探索建设自由贸易港，汪洋在文章中首先解释了什么是自由港。他说："自由港是设在一国（地区）境内关外、货物资金人员进出自由、绝大多数商品免征关税的特定区域，是目前全球开放水平最高的特殊经济功能区。香港、新加坡、鹿特丹、迪拜都是比较典型的自由港。"从表述来看，探索建设的自由贸易港，要直接对标目前全球开放水平最高的中国香港、新加坡、鹿特丹、迪拜等自由港。

第二，直接提到"离岛"概念。文中指出："我国海岸线长，离岛资源丰富。"这是对具有"地利"的海南岛最具想象力的地方，是解读自由贸易港"花落"谁家的"密码"。"离岛"也就是离开大陆主体的岛屿，是便于在开放中加强管理的地方。国际旅游岛建设纳入国家战略后，更多的国人就通过"离岛"免税认识了海南。离岛免税政策最初是指对乘飞机离岛（不包括离境）旅客实行限年龄、限额度、限件数、限次数免进口税购物，在实施离岛免税政策的免税商店内付款，在机场隔离区提货离岛的税收优惠政策。海南岛自 2011 年 4 月 20 日起试点执行离岛免税政策，成为继日本冲绳岛、韩国济州岛等之后实施该政策的区域。既然是在要"离岛"搞自由贸易港，那就非海南岛莫属了。

如果说离岛免税政策是为海南国际旅游岛量身定制的开放政策，那么自由贸易港就是为海南量身定制的"最佳开放模式"。2015 年 11 月 9 日，习近平总书记主持中央全面深化改革领导小组第十八次会议审议通过《关于加快实施自由贸易区战略的若干意见》，提出："继续深化自由贸易试验区试点。上海等自由贸易试验区是我国主动适应经济发展新趋势和国际经贸规则新变化、以开放促改革促发展的试验田。可把对外自由贸易区谈判中具有共性的难点、焦点问题，在上海等自由贸易试验区内先行先试，通过在局部地区进行压力测试，积累防控和化解风险的经验，探索最佳开放模式，为对外谈判提供实践依据。"这里提出在局部地区进行压力测试、积累防控和化解风险的经验，探索"最佳开放模式"的重要思想。而建设中国特色自由贸易港，就是要探索的最佳开放模式，它是实行高水平对外开放、推动经济全球化的重要抓手，是重要测试平台与试验空间，因此说是为海南量身定制的最佳开放模式。

第三，阐述探索建设自由贸易港的重大意义，强调："探索建设中国特色的自由贸易港，打造开放层次更高、营商环境更优、辐射作用更强的开放新高地,对于促进开放型经济创新发展具有重要意义。"要打造这样三个"更"的开放新高地,在一些内陆港口或地方"小打小闹"是不可能的。实际上,较之全球迪拜、新加坡、鹿特丹及中国香港等自由贸易港,它们都是一城一地的、小面积的自由贸易港,海南则以一个省、一个大岛的体量建立自由贸易港,实施全岛全域封关运作,范围之广,只有世界第二大经济体中国才能做得到、配得起,这也是中国特色的最好体现。

"大就要有大的样子。"2017 年 10 月 27 日,十九届中共中央政治局常委同中外记者见面会,习近平总书记指出:"中国共产党是世界上最大的政党。大就要有大的样子。"这"大就要有大的样子"的表述,体现了习近平总书记的胸怀与格局。

海南岛的面积与台湾差不多,是一个大"离岛"。在这样的大海岛全岛探索建设自由贸易港,就体现了"大就要有大的样子",就能起到汪洋文章所阐述的那样的重要意义。今天我们看到习近平总书记对海南自由贸易港建设作出的重要指示中,有这样一句深刻的话,就是在海南建设自由贸易港是党中央"为推动中国特色社会主义创新发展作出的一个重大战略决策",强调中国特色社会主义的"创新发展",立意弘远。再回看汪洋文章强调探索建设中国特色的自由贸易港,"对于促进开放型经济创新发展具有重要意义",也是一个"创新发展"。可见,在海南探索建设中国特色的自由贸易港,一开始就是党中央精深运筹的大棋局、大布局,一切都显得从容不迫,坚定自信;只是有待择机而行,善作善成。

3. 加快探索建设中国特色自由贸易港的伟大进程

又是人间四月天。2018 年 4 月,从海南博鳌到海口,"自由港"的谜底终于在万众期待中盛大揭开。

2018 年 4 月 10 日,习近平主席在博鳌亚洲论坛 2018 年年会开幕式上的主旨演讲中强调:"实行高水平的贸易和投资自由化便利化政策,探索建设中国特色自由贸易港。"这是"中国特色自由贸易港"的概念第一次公开出现。

2018 年 4 月 13 日，海南举行庆祝建省办经济特区 30 周年大会，习近平总书记亲自出席并发表重要讲话，郑重宣布："党中央决定支持海南全岛建设自由贸易试验区，支持海南逐步探索、稳步推进中国特色自由贸易港建设，分步骤、分阶段建立自由贸易港政策和制度体系。这是党中央着眼于国际国内发展大局，深入研究、统筹考虑、科学谋划作出的重大决策，是彰显我国扩大对外开放、积极推动经济全球化决心的重大举措。"两个"支持"、两"分"法、两个"大局"、两个"重大"，这些精当的概括，把党中央的重大决策阐述得凝练精警，振奋人心，为世界所瞩目。

紧接着，中央 12 号文件《中共中央　国务院关于支持海南全面深化改革开放的指导意见》正式出台，赋予海南全岛建设自由贸易试验区和探索建设中国特色自由贸易港的重大使命，开启了新时代海南全面深化改革开放的历史新征程。

2018 年 10 月 16 日，国务院发布《中国（海南）自由贸易试验区总体方案》，海南开始高质量建设自由贸易试验区，为探索建设中国特色自由贸易港做充分的、必要的准备。

习近平总书记不但在海南亲自宣布海南建设自由贸易港，而且先后多次就海南自由贸易港建设作出"逐步探索""加快探索""加快推进"等系列重要批示指示，有力地推动加快探索建设中国特色自由贸易港的伟大进程。

2018 年 11 月 5 日，习近平主席在首届中国国际进口博览会开幕式上发表主旨演讲，讲到"打造对外开放新高地"时强调："中国将抓紧研究提出海南分步骤、分阶段建设自由贸易港政策和制度体系，加快探索建设中国特色自由贸易港进程。这是中国扩大对外开放的重大举措，将带动形成更高层次改革开放新格局。"

2018 年 12 月 18 日，习近平总书记在庆祝改革开放 40 周年大会上发表重要讲话指出，40 年来"从兴办深圳等经济特区、沿海沿边沿江沿线和内陆中心城市对外开放到加入世界贸易组织、共建'一带一路'、设立自由贸易试验区、谋划中国特色自由贸易港、成功举办首届中国国际进口博览会",使改革开放成为当代中国最显著的特征、最壮丽的气象。

2019年6月28日,习近平主席在日本大阪举行的26国集团领导人第十四次峰会上发表重要讲话指出:"新设6个自由贸易试验区,增设上海自由贸易试验区新片区,加快探索建设海南自由贸易港进程。"

2019年11月5日,习近平主席在第二届中国国际进口博览会开幕式上发表主旨演讲指出:"中国将继续鼓励自由贸易试验区大胆试、大胆闯,加快推进海南自由贸易港建设,打造开放新高地。"

2019年12月,习近平总书记来海南出席我国首艘国产航空母舰"山东舰"入列交接仪式,又对自由贸易港建设等工作给予悉心指导。

习近平总书记的系列重要指示批示,为海南自由贸易港建设指明了方向,提供了根本遵循。海南探索建设中国特色自由贸易港的进程不断加快,按照体现中国特色、对标当今世界最高水平开放形态、分步骤分阶段等原则研究探索自由贸易港政策和制度体系,不断取得巨大成果。

李克强、栗战书、汪洋、王沪宁、赵乐际等中央领导同志都始终关心海南全面深化改革开放,大力支持海南自由贸易港建设。

在习近平总书记的亲自部署下,2018年5月,中央成立了由韩正任组长,胡春华、何立峰为副组长的推进海南全面深化改革开放领导小组,并建立了"中央统筹、部门支持、省抓落实"的工作机制。至今已召开了三次领导小组全体会议、两次领导小组办公会议、一次专题会议,研究确定了一系列重大改革事项,协调推动解决了一大批难点堵点问题,有力发挥了统筹协调指导作用,直接推动了海南自由贸易港建设加快推进。特别是就自由贸易港政策和制度体系研究作出安排部署,为《总体方案》出台明确了时间表,发出了动员令。

同时,商务部和国务院发展研究中心组织专门力量,加快研究海南自由贸易港政策制度体系,为起草形成《海南自由贸易港建设总体方案》打牢了基础、提供了支撑保障。

2019 年全国两会期间，"加快海南自由贸易港建设"被写入《政府工作报告》，海南自由贸易港法也正式提上国家立法日程。

2020 年全国两会期间，《政府工作报告》等六份报告，均写入"加快海南自由贸易港建设"的内容，对海南自由贸易港的关注热度和支持力度前所未有。

在这个过程中，海南省一手抓自由贸易试验区建设、一手抓自由贸易港政策制度体系研究。习近平总书记"4·13"重要讲话发表后，2018 年 4 月 18 日，海南省委组织 11 个由省领导牵头的党政代表团，分赴全国 11 个自由贸易试验区，考察学习各先行地区的好经验好做法，指导海南的探索与实践，更好地落实习近平总书记对海南提出的全面深化改革开放新任务。

2019 年 2 月，海南省委主要负责同志率团赴迪拜、新加坡、中国香港这三个世界公认最成功的自由贸易港实地学习考察。考察报告提出探索建设中国特色自由贸易港的初步想法，得到习近平总书记重要批示，进一步坚定了海南探索建设自由贸易港的信心决心。海南省委经过深入研讨，提出要按照充分体现当今世界自由贸易港的成功经验、充分体现双边及多边贸易投资协定的成熟规则、充分体现国内扩大开放领域的最先进做法的"三个充分体现"原则，不断深化自由贸易港政策和制度体系的研究，推动相关工作落地。海南省委将 2019 年定为政策落实年，制定清单化管理、倒排工期、挂图作战等 24 条务实举措，有效强化了政策落实机制。

海南不等不靠、主动作为，为《总体方案》的出台做了大量开创性的工作。尤其是海南省委成立起草专班，抽调精干力量，集中封闭办公，同步积极开展《总体方案》研究。他们中秋、国庆等节日期间不休息，加班加点、夜以继日，形成了《总体方案》海南建议稿和 16 个具体配套文件，并反复推敲打磨，三个月内修改 20 余稿。海南省的研究成果得到"海南办"、商务部、国务院发展研究中心等部门以及国内知名专家的高度评价，为中央制定海南自由贸易港总体方案提供了重要的参考。

在这个过程中，海南省委、省政府主要负责同志每10天听取一次专题汇报，指导《总体方案》修改完善；多次向中央领导同志汇报，全程与"海南办"密切沟通、无缝对接。多位省领导多次赴中央和国家相关部门沟通协调、充分表达诉求建议，在一些关键领域、核心政策上达成一致意见。

海南省委、省政府在统筹抓好新冠肺炎疫情防控的同时，一刻也不放松地及时跟进，扎实开展相关清单、目录、调法调规、风险防控等配套工作，为承接自由贸易港政策落地做足准备、打牢基础，信心百倍、干劲十足地开启建设美好新海南的伟大征程。

（四）党中央着眼于国内国际两个大局作出的重大战略决策

在海南建设自由贸易港，是党中央着眼于国内国际两个大局，深入研究、统筹考虑、科学谋划作出的重大战略决策。

1.胸怀"两个大局"是谋划工作的基本出发点

统筹、着眼、胸怀国内国际两个大局，是我国改革开放40多年积累的一条宝贵经验。习近平总书记在庆祝改革开放40周年大会上的重要讲话中深刻指出："必须坚持扩大开放，不断推动共建人类命运共同体。改革开放40年的实践启示我们：开放带来进步，封闭必然落后。中国的发展离不开世界，世界的繁荣也需要中国。我们统筹国内国际两个大局，坚持对外开放的基本国策，实行积极主动的开放政策，形成全方位、多层次、宽领域的全面开放新格局，为我国创造了良好国际环境、开拓了广阔发展空间。"

什么是国内国际两个大局？2013年10月24日，习近平总书记在周边外交工作座谈会上发表重要讲话强调："做好外交工作，胸中要装着国内国际两个大局，国内大局就是'两个一百年'奋斗目标，实现中华民族伟大复兴的中国梦；国际大局就是为我国改革发展稳定争取良好外部条件，维护国家主权、安全、发展利益，维护世界和平稳定、促进共同发展。"这表明，国内大局就是实现"两个一百年"奋斗目标，实现中华民族伟大复兴的中国梦；而国际大局总的来说是为我国改革发展稳定争取良好的外部条件，实现我们的奋斗目标，客观上需要有和平的国际环境。因此，一方面我们要维护国家主权、安全、发展利益，另一方面又要维护世界和平稳定，共享发展机遇，促进共同发展。

世界形势在不断发展变化中，对我们统筹国内国际两个大局也提出新的课题。2019 年 5 月，习近平总书记在江西考察时指出："领导干部要胸怀两个大局，一个是中华民族伟大复兴的战略全局，一个是世界百年未有之大变局，这是我们谋划工作的基本出发点。"把中华民族伟大复兴置于"战略全局"的高度，确立了这一伟大使命在国家战略全局中的核心地位，必须毫不动摇地以此为基本出发点来谋大事创新业；而当今世界正处于百年未有之大变局的科学判断，表明当今国际大局的核心是"变局"，由此给中华民族伟大复兴带来的是机遇与挑战同在，必须毫不动摇地以此为基本出发点来观大势谋大事，做到在危机中育新机、于变局中开新局。

把"两个大局"当作谋划工作的基本出发点，有助于我们在谋划工作时自觉胸怀大局、在干事创业时自觉服从大局。坚持胸怀"两个大局"，要求我们从为实现"两个一百年"的奋斗目标、实现中华民族伟大复兴的中国梦的历史高度，从为我国改革发展稳定争取良好外部条件的时代高度，深刻理解自由贸易港建设的历史方位。

在海南建设自由贸易港，有利于为实现中华民族伟大复兴的中国梦提供强大动力，有利于形成促进周边国家、国际社会与我国共创共享发展机遇的国际环境。要从中华民族伟大复兴的战略全局和世界百年未有之大变局来看问题，深刻理解建设中国特色自由贸易港，是党中央着眼于国际国内发展大局，深入研究、统筹考虑、科学谋划作出的重大决策。要深刻理解习近平总书记作出从"逐步探索"到"加快探索"、从"加快推进"到"推动建设"重要指示的历史逻辑、深刻内涵、时代意义。要深刻理解海南自由贸易港不只是海南 3.4 万多平方公里、900 多万人民的全岛自由贸易港，更是全国 960 万平方公里、14 亿多人民的国家自由贸易港。要深刻理解海南自由贸易港在积极推动经济全球化、构建人类命运共同体中的重大使命，做到放眼世界、站位全国、立足海南，实行高水平的对外开放，成为扩大开放与深化合作的典范，努力引领经济全球化进程，扎实推进自由贸易港建设各项工作。唯有如此，才能自觉站在党和国家大局想问题、办事情，高质量高标准建设海南自由贸易港，蹚出一条在新时代全面深化改革开放的新路子。

2. 把海南岛更好发展起来有利于完成祖国统一大业的历史进程

没有国家的完全统一，就没有完全意义上的民族复兴。中华民族的伟大复兴既是一个走向现代化、实现繁荣强盛的过程，也是一个实现祖国完全统一的过程。国家的完全统一是中华民族伟大复兴的重要内容和基本任务，是民族复兴的重要标志。1982 年 9 月 1 日，邓小平在中国共产党第十二次全国代表大会上致开幕词时指出："加紧社会主义现代化建设，争取实现包括台湾在内的祖国统一，反对霸权主义、维护世界和平，是我国人民在八十年代的三大任务。"香港、澳门回归祖国后，由于各种原因，台湾问题至今仍未解决。解决台湾问题、实现祖国完全统一，是全体中华儿女的共同愿望，是中华民族根本利益所在，是新时代中国共产党、中国政府、中国人民矢志不渝的三大历史任务之一。这三大历史任务是推动现代化建设，完成祖国统一大业，维护世界和平与促进共同发展。

习近平总书记2013年4月10日在海南考察工作结束时语重心长地说：邓小平同志拿海南同台湾比较，意味深长。海南和台湾是祖国的两大宝岛，台湾 3.62 万平方公里、2332 万人，海南 3.54 万平方公里、901 万人，人文、资源多有相似之处。如果把海南岛好好发展起来，中国特色社会主义就很有说服力，就能够增强人们对中国特色社会主义的信心，也就能促进祖国和平统一进程。

完成祖国统一大业，是新时代实现中华民族伟大复兴的必然要求。2019 年 1 月 2 日，习近平总书记在《告台湾同胞书》发表 40 周年纪念会上发表重要讲话指出："祖国必须统一，也必然统一。这是 70 载两岸关系发展历程的历史定论，也是新时代中华民族伟大复兴的必然要求。"在这个重要讲话中，他提出一个重大构想："探索'两制'台湾方案，丰富和平统一实践。'和平统一、一国两制'是实现国家统一的最佳方式，体现了海纳百川、有容乃大的中华智慧，既充分考虑台湾现实情况，又有利于统一后台湾长治久安。"台湾和海南是祖国的两大宝岛，在新时代对这两大宝岛进行"两个探索"，意义十分重大，必将产生深远影响。对于台湾，要探索"两制"的台湾方案，丰富"和平统一、一国两制"的伟大实践；对于海南，要探索建设中国特色自由贸易港，争创中国特色社会主义的生动范例，实现历史赋予的在实现中华民族伟大复兴中的特殊使命。

我国已经进入了实现中华民族伟大复兴的关键阶段。习近平总书记 2014 年 11 月 28 日在中央外事工作会议上强调："我国已经进入了实现中华民族伟大复兴的关键阶段。中国与世界的关系在发生深刻变化，我国同国际社会的互联互动也已变得空前紧密，我国对世界的依靠、对国际事务的参与在不断加深，世界对我国的依靠、对我国的影响也在不断加深。我们观察和规划改革发展，必须统筹考虑和综合运用国际国内两个市场、国际国内两种资源、国际国内两类规则。"在海南建设自由贸易港，就是以习近平同志为核心的党中央着眼于国内国际两个大局作出的一个重大战略决策，是我国新时代改革开放进程中的一件大事。

习近平总书记在"4·13"重要讲话中深刻指出："今年是我国改革开放 40 周年，也是海南建省办经济特区 30 周年。今天，我们在这里隆重集会，庆祝海南建省办经济特区 30 周年，就是要充分肯定经济特区建设的历史功绩，深刻总结经济特区建设的宝贵经验，全面贯彻党的十九大精神和新时代中国特色社会主义思想，在新时代新起点上继续把全面深化改革推向前进，为实现'两个一百年'奋斗目标、实现中华民族伟大复兴的中国梦提供强大动力。"40年前，为了推进我国改革开放和社会主义现代化建设，党中央决定兴办深圳、珠海、汕头、厦门四个经济特区，发挥了对全国改革开放和社会主义现代化建设的重要窗口和示范作用；40年后的今天，推进海南全面深化改革开放，形成更高层次改革开放新格局，必将为实现"两个一百年"奋斗目标、实现中华民族伟大复兴的中国梦提供强大的新动力。

海南被寄予时代重任。推进海南全面深化改革开放被置于为实现"两个一百年"奋斗目标、实现中华民族伟大复兴中国梦提供强大动力的历史新高度。中央12号文件指出：支持海南全面深化改革开放，"有利于推动海南加快实现社会主义现代化，打造成新时代中国特色社会主义新亮点，彰显中国特色社会主义制度优越性，增强中华民族的凝聚力和向心力。"海南要为之不懈努力，在实现中华民族伟大复兴的伟大征途中，坚决扛起建设社会主义现代化强国的海南担当、作出海南贡献，加快建设经济繁荣、社会文明、生态宜居、人民幸福的美好新海南，早日实现海南人民的幸福家园、中华民族的四季花园、中外游客的度假天堂"三大愿景"，成为展示我国构建人类命运共同体、实现中华民族伟大复兴中国梦的重要窗口。

3. 促进形成周边国家、国际社会与我国共创共享发展机遇的国际环境

胸怀"两个大局"的一大要义，是促进形成周边国家、国际社会与我国共创共享发展机遇的国际环境。在海南建设自由贸易港，打造我国新时代改革开放新高地，给世界投资者创造了新的投资热土和分享发展机遇的新机会。正如习近平总书记在庆祝海南建省办经济特区30周年大会所发出的热情邀请："我们欢迎全世界投资者到海南投资兴业，积极参与海南自由贸易港建设，共享中国发展机遇、共享中国改革成果。"我国陆上有

14 个邻国，海上与 6 个国家隔海相望，无论从地理方位、自然环境还是相互关系看，周边国家与我国地缘相近、人缘相亲、文缘相通，加强相互合作对彼此都具有极为重要的战略意义。审视周边形势，我国同周边国家的关系发生了很大变化，投资和经贸联系更加紧密、互动空前密切。建设海南自由贸易港，"加强与东南亚国家交流合作"，就是秉持"亲诚惠容"的周边外交理念，强化与周边国家的利益纽带，既为国内发展创造和平、稳定的周边环境，又使我国发展更多惠及周边国家，促进形成周边国家与我国共创共享发展机遇的有利环境，实现共同发展。

让全世界投资者共享中国发展机遇、改革成果，这又有利于海南集聚全球优质生产要素，促进国际产能合作和优化全球产业链条、促进国际优质生产要素聚集，提升全球资源配置能力和全球服务能力。

历史垂青海南。2020 年 1 月 9 日，习近平总书记主持中央政治局常委会会议，研究通过《海南自由贸易港建设总体方案》。

在《总体方案》公开发布的前夕，2020 年 5 月 28 日，习近平总书记对海南自由贸易港建设作出重要指示：要坚持党的领导，坚持中国特色社会主义制度，对接国际高水平经贸规则，促进生产要素自由便利流动，高质量高标准建设自由贸易港。要把制度集成创新摆在突出位置，解放思想、大胆创新，成熟一项推出一项，行稳致远，久久为功。海南省要认真贯彻党中央决策部署，把准方向、敢于担当、主动作为，抓紧落实政策早期安排，以钉钉子精神夯实自由贸易港建设基础。中央和国家有关部门要从大局出发，支持海南大胆改革创新，推动海南自由贸易港建设不断取得新成效。

人们从 2020 年 6 月 1 日的新闻中第一次得知，海南自由贸易港的实施范围为海南岛全岛，到 2025 年将初步建立以贸易自由便利和投资自由便利为重点的自由贸易港政策制度体系，到 2035 年成为我国开放型经济新高地，到本世纪中叶全面建成具有较强国际影响力的高水平自由贸易港。

2020 年 5 月 31 日，中共中央政治局常委、国务院副总理、推进海南全面深化改革开放领导小组组长韩正在海口主持召开推进海南全面深化改革开放领导小组全体会议并讲话。会议认真学习贯彻习近平总书记关于海南自由贸易港建设的重要指示精神，全面落实《海南自由贸易港建设总体方案》，审议有关政策文件，研究部署今年重点工作。

2020 年 6 月 1 日，中共中央、国务院正式向全球公开发布《总体方案》，标志着海南自由贸易港建设开始进入全面实施阶段，中国特色自由贸易港建设迈出关键一步。

不管风吹浪打，胜似闲庭信步。万众期待的海南自由贸易港，就这样踩着不变的步伐，从容大度走到台前，瞬间震撼世界。

"不谋万世者，不足谋一时；不谋全局者，不足谋一域。"这一路走来，海南探索建设中国特色自由贸易港的理论构想、制度设计、政策安排、实践路径、节奏部署，几乎每个重点内容、每个重大步骤、每个关键环节，习近平总书记从始至终都在亲自谋划、亲自部署、亲自推动。

《总体方案》全面系统地回答了什么是中国特色自由贸易港、如何建设中国特色自由贸易港等一系列重大理论和实践问题，全面具体地部署了建设中国特色自由贸易港的目标、原则、步骤、重点工作和保障措施。这充分体现了以习近平同志为核心的党中央高瞻远瞩、把握大势，推动高水平对外开放、支持经济全球化、构建人类命运共同体的坚定决心，充分体现了不管国际风云变幻、风吹浪打，也一定能够如期推进中华民族伟大复兴历史进程的坚定自信，充分体现了对为人民谋幸福、为民族谋复兴、为世界谋和平发展的坚定践行，充分体现了对海南高质量发展的坚定支持和对海南党员干部的高度信任和对海南各族人民的深情寄托。

《总体方案》一公布，迅速引起全球各大主流媒体机构的广泛关注。2020 年 6 月 2 日，辐射全球数百家媒体的全球通讯社联盟刊登新华社稿件 *China releases master plan for Hainan free trade port*（中国发布海南自由贸易港建设总体方案），聚焦《总体方案》发布的各项政策。文章在美国、德国、日本、韩国、马来西亚等亚太、美洲、欧洲地区国家，以英语、德语、日语、韩语、马来语五种语言同时发布，吸引美国《商业日报》、雅虎财经、美国广播公司、德国德新社旗下 News Aktuell、日本共同社、《朝日新闻》、韩联社、马新社、新加坡门户网站 Asia One 等近 200 家主流媒体、门户网站及重点资讯网站广泛转载，访问量高达 12580 万人次。

《总体方案》公布后的第一天，一批世界知名企业已通过各种方式表达希望在海南自由贸易港投资的意愿。当天，海南国际经济发展局办公室内，全球投资服务热线 4008—413—413 的电话铃声也响个不停。据统计，当天共有 200 余名投资者致电咨询。

海南，带着新时代最高水平开放的耀眼光环，再次聚焦全球目光，刷屏国际媒体"朋友圈"。而这，还只是美妙动人的序幕，更多更精彩的剧情还在后面上演，绽放华章。

|第 二 讲|
海南建设自由贸易港的重大意义

在海南建设自由贸易港，是习近平总书记亲自谋划、亲自部署、亲自推动的改革开放重大举措，是党中央着眼于国内国际两个大局审时度势、科学审慎作出的重大决策，是我国全面深化改革开放、迈向高质量发展的制度尝试，是我国新时代进一步扩大对外开放、积极引领全球化的重要标志。深刻认识在海南建设自由贸易港的重大意义，有利于凝聚共识、汇集各方力量推进自由贸易港建设的政策制度体系落地见效，有利于行稳致远、久久为功实现党中央确立的海南自由贸易港建设的宏伟奋斗目标。

《总体方案》中指出：

当今世界正在经历新一轮大发展大变革大调整，保护主义、单边主义抬头，经济全球化遭遇更大的逆风和回头浪。在海南建设自由贸易港，是推进高水平开放，建立开放型经济新体制的根本要求；是深化市场化改革，打造法治化、国际化、便利化营商环境的迫切需要；是贯彻新发展理念，推动高质量发展，建设现代化经济体系的战略选择；是支持经济全球化，构建人类命运共同体的实际行动。

这是把在海南建设自由贸易港置于当今世界正在经历新一轮大发展大变革大调整，保护主义、单边主义抬头，经济全球化遭遇更大的逆风和回头浪的国际大背景下，并从高水平开放、市场化改革、高质量发展和经济全球化的认识维度，从"根本要求""迫切需要""战略选择"和"实际行动"的理论高度，全新定义在海南建设自由贸易港的重大战略意义。这些重大意义"集束"在一起，充分说明在海南建设自由贸易港是我国新时代改革开放进程中的一件大事，意义十分重大，影响必将深远。

（一）推进高水平开放、建立开放型经济新体制的根本要求

在海南建设自由贸易港，是推进高水平开放，建立开放型经济新体制的根本要求。

1.党中央适应经济全球化新形势作出的重大决定

党的十八届三中全会通过的《中共中央关于全面深化改革若干重大问题的决定》对全面深化改革作出系统部署，提出"构建开放型经济新体制"的要求，强调"适应经济全球化新形势，必须推动对内对外开放相互促进、引进来和走出去更好结合，促进国际国内要素有序自由流动、资源高效配置、市场深度融合，加快培育参与和引领国际经济合作竞争新优势，以开放促改革"。这既是对我国 30 多年改革开放探索开放型经济经验的科学总结，也是对进一步在推进全面深化改革开放过程中探索制度层面开放的内容提出明确要求。

《中共中央 国务院关于构建开放型经济新体制的若干意见》从为实现"两个一百年"奋斗目标和中华民族伟大复兴中国梦打下坚实基础的高度，阐述加快构建开放型经济新体制的重大意义，指出："对外开放是我国的基本国策。当前，世界多极化、经济全球化进一步发展，国际政治经济环境深刻变化，创新引领发展的趋势更加明显。我国改革开放正站在新的起点上，经济结构深度调整，各项改革全面推进，经济发展进入新常态。面对新形势新挑战新任务，要统筹开放型经济顶层设计，加快构建开放型经济新体制，进一步破除体制机制障碍，使对内对外开放相互促进，

引进来与走出去更好结合，以对外开放的主动赢得经济发展和国际竞争的主动，以开放促改革、促发展、促创新，建设开放型经济强国，为实现'两个一百年'奋斗目标和中华民族伟大复兴的中国梦打下坚实基础。"

《中共中央　国务院关于新时代加快完善社会主义市场经济体制的意见》强调："加快自由贸易试验区、自由贸易港等对外开放高地建设。深化自由贸易试验区改革，在更大范围复制推广改革成果。建设好中国（上海）自由贸易试验区临港新片区，赋予其更大的自主发展、自主改革和自主创新管理权限。聚焦贸易投资自由化便利化，稳步推进海南自由贸易港建设。"把海南自由贸易港作为新时代对外开放高地建设，再一次出现在中央重要文件中，赋予新时代海南经济特区改革开放新的使命。

习近平总书记非常重视加快建立开放型经济新体制，把这看作是关乎实现中华民族伟大复兴大业的大事。2014 年 12 月 5 日，他在主持中央政治局第十九次集体学习时强调，站在新的历史起点上，实现"两个一百年"奋斗目标、实现中华民族伟大复兴的中国梦，必须适应经济全球化新趋势、准确判断国际形势新变化、深刻把握国内改革发展新要求，以更加积极有为的行动，推进更高水平的对外开放，加快实施自由贸易区战略，加快构建开放型经济新体制，以对外开放的主动赢得经济发展的主动、赢得国际竞争的主动。这段重要论述从两个"加快"（加快实施自由贸易区战略、加快构建开放型经济新体制）的角度，以及两个"赢得"（赢得经济发展的主动、赢得国际竞争的主动）的高度，阐明构建开放型经济新体制对于实现"两个一百年"奋斗目标、实现中华民族伟大复兴的中国梦至关重要。

2. 海南为全国发展开放型经济提供新鲜经验的希望

2013 年 4 月 10 日，习近平总书记在海南考察工作结束时的重要讲话中，要求海南发扬经济特区敢闯敢试、敢为人先的精神，在打造更具活力的体制机制、拓展更加开放的发展局面上走在全国前列。希望海南积极探索，也希望中央有关部门和海南一道研究，实施更加开放的投资、贸易、旅游等政策，为全国发展开放型经济提供新鲜经验。

在 2018 年的"4·13"重要讲话中，习近平总书记更明确要求："海南要坚持开放为先，实行更加积极主动的开放战略，加快建立开放型经济新体制，推动形成全面开放新格局。"又强调："自由贸易港是当今世界最高水平的开放形态。海南建设自由贸易港要体现中国特色，符合中国国情，符合海南发展定位，学习借鉴国际自由贸易港的先进经营方式、管理方法。"这是以当今世界最高水平开放形态标示新时代海南开放的历史方位。海南全面深化改革开放是国家重大战略，推进高水平开放是这个重大战略的核心内容。

中央为海南加快构建开放型经济新体制提出了总要求、制定了"路线图"。中央 12 号文件明确要求海南打造更高层次、更高水平的开放型经济，打造开放层次更高、营商环境更优、辐射作用更强的开放新高地。要求海南着力在建设现代化经济体系、实现高水平对外开放、提升旅游消费水平、服务国家重大战略、加强社会治理、打造一流生态环境、完善人才发展制度等方面进行探索。

国务院 2018 年 10 月印发的《中国（海南）自由贸易试验区总体方案》明确要求：一是大幅放宽外资市场准入。对外资全面实行准入前国民待遇加负面清单管理制度。深化现代农业、高新技术产业、现代服务业对外开放，在种业、医疗、教育、旅游、电信、互联网、文化、金融、航空、海洋经济、新能源汽车制造等重点领域加大开放力度。二是提升贸易便利化水平。对进出海南洋浦保税港区的货物，除禁止进出口和限制出口以及需要检验检疫的货物外，试行"一线放开、二线高效管住"的货物进出境管理制度。加快建设具有国际先进水平的国际贸易"单一窗口"，推动数据协同、简化和标准化，实现物流和监管等信息的全流程采集，实现监管单位的信息互换、监管互认、执法互助。三是创新贸易综合监管模式。研究赋予海关特殊监管区域内企业增值税一般纳税人资格，在海关特殊监管区域全面实施货物状态分类监管。研究支持对海关特殊监管区域外"两头在外"航空维修业态实行保税监管。四是推动贸易转型升级。培育贸易新业态新模式，支持发展跨境电商、全球维修等业态。探索建立跨境服务贸易负面清单管理制度。五是加快金融开放创新。进一步扩大人民币跨境使用、探索资本项目可兑换、深化外汇管理改革、探索投融资汇兑便利化，扩大金融业开放，为贸易投资便利化提供优质金融服务。六是加强"一带一路"国际合作。支持"一带一路"国家在海南设立领事机构。支持与"一带一路"国家开展科技人文交流、共建联合实验室、科技园区合作、技术转移等科技创新合作。推动海口、三亚与"一带一路"国家和地区扩大包括第五航权在内的航权安排，提高机场航班保障能力，吸引相关国家和地区航空公司开辟经停海南的航线。与"一带一路"国家和地区自由贸易园区在投资、贸易、金融、教育等方面开展交流合作与功能对接。

这六个方面的要求，把准海南加快建立开放型经济新体制、形成更高层次改革开放新格局的路径与走向。海南按照这样的路径，高质量建设自由贸易试验区，取得很大成效，为中央最终出台《海南自由贸易港建设总体方案》、建设高水平的自由贸易港奠定了坚实基础，创造了良好条件。

2020年8月31日，在海南自由贸易港创一流营商环境动员大会上，海南省委、省政府对第一届"海南省改革和制度创新奖"的获奖项目进行了表彰。经党中央、国务院批准，2020年年初，海南省正式设立"改革和制度创新奖"。经过严格评审，共有18个改革和制度创新项目获第一届"海南省改革和制度创新奖"。其中，开展省域"多规合一"改革试点，建立全天候进出岛人流、物流、资金流监管系统，立法推行重点园区极简审批改革三个改革和制度创新项目获一等奖。这次受到表彰的改革和制度创新项目，有的被中央充分肯定，有的获得全国通报表扬，有的被中央相关部门在全国复制推广，在对接国际经贸规则、打破体制机制束缚、建立开放型经济体制、打造对外开放新高地等方面发挥了重要作用，树立了海南全面深化改革开放的新形象。这也从一个方面说明，海南在为全国发展开放型经济提供新鲜经验方面是大有可为、大有作为的。

3.对全国构建开放型经济新体制的引领示范作用

在海南建设自由贸易港，对接国际高水平经贸规则，以贸易投资自由化便利化为重点，将成为全球高水平开放的生动实践。尤其海南自由贸易港加快建立法治化、国际化、便利化的营商环境，率先实现贸易、投资、跨境资金流动、人员进出、运输来往五大自由便利和数据安全有序流动，对全国构建开放型经济新体制具有引领促进作用。

海南自由贸易港建设要对标香港、新加坡、迪拜等国际知名自由贸易港的成功实例，建立与高水平自由贸易港相适应的政策制度体系。实施以"零关税"为基本特征的货物贸易自由化便利化制度安排，实施以"既准入又准营"为基本特征的服务贸易自由化便利化政策举措。大幅减少外资准入特别管理措施，实施市场准入承诺即入制，实行以过程监管为重点的投资便利制度，强化产权保护，保障公平竞争。分阶段开放资本项目，有序推进海南自由贸易港与境外资金自由便利流动。实行更加开放的人才引进、停居留政策和更加便利的出入境管理政策。实施高度自由便利开放的运输政策，提升服务保障水平。扩大数据领域开放，有序扩大通信资源和业务开放，创新安全制度设计，实现数据充分汇聚，培育发展数字经济等。所有这些探索，都是推进高水平开放、建立开放型经济新体制的根本要求，可以为我国发展开放型经济提供新鲜经验和有益启示。

海南自由贸易港有广大的农村，80%的土地、60%以上的户籍人口在农村，产业结构中农业占了20%以上的比重，这就决定了农村是海南自由贸易港的重要组成部分，农民是参与海南自由贸易港建设的重要力量，农业是必须着力做优做强的特色产业。但是，海南农业所占比重大而不强，农业规模化市场化产业化水平低，农民人均纯收入低于全国平均水平，村集体经济薄弱，农村教育、医疗、文化等社会事业滞后等。这说明，海南全岛建设自由贸易港，最大的短板在农村，最薄弱的基础是"三农"。近年来，海南省在全国率先试点省域"多规合一"改革，深化农业供给侧结构性改革，推进农村"五网"基础设施建设，开展生态环境六大专项整治和社会文明大行动，实施"美丽海南百镇千村工程"，推进全域旅游发展等，为脱贫攻坚和乡村振兴打下了良好基础。海南所具有的这种典型城乡经济特征和一二三产业结构，与全国情况类似，其全面深化改革开放经验也可供全国各地参考。

（二）深化市场化改革、打造法治化国际化便利化营商环境的迫切需要

在海南建设自由贸易港，是深化市场化改革，打造法治化、国际化、便利化营商环境的迫切需要。

1. 深化市场化改革是要让市场机制更充分地发挥作用

深化市场化改革就是通过制度创新，让市场机制更充分地发挥作用。党的十八届三中全会通过的《中共中央关于全面深化改革若干重大问题的决定》指出，经济体制改革的核心问题是处理好政府和市场的关系，使市场在资源配置中起决定性作用和更好发挥政府作用。这是一个重大的理论突破。

习近平总书记在党的十九大报告中充分论述全面深化改革，强调"坚持社会主义市场经济改革方向"，"着力构建市场机制有效、微观主体有活力、宏观调控有度的经济体制"。报告提出加快完善社会主义市场经济体制的大思路，主要包括：经济体制改革必须以完善产权制度和要素市场化配置为重点，实现产权有效激励、要素自由流动、价格反应灵活、竞争公平有序、企业优胜劣汰。深化国有企业改革，发展混合所有制经济，培育具有全球竞争力的世界一流企业。全面实施市场准入负面清单制度，清理废除妨碍统一市场和公平竞争的各种规定和做法，支持民营企业发展，激发各类市场主体活力。深化商事制度改革，打破行政性垄断，防止市场垄

断，加快要素价格市场化改革，放宽服务业准入限制，完善市场监管体制。创新和完善宏观调控，发挥国家发展规划的战略导向作用，健全财政、货币、产业、区域等经济政策协调机制。完善促进消费的体制机制，增强消费对经济发展的基础性作用。深化投融资体制改革，发挥投资对优化供给结构的关键性作用。深化税收制度改革，健全地方税体系。深化金融体制改革，增强金融服务实体经济能力。健全金融监管体系，守住不发生系统性金融风险的底线等。这些重要论述，抓住了深化市场化改革的关键，为深化经济改革指明了方向。

中国特色社会主义进入新时代，为在更高起点、更高层次、更高目标上推进经济体制改革及其他各方面体制改革，构建更加系统完备、更加成熟定型的高水平社会主义市场经济体制，中共中央、国务院发布了《关于新时代加快完善社会主义市场经济体制的意见》，提出："以完善产权制度和要素市场化配置为重点，全面深化经济体制改革，加快完善社会主义市场经济体制，建设高标准市场体系，实现产权有效激励、要素自由流动、价格反应灵活、竞争公平有序、企业优胜劣汰，加强和改善制度供给，推进国家治理体系和治理能力现代化，推动生产关系同生产力、上层建筑同经济基础相适应，促进更高质量、更有效率、更加公平、更可持续的发展。"这是贯彻落实党的十九届四中全会精神，坚持和完善中国特色社会主义制度、推进国家治理体系和治理能力现代化的重大决策部署；也为在更高起点、更高层次、更高目标上推进经济体制改革及其他各方面体制改革发出了新的动员令，为在推进海南自由贸易港建设过程中深化市场化改革提供了遵循和路径。

2.以优化营商环境为切入点，推进深化市场化改革

营商环境已经是一个国家或地区经济软实力和竞争力的重要体现。改革开放40多年来，我国营商环境不断改善。世界银行2020年发布的全球营商环境报告显示，我国营商环境排名跃居第31位，比2019年提升15位。

进入新时代，建设现代化经济体系、推动高质量发展、建设开放型经济新体制、深化市场化改革，都对进一步优化营商环境提出了新要求。在海南建设自由贸易港，迫切需要以优化营商环境为基础和切入点，打造法治化、国际化、便利化营商环境，推进深化市场化改革。

海南是一个欠发达地区，是市场和原材料"两头在外"、产业配套不足的岛屿经济体，靠什么才能发展？靠什么才能吸引投资？关键就是要靠一流的营商环境。只有深化市场化改革，推进高水平开放，以果断实际行动创一流营商环境新高地、全球投资兴业优选地，才能形成有利于生产要素自由流动的规则和秩序，吸纳大量的市场主体，加快汇聚人流、物流、资金流、信息流等要素，以大流量经济活动支撑自由贸易港建设，实现高水平开放、高质量发展。

习近平总书记非常重视营商环境的建设。2017年7月17日，他在主持召开中央财经领导小组第十六次会议时强调，要改善投资和市场环境，加快对外开放步伐，降低市场运行成本，营造稳定公平透明、可预期的营商环境，加快建设开放型经济新体制，推动我国经济持续健康发展。他指出，我们提出建设开放型经济新体制，一个重要目的就是通过开放促进我们自身加快制度建设、法规建设，改善营商环境和创新环境，降低市场运行成本，提高运行效率，提升国际竞争力。

海南全面深化改革开放作为国家重大战略，一开始就与打造法治化、国际化、便利化营商环境"形影不离"。习近平总书记在"4·13"重要讲话中指出："海南全岛建设自由贸易试验区，要以制度创新为核心，赋予更大改革自主权，支持海南大胆试、大胆闯、自主改，加快形成法治化、国际化、便利化的营商环境和公平开放统一高效的市场环境。要更大力度转变政府职能，深化简政放权、放管结合、优化服务改革，全面提升政府治理能力。要实行高水平的贸易和投资自由化便利化政策，对外资全面实行准入前国民待遇加负面清单管理制度，围绕种业、医疗、教育、体育、电信、互联网、文化、维修、金融、航运等重点领域，深化现代农业、高新技术产业、现代服务业对外开放，推动服务贸易加快发展，保护外商投资合法权益，推进航运逐步开放。"实现三个"要"的要求，形成公平、统一、高效的市场环境，是海南深化市场化改革的重要目标。

中央 12 号文件以营商环境为重要指标，擘画海南全面深化改革开放发展目标，即明确到 2025 年，自由贸易港制度初步建立，营商环境达到国内一流水平；到 2035 年，自由贸易港的制度体系和运作模式更加成熟，营商环境跻身全球前列；到本世纪中叶，率先实现社会主义现代化，形成高度市场化、国际化、法治化、现代化的制度体系。还提出以制度创新为核心，赋予更大改革自主权，支持海南大胆试、大胆闯、自主改，加快形成法治化、国际化、便利化的营商环境和公平统一高效的市场环境。

国务院 34 号文件确定海南"打造国际一流营商环境"的路径："借鉴国际经验，开展营商环境评价，在开办企业、办理施工许可证、获得电力、登记财产、获得信贷、保护少数投资者、纳税、跨境贸易、执行合同和办理破产等方面加大改革力度。推动准入前和准入后管理措施的有效衔接，实施公平竞争审查制度，实现各类市场主体依法平等准入相关行业、领域和业务。加快推行'证照分离'改革，全面推进'多证合一'改革。简化外商投资企业设立程序，全面实行外商投资企业商务备案与工商登记'一口办理'。探索建立普通注销登记制度和简易注销登记制度相互配套的市场主体退出制度。"还在深化机构和行政体制改革、深入推进行政管理职能与流程优化、全面推行"互联网＋政务服务"模式、完善知识产权保护和运用体系、提高外国人才工作便利度等方面，明确了建设国际一流营商环境的具体任务。

海南以加快治理体系建设和提升治理能力现代化水平为目标，按照建设海南自由贸易港的要求，不断改善营商环境。对标世界银行评价指标，着力优化营商环境，借鉴国内外先进经验和做法，深化"放管服"改革，推行"六个试行"极简审批（详见本书第九讲中的"实行'极简审批'投资制度"的内容），完善国际贸易"单一窗口"，提升贸易投资便利化水平，先后制定优化营商环境 40 项措施和 29 项措施等，营商环境不断改善，企业办事便利化程度不断提升，制度性交易成本不断降低，市场主体信心和获得感不断增强。

据社会科学文献出版社 2020 年 5 月出版的《中国（海南）自由贸易试验区发展报告（2020）》，海南在改善营商环境方面付出了持续的努力。

一是加快推进商事制度改革。2018 年 12 月 26 日，海南省第六届人民代表大会常务委员会第八次会议通过了《中国（海南）自由贸易试验区商事登记管理条例》，并于 2019 年 1 月 1 日起正式施行。海南省市场监督管理局也制定了《中国（海南）自由贸易试验区商事主体名称禁限用规则》等五个配套文件。在这些地方性法规和制度文件的基础上，海南商事主体登记平台 2019 年 1 月 1 日正式上线运行。这项商事登记制度创新的具体内容是，率先推行商事登记"全岛通办"。《中国（海南）自由贸易试验区商事登记管理条例》规定海南省市场监督管理部门是商事主体的登记机关，负责统一登记，申请人可以通过电子化登记平台自主申报；率先简化商事主体简易注销公告程序；率先探索信用修复制度；率先减免商事主体信息公示事项；率先探索外国（地区）企业直接登记制度。

二是在获得建筑许可的审图阶段，实施"多审合一"和施工图审市场化改革。早在 2015 年，海南省住建厅就允许具有甲级勘察设计资质的设计企业以内设机构方式开展图审业务试点工作，实行施工图"多审合一"改革。2018 年 5 月海南全面实施"多审合一"改革后，企业由原来需跑多个部门变为到一家图审机构完成施工图技术审查，将原来 25 个工作日的审查时间，统一压缩到了目前 3—5 个工作日的备案时间。

三是通过国际贸易"单一窗口"推动跨境贸易便利化。国际贸易"单一窗口"标准版已覆盖海南的海港、空港口岸通关业务，并延伸到特殊监管区及保税物流区，海港、空港货物申报、运输工具和舱单申报业务上线申报覆盖率达 100%。2019 年 1—11 月，海南进口货物平均整体通关时间由 2017 年的 126.94 小时压缩至 43.86 小时（同期全国进口货物平均整体通关时间为 41.95 小时），进口通关时间压缩了 65.45%。海南出口货物平均整体通关时间由 2017 年的 108.41 小时压缩至 3.26 小时（同期全国出口货物平均整体通关时间为 4.13 小时），出口通关时间压缩了 96.99%。

　　但是，海南深化市场化改革，打造法治化、国际化、便利化营商环境的任务还非常艰巨。2019 年 12 月 23 日，中国社科院、中国社科院科研局、中国社科院社会学研究所、社会科学文献出版社在北京发布的《中国营商环境与民营企业家评价调查报告》认为，政务环境是评价投资软环境的一个重要因素，也是评价营商环境质量的重要依据之一；市场经营环境是影响企业生产经营活动的外部条件，是制约企业生存和发展的重要因素；社会环境指企业生存和发展的具体环境；法治是营商环境的前提和基础，体现了城市实施法治的状态和水平，它的优劣直接影响着营商环境；开放环境是经济健康、快速发展的必要条件，营造公平、开放的市场竞争环境对于当地企业的发展至关重要。为此，该报告重点测量民营企业家对营商环境中政务环境、市场经营环境、社会环境、法治环境、开放环境五个方面的主观评价，使用"全国营商环境与民营企业家评价指数调查"数据，涉及全国 34 个主要城市。

　　该报告的评估结果显示，全国主要城市营商环境综合评分排名前十位的城市分别是：广州市、深圳市、上海市、北京市、南京市、杭州市、济南市、宁波市、武汉市和成都市。其中，企业家营商环境主观评价总体得分高于 90 分的城市有五个，占比为 15%，分别是广州市（95.62 分）、深圳市、上海市、北京市和南京市；在 80 分到 90 分之间的城市有九个，占比 27%，分别是杭州市、济南市、宁波市、武汉市、成都市、郑州市、重庆市、天津市、合肥市；得分在 70 分和 80 分之间的城市有 15 个，占比 44%，分别是西安市、石家庄市、福州市、长沙市、厦门市、大连市、沈阳市、哈尔滨市、南昌市、南宁市、长春市、太原市、贵阳市、昆明市、乌鲁木齐市；得分在 60 分到 70 分之间的城市有五个，占比 15%，分别是兰州市、银川市、西宁市、海口市、呼和浩特市。

因为得分 64.71 分的海南省海口市在全国 34 个主要城市中排名倒数第二，因而该报告的发布引起了各方的关注。当然，此报告是研究近三年来（2016 年至 2018 年）的主要城市营商环境情况，而海南探索建设中国特色自由贸易港始于 2018 年"4·13"，因而报告还难以反映"4·13"两年以来人们对海南营商环境大改变的真实感受。这也是可以理解的。

在这方面，由北京大学光华管理学院、武汉大学经济与管理学院的相关专家学者共同完成的《中国省份营商环境评价：指标体系与量化分析》也能说明问题。该研究致力于构建中国省份营商环境的评价指标体系，并对省份营商环境进行评价分析。按照"国际可比、对标世行、中国特色"的原则，该研究以"十三五"规划纲要提出的"市场、政务、法律政策、人文"四个维度为一级指标，借鉴国内外营商环境评价指标体系并结合《优化营商环境条例》，确定二级指标和相应权重，构建出中国省份营商环境评价指标体系，并运用相关数据进行量化分析。由此，得出我国 31 个省、自治区、直辖市的营商环境评价结果。根据该研究，北京以 78.23 分摘得"营商环境第一省份"，上海、广东紧随其后，分列第二、第三，海南营商环境排名第 12。同时从区域经济带看，"21 世纪海上丝绸之路"圈定上海、福建、广东、浙江、海南五省市，这五个省市的营商环境均值远高于全国总体均值，市场环境"子环境"的排名均靠前且差异相对较小，"对外开放"指数均值远高于全国均值。该研究成果发表于中国社会科学院工业经济研究所主办的学术月刊《经济管理》2020 年第 4 期。

3. 加快实现国内一流水平营商环境目标

"投资环境就像空气，空气清新才能吸引更多外资。过去，中国吸引外资主要靠优惠政策，现在要更多靠改善投资环境。我们将加强同国际经贸规则对接，增强透明度，强化产权保护，坚持依法办事，鼓励竞争、反对垄断。"习近平主席在博鳌亚洲论坛 2018 年年会开幕式主旨演讲中的这则比喻，生动阐释了优化投资环境对吸引外资的重要作用。海南一定要牢记习近平总书记的嘱托，让海南的营商环境如同生态环境一样"空气清新"。

创一流营商环境是打造开放层次更高、营商环境更优、辐射作用更强的开放新高地的内在需要。迪拜、新加坡、香港等世界上成熟的自由贸易港，都非常重视打造国际一流的营商环境，在贸易投资、人员往来、货物进出、金融、税收等方面实行高度开放的政策，交通、供电、通信等标准和质量世界领先，成熟的法律体系使投资者有稳定的获利预期，文化、教育、医疗等配套服务高端、齐全。世界银行发布的《2020 全球营商环境报告》，新加坡排名第 2，香港排名第 3，阿联酋排名第 16。他们的先进经验做法启示我们，海南自由贸易港只有打造一流的营商环境，才能形成具有国际竞争力的开放政策和制度，成为我国深度融入全球经济体系的前沿地带。

最新出台的《总体方案》同样以营商环境为重要指向，分阶段提出了营商环境的目标。到 2025 年，初步建立以贸易自由便利和投资自由便利为重点的自由贸易港政策制度体系。营商环境总体达到国内一流水平，市场主体大幅增长，产业竞争力显著提升，风险防控有力有效，适应自由贸易港建设的法律法规逐步完善，经济发展质量和效益明显改善。到 2035 年，自由贸易港制度体系和运作模式更加成熟，以自由、公平、法治、高水平过程监管为特征的贸易投资规则基本构建，实现贸易自由便利、投资自由便利、跨境资金流动自由便利、人员进出自由便利、运输来往自由便利和数据安全有序流动。营商环境更加优化，法律法规体系更加健全，风险防控体系更加严密，现代社会治理格局基本形成，成为我国开放型经济新高地。到本世纪中叶，全面建成具有较强国际影响力的高水平自由贸易港。

《总体方案》还提出："大幅放宽海南自由贸易港市场准入，强化产权保护，保障公平竞争，打造公开、透明、可预期的投资环境，进一步激发各类市场主体活力。""建立以海南自由贸易港法为基础，以地方性法规和商事纠纷解决机制为重要组成的自由贸易港法治体系，营造国际一流的自由贸易港法治环境。"

到 2025 年"营商环境总体达到国内一流水平"，到 2035 年"营商环境更加优化"。这是习近平总书记和党中央对海南提出的明确要求，也是党和国家向世界作出的庄重承诺，市场主体和社会舆论对此广泛关注。在建设自由贸易港过程中，海南迫切需要对标法治化、国际化、便利化营商环境目标，瞄准企业投资生产经营中的"堵点""痛点""难点"，继续落实一系列促进更高水平对外开放的新举措，以更大力度推动营商环境提升，加快实现营商环境总体达到国内一流水平的第一步目标，进而为实现营商环境跻身全球前列的第二步目标奋进。

（三）推动高质量发展、建设现代化经济体系的战略选择

在海南建设自由贸易港，是贯彻新发展理念，推动高质量发展，建设现代化经济体系的战略选择。

1. 建设现代化经济体系是"一篇大文章"

贯彻新发展理念，建设现代化经济体系，这是习近平总书记在党的十九大报告中提出的重要思想。他指出，我国经济已由高速增长阶段转向高质量发展阶段，正处在转变发展方式、优化经济结构、转换增长动力的攻关期，建设现代化经济体系是跨越关口的迫切要求和我国发展的战略目标。建设现代化经济体系，必须把发展经济的着力点放在实体经济上，把提高供给体系质量作为主攻方向，显著增强我国经济质量优势。加快建设制造强国，加快发展先进制造业，推动互联网、大数据、人工智能和实体经济深度融合，在中高端消费、创新引领、绿色低碳、共享经济、现代供应链、人力资本服务等领域培育新增长点、形成新动能。支持传统产业优化升级，加快发展现代服务业，瞄准国际标准提高水平。促进我国产业迈

向全球价值链中高端，培育若干世界级先进制造业集群。加强水利、铁路、公路、水运、航空、管道、电网、信息、物流等基础设施网络建设。坚持去产能、去库存、去杠杆、降成本、补短板，优化存量资源配置，扩大优质增量供给，实现供需动态平衡。激发和保护企业家精神，鼓励更多社会主体投身创新创业。

建设现代化经济体系有多重要？2018年1月30日，习近平总书记在主持中共中央政治局第三次集体学习时强调："建设现代化经济体系是一篇大文章，既是一个重大理论命题，更是一个重大实践课题，需要从理论和实践的结合上进行深入探讨。建设现代化经济体系是我国发展的战略目标，也是转变经济发展方式、优化经济结构、转换经济增长动力的迫切要求。全党一定要深刻认识建设现代化经济体系的重要性和艰巨性，科学把握建设现代化经济体系的目标和重点，推动我国经济发展焕发新活力、迈上新台阶。"用"一篇大文章"来形容建设现代化经济体系，可见意义十分重大。《总体方案》提出在海南建设自由贸易港，是贯彻新发展理念，推动高质量发展，建设现代化经济体系的战略选择。这是非常有针对性的。

习近平总书记希望海南要坚决贯彻新发展理念，建设现代化经济体系，在推动经济高质量发展方面走在全国前列。他在"4·13"重要讲话中指出："我国经济已由高速增长阶段转向高质量发展阶段，这是党中央对新时代我国经济发展特征的重大判断。发展是第一要务，创新是第一动力，是建设现代化经济体系的战略支撑。海南要深化供给侧结构性改革，发挥优势，集聚创新要素，积极发展新一代信息技术产业和数字经济，推动互联网、物联网、大数据、卫星导航、人工智能同实体经济深度融合，整体提升海南综合竞争力。要加强国家南繁科研育种基地（海南）建设，打造国家热带农业科学中心，支持海南建设全球动植物种质资源引进中转基地。国家支持海南布局建设一批重大科研基础设施和条件平台，建设航天领域重大科技创新基地和国家深海基地南方中心，打造空间科技创新战略高地。要创新科技管理体制，建立符合科研规律的科技创新管理制度和国际科技合作机制，设立海南国际离岸创新创业示范区。"这为海南贯彻新发展理念、建设现代化经济体系，指明了发展方向，提供了建设遵循。

2. 中央为海南确定建设现代化经济体系的重要任务

中共中央、国务院为海南建设现代化经济体系确定了具体任务和发展路径。中央 12 号文件中提出建设现代化经济体系的四项要求分别是：

一是深化供给侧结构性改革。坚持把实体经济作为发展经济的着力点，紧紧围绕提高供给体系质量，支持海南传统产业优化升级，加快发展现代服务业，培育新动能。推动旅游业转型升级，加快构建以观光旅游为基础、休闲度假为重点、文体旅游和健康旅游为特色的旅游产业体系，推进全域旅游发展。瞄准国际先进水平，大力发展现代服务业，加快服务贸易创新发展。统筹实施网络强国战略、大数据战略、"互联网+"行动，大力推进新一代信息技术产业发展，推动互联网、物联网、大数据、卫星导航、人工智能和实体经济深度融合。鼓励发展虚拟现实技术，大力发展数字创意产业。高起点发展海洋经济，积极推进南海天然气水合物、海底矿物商业化开采，鼓励民营企业参与南海资源开发，加快培育海洋生物、海水淡化与综合利用、海洋可再生能源、海洋工程装备研发与应用等新兴产业，支持建设现代化海洋牧场。实施乡村振兴战略，做强做优热带特色高效农业，打造国家热带现代农业基地，支持创设海南特色农产品期货品种，加快推进农业农村现代化。

二是实施创新驱动发展战略。面向深海探测、海洋资源开发利用、航天应用等战略性领域，支持海南布局建设一批重大科研基础设施与条件平台，建设航天领域重大科技创新基地和国家深海基地南方中心，打造空间科技创新战略高地。加强国家南繁科研育种基地（海南）建设，打造国家热带农业科学中心，支持海南建设全球动植物种质资源引进中转基地。设立海南国际离岸创新创业示范区。建立符合科研规律的科技创新管理制度和国际科技合作机制。鼓励探索知识产权证券化，完善知识产权信用担保机制。

三是深入推进经济体制改革。深化国有企业改革，推进集团层面混合所有制改革，健全公司法人治理结构，完善现代企业制度。完善各类国有资产管理体制，探索政府直接授权国有资本投资、运营公司，加快国有企业横向联合、纵向整合和专业化重组，推动国有资本做强做优做大。完善产权保护制度，加强政务诚信和营商环境建设，清理废除妨碍统一市场和公平竞争的规定与做法，严厉打击不正当竞争行为，激发和保护企业家精神，支持民营企业发展，鼓励更多市场主体和社会主体投身创新创业。支持依法合规在海南设立国际能源、航运、大宗商品、产权、股权、碳排放权等交易场所。创新投融资方式，规范运用政府和社会资本合作（PPP）模式，引导社会资本参与基础设施和民生事业。支持海南以电力和天然气体制改革为重点，开展能源综合改革。理顺民用机场管理体制，先行先试通用航空分类管理改革。

四是提高基础设施网络化智能化水平。按照适度超前、互联互通、安全高效、智能绿色的原则，大力实施一批重大基础设施工程，加快构建现代基础设施体系。建设"数字海南"，推进城乡光纤网络和高速移动通信网络全覆盖，加快实施信息进村入户工程，着力提升南海海域通信保障能力。落实国家网络安全等级保护制度，提升网络安全保障水平。

国务院34号文件提出了加快海南服务业创新发展的四项任务：

一是推动现代服务业集聚发展。依托博鳌乐城国际医疗旅游先行区，大力发展国际医疗旅游和高端医疗服务，对先行区范围内确需进口的、关税税率较高的部分医疗器械研究适当降低关税。支持开展干细胞临床前沿医疗技术研究项目。依托现有医药产业基础，探索开展重大新药创制国家科技重大专项成果转移转化试点。鼓励中外航空公司新开或加密海南直达全球主要客源地的国际航线。支持举办国际商品博览会、国际电影节、中国（海南）国际海洋产业博览会等大型国际展览会、节庆活动，以及文化旅游、国际品牌等适合海南产业特点的展会。建设以天然橡胶为主的国际热带农产品交易中心、定价中心、价格指数发布中心。设立热带农产品拍卖中心。支持完善跨境消费服务功能。高标准建设商务诚信示范省。

二是提升国际航运能力。依托自贸试验区，科学有序开发利用海洋资源，培育壮大特色海洋经济，建设南海服务保障基地。建设具有较强服务功能和辐射能力的国际航运枢纽，不断提高全球航运资源配置能力。大力引进国内外航运企业在自贸试验区设立区域总部或营运中心，促进航运要素集聚。积极培育壮大外轮供应企业，丰富外轮供应品种，为进入自贸试验区的船舶提供生活用品、备品备件、物料、工程服务和代理服务等。利用现有方便旗船税收政策，促进符合条件的船舶在自贸试验区落户登记。扩大内外贸同船运输、国轮捎带运输适用范围，提升运力资源综合效能。支持境内外企业和机构开展航运保险、航运仲裁、海损理算、航运交易、船舶融资租赁等高端航运服务，打造现代国际航运服务平台。支持设立专业化地方法人航运保险机构。培育发展专业化第三方船舶管理公司。逐步开放中国籍国际航行船舶入级检验。将无船承运、外资经营国际船舶管理业务行政许可权下放给海南省。

三是提升高端旅游服务能力。发展环海南岛邮轮航线，支持邮轮企业根据市场需求依法拓展东南亚等地区邮轮航线，不断丰富由海南邮轮港口始发的邮轮航线产品。研究支持三亚等邮轮港口参与中资方便旗邮轮公海游试点，将海南纳入国际旅游"一程多站"航线。积极支持实施外国旅游团乘坐邮轮15天入境免签政策。优化对邮轮和邮轮旅客的检疫监管模式。建设邮轮旅游岸上国际配送中心，创建与国际配送业务相适应的检验、检疫、验放等海关监管制度。简化游艇入境手续。

四是加大科技国际合作力度。创建南繁育种科技开放发展平台。划定特定区域，通过指定口岸管辖和加强生物安全管理，建设全球动植物种质资源引进中转基地，探索建立中转隔离基地（保护区）、检疫中心、种质保存中心、种源交易中心。推进农业对外合作科技支撑与人才培训基地建设。引进国际深远海领域科研机构、高校等前沿科技资源，打造国际一流的深海科技创新平台。搭建航天科技开发开放平台，推动商用航天发展和航天国际合作。

3.为全国高质量发展提供典型示范

建设现代化经济体系的首要任务是"大力发展实体经济"。海南需要按《总体方案》中现代产业体系设计的要求，"大力发展旅游业、现代服务业和高新技术产业，不断夯实实体经济基础，增强产业竞争力"，通过高质量高标准建设自由贸易港，加快发展现代化经济体系，实现高质量发展。这是事关海南自由贸易港建设大局的"一篇大文章"，必须全力做好答题。

在海南建设自由贸易港，本身就是贯彻新发展理念、推动高质量发展、建设现代化经济体系的重大举措。目前，我国经济已由高速增长阶段转向高质量发展阶段，正处在转变发展方式、优化经济结构、转换增长动力的攻关期。海南拥有全国最好的生态环境，如何在保护好海南这一中华民族四季花园的同时实现经济持续健康发展，让绿水青山源源不断带来金山银山，是高质量发展的应有之义。在海南建设自由贸易港，就是要推动海南将生态优势和开放优势相融合，积极引进国际先进技术、高端人才和创新经验，打造包括资本、知识、技术、管理、数据在内的全球优质生产要素集聚区，形成特色鲜明、具有较强竞争力的优势产业，为全国高质量发展提供典型示范。

一方面，突出海南定位，促进高质量发展。要聚焦重点产业精准施策。基于产业进行政策制度设计，结合旅游业、现代服务业和高新技术产业的基础、特点和发展需要，精准施策，实施产业定制化的高质量发展策略，不断夯实实体经济基础，增强产业竞争力。要突出科技创新引领。抢抓全球新一轮科技革命和产业变革重要机遇，布局建设重大科技基础设施和平台，集聚全球创新要素，大力发展现代服务业和高新技术产业，加快培育具有海南特色的合作竞争新优势。要高度重视生态文明建设。创新生态文明体制机制，全面建立资源高效利用制度，探索建立生态保护补偿机制和生态产品价值实现机制，推动形成人与自然和谐发展的现代化建设新格局。

另一方面，强化辐射带动，服务全国高质量发展。要注重与周边地区的联动发展。发挥超大规模腹地经济优势，增强区域辐射带动作用，打造我国深度融入全球经济体系的前沿地带。既要促进与粤港澳大湾区的联动发展，又要推动建设西部陆海新通道国际航运枢纽和航空枢纽，在带动北部湾、西南、西北等内陆地区高质量发展中发挥重要作用。要注重与内地市场保持畅通。保持与内地超大规模国内市场同步高质量发展，落实好既保证对全球市场高度开放、又确保与内地要素流动充分自由的政策安排。在"二线"管住的同时，大力开展与内地货物等要素往来的便利化安排。大力加强内地与海南自由贸易港间运输、通关便利化相关设施设备建设，提升运输往来自由便利程度。

（四）支持经济全球化，构建人类命运共同体的实际行动

在海南建设自由贸易港，是支持经济全球化，构建人类命运共同体的实际行动。

1.经济全球化是时代潮流

"经济全球化"概念是冷战结束以后才流行起来的，但是我们可以从马克思那里找到经济全球化的理论基础。19世纪，马克思、恩格斯在《德意志意识形态》《共产党宣言》《1857—1858年经济学手稿》《资本论》等著作中就详细论述了世界贸易、世界市场、世界历史等问题。《共产党宣言》中指出："资产阶级，由于开拓了世界市场，使一切国家的生产和消

费都成为世界性的了。"马克思、恩格斯的这些洞见和论述，深刻揭示了经济全球化的本质、逻辑、过程，奠定了我们今天认识经济全球化的理论基础。

经济全球化是时代潮流，促进了商品和资本流动、科技和文明进步、各国人民交往，为世界经济增长提供了强劲动力。但也有一种观点把世界乱象归咎于经济全球化。经济全球化曾经被人们视为阿里巴巴的山洞，好像打开的是财富之门；现在又被不少人看作潘多拉的盒子，好像里面装的是邪恶的东西。因此，对经济全球化还有一个应该怎么看的问题。

2017年1月17日，习近平主席在世界经济论坛2017年年会开幕式上发表主旨演讲指出，困扰世界的很多问题，并不是经济全球化造成的。把困扰世界的问题简单归咎于经济全球化，既不符合事实，也无助于问题解决。历史地看，经济全球化是社会生产力发展的客观要求和科技进步的必然结果，不是哪些人、哪些国家人为造出来的。经济全球化为世界经济增长提供了强劲动力，促进了商品和资本流动、科技和文明进步、各国人民交往。当然，我们也要承认，经济全球化是一把"双刃剑"。当世界经济处于下行期的时候，全球经济"蛋糕"不容易做大，甚至变小了，增长和分配、资本和劳动、效率和公平的矛盾就会更加突出，发达国家和发展中国家都会感受到压力和冲击。反全球化的呼声，反映了经济全球化进程的不足，值得我们重视和深思。

他又以中国为例说，当年，中国对经济全球化也有过疑虑，对加入世界贸易组织也有过忐忑。但是，我们认为，融入世界经济是历史大方向，中国经济要发展，就要敢于到世界市场的汪洋大海中去游泳，如果永远不敢到大海中去经风雨、见世面，总有一天会在大海中溺水而亡。所以，中国勇敢迈向了世界市场。在这个过程中，我们呛过水，遇到过旋涡，遇到过风浪，但我们在游泳中学会了游泳。这是正确的战略抉择。

2.彰显我国积极推动经济全球化的决心

习近平总书记对经济全球化有着深刻理解与科学把握。2016年1月18日，他在省部级领导干部学习贯彻党的十八届五中全会精神专题研究班上的讲话中要求，经济全球化是我们谋划发展所要面对的时代潮流。要不断探索实践，提高把握国内国际两个大局的自觉性和能力，提高对外开放质量和水平。

他同时以此来谋划指导海南全面深化改革开放，在"4·13"重要讲话中郑重宣布，党中央决定支持海南全岛建设自由贸易试验区，支持海南逐步探索、稳步推进中国特色自由贸易港建设，分步骤、分阶段建立自由贸易港政策和制度体系。强调这是党中央着眼于国际国内发展大局，深入研究、统筹考虑、科学谋划作出的重大决策，是彰显我国扩大对外开放、积极推动经济全球化决心的重大举措。

习近平总书记接着指出，经济全球化是社会生产力发展的客观要求和科技进步的必然结果。经济全球化为世界经济增长提供了强劲动力，促进了商品和资本流动、科技和文明进步、各国人民交往，符合各国共同利益。当前，世界经济仍然面临诸多复杂挑战，新增长动能缺乏，增长分化加剧。把困扰世界的问题简单归咎于经济全球化，搞贸易和投资保护主义，想人为让世界经济退回到孤立的旧时代，不符合历史潮流。正确的选择是，充分利用一切机遇，合作应对一切挑战。

他要求海南要坚持开放为先，实行更加积极主动的开放战略，加快建立开放型经济新体制，推动形成全面开放新格局。这也从一个侧面彰显了我国积极推动经济全球化的决心。

中央12号文件从"三个有利于"的高度，深刻阐述海南全面深化改革开放的重大意义，而有利于我国主动参与和推动经济全球化进程就是其中之一："在中国特色社会主义进入新时代的大背景下，赋予海南经济特区改革开放新的使命，是习近平总书记亲自谋划、亲自部署、亲自推动的重大国家战略，必将对构建我国改革开放新格局产生重大而深远影响。支持海南全面深化改革开放有利于探索可复制可推广的经验，压茬拓展改革广度和深度，完善和发展中国特色社会主义制度；有利于我国主动参与和推动经济全球化进程，发展更高层次的开放型经济，加快推动形成全面开放新格局；有利于推动海南加快实现社会主义现代化，打造成新时代中国特色社会主义新亮点，彰显中国特色社会主义制度优越性，增强中华民族的凝聚力和向心力。"

在海南建设自由贸易港，是旗帜鲜明反对保护主义，支持全球化、构建人类命运共同体的实际行动。当今世界，贸易保护主义、单边主义、内顾倾向不断抬头，新冠肺炎疫情等非传统安全威胁持续蔓延，经济全球化遭遇更大的逆风和回头浪。面对逆全球化浪潮，中国对标世界一流水平，大幅放宽市场准入，显著提升贸易投资自由化便利化水平，彰显了中国推进引领全球化的决心和信心。在海南建设自由贸易港，就是要用实际行动向世界表明，中国开放的大门不会关闭，只会越开越大；就是要以新一轮高水平对外开放支持和推动经济全球化，为维护全球自由贸易、完善全球治理体系、加快世界经济复苏注入新的动力。

3. 在服务"一带一路"建设中推动构建人类命运共同体

构建人类命运共同体，体现了经济全球化时代发展的内在要求。2015 年 9 月 28 日，习近平主席在联合国总部举行的第七十届联合国大会一般性辩论时讲话指出，世界格局正处在一个加快演变的历史性进程之中。和平、发展、进步的阳光足以穿透战争、贫穷、落后的阴霾。世界多极化进一步发展，新兴市场国家和发展中国家崛起已经成为不可阻挡的历史潮流。经济全球化、社会信息化极大解放和发展了社会生产力，既创造了前所未有的发展机遇，也带来了需要认真对待的新威胁新挑战。当今世界，各国相互依存、休戚与共。我们要继承和弘扬联合国宪章的宗旨和原则，构建以合作共赢为核心的新型国际关系，打造人类命运共同体。

突如其来的新冠肺炎疫情，严重挑战公共卫生安全，全面冲击世界经济运行，深刻影响社会生活运转。应对新冠肺炎疫情这场全球公共卫生危机的过程，更加凸显构建人类命运共同体的迫切性和重要性。正如习近平主席 2020 年 5 月 7 日与外国政要通电话时所指出，新冠肺炎疫情再次证明，只有构建人类命运共同体才是人间正道。在这场攸关全人类健康福祉、世界发展繁荣的斗争中，团结合作是最有力的武器。世界各国应该以团结取代分歧、以理性消除偏见，凝聚起抗击疫情的强大合力，加强合作，共克时艰，维护人类共同家园。

在全球疫情蔓延的影响之下，全球贸易投资极度低迷，市场信心萎靡不振，全球产业链、供应链正出现断裂，世界经济陷入了衰退的境地。"屋漏偏逢连夜雨。"当此之际，经济全球化正遭遇更大的逆风与回头浪，一些国家推动产业链本地化回迁，贸易投资单边主义、保护主义和逆全球化抬头，给世界经济带来极大不确定性。在这一特殊的时代背景下，《海南自由贸易港建设总体方案》正式发布，中国宣示高质量高标准建设海南自由贸易港，就是将一以贯之地扎实推动贸易投资自由化便利化，打造全球开放合作的典范，引领经济全球化进程，为我国深度参与全球经济治理和国际经贸规则制定提供重要平台，为构建人类命运共同体提供中国方案、贡献中国智慧。对标世界最高水平开放形态，海南自由贸易港将成为中国更高水平开放的新支点。这一更加开放的实际行动，不仅宣示了中国扩大开放的决心，是顺应自身发展、建设贸易强国的需要，也是一场"及时雨"，为推动世界经济恢复发展和推动全球化注入一剂强心针，必将有力推进构建人类命运共同体。

海南要在服务"一带一路"建设中推动构建人类命运共同体。共建"一带一路"倡议是我国参与全球开放合作、改善全球经济治理体系、促进全球共同发展繁荣、推动构建人类命运共同体的中国方案。要通过海南自由贸易港建设，推动与"一带一路"沿线国家和地区开展多层次、多领域务实合作，打造"一带一路"建设新支点。通过海南自由贸易港建设，拓展与东南亚国家航线和合作领域，加强与东南亚国家在旅游、环境保护、海洋渔业、人文交流、创新创业、防灾减灾等领域的广泛合作。通过海南自由贸易港建设，推动设立 21 世纪海上丝绸之路文化、教育、农业、旅游交流平台，打造 21 世纪海上丝绸之路经贸合作项目的综合承载区和集中展示区。

|第 三 讲|
海南建设自由贸易港的深入谋划

《海南自由贸易港建设总体方案》确立了海南自由贸易港建设的指导思想，这就是：

以习近平新时代中国特色社会主义思想为指导，全面贯彻党的十九大和十九届二中、三中、四中全会精神，坚持党的全面领导，坚持稳中求进工作总基调，坚持新发展理念，坚持高质量发展，统筹推进"五位一体"总体布局，协调推进"四个全面"战略布局，对标国际高水平经贸规则，解放思想、大胆创新，聚焦贸易投资自由化便利化，建立与高水平自由贸易港相适应的政策制度体系，建设具有国际竞争力和影响力的海关监管特殊区域，将海南自由贸易港打造成为引领我国新时代对外开放的鲜明旗帜和重要开放门户。

确立这样的指导思想，把海南自由贸易港建设置于党和国家工作全局中来谋划推进，必将有力加快推进海南自由贸易港建设的历史进程，加快实现海南自由贸易港建设分三步走的发展目标。

（一）以习近平新时代中国特色社会主义思想为指导

习近平新时代中国特色社会主义思想，是新时代中国共产党的思想旗帜，是国家政治生活和社会生活的根本指针，是当代中国马克思主义、21世纪马克思主义，为实现中华民族伟大复兴提供了行动指南。海南自由贸易港建设要以习近平新时代中国特色社会主义思想为指导，这是历史的选择、时代的选择。

1. 党必须长期坚持的指导思想

党的十九大立足时代和全局的高度，着眼中国特色社会主义事业长远发展，将习近平总书记治国理政新理念新思想新战略概括为习近平新时代中国特色社会主义思想，确立为党必须长期坚持的指导思想，并写进党章。十三届全国人大一次会议把这一重要思想载入宪法，从而实现了党和国家指导思想的与时俱进。习近平新时代中国特色社会主义思想是党和人民实践经验和集体智慧的结晶，其主要创立者是习近平同志。在领导全党全国推进党和国家事业的实践中，习近平总书记以马克思主义政治家、理论家的深刻洞察力、敏锐判断力和战略定力，提出了一系列具有开创性意义的新理念新思想新战略，为习近平新时代中国特色社会主义思想的创立发挥了决定性作用、作出了决定性贡献。

习近平新时代中国特色社会主义思想，以新的历史站位、宏阔视野、战略眼光反映了时代发展变化的丰富内涵，以逻辑严密、系统完整、相互贯通的思想体系回应了坚持和发展中国特色社会主义的实践要求，为在新时代推进党和国家事业提供了思想指南。对此，我们可以从"四个新境界"的高度来理解。

第一，开辟了马克思主义新境界。这一思想贯穿改革发展稳定、内政外交国防、治党治国治军各个领域，既坚持了"老祖宗"，又讲了很多新话，实现了马克思主义基本原理与中国具体实际相结合的新飞跃，是21世纪中国的马克思主义，是马克思主义中国化的最新成果，在马克思主义中国化进程中具有开创性意义。

第二，开辟了中国特色社会主义新境界。这一思想从理论和实践结合上系统回答了新时代坚持和发展什么样的中国特色社会主义、怎样坚持和发展中国特色社会主义这个重大时代课题，回答了新时代坚持和发展中国特色社会主义的总目标、总任务、总体布局、战略布局和发展方向、发展方式、发展动力、战略步骤、外部条件、政治保证等基本问题，为中国特色社会主义注入了新的科学内涵，进一步彰显了中国特色社会主义时代特色、实践特色、理论特色、民族特色，续写了中国特色社会主义的光辉篇章。

第三，开辟了党治国理政新境界。在这一思想指引下，我们党团结带领全国各族人民推动党和国家事业取得了全方位、开创性的成就，发生了深层次、根本性的变革，我国经济实力、综合国力和人民生活水平迈上了新的台阶，党的面貌、国家的面貌、人民的面貌、军队的面貌、中华民族的面貌发生了前所未有的变化。

第四，开辟了管党治党新境界。在这一思想指引下，我们党以坚强的决心、空前的力度，推进全面从严治党，坚持思想从严、管党从严、执纪从严、治吏从严、作风从严、反腐从严，管党治党实现从"宽松软"到"严紧硬"的深刻转变，党的创造力、凝聚力、战斗力显著增强，党的团结统一更加巩固，党群关系明显改善，党在革命性锻造中更加坚强。

2.贯穿海南自由贸易港建设全过程的思想

党的十九大用"八个明确"概括了习近平新时代中国特色社会主义思想的主要内容和丰富内涵，我们就可以从"八个明确"的维度来加深理解：一是明确坚持和发展中国特色社会主义，总任务是实现社会主义现代化和中华民族伟大复兴，在全面建成小康社会的基础上，分两步走在本世纪中叶建成富强民主文明和谐美丽的社会主义现代化强国；二是明确新时代我国社会主要矛盾是人民日益增长的美好生活需要和不平衡不充分的发展之间的矛盾，必须坚持以人民为中心的发展思想，不断促进人的全面发展、全体人民共同富裕；三是明确中国特色社会主义事业总体布局是"五位一体"、战略布局是"四个全面"，强调坚定道路自信、理论自信、制度自信、文化自信；四是明确全面深化改革总目标是完善和发展中国特色社会主义制度、推进国家治理体系和治理能力现代化；五是明确全面推进依法治国总目标是建设中国特色社会主义法治体系、建设社会主义法治国家；六是明确党在新时代的强军目标是建设一支听党指挥、能打胜仗、作风优良的人民军队，把人民军队建设成为世界一流军队；七是明确中国特色大国外交要推动构建新型国际关系，推动构建人类命运共同体；八是明确中国特色社会主义最本质的特征是中国共产党领导，中国特色社会主义制度的最大优势是中国共产党领导，党是最高政治领导力量，提出新时代党的建设总要求，突出政治建设在党的建设中的重要地位。

为在各项工作中全面贯彻落实习近平新时代中国特色社会主义思想，党的十九大提出新时代坚持和发展中国特色社会主义的基本方略，主要有14个"坚持"：坚持党对一切工作的领导、坚持以人民为中心、坚持全面深化改革、坚持新发展理念、坚持人民当家作主、坚持全面依法治国、坚持社会主义核心价值体系、坚持在发展中保障和改善民生、坚持人与自然和谐共生、坚持总体国家安全观、坚持党对人民军队的绝对领导、坚持"一国两制"和推进祖国统一、坚持推动构建人类命运共同体、坚持全面从严治党。这14个"坚持"涵盖坚持党的领导和全面从严治党，涵盖"五位一体"总体布局、"四个全面"战略布局，涵盖国防和军队建设、维护国家安全、"一国两制"和祖国统一、对外战略，是习近平新时代中国特色社会主义思想的重要组成部分。

因此，《总体方案》强调全面贯彻党的十九大和十九届二中、三中、四中全会精神，坚持党的全面领导，坚持稳中求进工作总基调，坚持新发展理念，坚持高质量发展，统筹推进"五位一体"总体布局，协调推进"四个全面"战略布局，这体现了以习近平新时代中国特色社会主义思想为指导的根本要求。建设海南自由贸易港，要坚持把习近平新时代中国特色社会主义思想贯穿全过程。

3. 推进海南形成全面开放新格局的最好教材

2020 年 6 月，全面展示党的十九大以来习近平总书记领导全党全军全国各族人民砥砺奋进、攻坚克难伟大实践的《习近平谈治国理政》第三卷出版。这一卷《习近平谈治国理政》与第一卷、第二卷构成一脉相承、有机统一的整体，是马克思主义中国化的最新成果，是用习近平新时代中国特色社会主义思想武装全党、教育人民、推动工作的最新教材，是新的历史起点上坚持和发展中国特色社会主义的根本指针，是建设坚强有力的马克思主义执政党、确保党长期执政和国家长治久安的思想旗帜，是实现中华民族伟大复兴的行动指南。

《习近平谈治国理政》第三卷就有海南的重要内容。第七专题《形成全面开放新格局》收入四篇讲话。

第一篇《中国开放的大门只会越开越大》是习近平在博鳌亚洲论坛 2018 年年会开幕式上主旨演讲的一部分，演讲中首次宣布："中国人民将继续扩大开放、加强合作，坚定不移奉行互利共赢的开放战略，坚持引进来和走出去并重，推动形成陆海内外联动、东西双向互济的开放格局，实行高水平的贸易和投资自由化便利化政策，探索建设中国特色自由贸易港。"

第二篇《稳步推进中国特色自由贸易港建设》是习近平在庆祝海南建省办经济特区 30 周年大会上讲话的一部分，讲话中郑重宣布"党中央决定支持海南全岛建设自由贸易试验区，支持海南逐步探索、稳步推进中国特色自由贸易港建设，分步骤、分阶段建立自由贸易港政策和制度体系"。

第三篇《共建创新包容的开放型世界经济》是习近平在首届中国国际进口博览会开幕式上的主旨演讲，演讲中提出："中国将抓紧研究提出海南分步骤、分阶段建设自由贸易港政策和制度体系，加快探索建设中国特色自由贸易港进程。这是中国扩大对外开放的重大举措，将带动形成更高层次改革开放新格局。"

第四篇《开放合作 命运与共》是习近平在第二届中国国际进口博览会开幕式上的主旨演讲，演讲中指出："中国将继续鼓励自由贸易试验区大胆试、大胆闯，加快推进海南自由贸易港建设，打造开放新高地。"

这些关系海南全面深化改革开放的重要内容入选"最新教材"，充分说明海南在我国新时代形成全面开放新格局中的地位非常重要，凸显中国特色自由贸易港建设在我国改革开放和社会主义现代化建设大局中具有特殊地位和重要作用。海南也将以中国特色社会主义的生动实践，高质量高标准建设自由贸易港，为学习领会贯彻实践习近平新时代中国特色社会主义思想，注入鲜活生动的最新素材。

（二）建立与高水平自由贸易港相适应的政策制度体系

在海南建设自由贸易港，其使命是实施全面深化改革和试验最高水平开放政策，这就要求对标国际高水平经贸规则，聚焦贸易投资自由化便利化，在理顺国内不合理、不相容的法律法规基础上，进一步形成与国际贸易和投资通行规则相衔接、规范透明的基本政策制度体系和相应的监管模式。

1. 自由贸易港是当今世界最高水平的开放形态

自由贸易港是当今世界最高水平的开放形态。习近平总书记在"4·13"重要讲话中明确要求，海南建设自由贸易港要学习借鉴国际自由贸易港的先进经营方式、管理方法。在内外贸、投融资、财政税务、金融创新、入出境等方面，探索更加灵活的政策体系、监管模式、管理体制，加强风险防控体系建设，打造开放层次更高、营商环境更优、辐射作用更强的开放新高地。

中央12号文件提出，海南自由贸易港建设要学习借鉴国际自由贸易港建设经验，不以转口贸易和加工制造为重点，完善国际贸易"单一窗口"

等信息化平台。积极吸引外商投资以及先进技术、管理经验，支持外商全面参与自由贸易港建设。

什么是自由贸易港？虽然国际上没有明确的定义，但基本的含义是清楚的。比如，见诸党的文献中的最早解释是："自由港又称'自由口岸'，是设在一国国境之内、海关管理关卡以外的允许外国货物、资金自由进出的港口区。进出港区的货物免征关税，准许在港区内进行改装、加工、长期储存或销售等业务活动。只有当货物转移到自由港所在国的课税地区时，才需缴纳关税。自由工业区、自由加工区、自由贸易区等都具有类似自由港的功能。"（《邓小平文选》第三卷，人民出版社 1993 年版，第 394 页）而最新的解释是："自由港是设在一国（地区）境内关外、货物资金人员进出自由、绝大多数商品免征关税的特定区域，是目前全球开放水平最高的特殊经济功能区。香港、新加坡、鹿特丹、迪拜都是比较典型的自由港。"（汪洋：《推动形成全面开放新格局》，《人民日报》2017 年 11 月 10 日）这些权威解释，都指出自由港、自由贸易港的基本特征，包括货物、资金、人员进出自由、免征关税及"境内关外"的监管模式等关键点。

在对标国际高水平经贸规则的过程中，我们对世界自由贸易港发展的特点、特色、特征都有了较为深入清晰的认识，这也是谋划中国特色自由贸易港政策制度体系的思想认识基础。概括来看，自由贸易港作为当今世界最高水平的开放形态，它具有开放的政策体系与健全的保障体系这两个方面的基本特征。

开放的政策体系表现为：一是贸易政策高度开放。大多数境外货物可以自由进出，免于惯常监管，最小限度实施进出口许可证和商品配额管理，大力发展离岸贸易和服务贸易；同时，船舶等运输工具进出不受限制，报关手续简化。二是投资政策高度开放。对外来投资实行国民待遇，对大多数行业的外资持股比例、业务范围、商业形式等无限制性要求，最大限度为投资者创造公平、透明、可预期的营商环境。三是金融政策高度开放。为各类市场主体在账户设立、资金管理、离岸支付结算、跨境投融资等方面提供便利化服务，保障正常往来资金的流通顺畅。四是出入境政策高度开放。实施高度便利化的人员出入境政策，同时也以"高精尖缺"为导向制定激励政策，面向全球招揽人才。对外籍劳工，区分不同情况进行入境审查和动态管理。

健全的保障体系表现为：一是有竞争力的税收政策。税制简化，企业所得税、个人所得税等直接税以及增值税等间接税税率较低，有效吸引资金、企业、人才聚集，激发市场主体活力。二是完善的社会治理。例如，香港投入大量资源打造高度智能化和现代化的城市安全管理体系。新加坡政府在分配组屋时，通过搭配不同种族族群的居民促进族群间的团结融合，社区的自治管理水平较高。三是完备的法律体系。国际高水平自由贸易港通常具备较为完善的法律制度体系。例如，香港特别行政区以《中华人民共和国宪法》和《香港特别行政区基本法》为依据，明确"保持自由港地位，除法律另有规定外，不征收关税"；有 1000 多项成熟完备的法律制度、条例和附属立法。四是有效的风险防控。国际高水平自由贸易港都具有完善的风险防控措施。例如，在贸易方面，香港海关编制达到 7500人，以便开展有效查验；在金融方面，新加坡所有金融机构的新元账户与非新元账户完全分离，明令严禁新元用于金融投机；在人员流动方面，迪拜对首次入境的外籍人员实施严格安全审查。

香港、新加坡和迪拜是当今国际上公认的高水平自由贸易港的典型代表，是海南建设中国特色自由贸易港的主要对标对象。它们的政策制度、建设模式也各有特点，各具特色。

第一，实行不同的自由贸易港建设模式。香港是高度一体化的全域自由贸易港，不单设海关特殊监管区。海关主要在机场、各陆路边境管制站、码头和水域实施监管和执行缉私缉毒任务。在全域范围内实行相同的政策和制度。新加坡是设有海关特殊监管区的全域自由贸易港。在毗邻主要港口和机场的区域，设立八个物理围网、面积狭小、专为转口贸易提供保税物流服务的自由贸易区。除此之外，全域实行相同的政策和制度。迪拜是专设自由区的局部自由贸易港。其境内分散设立28个高度开放、主题明确、功能细分的专业自由区,大致可分为两种类型:一类为物理围网管理,以货物贸易为主,以杰贝阿里自由区和机场自由区为代表;另一类是通过一系列规制实施软隔离,以服务贸易为主,以多种商品交易中心、迪拜国际金融中心为代表。借鉴这些不同的建设模式,海南自由贸易港采用的是建设全岛封关运作的海关监管特殊区域模式。

第二,实行自由便利的贸易政策。香港全域对货物进出实行清单管理,除药品、武器、动植物等少数涉及健康、军事和生态的物品外,均可自由进出。没有主动的进出口配额管制,仅对战略物品、食米、配方粉等实行许可证管理。不征进口关税,只向本地制造或进口的烟、酒、甲醇和若干碳氢油类征收消费税。新加坡对绝大多数货物进出口不实施配额限制;除烟、酒、油气石化产品和机动车等四类商品外,其他所有商品均免征进口关税。通关高效,自1989年就建立了国际贸易"单一窗口"。八个实施围网管理的自由贸易区主要目的是推动转口贸易,入区货物无须缴纳关税。迪拜杰贝阿里自由区和机场自由区均实施围网管理,进出口货物免征关税。通过国际贸易"单一窗口",企业可在七小时内完成货物通关。

第三,实行高度开放的投资政策。香港基本全面放开行业准入,对外资企业实行国民待遇,仅对个别行业实行准入管理,如对博彩业严格管制,对电讯、广播等少数行业实行有条件进入。对公司注册资本没有限制,并且不用验资。企业注册手续简单快捷。新加坡对外资实施准入前国民待遇,限制或禁止外资进入的行业包括新闻媒体、法律服务和住宅行业(组屋)等。企业注册手续简单,三个工作日内即可完成;公司最低注册资本为10万新元,实行认缴制。迪拜自由区内对外资实施国民待遇,不设股比限制。除石油开采、环保及涉及国家安全的个别行业外,其他领域企业注册均可在24小时内办理完成。

第四,实行具有竞争力的税收制度。香港企业所得税税率为16.5%。自2018年起实施减税措施,对于企业首200万应税所得减半征收,即所得税率为 8.25%。薪俸税最高税率为 15%。无增值税。新加坡企业所得税率为 17%，且所有企业可享受税前 20 万新元应税所得的部分免税待遇。个人所得税实行累进税制，税率在 0~22% 之间。消费税（GST，为增值税性质）税率为 7%。迪拜境内仅针对外国油气公司和外国银行分支机构征收企业所得税，其中油气公司税率为 55%~85%，银行分支机构税率为 20%；迪拜国际金融中心对金融机构免税。迪拜免个人所得税，增值税税率为 5%，杰贝阿里等自由区免增值税。

　　第五，实行自由化的国际金融政策。香港金融高度自由化，采取单一汇率制，盯住美元。无汇兑管制措施，货币可自由兑换和流出入。资本和金融账户高度开放，允许居民和非居民在境内外开立本币和外币账户。国际贸易结算自由，企业可使用任何货币进行贸易结算。新加坡实行金融自由化政策，以一篮子货币为基础，实行限额内自由浮动。无汇兑管制，资金可自由流出入。资本和金融账户高度开放，允许居民和非居民在境内外开立本币和外币账户。新加坡金融管理局对商业银行业务许可证实行分类管理。迪拜国际金融中心与其他国家之间货币自由兑换、资金自由流出入。迪拜国际金融中心的金融机构可与境外自由开展业务，但与迪拜其他区域之间实行有限隔离，如中心内银行不能经营迪拜本币(迪拉姆)业务，不能吸收迪拜其他区域存款，不得开展零售业务等。

　　第六，实行分类施策的人员出入境政策。高端人才方面，以"高精尖缺"为导向，制定激励政策，面向全球招揽人才。香港采取开放的出入境政策，便利内地和海外的优秀人才来香港发展。一般由雇主申请受聘人员入港工作，不设限额、不限行业。香港制定了六类人才引进计划，实施灵活政策安排。在香港连续居住满七年后，可申请香港居留权。新加坡设立人才招募委员会，从宏观层面确定引进人才的重点行业和领域，在签证办理、配偶子女就读等方面给予便利。利用市场化机制来辨识人才，在签证发放方面为签有高薪合同的人才及其家属提供便利。外籍劳工方面，实行严格入境审查和动态管理。香港对输入劳工实施配额管理。对于外佣没有配额限制，月收入不低于 1.5 万港元、能为外佣提供住处的家庭，均可提出申请。新加坡建立快捷完善的签证申请系统和程序，严格限制工作签证适用范围，严厉打击非法务工等违法行为。通过控制签证有效期、实行配额制管理、征收外劳税、调整申请标准等手段来调控外籍人员数量、分布和比例。迪拜根据企业需求，高效发放外籍人员工作签证。对首次入境的外籍人员实施严格安全审查，再次入境的外籍员工通过互联网即可便利申领工作签证。旅游签证方面，香港对 170 个国家及地区实行旅游免签，逗留时间为 7 日至 180 日不等。新加坡仅对持 35 个国家及地区护照的人员入境旅游有签证要求。迪拜对 71 个国家及地区实行旅游免签，逗留时间为 30 日至 180 日不等。

从这些特点，就可看出《总体方案》把构筑"五个自由便利 + 一个安全有序流动"（贸易自由便利、投资自由便利、跨境资金流动自由便利、人员进出自由便利、运输往来自由便利和数据安全有序流动）的政策制度安排，当作海南自由贸易港最重要的政策制度安排，那是真对标、对准标。

2. 深入谋划海南自由贸易港政策制度体系

认真学习贯彻习近平总书记"4·13"重要讲话和中央 12 号文件精神要求，在推进海南全面深化改革开放领导小组的指导下，中央各部门和海南省在这方面进行了很多卓有成效的探索，并具体体现到《总体方案》政策制度体系的设计之中。

2019 年 8 月 22 日，中共中央政治局常委、国务院副总理、推进海南全面深化改革开放领导小组组长韩正在北京主持召开会议，深入学习贯彻习近平总书记关于探索建设中国特色自由贸易港的重要指示精神，听取有关方面关于海南自由贸易港政策制度体系阶段性研究成果的汇报，研究部署下一步重点工作。韩正表示，支持海南逐步探索、稳步推进中国特色自由贸易港建设，分步骤、分阶段建立自由贸易港政策体系，是习近平总书记亲自谋划、亲自部署、亲自推动的重大国家战略。

韩正提出了五个"要"的要求:一要提高政治站位,适应经济全球化新形势,坚持高水平开放,实行更加积极主动的开放战略,认真谋划海南自由贸易港政策制度体系,打造更具国际影响力和竞争力的开放型经济新高地。二要进一步解放思想,立足贸易自由和投资自由,对标世界最高水平开放形态,分步骤、分阶段推进海南自由贸易港建设。三要紧紧围绕推动贸易投资自由化便利化,探索建立符合全方位对外开放要求的金融和税收政策制度框架。四要明确产业发展方向,着力发展旅游业、现代服务业、高新技术产业,夯实实体经济基础,增强经济创新力和竞争力。五要健全监管体制,强化法治保障,有效防范各类风险。

他还要求,海南省和各有关部门要自觉站在党和国家大局上想问题、办事情,加强对重大政策、重大问题的研究,共同把海南自由贸易港政策制度体系设计工作抓紧抓好。

2019 年 9 月 26 日,海南省委召开专题会议,安排部署进一步研究细化自贸港政策制度的相关工作,要求对标当今世界最高水平开放形态,按照"三个充分体现"(充分体现当今世界自贸港的成功经验,充分体现双边及多边贸易投资协定的成熟规则,充分体现国内扩大开放领域的最先进做法),以"细、准、实、全"标准不断深化自由贸易港政策制度的研究工作,为加快探索建设中国特色自由贸易港进程贡献"海南智慧"。会议提出,要围绕旅游业、现代服务业、高新技术产业三大主导产业,明确和优化近期、中期和长期产业发展目标,深化"多规合一"和产业园区规划,把培育壮大产业和产业结构调整的要求落到实处。要做好与中央和国家有关部委的密切沟通协调和服务,推动形成更多共识和最大支持。要同步推动制度体系和各项配套政策、立法调法等研究,确保改革于法有据、依法实施。

这些明确要求和贯彻意见,都充分体现在已经正式公布的《海南自由贸易港建设总体方案》之中。

2019 年 11 月 8 日下午和 9 日上午，韩正在海口分别主持召开专家座谈会和领导小组全体会议，研究讨论海南自由贸易港建设政策和制度体系，部署下一步重点工作。韩正表示，建设海南自由贸易港，是习近平总书记亲自谋划、亲自部署、亲自推动的重大国家战略。

韩正提出了八个"要"的要求：一要提高政治站位，自觉站在党和国家大局上想问题、办事情，对标世界最高水平的开放形态，努力在政策和制度体系上实现重大突破，充分展现我国推进更高水平对外开放的信心和决心。二要赋予海南更大改革自主权，打破体制机制束缚和障碍，对接国际经贸新规则，加快建立开放型经济新体制，推动形成全面开放新格局。海南自由贸易港的政策和制度体系设计，必须突出以贸易自由和投资自由为重点。实施市场准入承诺即入制，建立公平竞争制度，完善产权保护制度。三要把准产业发展方向，依托海南独特的生态优势，以旅游业、现代服务业、高新技术产业为主导，夯实实体经济基础，增强产业竞争力。四要坚持金融服务实体经济，构建多功能自由贸易账户体系，建设海南金融对外开放的基础平台，推进跨境投融资便利化。五要实施更加便利、开放的人员出入境和停居留政策，实现人员自由流动。实施高度自由开放的运输政策，扩大数据领域开放，实现数据跨境便捷流动。六要建立以自由贸易港法为基础，以地方性法规和商事纠纷解决机制为重要组成的自由贸易港法治体系。建立与高水平自由贸易港相适应的、具有国际竞争力的特殊税收制度。七要加快推动政府职能转变，全面推行"极简审批"制度，强化事中事后监管，建立与国际接轨的监管标准和规范制度。八要建立健全工作推进机制，提高工作效率，有力有序有效推进海南自由贸易港建设。

这八个具体要求，把探索建设中国特色自由贸易港的政策制度体系工作又向前推进了一大步。正式公布的《海南自由贸易港建设总体方案》，完全反映了韩正强调的八个要求，也表明"对标国际高水平经贸规则，解放思想、大胆创新，聚焦贸易投资自由化便利化，建立与高水平自由贸易港相适应的政策制度体系"，具有高度的预见性与充分的可行性。

3.对接国际高水平经贸规则的"6+1+4"

2020年5月28日，习近平总书记对海南自由贸易港建设作出重要指示强调，要坚持党的领导，坚持中国特色社会主义制度，对接国际高水平经贸规则，促进生产要素自由便利流动，高质量高标准建设自由贸易港。这个重要指示，阐明了海南自由贸易港建设"对标"的方向、路径和要求。

2020年6月8日，国务院新闻办公室举行《海南自由贸易港建设总体方案》发布会，国家发展改革委副主任林念修概括的"6+1+4"，从推进海南自由贸易港建设的操作层面为我们打开了解读《总体方案》的一把钥匙。

"6"就是贸易自由便利、投资自由便利、跨境资金流动自由便利、人员进出自由便利、运输来往自由便利、数据安全有序流动。围绕这六个方面，《总体方案》作出了一系列制度安排。贸易自由便利方面，对货物贸易，简单地说就是"零关税"，就是实行以"零关税"为基本特征的自由化便利化制度安排。对服务贸易，简单地说就是"既准入又准营"，将实行以"既准入又准营"为基本特征的自由化便利化一系列政策举措。投资自由便利方面，一句话，"非禁即入"，就是大幅放宽海南自由贸易市场准入，实行"非禁即入"制，进一步激发各类市场主体的活力。跨境资金流动自由便利方面，强调金融服务实体经济，围绕贸易投资自由化便利化，分阶段开放资本项目，有序推进海南自由贸易港与境外资金自由便利流动。人员进出自由便利方面，我们针对高端产业人才，实行更加开放的人才和停居留政策，目的是打造人才聚集的高地。关于运输来往自由便利方面，将实行高度自由便利开放的运输政策，推动建设西部陆海新通道国际航运枢纽和航空枢纽。数据安全有序流动方面，要在确保数据流动安全可控的前提下，扩大数据领域开放，培育发展数字经济。

"1"就是构建现代产业体系。特别强调要突出海南的优势和特色，大力发展旅游业、现代服务业和高新技术产业，进一步夯实实体经济的基础，增强经济创新力和竞争力。

"4"就是要加强税收、社会治理、法治、风险防控等四个方面的制度建设。一是按照零关税、低税率、简税制、强法治、分阶段的原则，逐步建立与高水平自由贸易港相适应的税收制度。二是着力推进政府机构改革和政府职能转变，构建系统完备、科学规范、运行有效的自由贸易港治理体系。三是建立以海南自由贸易港法为基础，以地方性法规和商事纠纷解决机制为重要组成的自由贸易港法治体系，营造国际一流的自由贸易港法治环境。四是制定实施有效措施，有针对性防范化解贸易、投资、金融、公共卫生、生态等领域的重大风险，牢牢守住不发生系统性风险的底线。

（三）建设具有国际竞争力和影响力的海关监管特殊区域

"海关监管特殊区域"是《总体方案》中第一次出现的全新概念，在此之前人们所熟知的是"海关特殊监管区域"。虽然只是"特殊"两字调换了位置，但内容却大不相同。

1. 在关境内设立的特殊经济功能区

无论是"海关特殊监管区域"还是"海关监管特殊区域"，都是由海关监管区而来。《中华人民共和国海关法》规定："海关监管区，是指设立海关的港口、车站、机场、国界通道、国际邮件互换局（交换站）和其他有海关监管业务的场所，以及虽未设立海关，但是经国务院批准的进出境地点。"同时规定："经国务院批准在中华人民共和国境内设立的保税区等海关特殊监管区域，由海关按照国家有关规定实施监管。"

这里出现的"保税区等海关特殊监管区域"，国务院于 2012 年 10 月 27 日印发的《国务院关于促进海关特殊监管区域科学发展的指导意见》解释说："为适应我国不同时期对外开放和经济发展的需要，国务院先后批准设立了保税区、出口加工区、保税物流园区、跨境工业区、保税港区、综合保税区等6类海关特殊监管区域。"截至2012年11月，我国已批准在27个省（区、市）设立110个海关特殊监管区域。由此可见，"海关特殊监管区域"是经国务院批准、在中华人民共和国关境内设立、以保税为基本功能、由海关按照国家有关规定实施封闭监管的特殊经济功能区。其显著特征可概括为："境内关内"。

"海关特殊监管区域"也见于2013年11月12日党的十八届三中全会通过的《中共中央关于全面深化改革若干重大问题的决定》，当中"构建开放型经济新体制"的内容中有"加快海关特殊监管区域整合优化"。

2017年11月1日起施行的《中华人民共和国海关监管区管理暂行办法》又明确规定："本办法所称海关监管区，是指《中华人民共和国海关法》第一百条所规定的海关对进出境运输工具、货物、物品实施监督管理的场所和地点，包括海关特殊监管区域、保税监管场所、海关监管作业场所、免税商店以及其他有海关监管业务的场所和地点。"这就是说，海关监管区涵盖了海关特殊监管区域。到2020年3月，我国海关特殊监管区域已增加至150个。

这样的"海关特殊监管区域"，在海南自由贸易港封关运作前也还存在，就是洋浦经济开发区；而且还会增设，比如海口综合保税区。《总体方案》中这样明确安排："加强海关特殊监管区域建设。在洋浦保税港区等具备条件的海关特殊监管区域率先实行'一线'放开、'二线'管住的进出口管理制度。根据海南自由贸易港建设需要，增设海关特殊监管区域。"

2.设在关境外的监管特殊区域

在建设海南自由贸易港背景下的"海关监管特殊区域"，是在"实现有效监管的前提下，建设全岛封关运作的海关监管特殊区域"，而且是具有国际竞争力和影响力的海关监管特殊区域。其核心内容有四条，一是"一线"放开：在海南自由贸易港与中华人民共和国关境外其他国家和地区之间设立"一线"。二是"二线"管住：在海南自由贸易港与中华人民共和国关境内的其他地区之间设立"二线"。三是岛内自由：海关对海南自由贸易港内企业及机构实施低干预、高效能的精准监管，实现自由贸易港内企业自由生产经营，岛内自由加工享受增值税收政策。四是服务贸易自由便利。实行以"既准入又准营"为基本特征的自由化便利化政策举措。这四大核心内容，涵盖了"海关监管特殊区域"所涉及的货物贸易与服务贸易两大方面。

"海关监管特殊区域"是中央为海南全岛开放量身定制的最佳开放模式，是海南自由贸易港建设方案的独特内容。

这个模式下，海南全岛实行的是"零关税"政策，货物在岛内使用和消费不需要征收进口税，它完全有别于基本功能是保税的海关特殊监管区域（即对进口货物进入区内时以保证复出口为前提暂时不征收进口税，货物在区内消费或转为进口需要照章征收进口税）；在这个模式下，海南全岛不仅要开展海关特殊监管区域内的各种经济活动，还有人员进出、社会运行和居民消费，因此从进口税制度和海关监管内容上也完全不同于海关特殊监管区域（在目前我国乃至世界各地设立的由海关实行封闭式监管的自由贸易区内，通常仅有贸易、工业及其生产性服务业等经济活动，均不允许进行营业性商业活动，也没有人员进出境、社会运行和居民消费）；在这个模式下，海南岛的离岛条件是最好的天然屏障，不需要修建物理隔离网，这完全不同于海关特殊监管区域要严格按照国务院批准的四至范围和规划用地性质进行规划建设，并由海关总署及相关部门按照符合国家法律法规所制定的验收标准实施验收。

概言之，"海关监管特殊区域"是设立在中华人民共和国关境外、以海关为主实施有效监管的特殊区域。其显著特征可概括为："境内关外"。

海南在1988年建省办特区之初，就提出过类似的设想。当时的名字叫作"第二关税区"。基于"关税"的概念是进出口商品经过一个关境时，向政府设置的海关缴纳的一种税收。而海关管辖和征收关税的领域，就是关境（又称"关税领域""海关区域"或"关税国境"）。由此，从世界各国的通例来看，关境与国境是合一的，但也有些国家在其国境内设有自由港、出口加工区、自由贸易区等经济特区，关境和国境相分离，关境小于国境；相反的情形是，有些国家缔结成关税同盟，参加关税同盟的国家的领土就成为统一的关境（最著名的是欧洲经济共同体），这时关境就大于国境。很明显，将海南建为我国最大的经济特区，实行进出口商品（除烟酒外）免税的政策后，我国的关境将小于国境。这样，国境大出关境的部分就是"第二关税区"。因此，最简单、直接的理解，所谓"第二关税区"就是国家实行特殊的经济政策，使进出口商品免征关税的区域。根据1987年7月1日实施的《中华人民共和国海关法》，我国海关的主要任务是：监管进出口关境的运输工具、货物、物品；征收关税和其他税费；查缉走私；编写海关统计和其他海关业务资料。这里所说的关境无疑与国境是一致的。海南若作为"第二关税区"，显然属于关境之外的区域，这样，海关监管的主要对象便不是海南进出"一线"（第一关税区）的运输工具、货物及物品，海关征收关税的主要对象也应该是海南向内地的"转口"，查缉金银、文物等的走私以及携带、邮寄的淫秽物品；此外，海南的进出口在海关统计上也要做特殊处理。（钟业昌：《海南建立第二关税区问题的探讨》，《亚太经济时报》1988年1月24日）

后来，"第二关税区"又演变为"特别关税区"。赞成者认为，海南"建区"最有利的条件是四面环海，"天然屏障"便于建区后的"封锁"，这是海南比深圳优越的条件。而反对者则同样认为，海南的海岸线太长，很难有效地加强管理、防止走私。从海南对外开放中所查获的一桩桩触目惊人的走私案件来看，管理好海南的海岸线谈何容易！"一线"易放开，"二线"不好管，这就是最容易导致海南特别关税区失败的因素。"二线"管不好，其后果是："洋货"冲击国内市场，冲击民族工业，扰乱国内金融和物价秩序，腐蚀干部，败坏党的威信……所有这些，都不会让我们安心去操作特别关税区更具体也更重要的项目。因此，当准备建立"特别关税区"时，必须同时拿出一套详尽的令人信服的"海岸管理方案"。

如今，党中央着眼于国内国际两个大局，立足当下、开创未来，决定建设海南自由贸易港，对建设"海关监管特殊区域"做了无比周密的设计安排。尤其确立建设具有国际竞争力和影响力的海关监管特殊区域的思想与目标，其发展影响深远。海南岛面积 3.4 万多平方公里，远远大于中国香港、新加坡、阿联酋迪拜等国际上著名的自由贸易港。"海关监管特殊区域"形成之日，将是海南岛成为全球最大的自由贸易港，并将产生巨大的规模效应之时。

3."振奋人心的一步"

国际社会高度关注中国启动自由贸易港建设，认为海南自贸港是"振奋人心的一步"。国外媒体把焦点对准"海关监管特殊区域"这个重大政策制度设计。

"中国要把海南建设成具有国际竞争力和影响力的海关监管特殊区域。"据俄罗斯塔斯社海口 2020 年 6 月 1 日报道称，《海南自由贸易港建设总体方案》提出为海南发展设定的数十项目标、任务和措施，对货物贸易实行以"零关税"为基本特征的自由化便利化制度安排。根据这一方案，中国政府预计 2025 年在海南初步建立以贸易自由便利和投资自由便利为重点的自由贸易港政策制度体系。到 2035 年，自由贸易港制度体系和运作模式将"更加成熟"，以自由、公平、法治、高水平过程监管为特征的贸易投资规则基本构建，实现贸易自由便利、投资自由便利、跨境资金流动自由便利、人员进出自由便利、运输来往自由便利和数据安全有序流动。到本世纪中叶，全面建成具有较强国际影响力的高水平自由贸易港。报道称，方案还规定了减轻税负、简化签证、鼓励创业和消费的措施。(《外媒聚焦：中国加速打造海南高水平自贸港》，《参考消息》2020 年6 月 3 日)

据香港亚洲时报网站 2020 年 6 月 8 日报道称，中国宣布一系列有针对性的优惠政策措施后，海南一跃成为令其他主要城市和富裕省份艳羡的中国改革开放的最前沿。报道说，中央政府制定的优惠政策方案就包括对进口消费品实施零关税，为这个省份最终成为一个自由港和单独的海关管辖区铺平道路。此外，为了吸引贸易和人才，企业所得税和个人所得税将设定 15% 的上限，低于香港 17% 的税率。通过给予这个田园诗般的南方岛屿优惠政策，中国的目标是使其接近于中国香港、新加坡和迪拜的自由港水平。这一次，中央政府似乎采取了更坚决的策略来继续推进改革。对海南而言，零关税和简单的税收制度是实质性的、随时可以实行的政策。根据最新的行动方案，到 2025 年左右，建设全岛封关运作的海关监管特殊区域，除非法律另有规定，否则不会对进口商品征收关税。报道认为，如果在海南销售的化妆品、小物件、婴儿配方奶粉和奢侈品变得和其他地方一样便宜，那么海南可能成为堵住中国消费能力外流的闸门。一些观察人士认为，海南可能成为中国人新的购物天堂。(《外媒述评：中国推动海南建设高水平自贸港》，《参考消息》2020 年 6 月 10 日)

(四) 打造引领我国新时代对外开放的鲜明旗帜

旗帜问题至关重要。旗帜就是方向，旗帜就是力量。旗帜的作用在于引领方向与整合力量。有了旗帜，就会有思想统一，就会有上下一心，就会产生能够引领当代中国改革开放、发展进步和动员全党全国各族人民团结奋斗的巨大效果。

《总体方案》提出，将海南自由贸易港打造成为引领我国新时代对外开放的鲜明旗帜，这是昭示未来、激扬当代的大政治观、大战略观。

1.改革开放是党在新的历史时期最鲜明的旗帜

改革开放是决定当代中国命运的关键一招，是决定实现"两个一百年"奋斗目标的关键一招。习近平总书记曾用两个"最鲜明"来标识改革开放的时代意义。他在庆祝中国共产党成立 95 周年大会上发表的重要讲话中指出:"改革开放是当代中国最鲜明的特色,是我们党在新的历史时期最鲜明的旗帜。"实践证明,过去 40 年我国经济发展是在开放条件下取得的,未来中国经济实现高质量发展也必须在更加开放条件下进行。中国坚持对外开放的基本国策,坚持打开国门搞建设。中国开放的大门不会关闭,只会越开越大!

兴办深圳等经济特区,是中国共产党向世界举起的建设中国特色社会主义的一面旗帜。建设海南自由贸易港,使我国新时代改革开放形成新格局。2018 年 12 月 18 日,习近平总书记在庆祝改革开放 40 周年大会上的重要讲话中讲道,"从兴办深圳等经济特区、沿海沿边沿江沿线和内陆中心城市对外开放到加入世界贸易组织、共建'一带一路'、设立自由贸易试验区、谋划中国特色自由贸易港、成功举办首届中国国际进口博览会",使改革开放成为当代中国最显著的特征、最壮丽的气象。

《总体方案》提出"将海南自由贸易港打造成为引领我国新时代对外开放的鲜明旗帜和重要开放门户",这样的鲜明思想定位,是让海南努力成为新时代全面深化改革开放的新标杆的最鲜明表达,标志着中国在世界上坚定地树起扩大开放的一面鲜明旗帜,发出推动经济全球化的一个庄重宣言。海南自由贸易港建设是中国推动建设开放型世界经济的具体实践,显示了中国推进高水平对外开放的决心和力度。《总体方案》不但是海南自由贸易港建设的顶层设计,也描绘了中国新一轮高水平开放的美好图景。

2. 用高水平开放的实际行动表明中国开放的大门只会越开越大

在海南建设自由贸易港,就是要用高水平开放的实际行动向世界表明,中国开放的大门不会关闭,只会越开越大。习近平总书记在"4·13"重要讲话中指出:"我在党的十九大报告中强调,中国开放的大门不会关闭,只会越开越大。这是我们对世界的庄重承诺。要坚持对外开放的基本国策，奉行互利共赢的开放战略，遵守和维护世界贸易规则体系，推动经济全球化朝着更加开放、包容、普惠、平衡、共赢的方向发展，让经济全球化进程更有活力、更加包容、更可持续，让不同国家、不同阶层、不同人群共享经济全球化的好处。"

2020年6月8日，国务院新闻办公室举行新闻发布会，就6月1日发布的《海南自由贸易港建设总体方案》进行了详细阐释和解读，由此释放出清晰信号：在当前新冠肺炎疫情导致全球经济衰退、逆全球化和保护主义抬头的背景下，中国仍然按照既定节奏，继续推进更高水平对外开放，坚定支持多边主义，推动经济全球化。人们相信，将海南自由贸易港打造成为引领我国新时代对外开放的鲜明旗帜，必将为全球经济增长带来新机遇。发布会强调，要把海南自由贸易港打造成中国改革开放新高地，实现高水平的开放形态。

这一高水平的开放形态体现在对接国际高水平经贸规则上。海南自由贸易港建设规划对贸易、投资、跨境资金流动、人员进出、运输来往的自由便利，以及数据安全有序流动等方面作出了一系列的制度安排。其中，对货物贸易实行以"零关税"为基本特征的自由化便利化制度安排；对服务贸易实行以"既准入又准营"为基本特征的自由化便利化；在投资自由便利方面实行"非禁即入"制，以进一步激发各类市场主体活力。按照规划，到2025年，海南的营商环境总体达到中国国内一流水平；到2035年，海南自贸港成为中国开放型经济新高地。为了打造公平、透明、可预期的营商环境，当地政府的备案受理机构将通过事中事后监管来履行监管义务，对外商投资实行准入前国民待遇加自由贸易港专用的负面清单管理制度。

高水平的开放形态还体现在具有中国特色的制度集成创新上。根据发布会介绍，海南自由贸易港的政策是一个完整的、科学的、高效的体系。围绕着贸易和投资自由化便利化，海南自由贸易港建设全方位、立体化设置制度，集成了管理体制、法律法规体系等，目的是促进生产要素的自由流动，防范和化解各类风险。这其中一个亮点是，按照计划，2020年内，海南自由贸易港将要制定跨境服务贸易的负面清单，这也是中国跨境服务贸易的第一张负面清单，创新"基因"将融入海南自由贸易港制度建设的全过程。可以看出，海南自由贸易港的建设规划处处体现出中国对更高水平开放的不懈追求。

"鲜明旗帜"的又一含义，就是要以新一轮高水平对外开放支持和推动经济全球化，为维护全球自由贸易、完善全球治理体系、加快世界经济复苏注入新动力。

虽然面临新冠肺炎疫情的冲击，《总体方案》还是在人们的热切期待中出台。在海南建设自由贸易港，就是中国用实际行动向世界表明，将一以贯之推动贸易投资自由化便利化，促进全球开放合作。可以预见，海南自由贸易港的建设必将进一步增强中国市场的吸引力，给跨国企业带来更多发展机遇，为世界经济提供增长动力。

西媒报道海南自由贸易港将助中国更开放。西班牙《国家报》网站2020年7月12日发表署名海梅·桑蒂尔索的题为《一个岛的可能性：中国经济的未来在海南》的文章称，疫情之后世界将变得更加地区化，建设一个新的强大的亚洲一体化地区，海南就是这个地区的中心点。海南是中国最南端的省份，拥有热带天堂的一切。它的魅力不是秘密：在2019年，海南省接待了8300万国内外游客，这就是中国政府看重海南的原因，面对国际环境和疫情冲击，中国计划让海南岛成为全球贸易的重点。中共中央和国务院上个月通过联合文件宣布，未来海南将转变为"自由贸易港"，经营范围更大于以货物运输为主的传统"自由贸易区"。该文件详细介绍了海南省在税收、投资和外资所有权、商业运营等各个领域的法律便利情况，希望促进资本、数据和人员的流通。海南被当局称为"世界上最开放的经济特区"。

根据政府透露的时间表，到2025年，初步建立以贸易自由便利和投资自由便利为重点的自由贸易港政策制度体系。到2035年，自由贸易港制度体系和运作模式更加成熟。到本世纪中叶，全面建成具有较强国际影响力的高水平自由贸易港。中欧国际工商学院经济学教授徐斌（音）在接受电话采访时表示："这不是一个短期计划，而是一个长期计划，旨在表明中国将继续开放。"政府的目标是让海南成为中国进一步开放其经济模式和融入国际市场的"先锋"。这是中国共产党经常传达的信息。徐斌认为，疫情之后世界将变得更加地区化，建设一个新的强大的亚洲一体化地区，海南就是这个地区的中心点。它的地缘战略地位将使广州的制造业与香港和深圳的金融市场连接起来。

3. 以高水平开放为推动中国特色社会主义创新发展作出贡献

这是"鲜明旗帜"含义的一个核心指向。2020 年 5 月 28 日，习近平总书记对海南自由贸易港建设作出重要指示指出，在海南建设自由贸易港，是党中央着眼于国内国际两个大局、为推动中国特色社会主义创新发展作出的一个重大战略决策，是我国新时代改革开放进程中的一件大事。与推动中国特色社会主义创新发展相关的"一个重大战略决策"，因建设自由贸易港而构成新时代改革开放进程中的"一件大事"，这是要将海南自由贸易港打造成为引领我国新时代对外开放的鲜明旗帜的最好说明。

党的十八大以来，为了实现"两个一百年"奋斗目标，实现中华民族伟大复兴的中国梦，党中央从中国发展实际出发，明确提出并形成了全面建成小康社会、全面深化改革、全面依法治国、全面从严治党的"四个全面"战略布局。这是中国共产党在新形势下治国理政的总方略，是事关党和国家长远发展的总战略，是实现中华民族伟大复兴中国梦的重要保障。"四个全面"战略布局，既有战略目标也有战略举措，每个"全面"都具有重大战略意义。为了实现我们的奋斗目标，必须全面深化改革，推进国家治理体系和治理能力现代化。深化改革必然进一步促进对外开放，为外资进入中国提供更为开放、宽松、透明的环境，为我们同世界各国开展合作开辟更广阔的空间。

中央 12 号文件以"支持海南全面深化改革开放"为内容，明确全面深化改革开放试验区是海南全面深化改革开放的战略定位之一。

党中央为一个省份擘画"全面深化改革开放"宏大蓝图，这是海南在国家发展大局中的殊荣。这体现中央推动海南成为新时代全面深化改革开放的新标杆，形成更高层次改革开放新格局，探索实现更高质量、更有效率、更加公平、更可持续发展的战略布局。这表明海南全面深化改革开放、探索建设中国特色自由贸易港，是习近平总书记和党中央在"四个全面"战略布局这个总方略下的谋篇布局，是我国新时代深化全面改革开放的重大举措。

习近平总书记在党的十九大报告中指出："实践没有止境，理论创新也没有止境。世界每时每刻都在发生变化，中国也每时每刻都在发生变化，我们必须在理论上跟上时代，不断认识规律，不断推进理论创新、实践创新、制度创新、文化创新以及其他各方面创新。"在我国进入改革开放和社会主义现代化建设新时期，经济特区的生动实践丰富了我们对中国特色社会主义的认识；在中国特色社会主义进入新时代，通过建设海南自由贸易港的顶格开放，将为中国特色社会主义的发展创新作出新的贡献。

习近平总书记一开始就从争创中国特色社会主义实践范例的高度，要求办好经济特区。他 2013 年 4 月在海南考察工作时就要求："海南的同志一定要埋头苦干、奋起直追，使海南成为实践中国特色社会主义的生动范例，我们要有这样的雄心壮志。"在 2018 年的"4·13"重要讲话中，他又强调："如果海南岛更好发展起来，中国特色社会主义就更有说服力，更能够增强人们对中国特色社会主义的信心。"

中央 12 号文件确立了这样的"指导思想"：海南全面深化改革开放，要"打造实践中国特色社会主义的生动范例，开创新时代中国特色社会主义新局面，为把我国建设成为富强民主文明和谐美丽的社会主义现代化强国作出更大贡献"。文件还指出，支持海南全面深化改革开放有利于探索可复制可推广的经验，压荏拓展改革广度和深度，完善和发展中国特色社会主义制度；有利于我国主动参与和推动经济全球化进程，发展更高层次的开放型经济，加快推动形成全面开放新格局；有利于推动海南加快实现社会主义现代化，打造成新时代中国特色社会主义新亮点，彰显中国特色社会主义制度优越性，增强中华民族的凝聚力和向心力。

这些重要论述和明确要求，对于我们理解在海南建设自由贸易港是党中央为推动中国特色社会主义创新发展作出的一个重大战略决策有很大的帮助。随着我国经济体制改革进入攻坚期和深水区，体制性障碍、机制性梗阻和政策创新不足等问题日益凸显，重大改革每推进一步，都是难啃的"硬骨头"，都有可能面临"险滩"。未来一段时间，我国需要在进一步放宽市场准入、推动产权保护和要素市场化配置、保障公平竞争等方面，深入推进改革完善这些制度。海南是我国最大的经济特区、重要的改革开放试验田。在海南建设自由贸易港，就是要以更高水平开放促进更深层次改革，打破现有的观念束缚、政策障碍和利益藩篱，为加快完善社会主义市场经济体制探索新路径、积累新经验，进一步坚定中国特色社会主义制度自信。

（五）打造引领我国新时代对外开放的重要门户

习近平总书记在"4·13"重要讲话中要求，海南要利用建设自由贸易港的契机，加强同"一带一路"沿线国家和地区开展多层次、多领域的务实合作，建设21世纪海上丝绸之路的文化、教育、农业、旅游等交流平台，在建设21世纪海上丝绸之路重要战略支点上迈出更加坚实的步伐。

中央12号文件提出："适应经济全球化新形势，实行更加积极主动的开放战略，探索建立开放型经济新体制，把海南打造成为我国面向太平洋和印度洋的重要对外开放门户。"

《总体方案》是为深入贯彻习近平总书记"4·13"重要讲话精神和落实中央12号文件要求，加快建设高水平的中国特色自由贸易港而制定的。

《总体方案》中的新理念新定位新战略，颠覆了我们的很多认知，使人们对海南全面深化改革开放的认识产生飞跃。将海南自由贸易港打造成引领我国新时代对外开放的重要开放门户，就是一个重要的战略思想。这是发挥海南地理区位优势的全新定位，又是我国形成改革开放新格局的崭新姿态。

1. 积弱积贫时代的"琼州开港"

回望历史，海南也经历过"门户开放"，但那是积弱积贫、任人宰割时代的门户开放，是海南沦为半殖民地半封建社会的开始。

1856 年 10 月，英军悍然进攻广州，挑起了第二次鸦片战争。此时法国成为英国的帮凶，借口"马神甫事件"，与英国组成联军，扩大侵华战争。马神甫事件即法国天主教神甫马赖，因违反中国政府规定，潜入广西玉林非法传教，而被地方当局处死而引发的事件。英法联军在占领广州之后，1858 年 5 月攻占大沽炮台，进逼天津城郊。京畿危急，清廷连忙派桂良、花沙纳为钦差大臣，赶往天津谈判议和。在威逼与侮辱之下，清政府于 6 月 26 日（清咸丰八年五月十六日）同英国签订了中英《天津条约》。翌日，与中英《天津条约》内容大体相同的中法《天津条约》，亦正式签字。

中英《天津条约》是清朝政府在美、英、法、俄等资本主义侵略势力的军事武力威逼之下签订的辱国丧权的条约，其第十一款规定："广州、福州、厦门、宁波、上海五处已有《江宁条约》旧准通商外，即在牛庄、登州、台湾、潮州、琼州等府城口，嗣后皆准。英商亦可任意与无论何人买卖，船货随时往来。至于听便居住，赁房买屋、租地，起造礼拜堂、医院、坟茔等事，并另有取益防损诸节，悉照已通商五口无异。"牛庄后改为营口、登州后改为烟台、台湾后选定台南、潮州后改为汕头。中英《天津条约》的签订，使琼州被辟为对外通商口岸，此乃近代海南与世界发生联系的开始，史称"琼州开港"。此后数年间，西方列强又与清廷签订了一系列不平等条约，这些条约莫不把海南岛列为通商口岸之一，过去闭关锁岛的海南被迫开放门户，遂成为西方列强竞争的自由市场。

从另一方面看，中英《天津条约》的签订，标志着海南社会性质发生了根本的变化，开始沦为半殖民地半封建社会。自此而始，海南人民与祖国各地的人民一样，为了抵御外侮、挽救民族危亡，展开了不屈不挠的斗争，成为近代中国人民反侵略反封建的民主革命的重要组成部分。

历史上的琼州被迫开放门户，留下的是海南人出洋当"猪仔"的苦难历程、血泪记忆。当时人们所称的"猪仔"，实质就是殖民主义者利用条约把中国人民视为"牲畜"所贩卖的人口。受着殖民主义者包庇而设的窝藏所，也就叫作"猪仔栏""猪仔馆"。有人估计在清末的三四十年间，仅从汕头、厦门、海口三个口岸，被拐骗出口的"猪仔"，有数十万人。

晚清之世，孙中山在海外华侨间奔走革命时，目击贫苦无告之同胞被贩至西欧、美洲、南洋等地当"卖身工"，从事奴隶劳动，被贱称曰"猪仔"之苦况。尝叹为"惨绝人道"。曾许下宏愿，俟国事鼎革，禁止"猪仔"出口，为刻不容缓之事。故就职南京后，1912 年 2 月 2 日即颁令外交部及广东都督，从速妥筹禁绝贩卖"猪仔"及保护华侨办法。这就有琼崖镇守使（当时在琼军民两政最高负责人）邓铿在海口严惩"猪仔栏"，一时成为美谈之事。史书记载："南京临时政府成立，有令严禁贩卖猪仔，以保护华侨。铿到任，访悉海口得胜沙，有船行营此，大怒，派员将船行封闭，严惩行主，释出被卖者若干人，琼人称快。为之语曰：邓镇守使怒打猪仔栏，遍传各县。"当时人贩子设立机构来拐骗"猪仔"，在海口设有"猪仔栏"，主要为法国人所控制。

胡汉民、陈炯明之辈起初都对邓铿这样处理此案表示惊愕不安，认为这班小伙子少不更事，外人招募华工是有条约关系的，事前不请示就冒失处理，将会惹起交涉，那不是自找麻烦了吗？颇有不满之意。后来知道此案了结，并未惹起什么外交麻烦事端到他们头上来，而且海口市两领事都被撤换了，便又常常谈起琼崖镇守使署这班小伙子是初生之犊不畏虎，敢作敢为。邓铿时年才 27 岁。

历史早已翻过血泪苦难的一页。今天，我们比历史上任何时期都更接近、更有信心和能力实现中华民族伟大复兴的目标。在中国特色社会主义进入新时代，在海南探索建设中国特色自由贸易港，决心将海南自由贸易港打造成为引领我国新时代对外开放的重要开放门户，这是新时代中国共产党人的雄心壮志，是旧时代中国人所无法想见的大国民族的万丈豪情。

2. 中华民族伟大复兴时代的"海南开港"

将海南自由贸易港打造成为引领我国新时代对外开放的重要开放门户的新定位，又是对我国经济特区"窗口"和"基地"作用的传承与创新。中华民族伟大复兴时代的"海南开港"，是我国新时代改革开放进程中的一件大事，是海南自由贸易港引领我国新时代对外开放的生动一幕。

经济特区是邓小平倡议设立的、具有远见卓识的创举。在南方创立经济特区，是我国对外开放的重要标志。中国经济以此为起点，走向与国际经济接轨的开放时代。建立经济特区，实行对外开放政策，引进国外资金、先进技术是中国共产党历史上第一次作出这样的决定。国际社会当时评论说，这是在国际共运史上开先河的事件。

1984年1月24日，邓小平第一次踏上他倡议建立的中国最早的经济特区——深圳。在深圳，他看到一片兴旺发达的景象。随后，他又分别视察了珠海、厦门经济特区。目睹特区建设取得巨大的成就，邓小平感到由衷高兴，不但肯定了当时颇有争论的"时间就是金钱，效率就是生命"的口号，还欣然为经济特区题词。在深圳的题词是："深圳的发展和经验证明，我们建立经济特区的政策是正确的"。在珠海的题词是："珠海经济特区好"。在厦门的题词是："把经济特区办得更快些更好些"。

回京后10天左右，邓小平就同几位中央领导谈经济特区和增加对外开放城市的问题。这是邓小平关于经济特区问题的一次最重要的谈话。经济特区在改革开放与建设有中国特色的社会主义中的重要位置，在这次谈话中第一次被突出出来。他说："特区是一个窗口，是技术的窗口，管理的窗口，知识的窗口，也是对外政策的窗口。从特区可以引进技术，获得知识，学到管理，管理也是知识。特区成为开放的基地，不仅在经济方面、培养人才方面使我们得到好处，而且会扩大我国的对外影响。"从这以后，人们便从"四个窗口"和"开放基地"来认识经济特区的地位和作用。

经济特区是中国实行改革开放政策的"试验地"，是邓小平亲自倡导、设计并始终关注和支持的一项崭新的事业；经济特区以"敢为天下先"的精神，杀出了一条"血路"，印证了"建立经济特区的政策是正确的"结论，从理论与实践的结合上，丰富了人们对建设有中国特色的社会主义的认识。特区作为改革开放的"试验田"，在我国发展对外贸易、引进国外资金和技术、扩大对外经济合作交流中，一直发挥着邓小平所期望的"四个窗口"和"开放基地"的作用；并为全国改革开放，一直发挥着试验、探路和积极推动的排头兵作用。

习近平总书记在"4·13"重要讲话中指出，40年来，深圳、珠海、汕头、厦门、海南5个经济特区不辱使命，在建设中国特色社会主义伟大历史进程中谱写了勇立潮头、开拓进取的壮丽篇章，在体制改革中发挥了"试验田"作用，在对外开放中发挥了重要"窗口"作用，为全国改革开放和社会主义现代化建设作出了重大贡献。

从经济特区的"窗口"作用，迈向发挥自由贸易港的"门户"作用，历史赋予海南崭新的光荣使命。

这里，可以模拟一个的情景：100年后，史学家们研究2020年夏天中国发生的事情，他们发现了"一件大事"，并秉笔直书："公元2020年6月1日，中共中央、国务院发布《海南自由贸易港建设总体方案》，这是中国新时代改革开放进程中的一件大事。史称'海南开港'。"

我们可以说，2000多年的海南历史几乎可用"五开"来概括。

一是开疆海南。西汉元封元年（公元前110年），汉武帝遣伏波将军路博德平南越，在海南岛上开置珠崖、儋耳二郡，这是海南岛正式并入中国版图的开始，史称"伏波开琼"。

二是开化海南。北宋绍圣四年（1097 年），苏东坡被贬到海南岛儋州，在此"海外三年"，他给海南学子讲学，使得这块"蛮荒之地"，开始"书声琅琅，弦歌四起"。海南人读书求学自此蔚然成风，掀起了中原文化向海南传播的一个高潮，史称"讲学明道，教化日兴，人文之盛，实自公启之"。今海口"苏公祠"仍悬联曰："此地能开眼界，何人可配眉山"，非常贴切地表达了苏东坡对海南社会开化带来的贡献。

三是开辟海南。在孙中山撰写《建国方略》之前，还没有"开发"海南的说法，而是代之以"开辟""启发"之类，如孙中山 1912 年领衔发布的《琼州改设行省理由书》，就谓"启发天然富源，琼州宜改设行省也"。清光绪年间，张之洞督粤五年（1884 年到 1889 年），以总督之尊，直接指挥在行政体系中处于"第三级"地位的琼州府及所属州县，提出了前所未有的开辟海南计划，目的是"开山收土，永奠海南"，"俾此奥区，永为乐土"，史称张之洞"开辟琼州数千年未有之政绩"。

四是开发海南。孙中山极力赞成琼州改省，又最早主张开发海南。1913 年至 1919 年间，他撰写著名的《建国方略》，当中的《实业计划》就海南之开发、海口港之建设写道："海南固又甚富而未开发之地也。已耕作者仅有沿海一带地方，其中央尤为茂密之森林，黎人所居，其藏矿最富。如使全岛悉已开发，则海口一港，将为出入口货辐辏之区。"受孙中山"海南固又甚富而未开发之地"等思想的影响，海南的开发逐渐引起国人的注意。一时间，海内外官方的、民间的有识之士以及学者、华侨团体等纷至沓来，对海南岛进行调查和考察，发表许多开发建设海南的积极言论，从而使民国时期琼州改省、开发海南、建设海南之议论日渐成风气。

五是开放海南。1979 年 1 月，陪同叶剑英元帅到海南考察工作的广东省委第一书记习仲勋，第一次提出了"怎样开放海南"的历史命题，并提出以旅游收入建设海南的思想。在习仲勋的大力推动和精心准备下，国务院于 1980 年 6 月 30 日至 7 月 11 日在北京召开"海南岛问题座谈会"，国务院当年 7 月 24 日批转的《海南岛问题座谈会纪要》的提出对海南岛实行"放宽政策，把经济搞活"，所确定的八条措施中，第一条就是："在进出口贸易上，主要是对香港的出口，应让海南有更多一些自主权。对外经济活动可参照深圳、珠海市的办法，给以较大的权限。"由于有了这条特殊政策，使海南岛在当时中国的对外开放格局中，实际上取得了"准特区"的地位。对外开放结束了海南长期"闭岛锁区"的历史，走上了"以开放促开发"的新道路，开辟了海南岛开发建设的新纪元。正是在这个意义上说，1980 年成为海南的"开放元年"。

40 年后的 2020 年，海南迎来"开港元年"。正在开启的"海南开港"，是走向中华民族伟大复兴时代的"海南开港"，与积弱积贫时代的"琼州开港"，性质根本不同。新时代的"海南开港"，是"中国开放的大门不会关闭，只有越开越大"的生动写照；新时代的"海南开港"，将为实现中华民族"两个一百年"的奋斗目标提供澎湃动力，成为展示中国风范、中国气派、中国形象的靓丽名片；新时代的"海南开港"，是自由贸易港建设"进行时"精彩的"海南故事"，而不是后人进行历史研究的"专美"。

在全岛建设自由贸易港的时代背景下，海南被定位为打造成为引领我国新时代对外开放的重要开放门户，将发挥的是面向全球的自由贸易港的作用。体现我们欢迎全世界投资者到海南投资兴业，积极参与海南自由贸易港建设，共享中国发展机遇、共享中国改革成果的真谛。我们将始终坚持开放、安全、公平的原则，敞开大门欢迎全球的市场主体和各类人才来海南投资兴业、创业就业，共享自由贸易港建设的历史机遇和发展成果，共同打造中国对外开放的新标杆、新高地。

3.面向太平洋、印度洋打造重要开放门户

在海南建设自由贸易港，要坚持高起点谋划，打造成为引领我国新时代对外开放的鲜明旗帜和面向太平洋、印度洋的重要开放门户；要坚持高

标准建设，积极借鉴国际经验，主动适应国际经贸规则重构新趋势，充分学习借鉴国际自由贸易港的先进经营方式、管理方法，形成具有国际竞争力的开放政策和制度安排。

充分放大海南的区位优势，能够有效打造我国深度融入全球经济体系的前沿地带。从地理区位看，海南是我国西南、西北等内陆地区最近的出海通道，比经东部地区出海平均节约 10 天，拥有中国通往东南亚、非洲、欧洲和大洋洲航程最短的港口。通过建设面向太平洋、印度洋的重要开放门户，既可以成为中国西南、华南地区货物出海主通道，并向西北乃至内陆更大范围延伸，又可以成为东南亚、非洲、欧洲和大洋洲等地区货物进入内地的主窗口，辐射整个内地市场。

在海南建设自由贸易港，有利于打造区域和平繁荣发展的新增长极。泛南海经济区域人口众多，经济发展潜力巨大，处于中心地带的海南，积极服务和融入"一带一路"建设，进一步密切中国—东盟合作，大力发展海洋经济，主动塑造陆海统筹、内外畅通、资源汇集、互利共赢的合作与发展新格局，形成新的区域增长极，有利于南海乃至整个亚太地区的和平、稳定与繁荣。

海南地处东亚、东南亚的中心位置，区位优势明显，辐射范围广阔。海南四小时飞行圈可以覆盖亚洲 21 个国家和地区，覆盖 47% 的世界人口和 30% 的 GDP；八小时飞行圈可以覆盖亚洲、大洋洲和欧洲、非洲等 59 个国家和地区，覆盖 67% 的人口和 41% 的 GDP。按照建设面向太平洋、印度洋的重要开放门户的总体要求，海南将与更多国家和地区开展广泛合作，以实际行动支持经济全球化进程，推动建设开放型世界经济，构建人类命运共同体。海南面向太平洋、印度洋打造我国重要开放门户的前景无限广阔。

打造面向太平洋、印度洋的重要开放门户，交通运输要先行。

2020 年 9 月 29 日，国家发改委公布《海南现代综合交通运输体系规划》，提出我国将推动海南加快构建现代综合交通运输体系，到 2025 年，民用运输机场达到五个，建成以海口、三亚、琼海等机场为核心，其他机场和通用机场为补充的综合机场体系，成为通达全国，面向太平洋、印度洋的航空枢纽。根据该规划，到 2025 年，海南高速环岛、海口和三亚之间 1.5 小时快速通达，高速铁路客运量 4000 万人；公路通车里程 40000 公里，其中高速公路 1400 公里，"丰"字形 + 环线高速公路网络基本形成；沿海港口万吨级及以上泊位数达到 80 个，"四方五港"分工格局更加完善。该规划提出规划建设洋浦至儋州铁路、规划研究海口至三亚中线铁路、开展跨琼州海峡铁路建设方案研究、建成琼海经琼中至洋浦高速公路，并在海南构建现代基础设施、建设现代综合交通枢纽、优化港口分工格局、提升机场服务水平等方面作出详细要求。

根据规划，届时海南将基本建成内通外畅、服务优质、功能完备、智慧低碳的现代综合交通运输体系框架，城市公共交通"一卡通"覆盖率达 95%，一体化运输服务质量大幅提升，对海南自由贸易试验区和中国特色自由贸易港、生态文明试验区、国际旅游消费中心和重大战略服务保障区的支撑引领能力明显增强。

该规划展望到 2035 年，海南将建成现代综合交通运输体系，运输服务能力和质量全面升级，国际互联互通水平显著提升，基本实现交通运输现代化，更好服务海南全面深化改革开放。

| 第 四 讲 |
海南自由贸易港建设的鲜明导向

深入贯彻习近平总书记在庆祝海南建省办经济特区 30 周年大会上的重要讲话精神，具体落实《中共中央　国务院关于支持海南全面深化改革开放的指导意见》的要求，《海南自由贸易港建设总体方案》确立了海南自由贸易港建设的五个基本原则，即借鉴国际经验、体现中国特色、符合海南定位、突出改革创新、坚持底线思维。这五个基本原则，确定了海南自由贸易港建设的总体要求、根本遵循，也进一步指明了海南自由贸易港建设的鲜明导向，展现了海南自由贸易港建设无比诱人的美好前景。

（一）借鉴国际经验

关于"借鉴国际经验"，《总体方案》中提出：

坚持高起点谋划、高标准建设，主动适应国际经贸规则重构新趋势，充分学习借鉴国际自由贸易港的先进经营方式、管理方法和制度安排，形成具有国际竞争力的开放政策和制度，加快建立开放型经济新体制，增强区域辐射带动作用，打造我国深度融入全球经济体系的前沿地带。

关于这个原则，我们着重来看三点。

1. 形成具有国际竞争力的开放政策和制度

这个原则提出，通过借鉴国际经验，坚持高起点谋划、高标准建设海南自由贸易港，形成具有国际竞争力的开放政策和制度，增强区域辐射带动作用，打造我国深度融入全球经济体系的前沿地带。这是着眼于我国区域协调发展格局的大谋局、大布局，必将使海南自由贸易港建设产生强大的区域辐射带动作用。

自由贸易港发源于欧洲，是孕育古欧洲商业文明乃至催生近代国际经济秩序的重要载体。如今全球有 100 多个自由港和 2000 多个与自由港有相似内涵和功能的特殊经济自由区，为海南建设自由贸易港提供了重要借鉴。在全球经贸往来日益密切的背景下逐渐产生的国际经贸规则，本身就是全球化发展的产物。在海南建设自由贸易港，只有主动适应国际经贸规则重构新趋势，充分学习借鉴国际自由贸易港的先进经营方式、管理方法和政策设计、制度安排，才能形成具有国际竞争力的开放政策和制度体系，加快建立开放型经济新体制。

2. 增强区域辐射带动作用

如果说，兴办经济特区使海南一跃成为开放前沿，这个"前沿"是一个点状；那么，建设自由贸易港使海南成为开放前沿地带，这个"地带"就是一个面状，增强区域辐射带动作用的含义就隐含其中。对此，我们可以从新西部开发和构建"双循环"新发展格局两个方面来加深理解。

2013 年 10 月 7 日，习近平主席在亚太经合组织工商领导人峰会上发表演讲，他指出："我们将实行更加积极主动的开放战略，完善互利共赢、多元平衡、安全高效的开放型经济体系，促进沿海内陆沿边开放优势互补，形成引领国际经济合作和竞争的开放区域，培育带动区域发展的开放高地。"重视谋划培育带动区域发展的开放高地建设由此开始。

为在新时代继续做好西部大开发工作，促进区域协调发展，开启全面建设社会主义现代化国家新征程，于 2020 年 5 月 17 日发布的《中共中央　国务院关于新时代推进西部大开发形成新格局的指导意见》指出："强化举措推进西部大开发形成新格局，是党中央、国务院从全局出发，顺应中国特色社会主义进入新时代、区域协调发展进入新阶段的新要求，统筹国内国际两个大局作出的重大决策部署。"

中央再次布局的西部大开发，与海南全面深化改革开放也密切相关。《中共中央　国务院关于新时代推进西部大开发形成新格局的指导意见》中提出，拓展区际互动合作，"加快珠江—西江经济带和北部湾经济区建设，鼓励广西积极参与粤港澳大湾区建设和海南全面深化改革开放"。随着海南自由贸易港打造我国深度融入全球经济体系的前沿地带进程的加快，海南全面深化改革开放与新一轮西部大开发、西部地区高质量发展，将形成比翼齐飞的区域发展新格局，谱写美妙的协奏曲，奏响中华民族伟大复兴的美好旋律。

回头再看，海南加快发展起来能增强区域辐射带动作用，尤其是对西部地区的影响带动作用，是由海南的地缘优势和国家开放力度增加所决定的。早在 1992 年 3 月 9 日，国务院正式批准设立洋浦经济开发区，这是我国首个外商投资成片开发区。1992 年 8 月 18 日，海南省政府与熊谷组正式签订《洋浦经济开发区国有土地使用权出让合同》，将区内 27.353 平方公里的土地使用权一次性出让 70 年，熊谷组联合香港荣高贸易有限公司、长江实业（集团）有限公司、台湾大中华集团有限公司和三家国内银行成立了洋浦土地开发有限公司，共同参与洋浦开发。为了支持洋浦的发展，中央比照国际上通行的自由港政策，赋予洋浦比现有开发区、保税区、高新技术产业开发区、出口加工区"四区"更加优惠的政策。洋浦由此掀起新一轮开发热潮。

在这种背景下，当时人们就看到洋浦开发对推动中国区域经济开发的作用。《海南日报》曾发表文章对此展开专论，提出发展区域经济，是当今国际经济发展的一大趋势，是 20 世纪 90 年代中国经济的新框架。不是就洋浦开发论洋浦开发，就可以窥见建设洋浦经济开发区对中国区域经济开发的重大推动作用。人们已经注意到，1992 年 4 月中下旬，国务院副总理邹家华与广西、贵州、云南、四川、广东、海南等省区及成都、重庆市的领导，国家计委、体改委、铁道部等 11 个部委的负责人一起，考察广西北部湾的北海市、钦州市和防城港市。这被认为是我国计划体制的一项重要改革——以经济的自然联系和资源、区位优势互补为纽带的区域经济规划工作开始起步。邹家华透露，从 1992 年开始，西南和华南部分省区区域规划开始，国务院有关部门同部分省区一起重点研究以下区域经济发展规划：一是以上海浦东为龙头的长江沿岸地区；二是珠江三角洲地区；三是环渤海湾地区，包括北京、天津、河北、山东、辽宁；四是西南和华南部分省区；五是西北地区；六是中原地区；七是东北地区。这样中、西部省区将通过与沿海、沿边、沿江省区的联系，使内陆腹地和资源优势与沿海的区位优势有机结合，90 年代这七大区域带的维系和加强将构筑起我国经济发展和对外开放的大框架。

文章认为，洋浦的优势首先就是她的区位优势及由此决定的政策优势。"坐南朝北"的洋浦以海南岛为依托，而面向北部湾畔的广西和越南。在 30 平方公里的面积内实行"一线放开，二线管住"的封闭式管理，采用"自由港"的政策，按国际惯例运作，这样，洋浦经济开发区的建设所产生的"洋浦效应"，不只是带动海南全岛的开发建设，而且会对西南地区的开发开放，产生直接的辐射作用。尤其是与时下北海市正兴起的开发建设热潮相对应，这种作用更显得相得益彰。

文章指出，我国大西南的战略地位重要，资源丰富，是我国经济发展潜力最大的地区之一，加快其开发和建设步伐，对全国的现代化建设具有极其重要的意义，关系到实现第二步战略目标的全局。国家制定包括西南和华南部分省区的区域经济整体发展规划无疑也就有重大的战略考虑。因为，这一规划区域总人口 2.3 亿，面积 150 万平方公里，其中云、贵、川三省是我国资源最丰富的地区，水能资源占全国的 46%；天然气、煤炭

及各类矿产资源储量丰富，品种齐全。但它们又是典型的内陆省份，资源开发程度低。而广东西部、广西沿海和海南具有明显的区位优势，尤其是广西北部湾沿岸的北海、钦州、防城港是北靠大西南、面向东南亚的重要枢纽。随着南昆铁路和一批深水码头的建成，这里将成西南内陆地区最近的出海口。这样，将西南和华南部分省区进行统筹规划，将扩大互补性，使区域整体优势发挥得更充分。正基于此，西南五省区的联合开发已经开始。1992年下半年西南五省区七方第四次经济协调会，提出要面向东南亚南亚，以联合促开放，以开放促开发，重振南方丝绸之路，推动大西南经济登上新台阶。

文章强调，不少专家学者在论及海南的经济发展战略时都认为，海南要把东南亚地区作为对外开放和经济合作的一个重点，因为历史上海南和东南亚的联系就很密切，华侨众多的优势也体现在东南亚，那里市场比较广阔，经济的互补性也很大。国内方面，建省办特区以来，海南和大西南的经济合作日益加强，是内联资金的重要来源地。这些情况显示，把海南纳入西南和华南部分省区这一经济区域具有内在的联系性；而且，就海南经济发展的态势而言，与上述地区的发展也无太大的矛盾。实际上，邹家华副总理在谈及这一区域发展规划问题时就提出，东南亚九国有四亿多人口，是一个很有潜力的大市场。云南、广西与东南亚几个国家接壤或毗邻，海南和广东西部离东南亚国家也很近，西南、华南内陆与沿边、沿海省区联合起来，就可以形成很大的经济实力，进入东南亚市场。他甚至以海南为例子说，海南省只有600多万人口，省内市场容量就很有限，而整个大区域共有2.3亿人口，把省区之间打通，将各省区连在一起，市场就拓宽了，经济发展的潜力就会更充分地发挥出来。

文章最后说，洋浦由于"地利"而在海南的开发建设中扮演重要角色，成为外商成片承包开发的先例，是中国改革的试验区，开放的"晴雨表"；又由于"地利"，她每采取一项举措，每前进一步，都将直接对整个区域的发展产生重大影响及带动作用。也可以这样理解，洋浦的开发推动海南的开发，而海南的开发又推动整个大区域的开发。从这个意义上来说，洋浦不只是海南的洋浦，只有让整个区域都来支持她——就像西南各省支持北海一样，才能从成功走向成功。（钟业昌：《推动中国区域经济开发——六论建设洋浦经济开发区的重大战略意义》，《海南日报》1993年2月16日）

如今，《海南自由贸易港建设总体方案》发布，洋浦再一次肩负重任。尤其随着西部陆海新通道国际航运枢纽和航空枢纽建设的加快推进，及"在洋浦保税港区等具备条件的海关特殊监管区域率先实行'一线'放开、'二线'管住的进出口管理制度"等重大政策的落地，洋浦将成为海南自由贸易港增加区域辐射带动作用的新引擎、火车头。

构建国内国际双循环相互促进的新发展格局，是以习近平同志为核心的党中央，面对复杂的疫情防控和经济社会发展形势，积极应对当前外部环境严峻变化和推进国内经济高质量发展的一项重大举措。

2020年5月14日，习近平总书记主持召开中央政治局常委会会议并发表重要讲话。会议指出，要深化供给侧结构性改革，充分发挥我国超大规模市场优势和内需潜力，构建国内国际双循环相互促进的新发展格局。

2020年5月23日，习近平总书记看望了参加全国政协十三届三次会议的经济界委员并参加联组会。他发表重要讲话指出，面向未来，我们要把满足国内需求作为发展的出发点和落脚点，加快构建完整的内需体系，大力推进科技创新及其他各方面创新，加快推进数字经济、智能制造、生命健康、新材料等战略性新兴产业，形成更多新的增长点、增长极，着力打通生产、分配、流通、消费各个环节，逐步形成以国内大循环为主体、国内国际双循环相互促进的新发展格局，培育新形势下我国参与国际合作和竞争新优势。

2020年7月21日，习近平总书记在企业家座谈会上的讲话中指出，面向未来，我们要逐步形成以国内大循环为主体、国内国际双循环相互促进的新发展格局。这里讲的是一个新的发展格局，也就是说它不仅仅是简单经济循环问题，还涉及了中国未来发展的新模式和新格局。对此，我们需要深刻领会其深刻内涵。

构建国内国际双循环相互促进的新发展格局的判断和要求，既立足当下，又谋划未来，为我国新一轮发展锚定了新航向，找准了新动力，开辟了新境界。"双循环的新发展格局"的表述，意味着中国将对发展战略进行重大的调整和转变。海南在构建国内国际双循环相互促进的新发展格局中有更大作为。

按照《总体方案》要求，"充分发挥海南自然资源丰富、地理区位独特以及背靠超大规模国内市场和腹地经济等优势"，来推进形成国内国际双循环相互促进的新发展格局。海南要充分利用自由贸易港建设优势，努力率先形成国内国际双循环相互促进的新发展格局。要加快建设国际旅游消费中心。自 2020 年 7 月 1 日起实施离岛免税新政以来，"海南购"的热度持续攀升。国家大幅放宽离岛免税购物政策的意义，不仅仅在于"买买买"，由"海外购"变为"海南购"，更重要的是引导境外消费回流、畅通资金流通，让全国人民从自由贸易港建设中增强获得感。这不仅会深化我国对外开放格局，也会深刻影响区域国际经贸格局。

因此，要加快实现免税商品与原产地在品牌、品种、价格上"三同步"，推动国际旅游消费中心建设，在促进国内国际双循环中发挥独特作用。要加快落实《总体方案》关于支持海南大力引进国外优质医疗资源，研究支持海南建设区域医疗中心；允许境外理工农医类高水平大学、职业院校在海南自由贸易港独立办学，设立国际学校；推动国内重点高校引进国外知名院校在海南自由贸易港举办具有独立法人资格的中外合作办学机构的政策安排，加快在医疗和教育领域实行最大限度的高标准开放，引进国外优势资源办医、办学，这不仅有利于吸引国内居民到海南学习、就医，缩小中国在服务贸易上的逆差，而且有利于吸引周边国家民众来海南学习、就医，增加服务贸易收入。

在以国内大循环为主体、国内国际双循环相互促进的新发展格局下，海南自由贸易港建设迎来独特发展机遇，又可以发挥独特的促进作用。正是从世界看，海南自由贸易港是深入中国巨大经济腹地、分享超大规模国内市场的重要通道；从内地看，海南自由贸易港又是走向"一带一路"、加快融入世界的重要桥梁。海南自由贸易港的作用是独一无二的。

对此，著名企业家的理解也是独特的，给人留下深刻印象。2020 年 9 月 28—30 日在海口举办的 2020 中国绿公司年会上，泰康保险集团创始人、董事长兼 CEO 陈东升在发言中指出，在"双循环"的过程中，海南自由贸易港扮演什么角色？他认为，其实是一种新的进口替代。比如上亿的人去买名牌，其实全球的名牌店也可以在这儿加工，高附加值加工，也可以把这些产业引到这儿，实际上是一个新的消费的进口替代。倒过来讲，中央给海南的政策其实是下一轮中国经济消费内需的一个新引擎，它起到一个国家整个引擎的作用，会拉动中国经济的升级，拉动中国的消费，拉动中国的内需，会成为中国最大的消费内需经济升级的最大的引擎。所以，整个海南、海口在中国经济下一轮"双循环"的过程中，扮演一个重要的引擎作用。

3. 打造我国深度融入全球经济体系的前沿地带

把海南自由贸易港打造成为我国深度融入全球经济体系的前沿地带，这是《总体方案》的全新表述，也是海南高水平开放的一个全新命题。经过建省办特区 30 年的不懈努力，海南已从一个边陲海岛发展成为我国改革开放的重要窗口。在新时代高质量高标准建设自由贸易港，打造我国深度融入全球经济体系的前沿地带，是重大的历史使命。

海南地处于我国与东南亚各国的中心地带，是往来太平洋、印度洋的必经之地，也是其他地区通往东亚的"十字路口"。同时，海南是我国重点侨乡之一，分布在东南亚国家和地区的侨胞多达 200 万。因此，海南如何发挥自身区位优势、资源优势和政策优势，尽快建成具有国际影响力的自由贸易港，既是海南未来改革发展的重要机遇，也是海南面临的一项重大使命。

国际舆论关注到海南希望成为中国融入全球经济体系的前沿地带的部署。美国品玩网 2020 年 6 月 2 日报道称，中国 6 月 1 日公布了《海南自由贸易港建设总体方案》，旨在到本世纪中叶将这个坐落在南部岛屿上的省份打造成具有全球影响力的免税贸易中心。根据这一方案，中国希望使最大的经济特区海南省成为中国融入全球经济体系的前线。与此同时，中国希望促进海南的自由贸易、投资和跨境资本流动，并表示指定进口商品将在全岛免征关税。据报道，海南还将在重点领域率先规范影响服务贸易自由便利的国内规制，实施跨境服务贸易负面清单制度，破除跨境交付、境外消费、自然人移动等服务贸易模式下存在的各种壁垒，给予境外服务提供者国民待遇。同时，方案提出建设海南国际知识产权交易所，在知识产权转让、运用和税收政策等方面开展制度创新，规范探索知识产权证券化。此外，为了促进外国投资，中国将实行"极简审批"投资制度，制定出台海南自由贸易港放宽市场准入特别清单、外商投资准入负面清单。（《聚焦外媒：中国加速打造海南高水平自贸港》，《参考消息》2020 年 6 月 3 日）

又据香港亚洲时报网站 2020 年 6 月 2 日报道，《海南自由贸易港建设总体方案》6 月 1 日发布，目标是到 2050 年，把这个南部岛屿省份建成具有较强国际影响力的高水平自由贸易港。根据这一总体方案，以贸易自由便利和投资自由便利为重点的自由贸易港政策制度体系到 2025 年将"基本建立"，到 2035 年将"更加成熟"。报道称，中国希望把中国最大的经济特区海南省打造成中国融入全球经济体系的第一线。新华社报道，支持海南逐步探索、稳步推进中国特色自由贸易港建设，是习近平总书记亲自谋划、亲自部署、亲自推动的改革开放重大举措。报道认为，中国不急于求成、急功近利，而是将逐步推进这一计划。总体方案将赋予海南更大的改革自主权，并支持海南建立更加灵活高效的法律法规和监管模式，从而扫清阻碍生产要素流动的制度障碍。（《媒体热议：海南成中国深化改革开放新窗口》，《参考消息》2020 年 6 月 4 日）

（二）体现中国特色

关于"体现中国特色"，《总体方案》中提出：

坚持党的集中统一领导，坚持中国特色社会主义道路，坚持以人民为中心，践行社会主义核心价值观，确保海南自由贸易港建设正确方向。充分发挥全国上下一盘棋和集中力量办大事的制度优势，调动各方面积极性和创造性，集聚全球优质生产要素，着力在推动制度创新、培育增长动能、构建全面开放新格局等方面取得新突破，为实现国家战略目标提供坚实支撑。加强与东南亚国家交流合作，促进与粤港澳大湾区联动发展。

对这个原则要求，我们着重来看五点。

1.坚持党的集中统一领导，坚持中国特色社会主义道路

坚持党的集中统一领导、坚持中国特色社会主义道路、坚持以人民为中心，这是改革开放40年伟大实践的宝贵经验。

2018年12月18日，习近平总书记在庆祝改革开放40周年大会上的重要讲话中强调，必须坚持党对一切工作的领导，不断加强和改善党的领导。中国共产党领导是中国特色社会主义最本质的特征，是中国特色社会主义制度的最大优势。党政军民学，东西南北中，党是领导一切的。必须坚持以人民为中心，不断实现人民对美好生活的向往。为中国人民谋幸福，为中华民族谋复兴，是中国共产党人的初心和使命，也是改革开放的初心和使命。必须坚持走中国特色社会主义道路，不断坚持和发展中国特色社会主义。改革开放40年来，我们党全部理论和实践的主题是坚持和发展中国特色社会主义。中国特色社会主义道路是当代中国大踏步赶上时代、引领时代发展的康庄大道，必须毫不动摇走下去。

2020年5月28日，习近平总书记对海南自由贸易港建设作出重要指示，强调："要坚持党的领导，坚持中国特色社会主义制度，对接国际高水平经贸规则，促进生产要素自由便利流动，高质量高标准建设自由贸易

港。"

《总体方案》始终把握三个关键点：第一个是坚持党的集中统一领导，坚持中国特色社会主义制度；第二个是对接国际高水平经贸规则，把制度集成创新摆在突出位置上，促进生产要素自由便利流动；第三个是成熟一项推出一项，行稳致远，久久为功。总之，就是把准方向、集成创新、自由便利、步步为营。

在这当中，第一要义也就是对中国特色的最本质坚持，就是坚持党的集中统一领导，坚持中国特色社会主义道路，坚持以人民为中心，践行社会主义核心价值观。做到这"三个坚持一个践行"，就是把准了方向，就能确保海南自由贸易港建设始终沿着正确的方向前进。

我们要看到，国际上典型的自由贸易港，基本上都是采用西方资本主义制度。在海南建设中国特色自由贸易港，在具体的管理体制和运行机制层面可以借鉴国际经验，具备自由贸易港的基本要素，但更要充分体现中国特色，遵循社会主义制度。在基本制度层面绝不能逾越"红线"，同时对"黄、赌、毒"等违法犯罪行为"零容忍"。

2. 充分发挥全国上下一盘棋和集中力量办大事的制度优势

制度优势是一个国家的最大优势，我国社会主义制度的最大优势是能够集中力量办大事。

2019 年 10 月召开的十九届四中全会审议通过的《中共中央关于坚持和完善中国特色社会主义制度、推进国家治理体系和治理能力现代化若干重大问题的决定》，在深刻阐述中国特色社会主义制度和国家治理体系科学内涵、发展成就、本质特征的基础上，从 13 个方面系统总结了我国国家制度和国家治理体系的显著优势，这些显著优势是我们坚定中国特色社会主义道路自信、理论自信、制度自信、文化自信的基本依据。其中一个就是"坚持全国一盘棋，调动各方面积极性，集中力量办大事的显著优势"。实践证明，中国特色社会主义制度的这一显著优势，能够有效促进社会生产力解放和发展，促进社会主义现代化建设各项事业，促进人民生活质量和水平不断提高。

集中力量办大事的一个要义，就是要坚持全国一盘棋，充分调动各方面积极性，有效协调各领域、各层级资源，集中力量解决改革发展稳定中的重大问题，落实重大部署，推进国家重大战略实施。在抗击新冠肺炎疫情的严峻斗争中，全国上下一心、全力应对，形成了全面动员、全面部署、全面加强疫情防控工作的局面，抗击新冠肺炎疫情所取得的成效，再次证明了集中力量办大事是我国的一大制度优势。当把集中力量办大事上升为制度，进而成为能够长期发挥重要作用的显著优势，这就是我们对海南自由贸易港建设充满信心所在。

习近平总书记发表"4·13"重要讲话以来，众多中央企业在落实国家重大战略、融入中国特色自由贸易港建设方面行动迅速，掀起了投资创业新热潮，为海南自由贸易港建设注入了强劲动力。这既是央企政治站位高、大局意识强的表现，也是全国上下一盘棋和集中力量办大事的制度优势充分发挥作用的表现。我国的全国上下一盘棋和集中力量办大事，形象地说是能够做到"三个一"："一张图"，就是对所办大事有统一规划；"一盘棋"，就是各地区、各部门从全局着眼，围绕所办大事形成合力；"一竿子"，就是保证从中央到地方政令畅通，在贯彻执行上一竿子插到底。如此有效的运行方式，大事自然能够办得成。

集中力量办大事又是我们成就事业的重要法宝。2014 年 6 月 9 日，习近平总书记在中国科学院第十七次院士大会、中国工程院第十二次院士大会上的讲话中指出："在推进科技体制改革的过程中，我们要注意一个问题，就是我国社会主义制度能够集中力量办大事是我们成就事业的重要法宝。"这又具体体现和落实在"新型举国体制"上。2019 年 2 月，习近平总书记在会见探月工程嫦娥四号任务参研参试人员代表时，肯定嫦娥四号任务是"探索建立新型举国体制的又一生动实践"。

习近平总书记在"4·13"重要讲话中指出："海南全面深化改革开放

是国家的重大战略，必须举全国之力、聚四方之才。"在海南建设自由贸易港，探索和发挥"新型举国体制"作用，必将使海南自由贸易港建设取得更大成就，争创新时代中国特色社会主义生动范例，成为展示中国风范、中国气派、中国形象的重要窗口。

3.集聚全球优质生产要素

这是高水平开放、高质量发展的必由之路。在全球要素分工条件下，开放发展的水平和层次，不仅取决于自身拥有什么样质量和层次的要素，还取决于能够吸引和集聚到什么样质量和层次的全球要素。高质量高水平建设海南自由贸易港，就不能停留于吸引和集聚一般生产性要素，而是要着眼于对全球高端和创新性生产要素的吸引和集聚。

习近平总书记在"4·13"重要讲话中要求集聚创新要素，积极发展新一代信息技术产业和数字经济，推动互联网、物联网、大数据、卫星导航、人工智能同实体经济深度融合，整体提升海南综合竞争力。《总体方案》又提出，集聚全球优质生产要素，着力在推动制度创新、培育增长动能、构建全面开放新格局等方面取得新突破。这表明，集聚创新要素，集聚全球优质生产要素，都是海南自由贸易港建设贯彻新发展理念、培育壮大新动能、推动高质量发展的内在要求。

我国经济已由高速增长阶段转向高质量发展阶段，正处在转变发展方式、优化经济结构、转换增长动力的攻关期。海南拥有全国最好的生态环境，如何在保护好海南这一中华民族四季花园的同时实现经济持续健康发展，让绿水青山源源不断带来金山银山，是高质量发展的应有之义。在海南建设自由贸易港，就是要推动海南将生态优势和政策优势、产业优势、开放平台优势相结合，积极引进国际先进技术、高端人才和创新经验，打造包括资本、知识、技术、管理、数据在内的全球优质生产要素集聚区，形成特色鲜明、具有较强竞争力的优势产业，从而为全国高质量发展提供典型示范。

随着海南自由贸易港建设的铺开与推进，海南需要大力引进优质资本，加快打造人才集聚高地，集聚全球创新要素。要用好用足自由贸易港政策，立足于国际竞争，聚焦旅游业、现代服务业和高新技术产业"三大主导产业"，航天领域重大科技创新基地、国家深海基地南方中心、国家南繁科研育种基地、国家热带农业科学中心、全球动植物种质资源引进中转基地"五大平台"，种业、医疗、教育、体育、电信、互联网、文化、维修、金融、航运等"十个重点领域"，采取"云招商"等创新方式，做好集中签约和集中开工，加快推动全球要素资源集聚。

集聚全球优质生产要素，对海南自由贸易港建设来说是一个全新的重大命题，也是一项崭新的历史使命。集聚全球创新要素，要求加强对世界500强等行业龙头企业的招商推介，吸引跨国公司设立总部或代表机构。它的真切含义，从海南省委的一大动作——省委书记与首批有意愿在自由贸易港投资的世界知名企业会谈——可看出来。

2020年6月2日，就是《总体方案》公布后的第二天，一批世界知名企业已通过各种方式表达希望在海南自贸港投资的意愿。当天下午，海南省委书记刘赐贵分别与世界最大机场免税商杜福睿（Dufry）集团、世界知名能源服务商壳牌集团举行视频连线会谈，分享海南自贸港发展机遇，推进相关领域务实合作。他表示，海南背靠中国14亿人的大市场，吸引全球资源，建设国际旅游消费中心，努力提升全国人民的幸福感、获得感，这是中国特色自贸港的应有之义，也为全球投资者提供了广阔机遇。希望杜福睿集团发挥优势，用好离岛免税政策，大力布局精品免税店和经营网络，推动海南免税品与国际市场在品牌、品种、价格上"三同步"，不断满足中国人民日益增长的消费需求。杜福睿集团负责人分别从瑞士总部和澳大利亚、中国香港、上海等地连线海南，表达了对海南自由贸易港发展前景的高度看好、对投资海南的强烈兴趣和实地到海南洽谈合作的强烈意愿。壳牌集团执行副总裁、壳牌中国集团主席张新胜表示，愿发挥壳牌在航空、天然气供应链、新能源和能源贸易等领域的优势，深度了解政策，积极把握当前机遇，参与并助力海南自贸港建设。

海南以前所未有的速度，加快集聚全球优质生产要素的前进步伐。2020 年 9 月 25 日，瑞士著名国际奢侈品零售商奇士霍夫集团以"云签约"方式正式进入亚太市场，并将中国区总部落地海南。这是境外首家国际奢侈品零售集团将中国总部落户海南自由贸易港。奇士霍夫集团是瑞士规模最大的钟表珠宝销售商之一，也是目前全球拥有手表品牌代理权最多的集团公司，旗下代理的瑞士手表品牌已超过 120 个。集团产品同时涵盖高端知名珠宝、皮具、化妆品、纪念品以及健康产品，是瑞士境内最受游客喜爱的免税购物连锁商店。

4. 为实现国家战略目标提供坚实支撑

《总体方案》要求，海南自由贸易港建设，要"为实现国家战略目标提供坚实支撑"。海南全面深化改革开放的一大战略定位，就是国家重大战略服务保障区。海南自由贸易港建设，必须服从和服务国家战略大局。

中央 12 号文件明确"国家重大战略服务保障区"的内容是："深度融入海洋强国、'一带一路'建设、军民融合发展等重大战略，全面加强支撑保障能力建设，切实履行好党中央赋予的重要使命，提升海南在国家战略格局中的地位和作用。"按照中央的部署，海南要服务保障好三大国家重大战略，即海洋强国、"一带一路"建设、军民融合发展。在服务海洋强国战略方面，要加强南海维权和开发服务保障能力建设。加快完善海南的维权、航运、渔业等重点基础设施，显著提升我国对管辖海域的综合管控和开发能力。实施南海保障工程，建立完善的救援保障体系。保障法院行使对我国管辖海域的司法管辖权。支持三亚海上旅游合作开发基地、澄迈等油气勘探生产服务基地建设。加强重点渔港和避风港建设。在服务"一带一路"建设方面，要充分利用博鳌亚洲论坛等国际交流平台，推动海南与"一带一路"沿线国家和地区开展更加务实高效的合作，建设 21 世纪海上丝绸之路重要战略支点。鼓励境外机构落户海南。支持海南推进总部基地建设，鼓励跨国企业、国内大型企业集团在海南设立国际总部和区域总部。支持在海南设立 21 世纪海上丝绸之路文化、教育、农业、旅游交流平台，推动琼海农业对外开放合作试验区建设。加强海南与东南亚国家的沟通交流，重点开展旅游、环境保护、海洋渔业、人文交流、创新创业、防灾减灾等领域合作。在服务军民融合发展方面，要推进军民融合深度发展。落实经济建设项目贯彻国防要求的有关部署，加强军地在基础设施、科技、教育和医疗服务等领域的统筹发展，建立军地共商、科技共兴、设施共建、后勤共保的体制机制，将海南打造成为军民融合发展示范基地。依托海南文昌航天发射场，推动建设海南文昌国际航天城。完善南海岛礁民事服务设施与功能，建设生态岛礁，打造南海军民融合精品工程。深化空域精细化管理改革，提升军民航空域使用效率。完善军地土地置换政策，保障军事用地需求，促进存量土地盘活利用。建设国家战略能源储备基地。

以上这些是中央 12 号文件明确的海南"服务和融入国家重大战略"的任务，具体而翔实，是中央为海南建设国家重大战略服务保障区划定的方向与路径。

海南作为国家三个重大战略的重要承载地、承接体，要切实履行好党中央赋予的重要使命，持续加强支撑保障能力建设，更好服务海洋强国、"一带一路"建设、军民融合发展等国家重大战略实施。要贯彻《总体方案》的要求，充分发挥全国上下一盘棋和集中力量办大事的制度优势，调动各方面积极性和创造性，集聚全球优质生产要素，着力在推动制度创新、培育增长动能、构建全面开放新格局等方面取得新突破，在服务和融入国家重大战略中，加快海南自由贸易港建设，如此才能达到为实现国家战略目标提供坚实支撑的目标。

5. 与东南亚国家交流合作，与粤港澳大湾区联动发展

中央 12 号文件中要求海南加强区域合作交流互动，提出："依托泛珠三角区域合作机制，鼓励海南与有关省区共同参与南海保护与开发，共建

海洋经济示范区、海洋科技合作区。密切与香港、澳门在海事、海警、渔业、海上搜救等领域的合作，积极对接粤港澳大湾区建设。加强与台湾地区在教育、医疗、现代农业、海洋资源保护与开发等领域的合作。深化琼州海峡合作，推进港航、旅游协同发展。"

《总体方案》要求，海南自由贸易港建设要"加强与东南亚国家交流合作"。加强海南与东南亚国家交流合作，要落实好中央12号文件确定的任务，即重点开展旅游、环境保护、海洋渔业、人文交流、创新创业、防灾减灾等领域合作。

从地缘关系看，往北促进与粤港澳大湾区联动发展，也是海南自由贸易港建设的重要课题，服务好国家战略的重要方面。党的十九大之后，全国的发展战略布局进一步完善，党中央、国务院相继就东部地区、西部地区、东北地区、京津冀、长江经济带、粤港澳大湾区、长三角等区域发展作出部署。

粤港澳大湾区（英文名 Guangdong-Hong Kong-Macao Greater Bay Area，缩写 GBA）由香港、澳门两个特别行政区和广东省广州、深圳、珠海、佛山、惠州、东莞、中山、江门、肇庆九个珠三角城市组成，总面积5.6万平方公里，2018年末总人口已达7000万人，是中国开放程度最高、经济活力最强的区域之一，在国家发展大局中具有重要战略地位。2017年7月1日，习近平总书记出席《深化粤港澳合作　推进大湾区建设框架协议》签署仪式。2019年2月18日，中共中央、国务院印发《粤港澳大湾区发展规划纲要》。按照规划纲要，粤港澳大湾区不仅要建成充满活力的世界级城市群、国际科技创新中心、"一带一路"建设的重要支撑、内地与港澳深度合作示范区，还要打造成宜居宜业宜游的优质生活圈，成为高质量发展的典范。以香港、澳门、广州、深圳四大中心城市作为区域发展的核心引擎。粤港澳大湾区与美国纽约湾区、旧金山湾区、日本东京湾区并称为世界四大湾区。

《总体方案》中要求，海南自由贸易港建设要"促进与粤港澳大湾区联动发展"。共同推动琼粤全面深化合作，共享共赢海南自由贸易港和粤港澳大湾区、深圳中国特色社会主义先行示范区重大国家战略的历史机遇，这是区域发展的大好事。琼粤两省这方面的互动开了好头。

2020年6月14日至16日，海南省省长沈晓明率海南省政府代表团赴广东省开展考察学习，就贯彻落实习近平总书记关于海南自贸港建设重要指示精神和《海南自由贸易港建设总体方案》要求以及推进海南全面深化改革开放领导小组第三次全体会议精神有关情况，向广东省及驻粤有关单位进行了通报交流，并进行工作座谈。广东省委书记李希、广东省省长马兴瑞分别出席有关活动。会谈时，马兴瑞说，党中央、国务院正式公布《总体方案》，既是海南千载难逢的历史机遇，也是广东推进改革开放的重大机遇。粤港澳大湾区和海南自由贸易港建设都是习近平总书记、党中央部署的重大国家战略。广东将坚决贯彻落实中央决策部署，进一步加强与海南的交流合作，全力推进粤港澳大湾区和海南自贸港协同联动发展，加强产业共建、实现产业格局和分工体系互补，加大力度推进交通基础设施互联互通，深化科技文化交流合作，共同办好泛珠合作重大活动，谋划推进两省更宽领域、更高水平互利合作，实现国家重大战略叠加放大效应。沈晓明说，海南把落实《总体方案》作为当前最大的政治，担负起主体责任，把准方向、敢于担当、主动作为，加快推进海南自贸港建设，确保开好局、起好步。海南自贸港建设为深化琼粤合作提供了难得的机遇和广阔的空间，建议进一步完善省级层面交流沟通机制，加快海南自贸港和粤港澳大湾区两大国家战略相互融合、共享发展机遇，加强基础设施互联互通，开展产业链、供应链合作，深化服务贸易领域的合作。

2020年9月9日至11日，广东省委书记李希、广东省省长马兴瑞率领的广东省党政代表团来海南考察交流。10日下午，海南·广东两省合作交流座谈会在海口举行。李希代表广东省委、广东省政府对海南长期以来给予广东工作的大力支持表示感谢。他强调，在海南建设自由贸易港，是习近平总书记、党中央立足"两个大局"，为推动中国特色社会主义创新发展作出的重大战略决策，赋予了海南发展重大历史机遇，也赋予了广东发展重大历史机遇。我们要深入学习贯彻习近平总书记重要讲话和重要指示批示精神，主动对接海南自由贸易港建设，主动学习海南改革开放的好经验好做法，不断提升粤琼合作水平。一要在实施国家重大战略中加强和深化改革联动，加强在构建高水平投资贸易规则、营造市场化法治化国际化营商环境和改革系统集成上的互学互鉴，携手在制度集成创新上取得突破。二要加强发展空间衔接，结合建设"一核一带一区"区域发展格局，把湛江打造成战略对接的重要连接点和支撑点，把广州南沙、深圳前海、珠海横琴等平台打造成制度创新联动的有力支撑，把沿海经济带西翼打造成联动发展的重要纽带，推动形成粤港澳大湾区、深圳先行示范区与海南自由贸易港联动发展的科学布局。三要加强产业和市场合作对接，深化热带农业、会展经济、生物医药、数字经济、海洋产业等产业和科技创新合作，携手开拓内需市场，构建统筹内外的贸易、投资、生产、服务网络，共享互用重大开放平台，共同助力畅通国内大循环、共同参与国内国际双循环。四要以琼州海峡港航一体化为牵引，加强基础设施互联互通，构建高效畅通的现代化立体交通网络。五要强化合作机制创新，深化多层次交流交往，推动城市间对接合作，更好促进两省战略对接、联动发展。

海南省委书记刘赐贵表示，当前海南正深入学习贯彻习近平总书记关于海南工作的系列重要讲话和重要批示指示精神，把制度集成创新摆在突出位置，坚持党的全面领导、确保自贸港正确方向，坚持新发展理念、推动经济高质量发展，坚持生态优先、努力建设生态环境世界领先的自贸港，坚持"管得住"才能"放得开"原则、坚决防范重大风险，确保干一件成一件，高质量高标准推进海南自贸港建设。建设海南自由贸易港和粤港澳大湾区、深圳中国特色社会主义先行示范区，同为习近平总书记亲自谋划、亲自部署、亲自推动的重大国家战略。海南将深入贯彻落实《海南自由贸易港建设总体方案》各项要求，促进与粤港澳大湾区联动发展，健全交流机制，提升合作水平，借鉴学习广东的先进经验，对标学习广州、深圳等地成功做法，创一流营商环境，全面对接、逐项落实琼粤合作各项工作措施，以加快推进琼州海峡港航一体化和琼州海峡经济带建设为纽带，全面深化两省战略合作，共享共赢重大历史发展机遇。

座谈会上，马兴瑞与沈晓明分别介绍了广东、海南两省经济社会发展情况，并代表双方签署了《海南省人民政府　广东省人民政府战略合作框架协议》和《海南省人民政府　广东省人民政府加快推进琼州海峡港航一体化框架协议》。

（三）符合海南定位

关于"符合海南定位"，《总体方案》中提出：

紧紧围绕国家赋予海南建设全面深化改革开放试验区、国家生态文明试验区、国际旅游消费中心和国家重大战略服务保障区的战略定位，充分发挥海南自然资源丰富、地理区位独特以及背靠超大规模国内市场和腹地经济等优势，抢抓全球新一轮科技革命和产业变革重要机遇，聚焦发展旅游业、现代服务业和高新技术产业，加快培育具有海南特色的合作竞争新优势。

对这个原则要求，我们着重来看三点。

1.紧紧围绕"三区一中心"的战略定位

中央12号文件对海南全面深化改革开放作出重大战略定位，就是全面深化改革开放试验区。要大力弘扬敢闯敢试、敢为人先、埋头苦干的特区精神，在经济体制改革和社会治理创新等方面先行先试。适应经济全球化新形势，实行更加积极主动的开放战略，探索建立开放型经济新体制，把海南打造成为我国面向太平洋和印度洋的重要对外开放门户。建设国家生态文明试验区。要牢固树立和践行绿水青山就是金山银山的理念，坚定不移走生产发展、生活富裕、生态良好的文明发展道路，推动形成人与自然和谐发展的现代化建设新格局，为推进全国生态文明建设探索新经验。建设国际旅游消费中心。要大力推进旅游消费领域对外开放，积极培育旅游消费新热点，下大气力提升服务质量和国际化水平，打造业态丰富、品牌集聚、环境舒适、特色鲜明的国际旅游消费胜地。建设国家重大战略服务保障区。要深度融入海洋强国、"一带一路"建设、军民融合发展等重大战略，全面加强支撑保障能力建设，切实履行好党中央赋予的重要使命，提升海南在国家战略格局中的地位和作用。

这"三区一中心"（全面深化改革开放试验区、国家生态文明试验区、国家重大战略服务保障区、国际旅游消费中心）的战略定位，是中央对海南全面深化改革开放的总设计、总框架，对于完善和发展中国特色社会主义制度、推进我国主动参与和推动经济全球化进程、增强中华民族的凝聚力和向心力都具有重大意义。在海南建设中国特色自由贸易港，就是适应经济全球化新形势，实行更加积极主动的开放战略，探索建立开放型经济新体制，使海南建设全面深化改革开放试验区的内容具体化。

从此出发，需要紧紧围绕服务与深度融入海洋强国、"一带一路"建设、军民融合发展等重大战略，坚持中国特色、立足海南实际，坚持陆海统筹、内外联动，统筹谋划和"量身打造"海南自由贸易港政策与制度体系，加快国际旅游消费中心建设，打造具有重要影响的国际旅游消费胜地；加快国家生态文明试验区建设，让海南的生态环境只能变好、不能变差。为此，要继续围绕"三区一中心"战略定位，把握好海南的优势和特色，重点培育壮大旅游、互联网、海洋、热带特色高效农业等千亿级产业。加快推动洋浦等11个重点园区改革创新，努力把重点产业园区打造成为承载高质量高标准项目投资重要平台和载体，成为做大流量的"量点"和突出实效的"亮点"。

2. 充分发挥超大规模国内市场和腹地经济的优势

用"背靠超大规模国内市场和腹地经济"的巨大优势，标注于全球最大的自由贸易港建设，其意义非凡，其愿景激荡人心。

改革开放 40 年来，我国国内生产总值由 3679 亿元增长到 2019 年的 99.1 万亿元，年均实际增长 9.5%，远高于同期世界经济 2.9% 左右的年均增速。我国国内生产总值占世界生产总值的比重由改革开放之初的 1.8% 上升到 15.2%，多年来对世界经济增长贡献率超过 30%。我国货物进出口总额从 206 亿美元增长到超过 4 万亿美元，累计使用外商直接投资超过 2 万亿美元，对外投资总额达到 1.9 万亿美元。现在，我国是世界第二大经济体、制造业第一大国、货物贸易第一大国、商品消费第二大国、外资流入第二大国、第二大对外直接投资国、世界最大旅游市场，我国外汇储备连续多年位居世界第一！

我国具有全球最完整、规模最大的工业体系、强大的生产能力、完善的配套能力，拥有 1 亿多市场主体和 1.7 亿多受过高等教育或拥有各类专业技能的人才，还有包括 4 亿多中等收入群体在内的 14 亿人口所形成的超大规模内需市场，正处于新型工业化、信息化、城镇化、农业现代化快速发展阶段，投资需求潜力巨大。

我国在世界经济和全球治理中的分量迅速上升，成为影响世界政治经济版图变化的一个主要因素。快速发展的中国，给世界惊喜，又让世界共享中国的改革发展成果。依靠这样的世界级超大规模经济体，什么人间奇迹不能够创造出来！

3.聚焦发展旅游业、现代服务业和高新技术产业

旅游业、现代服务业和高新技术产业三大主导产业，是习近平总书记亲自擘画的海南产业发展蓝图，是海南贯彻新发展理念、建设现代化经济体系、推动经济高质量发展的主攻方向。

在这个问题上，我们需要先回望历史。自 1980 年对外开放以来，从海南的资源优势出发，建立具有海南特色的经济结构，是中央对海南一以贯之的要求。

最早在 1980 年 7 月 24 日国务院批转的《海南岛问题座谈会纪要》(国发〔1980〕202 号) 中这样指出:"海南岛地处热带、亚热带,属热带季风气候区。这里适宜种植橡胶、椰子、胡椒、咖啡、可可、油棕、南药、香料、水果等多种经济价值高的热带作物,还有很多珍贵树种和稀有动物,草山草坡和水产资源也很丰富。同全国其他地区比较,这是海南岛特有的自然条件和突出的经济优势。""海南岛发展农业的方针,应以加速发展橡胶等热带作物为重点,大力营造热带林木,努力提高粮食产量,全面发展农林牧副渔各业生产,逐步建立适应海南特点的新的生态平衡和农业结构,使国营农业企业和农村社队共同富裕起来。要按照这样的方针,因地制宜,合理安排橡胶、热带经济作物、粮食、林业、畜牧业和其他各业的布局。"这是新中国成立以来,中央文件明确指出海南岛特有的自然条件和突出的经济优势,并据此提出"逐步建立适应海南特点的新的生态平衡和农业结构",合理安排各业发展布局的生产方针。

在这样的基础上,1983 年 4 月 1 日,中共中央、国务院批转的《加快海南岛开发建设问题讨论纪要》(中发〔1980〕11 号)强调:"海南的开发建设,必须立足岛内资源优势,充分挖掘内部潜力,讲求经济效益,逐步建立起具有海南特色的经济结构。海南行政区要作出通盘规划,分类指导,有计划有步骤地进行。"这是最明确不过的开发建设海南的方针,就是立足资源优势,"逐步建立起具有海南特色的经济结构"。

至筹备建省办特区时,中央仍然重申这个方针,并提出新的要求。1987 年 9 月 26 日,中共中央发出《关于建立海南省及其筹建工作的通知》(中发〔1987〕23 号),当中指出:"海南的开发建设,必须立足于海南的资源优势,充分挖掘内部潜力,同时大力引进外资,特别要注意引进港澳的资金,逐步建立具有海南特色的外向型经济结构。为此,国务院将给海南省以更多的自主权,规定更为优惠的政策,使它成为我国最大的经济特区。"此时,中央要求海南的开发建设,必须立足于海南的资源优势,大力引进外资,逐步建立具有海南特色的外向型经济结构。这是适应建省办大特区的发展需要而提出的符合海南发展实际的建设方针。

1988年4月14日，国务院批转的《关于海南岛进一步对外开放加快经济开发建设的座谈会纪要》（国发〔1988〕24号），这是有关海南建省办特区的最重要的文件，当时强调："发展经济必须立足于开发利用丰富的湿热带自然资源、海洋资源、矿产资源和旅游资源，充分挖掘内部潜力，同时积极吸收利用外资，大力加强基础设施建设，逐步建立具有海南特色的产业结构，努力提高技术水平、产品水平和服务水平，积极改善经营管理，面向国际市场，扩大出口创汇，朝着参加国际经济大循环的目标，有计划有步骤地发展外向型经济。"办大特区，需要大力发展外向型经济，但不管怎么样发展外向型经济，参加国际大循环，基本的立足点仍然是立足于开发利用海南丰富独特的资源，因此中央重申海南要"逐步建立具有海南特色的产业结构"。

2009年12月31日，《国务院关于推进海南国际旅游岛建设发展的若干意见》（国发〔2009〕44号）印发，标志着海南岛国际旅游岛建设上升为国家战略。这个关于建设海南国际旅游岛的文件，同样强调立足于充分发挥海南的区位和资源优势，打造有国际竞争力的旅游胜地，"形成以旅游业为龙头、现代服务业为主导的特色经济结构"，"打造具有海南特色、达到国际先进水平的旅游产业体系"。文件还提出充分利用本地优势资源，集约发展新型工业，"坚持在不污染环境、不破坏资源、不搞重复建设的原则下集约发展新型工业，决不以牺牲生态环境为代价盲目追求工业扩张"，"鼓励发展高技术产业"，"加强自主创新体系建设，实施技术攻关，努力在优势特色产业领域形成一批具有自主知识产权的核心技术和知名品牌"。中央这些关于建设海南国际旅游岛的重要思想和根本要求，也是习近平总书记谋划海南旅游业、现代服务业和高新技术产业这三大主导产业的时代背景。

2010年4月10日，时任中共中央政治局常委、中央书记处书记、国家副主席习近平出席博鳌亚洲论坛2010年年会开幕式并发表题为《携手推进亚洲绿色发展和可持续发展》的主旨演讲。随后，11 日至 13 日，习近平就搞好海南国际旅游岛建设、加强和改进新形势下党的建设进行 3 天时间的调查研究。调研结束时，习近平发表重要讲话，要求海南"以建设国际旅游岛为抓手，推动海南经济社会又好又快发展"，"努力建设一支开拓进取、真抓实干、清正廉洁的高素质干部队伍"。他要求加快经济发展方式转变、推进经济结构的调整，指出："鼓励和引导外资投向旅游业、现代服务业等海南特色产业以及高新技术产业。"

对这样的海南产业发展思想，习近平总书记 2013 年 4 月在海南考察时又着重强调，把服务业大发展作为产业结构优化升级的战略重点，加快形成以旅游业为龙头、现代服务业为主导的服务业产业体系。当务之急是优先发展旅游、金融、商业、航运、物流、通信、电子商务等现代服务业，积极拓展新型服务领域，培育新的服务业态。同时，要坚持集约、集群、环保、园区化、高技术的发展方向，推动新型特色工业成长壮大。

从 2015 年开始，海南着力培育壮大以现代服务业为主体、以实体经济为支撑的 12 个重点产业，进而系统谋划发展旅游业、现代服务业、高新技术产业三大主导产业为支撑的现代化经济体系。大力引进符合海南发展定位、体现行业领先、高技术含量和低投入高产出的产业项目。从 2018 年起取消 2/3 市县的 GDP、工业、固定资产投资的考核，引导树立正确政绩观。把产业园区作为重要载体，以"全省一盘棋、全岛同城化"理念优化园区布局和光、电、路、气、水"五网"基础设施建设，通过法定机构改革、简政放权等赋权重点园区，让园区有权定事、有钱办事，重点园区以不到全省 1% 的土地面积，贡献全省逾三成的税收总额。2019 年，12 个重点产业除房地产业以外合计增速为 7.2%，占全省 GDP 比重达到 53.5%，三次产业结构为 20.3 ：20.7 ：59.0，第三产业对经济增长的贡献率为 75%，非房地产投资占比达 58.4%，经济结构进一步优化，发展活力进一步增强。这也为海南全面深化改革开放国家重大战略的出台做了产业发展的准备。

到了2018年"4·13"重要讲话中，习近平总书记集中阐述海南发展不能以转口贸易和加工制造为重点，而要以发展旅游业、现代服务业、高新技术产业为主导，更加注重通过人的全面发展充分激发发展活力和创造力的重要思想。讲话全面、系统、深入阐述了海南发展旅游业、现代服务业、高新技术产业为主导的重大意义、深刻内涵和发展路径，确立了三大主导产业在海南发展中的战略地位。

中央12号文件对海南建设现代化经济体系提出要求，坚持把实体经济作为发展经济的着力点，紧紧围绕提高供给体系质量，支持海南传统产业优化升级，加快发展现代服务业，培育新动能。推动旅游业转型升级，加快构建以观光旅游为基础、休闲度假为重点、文体旅游和健康旅游为特色的旅游产业体系，推进全域旅游发展。瞄准国际先进水平，大力发展现代服务业，加快服务贸易创新发展。统筹实施网络强国战略、大数据战略、"互联网+"行动，大力推进新一代信息技术产业发展，推动互联网、物联网、大数据、卫星导航、人工智能和实体经济深度融合。鼓励发展虚拟现实技术，大力发展数字创意产业。高起点发展海洋经济，积极推进南海天然气水合物、海底矿物商业化开采，鼓励民营企业参与南海资源开发，加快培育海洋生物、海水淡化与综合利用、海洋可再生能源、海洋工程装备研发与应用等新兴产业，支持建设现代化海洋牧场。实施乡村振兴战略，做强做优热带特色高效农业，打造国家热带现代农业基地，支持创设海南特色农产品期货品种，加快推进农业农村现代化。

《总体方案》贯彻习近平总书记"4·13"重要讲话和中央12号文件精神要求，把"现代产业体系"作为海南自由贸易港制度设计的一项重要内容，提出"大力发展旅游业、现代服务业和高新技术产业，不断夯实实体经济基础，增强产业竞争力"，并配套一系列重大鼓励政策，为海南大力发展三大主导产业、战略产业以强劲支持，让以壮士断腕决心告别房地产"一枝独大"的海南，迎来实体经济大发展的新时代曙光！

回望海南的开放历史，我们可以说，自由贸易港政策落地海南，"聚焦发展旅游业、现代服务业和高新技术产业，加快培育具有海南特色的合作竞争新优势"就是极其重大的落地，从此充分发挥海南自然资源丰富、地理区位独特以及背靠超大规模国内市场和腹地经济等优势，抢抓全球新一轮科技革命和产业变革重要机遇，聚焦发展旅游业、现代服务业和高新技术产业，加快培育具有海南特色的合作竞争新优势，决不能上高污染、高排放、高能耗项目，将成为海南自由贸易港高质量发展的主旋律。

根据《总体方案》，海南承担着对标国际高水平经贸规则，促进生产要素自由便利流动，建设现代化经济体系的战略使命。而唯有发展壮大实体经济、做大经济流量，才能把《总体方案》绘制的"总蓝图"转化为"实景图"。这是坚定不移、久久为功的大方向，定能让海南自由贸易港建设在不断夯实实体经济基础、壮大实体经济规模与实力的方向上奋力前行。

海南三大主导产业的科学谋划、准确定位与优惠政策加持，符合海南发展定位、体现海南发展特色，是与国内其他地区及世界自由港发展方向的根本不同，这也可回答为什么海南建设自由贸易港不会取代香港的问题。

2020年6月8日的《海南自由贸易港建设总体方案》发布会上，日本经济新闻记者问：这次规划的目标是让海南成为未来国际贸易和金融的枢纽，这是不是意味着未来的海南会替代现在香港的一部分功能和地位？国家发改委副主任林念修回答说，众所周知，香港、新加坡和迪拜是当前国际上高水平自由贸易港的典型代表，它们的建设模式、政策制度都各有特点。大家都知道，香港是重要的国际金融中心、航运中心和贸易中心，被众多的国际机构评选为全球最自由的经济体和最具竞争力的地区之一。特别是香港回归祖国以后，在"一国两制"下，继续保持繁荣稳定，并且深度融入到中华民族伟大复兴的壮阔征程中。在海南建设自由贸易港，我们既要学习借鉴国际上知名的自由贸易港的先进经验，对接国际高标准的经贸规则，探索具有国际竞争力的开放制度体系。同时，我们更要充分发挥海南自然资源丰富、地理位置独特以及背靠超大规模国内市场和腹地经

济的优势，重点突出贸易和投资自由便利，聚焦发展旅游业、现代服务业
和高新技术产业，加快培育具有海南特色的合作竞争新优势，为全球自由
贸易港发展注入新的活力。从这个意义来讲，海南自由贸易港与香港的定
位不同，重点发展产业也不同，应该说互补大于竞争，不会对香港造成冲
击。在海南建设自由贸易港进程中，我们将进一步加强与粤港澳大湾区的
联动发展，积极开展务实有效的合作，保障香港的长治久安和长期繁荣稳
定，确保"一国两制"实践行稳致远。

（四）突出改革创新

关于"突出改革创新"，《总体方案》中提出：

强化改革创新意识，赋予海南更大改革自主权，支持海南全方位大力
度推进改革创新，积极探索建立适应自由贸易港建设的更加灵活高效的法
律法规、监管模式和管理体制，下大力气破除阻碍生产要素流动的体制机
制障碍。深入推进商品和要素流动型开放，加快推动规则等制度型开放，
以高水平开放带动改革全面深化。加强改革系统集成，注重协调推进，使
各方面创新举措相互配合、相得益彰，提高改革创新的整体效益。

这个原则，给予海南"实施全面深化改革"、全方位大力度推进改革
创新的大原则、大方向、大政策，就是积极探索建立适应自由贸易港建设
的更加灵活高效的法律法规、监管模式和管理体制，下大力气破除阻碍生
产要素流动的体制机制障碍。这需要赋予海南更大改革自主权，支持海南
全方位大力度推进改革创新。海南的干部群众要解放思想，发扬敢闯敢
试、敢为人先、埋头苦干的特区精神，以高标准制度创新为抓手，将改革
进行到底。具体要把握三大方面要求：

1.深入推进商品和要素流动型开放

商品和要素流动型开放被认为是属于"边境开放"范畴，即降低乃至

取消贸易和投资壁垒，实现贸易和投资自由化。它是全球化发展新阶段的产物。第二次世界大战结束特别是冷战结束后，世界多边贸易体制得以确立。在世界贸易组织（WTO）等机构的有效协调下，世界范围内的关税和非关税壁垒大幅降低，有力地推动了商品和要素跨国流动，极大地带动了世界经济的发展。我国改革开放尤其是加入 WTO 以来，抓住以商品和要素流动型开放为主要内容的经济全球化发展的历史性机遇，大力发展开放型经济，取得了巨大的成功。2000 年到 2018 年，全国进出口总额从4742 亿美元迅速增长到 4.62 万亿美元，累积利用外资总额从 1933 亿美元增长到 16258 亿美元。

海南自由贸易港建设的制度设计是以贸易投资自由化便利化为重点，其核心内容是建设全岛封关运作的海关监管特殊区域，对货物贸易实行以"零关税"为基本特征的自由化便利化制度安排；对服务贸易实行以"既准入又准营"为基本特征的自由化便利化政策举措。这样，"深入推进"商品和要素流动型开放就是海南建设自由贸易港的题中应有之义，是最基础、最现实的开放。

2.加快推动规则等制度型开放

为了适应经济全球化新趋势和国内改革发展新要求，以更加积极有为的行动，推进更高水平的对外开放，中央决定加快实施自由贸易区战略，加快构建开放型经济新体制，这就使得推进规则等制度型开放呼之欲出。所谓规则等制度型开放，主要是指从以往降低关税和非关税壁垒的"边境开放"，向以贸易和投资便利化、知识产权保护、政府采购、竞争中立等为特征的"境内开放"拓展、延伸和深化，建立形成与国际高标准经济规则相接轨的基本制度框架和行政管理体系。

2014 年 12 月 5 日，习近平总书记在主持中央政治局第十九次集体学习时指出，加快实施自由贸易区战略，是我国积极参与国际经贸规则制定、争取全球经济治理制度性权力的重要平台，我们不能当旁观者、跟随者，而是要做参与者、引领者，善于通过自由贸易区建设增强我国国际竞争力，在国际规则制定中发出更多中国声音、注入更多中国元素，维护和拓展我国发展利益。这是推动我国走向制度型开放的思想先声，明确了我国要积极参与国际经贸规则制定、在国际规则制定中发出更多中国声音、注入更多中国元素。

2018 年 12 月，中央经济工作会议提出规则等制度型开放的新表述。会议指出，要推动全方位对外开放。要适应新形势、把握新特点，推动由商品和要素流动型开放向规则等制度型开放转变。这样的要求，是我国顺应经济全球化发展的趋势，主动应对国际经贸规则挑战、自觉运用对外开放的内在逻辑的实际行动。

2019 年 10 月 31 日，党的十九届四中全会审议通过的《中共中央关于坚持和完善中国特色社会主义制度、推进国家治理体系和治理能力现代化若干重大问题的决定》，对"建设更高水平开放型经济新体制"进行了重要部署，强调"健全外商投资准入前国民待遇加负面清单管理制度，推动规则、规制、管理、标准等制度型开放"。这就是说，相对于商品和要素流动型开放而言，制度型开放覆盖国际经贸规则、规制、管理、标准等方面。

《中共中央　国务院关于推进贸易高质量发展的指导意见》也明确要求，加快推动由商品和要素流动型开放向规则等制度型开放转变，建设更高水平开放型经济新体制。

《中共中央　国务院关于新时代加快完善社会主义市场经济体制的意见》对推动由商品和要素流动型开放向规则等制度型开放做了具体的安排，提出坚持扩大高水平开放和深化市场化改革互促共进。坚定不移扩大开放，推动由商品和要素流动型开放向规则等制度型开放转变，吸收借鉴国际成熟市场经济制度经验和人类文明有益成果，加快国内制度规则与国际接轨，以高水平开放促进深层次市场化改革。要求以一流营商环境建设为牵引持续优化政府服务。深入推进"放管服"改革，深化行政审批制度改革，进一步精简行政许可事项，对所有涉企经营许可事项实行"证照分离"改革，大力推进"照后减证"。创新行政管理和服务方式，深入开展"互联网＋政务服务"，加快推进全国一体化政务服务平台建设。建立健全运用互联网、大数据、人工智能等技术手段进行行政管理的制度规则。落实《优化营商环境条例》，完善营商环境评价体系，加快打造市场化、法治化、国际化营商环境。

经济全球化走到今天，我国原有开放模式的局限性日益显现。比如说原有以"外资、外贸、外经"为主要内容的开放模式，受到国际贸易保护主义的严重干扰，拓展空间极其有限；依托"边境开放"的发展模式，虽有助于实现一般性生产要素跨国流动，但对高端和创新性生产要素的吸引和集聚力不够；同时，国际经贸规则面临大调整、大重塑，并朝着高标准化方向发展。因此，仅仅因循"边境开放"的老路，已经难以适应经济全球化发展新形势的需要。面对国内外环境的深刻变化，在继续推动商品和要素流动型开放的同时，要更加注重规则等制度型开放，如此才能实现新一轮高水平开放。从这个意义上说，加快推动规则等制度型开放，是高质量高标准建设海南自由贸易港的题中应有之义，是高水平开放的目标定位、发展追求。

我们还要看到，推动由商品和要素流动型开放向规则等制度型开放转变，并非意味着商品和要素流动型开放不再重要，只是旨在强调开放模式和方略的转变和调整。因为，商品和要素流动仍然是经济全球化的主要内容和基础所在。制度型开放仍然是服务于商品和要素流动型开放，更确切地说，是推动商品和要素流动型开放转型升级的需要。比如，从以往吸引和集聚一般性生产要素，向吸引和集聚高端和创新性生产要素的转型升级。况且，由于关税和非关税壁垒并未完全消除，进一步扩大边境开放仍然具有较大发展空间。2019 年 3 月 5 日，李克强总理在政府工作报告中指出："继续推动商品和要素流动型开放，更加注重规则等制度型开放，以高水平开放带动改革全面深化。"这一"继续推动"与"更加注重"的战略部署，一方面肯定了当前以商品和要素流动为主要内容的经济全球化本质特征，另一方面指出了我国未来一段时期内开放发展的重点任务，以及新一轮高水平开放的方向和路径。从这个意义上说，我们必须要坚定地维护贸易和投资自由化，坚定地拥护 WTO 下的多边贸易体系和规则；与此同时，从适应新形势、把握新特点以及服务于高水平开放现实需要看，必须"更加注重规则等制度型开放"，唯其如此，才能实现新一轮高水平开放。

具体到海南自由贸易港建设来说，对"要素流动型开放"，《总体方案》强调是"深入推进"；对"制度型开放"，《总体方案》强调是"加快推动"，这是立足当下、着眼未来的最科学的规划与把握。全方位大力度推进海南自由贸易港的制度创新，培育增长动能，建立开放型经济新体制，是"深入推进"商品和要素型开放，与"加快推动"规则等制度型开放同时同向发力，是"两型"开放同时并举、同步推进，从而实现以高水平开放带动改革全面深化的目标。

2020 年 9 月 21 日，国务院公布《中国（北京）自由贸易试验区总体方案》《中国（湖南）自由贸易试验区总体方案》《中国（安徽）自由贸易试验区总体方案》《中国（浙江）自由贸易试验区扩展区域方案》，这些方案都有个共同的要求与任务，就是"以制度创新为核心，以可复制可推广为基本要求"，"赋予自贸试验区更大改革自主权，深入开展差别化探索。对标国际先进规则，加大开放力度，开展规则、规制、管理、标准等制度型开放"。直接推进制度型开放，创造更多可复制可推广的制度创新经验，成为新设自贸试验区的共同使命。

由此可见，新设自贸试验区的"开展规则、规制、管理、标准等制度型开放"的单一制度型开放，与海南自由贸易港建设的"深入推进商品和要素流动型开放，加快推动规则等制度型开放"的两型开放，是大不相同的。这也从另一个角度说明，"两型"开放是新时代海南建立开放型经济新体制的双重历史任务。

3. 把制度集成创新摆在突出位置

《总体方案》还强调，加强改革系统集成，注重协调推进，使各方面创新举措相互配合、相得益彰，提高改革创新的整体效益。这是海南自由贸易港建设的重要一环。

习近平总书记非常重视加强改革系统集成。2016 年 3 月 5 日，他参加十二届全国人大四次会议上海代表团审议时，要求上海着力加强全面深化改革开放各项措施系统集成，着力加快具有全球影响力的科技创新中心建设步伐，着力推进供给侧结构性改革，当好全国改革开放排头兵、创新发展先行者。这是改革开放各项措施"系统集成"的提法首次公之于众。这一新提法提出了关于改革的深刻命题，反映的是改革新的使命和站位。全面深化改革的总目标是完善和发展中国特色社会主义制度、推进国家治理体系和治理能力现代化。朝着全面深化改革总目标聚焦发力，必须增强改革的系统性、整体性、协同性，着力抓好重大制度创新，推动改革向纵深推进，告别"单兵突进"时代。今天的任何一项改革实践，都不是孤立的，都有系统配套、部门协同、相互联动的问题。没有系统集成，改革就推不下去。加强改革的"系统集成"，事关全面深化改革成败。

习近平总书记在"4·13"重要讲话中就强调："要强化改革举措系统集成，科学配置各方面资源，加快推进城乡融合发展体制机制、人才体制、财税金融体制、收入分配制度、国有企业等方面的改革，支持海南设立国际能源、航运、大宗商品、产权、股权、碳排放权等交易场所，形成更加成熟更加定型的制度体系。"中央 12 号文件中就要求海南解放思想、大胆创新，"着力在建设现代化经济体系、实现高水平对外开放、提升旅游消费水平、服务国家重大战略、加强社会治理、打造一流生态环境、完善人才发展制度等方面进行探索"，这一系列的探索要求，本身就体现了系统集成的思想。可以说，把制度集成创新摆在突出位置，高质量高标准建设自由贸易港，这是海南全面深化改革开放的一个关键点。制度集成创新，是打造世界最高水平开放形态的必然要求，是海南自贸港政策制度体系的鲜明特点，也是海南自贸港建设高质量高标准推进的重要支撑。

2020 年 5 月 28 日，习近平总书记对海南自由贸易港建设作出重要指示强调，"要把制度集成创新摆在突出位置，解放思想、大胆创新，成熟一项推出一项，行稳致远，久久为功"。这既强调了制度集成创新在自由贸易港建设中的重要作用，又对制度的系统集成创新工作提出了更明确的要求。相对于习近平总书记强调过的改革措施"系统集成""改革举措系统集成""改革成果系统集成"等论述看，"制度集成创新"还是第一次出现。这进一步凸显海南自由贸易港建设对于新时代全面深化改革开放的全局意义。

"集成"在《现代汉语词典》中解释为集大成。从管理视角来看，"集成"就是各要素的创造性优化融合，从而使系统的整体功能形成独特的创新能力和竞争优势。简言之，"集成"不是简单的叠加或者堆积，而是要形成一加一大于二的整体协同效应。《总体方案》本身就是制度集成创新的最大亮点，它集中体现了习近平总书记 2018 年 4 月 13 日在庆祝海南建省办经济特区 30 周年大会上的重要讲话精神，以及《中共中央　国务院关于支持海南全面深化改革开放的指导意见》的重要精神，还有对标当今世界最具代表性自由贸易港的成功经验及数年以来国内各个自由贸易试验区所创造的一些经验的集成，是制度集成创新的最重要成果。

《总体方案》在制度创新方面，对改革进行了系统性、基础性创新，注重协调，构成一个完整的、科学的、高效的体系，使各方面的创新举措相互配合，最终导向提高改革创新的整体效益。创新和突破主要体现在三个方面：一是集成了国际高水平自由贸易港之大成，在投资、贸易、税制等方面大胆学习借鉴；二是按照"一线"放开、"二线"管住的原则，对海南岛与内地关境内、关境外之间货物人员流动进行了巧妙处理，既促进内地与海南货畅其流，又打开海南与境外开放之门；三是根据海南自身定位和国家发展需要，重点在服务贸易、离岸金融和数字经济方面进行探索，部分领域有望在引领经贸新规则方面有所建树。通过未来一段时间的发展，海南自由贸易港将打造成全球最佳营商环境的自由贸易港之一，成为全球自由贸易港的新标杆。

制度集成创新是推动海南全面深化改革、实现跨越式发展的内在动力。海南建设自由贸易港仍面临着经济基础薄弱、产业结构不合理、流量不足、高层次人才短缺等挑战。依靠零敲碎打的改革、孤立单一的创新，难以在短期内激发生产要素快速集聚和推动海南跨越式发展。因此，海南要对标国际最高开放形态，补短板强弱项，更多依靠制度集成创新推动体制机制改革，营造有利于生产要素便利自由流动的营商环境，在国际竞争中赢得发展优势。

把制度集成创新摆在突出位置，已成为海南自由贸易港建设的行动自觉、工作旋律。2020 年 9 月 1 日正式发布的《海南自由贸易港博鳌乐城国际医疗旅游先行区制度集成创新改革方案》，是海南自由贸易港首个园区制度集成创新改革方案。该方案共有三大亮点：一是突出制度集成创新，是集多部门智慧的一整套创新改革方案；二是体现乐城先行区特色，聚焦医疗卫生生产要素的跨境自由流动；三是对标国际先进标准，在多个领域处于国内领先水平。该方案提出要在医疗卫生"极简审批"改革、特许药械贸易自由便利、外籍人员停留居留便利化、跨境资金流动便利等方面推进制度集成创新改革，实现医疗技术、装备、药品与国际先进水平"三同步"。

博鳌乐城国际医疗旅游先行区于 2013 年经国务院批准设立，试点发展特许医疗、肿瘤防治、健康管理、照护康复、医美抗衰等国际医疗旅游相关产业，是目前国内唯一的医疗领域对外开放产业园区。截至 2020 年 6 月，先行区内的进口特许药械品种"首例"已经突破 100 例，涉及心血管内科、眼科、皮肤科、整形外科、肿瘤科、感染科等多个科室，初步实现国际药械同步使用，可用抗肿瘤新药、罕见病药也达到 100 种。实施自由贸易港政策后，零关税、低税率、简税制等优惠政策，将进一步提升乐城对国际知名药、械企业和专业人才的吸引力。

（五）坚持底线思维

关于"坚持底线思维"，《总体方案》中提出：

坚持稳扎稳打、步步为营，统筹安排好开放节奏和进度，成熟一项推出一项，不急于求成、急功近利。深入推进简政放权、放管结合、优化服务，全面推行准入便利、依法过程监管的制度体系，建立与国际接轨的监管标准和规范制度。加强重大风险识别和系统性风险防范，建立健全风险防控配套措施。完善重大疫情防控体制机制，健全公共卫生应急管理体系。开展常态化评估工作，及时纠偏纠错，确保海南自由贸易港建设方向正确、健康发展。

坚持底线思维，加强风险防控体系建设，对于确保海南自由贸易港建设始终沿着正确方向健康发展至关重要。

1.既要高度警惕"黑天鹅"，也要防范"灰犀牛"

坚持底线思维就是不回避矛盾，不掩盖问题，凡事从坏处准备，努力争取最好的结果，做到有备无患、遇事不慌，牢牢把握主动权。实践证明，中国之所以能取得今天的发展成就，成功应对重大挑战、抵御重大风险、克服重大阻力、解决重大矛盾，离不开"居安思危，未雨绸缪"的底线思维。面对国内外环境发生的深刻变化，只有高度重视底线思维，把困难和挑战估计得充分一些，把预案做得周密一些，积极寻求规避系统性风险、化解复杂矛盾、谋求创新发展的路径和方法，牢牢守住底线，才能遇事不慌、临危不乱，才能不走弯路、不跌跤。

党的十八大以来，习近平总书记多次强调在各项工作中要增强忧患意识，坚持底线思维，防范化解重大风险问题。在十八届中央政治局第四十次集体学习时，他强调维护金融安全，要坚持底线思维，坚持问题导向；

在主持召开国家安全工作座谈会时，他强调要坚持底线思维，把维护国家安全的战略主动权牢牢掌握在自己手中；在庆祝中国人民解放军建军90周年大会上，他强调必须强化忧患意识，坚持底线思维，全部心思向打仗聚焦，各项工作向打仗用劲；在中央外事工作会议上，他强调对外工作要坚持底线思维和风险意识。

2014年12月5日，中央政治局第十九次集体学习以加快自由贸易区建设为内容，习近平总书记在主持学习时指出，加快实施自由贸易区战略是一项复杂的系统工程。要加强顶层设计、谋划大棋局，既要谋子更要谋势，逐步构筑起立足周边、辐射"一带一路"、面向全球的自由贸易区网络，积极同"一带一路"沿线国家和地区商建自由贸易区，使我国与沿线国家合作更加紧密、往来更加便利、利益更加融合。要努力扩大数量、更要讲质量，大胆探索、与时俱进，积极扩大服务业开放，加快新议题谈判。要坚持底线思维、注重防风险，做好风险评估，努力排除风险因素，加强先行先试、科学求证，加快建立健全综合监管体系，提高监管能力，筑牢安全网。要继续练好内功、办好自己事，加快市场化改革，营造法治化营商环境，加快经济结构调整，推动产业优化升级，支持企业做大做强，提高国际竞争力和抗风险能力。习近平总书记强调，要建立公平开放透明的市场规则，提高我国服务业国际竞争力。要坚持引进来和走出去相结合，完善对外投资体制和政策，激发企业对外投资潜力，勇于并善于在全球范围内配置资源、开拓市场。要加快从贸易大国走向贸易强国，巩固外贸传统优势，培育竞争新优势，拓展外贸发展空间，积极扩大进口。要树立战略思维和全球视野，站在国内国际两个大局相互联系的高度，审视我国和世界的发展，把我国对外开放事业不断推向前进。

这次重要讲话，有力地指导我国加快实施自由贸易区战略、加快构建开放型经济新体制，有力地指导在海南建设自由贸易港的谋划与推进。讲话中提出的原则和要求，就是我国要积极参与国际经贸规则制定、在国际规则制定中发出更多中国声音、注入更多中国元素，逐步构筑起立足周边、辐射"一带一路"、面向全球的自由贸易区网络,要坚持底线思维、注重防风险,要勇于并善于在全球范围内配置资源、开拓市场等,如今都可从《总体方案》中找到思想脉络。比如,对标国际经贸规则、打造重要开放门户和开展东南亚合作等。

谋划和推进党和国家各项工作,离不开底线思维。守好底线的关键和基本要求是什么? 2019年1月21日,省部级主要领导干部坚持底线思维着力防范化解重大风险专题研讨班在中央党校开班。习近平总书记在开班式上发表重要讲话,强调坚持底线思维,增强忧患意识,提高防控能力,着力防范化解重大风险,保持经济持续健康发展和社会大局稳定,为决胜全面建成小康社会、夺取新时代中国特色社会主义伟大胜利、实现中华民族伟大复兴的中国梦提供坚强保障。习近平总书记在讲话中就防范化解政治、意识形态、经济、科技、社会、外部环境、党的建设等领域重大风险作出深刻分析,提出明确要求。他强调,面对波谲云诡的国际形势、复杂敏感的周边环境、艰巨繁重的改革发展稳定任务,我们必须始终保持高度警惕,既要高度警惕"黑天鹅"事件,也要防范"灰犀牛"事件;既要有防范风险的先手,也要有应对和化解风险挑战的高招;既要打好防范和抵御风险的有准备之战,也要打好化险为夷、转危为机的战略主动战。

因为这个重要讲话,2019年习近平总书记带火了"黑天鹅"事件和"灰犀牛"事件这两个热词。"黑天鹅"事件是指难以预测,但突然发生时会引起连锁反应、带来严重后果的小概率事件。如著名的9·11事件、美国的次贷危机、东南亚海啸、我国的雪灾等。"灰犀牛"事件是指太过于常见以至于人们习以为常的风险,比喻大概率且影响巨大的潜在危机。"灰犀牛"与"黑天鹅"是相互补足的概念,"黑天鹅"比喻小概率而影响巨大的事件,而"灰犀牛"则比喻大概率且影响巨大的潜在危机。

2."积极防范潜在风险"是一项重要原则

习近平总书记在"4·13"重要讲话中,要求海南"在内外贸、投融资、财政税务、金融创新、入出境等方面，探索更加灵活的政策体系、监管模式、管理体制，加强风险防控体系建设，打造开放层次更高、营商环境更优、辐射作用更强的开放新高地"。这是对海南打造开放新高地内容、重点、目标提出的要求，实现这些要求，都离不开加强风险防控体系建设。

中央 12 号文件要求，坚持全方位对外开放，按照先行先试、风险可控、分步推进、突出特色的原则。又把"积极防范潜在风险"作为海南全面深化改革开放的一项基本原则，强调："坚持整体推进和稳步实施。强化顶层设计，增强改革的系统性、协调性，使各项改革举措相互配合、相得益彰，提高改革整体效益。科学把握改革举措实施步骤，加强风险评估和跟踪预警，注重纠错调整，积极防范潜在风险。"强调在推动形成全面开放新格局过程中，要加强风险防控体系建设，指出："出台有关政策要深入论证、严格把关，成熟一项推出一项。打好防范化解重大风险攻坚战，有效履行属地金融监管职责，构建金融宏观审慎管理体系，建立金融监管协调机制，加强对重大风险的识别和系统性金融风险的防范，严厉打击洗钱、恐怖融资及逃税等金融犯罪活动，有效防控金融风险。优化海关监管方式，强化进出境安全准入管理，完善对国家禁止和限制入境货物、物品的监管，高效精准打击走私活动。建立检验检疫风险分类监管综合评定机制。强化企业投资经营事中事后监管，实行'双随机、一公开'监管全覆盖。"

国务院 34 号文件同样提出加强重大风险防控体系和机制建设：一是建立健全事中事后监管制度。以风险防控为底线，维护国家安全和社会安全。外商在自贸试验区内投资适用《自由贸易试验区外商投资国家安全审查试行办法》。自贸试验区要建立健全以信用监管为核心、与负面清单管理方式相适应的事中事后监管体系。配合做好国家安全审查、反垄断审查等相关工作。制定重大风险防控规划和制度，建立应急响应机制，协调解决风险防控中的重大问题。完善社会信用体系，加强信用信息归集共享，推行企业信息公示，健全守信激励和失信惩戒机制。推动各部门间依法履

职信息联通共享。建立大数据高效监管模式，加强风险监测分析，建立完
善信用风险分类监管。二是建立健全贸易风险防控体系。优化海关监管方
式，强化进出境安全准入管理，完善对国家禁止和限制入境货物、物品的
监管，精准高效打击走私活动。全面落实联合缉私和统一处理、综合治理
的缉私体制。构建自贸试验区进出境安全风险信息平台。确保进出口货物
的交易真实、合法，防范不法企业借助货物进出口的便利化措施从事非法
融资、非法跨境资金转移等违法活动。三是建立健全金融风险防控体系。
打好防范化解重大风险攻坚战，有效履行属地金融监管职责，建立区域金
融监管协调机制，加强对重大风险的识别和对系统性金融风险的防范，严
厉打击洗钱、恐怖融资、逃税等金融违法犯罪活动，有效防范金融风险。
四是加强口岸风险防控。进一步提升口岸核心能力建设，提高口岸传染病
防控水平。坚决防范对外经贸往来中的生态环境风险，严格引进种质资源
的隔离与监管，严格野生动植物进口管理，防止生物入侵对海岛生态环境
的破坏。加强口岸动植物疫病疫情监测，形成多部门协作的疫病疫情和有
害生物联防联控局面。完善人员信息采集管控体系，加强对出入境核生化
等涉恐材料检查力度。

3.牢牢把握"管得住"才能"放得开"这一前提

在海南建设自由贸易港，坚持底线思维的根本要求是做好风险防控，
要牢牢把握"管得住"才能"放得开"这一前提，落实风险防控主体责任，
提高舆情应对能力，切实防范和化解重大风险隐患。《总体方案》强调"坚
持稳扎稳打、步步为营，统筹安排好开放节奏和进度，成熟一项推出一
项，不急于求成、急功近利"，这是从思想和方法上对风险防控提出的基
本要求和准则。

在海南自由贸易港建设中牢牢把握"管得住"才能"放得开"的前提，
防止出现颠覆性错误，要根据"放"的需要深入推进简政放权、放管结合、
优化服务，全面推行准入便利、依法过程监管的制度体系，建立与国际接

轨的监管标准和规范制度，精准提高"管"的能力和水平，切实加强重大风险识别和系统性风险防范，建立健全风险防控配套措施。要开展常态化评估工作，及时纠偏纠错，始终确保海南自由贸易港建设方向正确、健康发展。

从现实看，推进海南自由贸易港建设，需要突出"三个强化"，以全方位推进制度创新。一是强化更大授权。在坚决维护党中央权威和集中统一领导的前提下，赋予海南更大改革自主权。二是强化改革创新。全方位大力度推进改革创新，积极探索建立适应自由贸易港建设的更加灵活高效的法律法规、监管模式和管理体制，下大力气破除阻碍生产要素流动的体制机制障碍。加强改革系统集成，注重协调推进，使各方面创新举措相互配合、相得益彰，提高改革创新的整体效益。三是强化风险防控。坚持底线思维，加强重大风险识别和系统性风险防范，制定实施有效措施，有针对性防范化解贸易、投资、金融、数据流动、生态和公共卫生等领域重大风险。在这当中，强化风险防控处于重要位置。因为只有做好了风险防控，更大授权才能产生更大作用，改革创新才能大步前进，海南自由贸易港建设才能行稳致远，顺利实现发展目标。

第 五 讲
海南自由贸易港建设的发展目标

《海南自由贸易港建设总体方案》不但提出加快建设高水平中国特色自由贸易港的指导思想，还确立了海南自由贸易港建设分三步走的发展目标。这个发展目标，是中央确立的海南全面深化改革开放发展目标的深化与具体化，与我国全面建成社会主义现代化强国的发展目标是相一致的。海南自由贸易港建设分三步走的发展目标，符合自由贸易港发展的一般规律，反映海南发展的具体实际。按照《总体方案》确定的重点任务及其具体任务，抓紧落实政策早期安排，尽快形成早期收获，以钉钉子精神不断夯实自由贸易港建设基础，海南自由贸易港建设三步走的发展目标一定能够顺利实现。

（一）分三步走的发展目标

《总体方案》中提出：

到 2025 年，初步建立以贸易自由便利和投资自由便利为重点的自由贸易港政策制度体系。营商环境总体达到国内一流水平，市场主体大幅增长，产业竞争力显著提升，风险防控有力有效，适应自由贸易港建设的法律法规逐步完善，经济发展质量和效益明显改善。

到 2035 年，自由贸易港制度体系和运作模式更加成熟，以自由、公平、法治、高水平过程监管为特征的贸易投资规则基本构建，实现贸易自由便利、投资自由便利、跨境资金流动自由便利、人员进出自由便利、运输来往自由便利和数据安全有序流动。营商环境更加优化，法律法规体系更加健全，风险防控体系更加严密，现代社会治理格局基本形成，成为我国开放型经济新高地。

到本世纪中叶，全面建成具有较强国际影响力的高水平自由贸易港。

对这个分三步走的海南自由贸易港建设发展目标，我们要有基本的认识。

1.与建成美好新海南相一致的发展目标

海南全面深化改革开放作为国家重大战略，党中央一开始就为海南制定了明确的发展目标。

中央 12 号文件中提出：到 2020 年，与全国同步实现全面建成小康社会目标，确保现行标准下农村贫困人口实现脱贫，贫困县全部摘帽；自由贸易试验区建设取得重要进展，国际开放度显著提高；公共服务体系更加健全，人民群众获得感明显增强；生态文明制度基本建立，生态环境质量持续保持全国一流水平。到 2025 年，经济增长质量和效益显著提高；自由贸易港制度初步建立，营商环境达到国内一流水平；民主法制更加健全，治理体系和治理能力现代化水平明显提高；公共服务水平和质量达到国内先进水平，基本公共服务均等化基本实现；生态环境质量继续保持全国领先水平。到 2035 年，在社会主义现代化建设上走在全国前列；自由贸易港的制度体系和运作模式更加成熟，营商环境跻身全球前列；人民生活更为宽裕，全体人民共同富裕迈出坚实步伐，优质公共服务和创新创业环境达到国际先进水平；生态环境质量和资源利用效率居于世界领先水平；现代社会治理格局基本形成，社会充满活力又和谐有序。到本世纪中叶，率先实现社会主义现代化，形成高度市场化、国际化、法治化、现代化的制度体系，成为综合竞争力和文化影响力领先的地区，全体人民共同富裕基本实现，建成经济繁荣、社会文明、生态宜居、人民幸福的美好新海南。

加快建设经济繁荣、社会文明、生态宜居、人民幸福的美好新海南，是习近平总书记 2013 年 4 月在海南考察工作时提出的宏伟目标。2018 年 4 月，他在海南考察时又强调，以更高的站位、更宽的视野、更大的力度谋划和推进改革开放，充分发挥生态环境、经济特区、国际旅游岛的优势，真抓实干加快建设美好新海南。中央 12 号文件规划，到本世纪中叶，建成经济繁荣、社会文明、生态宜居、人民幸福的美好新海南。这将是激荡海南未来 30 年发展最激越的主旋律。

对照来看，海南自由贸易港建设的发展目标，是海南全面深化改革开放发展目标的深化与具体化。比如到 2025 年，"自由贸易港制度初步建立，营商环境达到国内一流水平"要求的具体化为初步建立以贸易自由便利和投资自由便利为重点的自由贸易港政策制度体系。营商环境总体达到国内一流水平，市场主体大幅增长，产业竞争力显著提升，风险防控有力有效，适应自由贸易港建设的法律法规逐步完善，经济发展质量和效益明显改善。又比如到 2035 年"自由贸易港的制度体系和运作模式更加成熟，营商环境跻身全球前列"具体化为自由贸易港制度体系和运作模式更加成熟，以自由、公平、法治、高水平过程监管为特征的贸易投资规则基本构建，实现贸易自由便利、投资自由便利、跨境资金流动自由便利、人员进出自由便利、运输来往自由便利和数据安全有序流动。营商环境更加优化，法律法规体系更加健全，风险防控体系更加严密，现代社会治理格局基本形成，成为我国开放型经济新高地。再比如说，与到本世纪中叶建成经济繁荣、社会文明、生态宜居、人民幸福的美好新海南相适应，具体化为全面建成具有较强国际影响力的高水平自由贸易港。

建成经济繁荣、社会文明、生态宜居、人民幸福的美好新海南与建成具有较强国际影响力的高水平自由贸易港，把这"两个建成"标注于一项改革开放的重大工程，充分体现了新时代中国共产党人的雄心壮志和久久为功、善作善成的精神品格，给海南人民予百倍的信心和干劲。

2. 与全面建成社会主义现代化强国相一致的发展目标

改革开放之后，我们党对我国社会主义现代化建设作出战略安排，提出"三步走"战略目标。解决人民温饱问题、人民生活总体上达到小康水平这两个目标已提前实现。在这个基础上，我们党提出，到建党 100 年时建成经济更加发展、民主更加健全、科教更加进步、文化更加繁荣、社会更加和谐、人民生活更加殷实的小康社会，然后再奋斗 30 年，到新中国成立 100 年时，基本实现现代化，把我国建成社会主义现代化国家。

从党的十九大到 2020 年，是全面建成小康社会的决胜期。从十九大到二十大，是"两个一百年"奋斗目标的历史交汇期。在这样的历史交汇期，我们既要全面建成小康社会、实现第一个百年奋斗目标，又要乘势而上开启全面建设社会主义现代化国家新征程，向第二个百年奋斗目标进军。

习近平总书记在党的十九大报告中综合分析国际国内形势和我国发展条件，提出从 2020 年到本世纪中叶可以分两个阶段来安排。第一个阶段，从 2020 年到 2035 年，在全面建成小康社会的基础上，再奋斗 15 年，基本实现社会主义现代化。第二个阶段，从 2035 年到本世纪中叶，在基本实现现代化的基础上，再奋斗 15 年，把我国建成富强民主文明和谐美丽的社会主义现代化强国。从全面建成小康社会到基本实现现代化，再到全面建成社会主义现代化强国，是新时代中国特色社会主义发展的战略安排。

从十九大的战略安排可以看出，海南全面深化改革开放的发展目标，还有海南自由贸易港建设的发展目标，在时间步骤上是一致的，更加凸显探索建设中国特色自由贸易港在我国改革开放和社会主义现代化建设大局中的特殊地位和重要作用。努力让海南成为新时代全面深化改革开放的新标杆，形成更高层次改革开放新格局，必将为实现"两个一百年"奋斗目标、实现中华民族伟大复兴的中国梦提供强大的新动力。

《总体方案》不只是宏观地、原则性地提出海南自由贸易港建设的三步走发展目标，而且按照发展目标的时序要求，分步骤、分阶段安排重点任务，确保发展目标是具体的、可行的，是有序推进、完全能够如期实现的。比如，按照到2025年初步建立以贸易自由便利和投资自由便利为重点的自由贸易港政策制度体系的要求，明确2025年前的重点任务是围绕贸易投资自由化便利化，在有效监管基础上，有序推进开放进程，推动各类要素便捷高效流动，形成早期收获，适时启动全岛封关运作。又比如，按照到2035年自由贸易港制度体系和运作模式更加成熟，以自由、公平、法治、高水平过程监管为特征的贸易投资规则基本构建的要求，明确到2035年前重点任务，是进一步优化完善开放政策和相关制度安排，全面实现贸易自由便利、投资自由便利、跨境资金流动自由便利、人员进出自由便利、运输来往自由便利和数据安全有序流动，推进建设高水平自由贸易港。

这种"分阶段"的要求，还体现在海南自由贸易港税收制度设计中，就是按照零关税、低税率、简税制、强法治、分阶段的原则，逐步建立与高水平自由贸易港相适应的税收制度。而"分阶段"的含义，是按照海南自由贸易港建设的不同阶段，分步骤实施零关税、低税率、简税制的安排，最终形成具有国际竞争力的税收制度。

对2025年和2035年这两个重要时间节点，实际上可理解为：一是打基础、二是全面推进两个阶段。

2020年6月8日，国务院新闻办公室在北京举行《海南自由贸易港建设总体方案》发布会，国家发展改革委副主任林念修介绍说，《总体方案》的推进实施可以分为打基础和全面推进两个阶段。第一个阶段，从现在起到2025年以前主要是打基础、作准备。这一阶段的目标任务是，突出贸易投资自由化便利化，在有效监管的基础上，有序推进开放进程，推动各类要素便捷高效流动，形成早期收获，适时启动全岛封关运作。围绕这一目标任务，我们将抓紧开展工作，争取用三年左右的时间能够取得突破性的进展，为全面封关奠定一个良好的基础。第二个阶段，2035 年以前，主要是全面推进自由贸易港政策落地见效。这一阶段的目标任务是，进一步优化完善开放政策和相关制度安排，实现贸易自由便利、投资自由便利、跨境资金流动自由便利、人员进出自由便利、运输来往自由便利和数据安全有序流动，基本形成完备的法律法规体系、现代产业体系和现代化社会治理体系，打造我国开放型经济新高地。

（二）完全可以实现的发展目标

海南自由贸易港建设发展目标，是符合自由贸易港发展一般规律、反映海南发展实际的发展目标，是完全可以实现甚至是提前实现的发展目标。

1. 符合自由贸易港发展一般规律的发展目标

确立海南自由贸易港建设分三步走的发展目标，符合自由贸易港发展的一般规律。在 14—15 世纪，地中海沿岸的一些城市已经稀疏地出现了资本主义生产的最初萌芽。当时这些城市都是欧洲与远东之间的贸易中心，商品经济发展较早，封建统治比较松弛。一些城市要求摆脱封建领主的统治而行使独立的立法和自治权利。利古里海东岸托斯卡那地区的小城市里沃诺，于 1547 年同意为一部分商人提供各种有关贸易通商方面的特权，对进出口商品不予征税。有研究认为，里沃诺是有史可查的世界上最早的一个自由港，迄今 470 多年。

但是，世界自由港、自由贸易区的蓬勃发展，还是第二次世界大战以后的事情。香港、新加坡被世界公认是具有较好投资环境的自由港。不过，它们都是特例。香港是英帝国主义通过鸦片战争侵占，并于 1842 年将香港辟为自由港。香港之所以能成为自由港，是帝国主义侵略政策的产物。新加坡于 1819 年被辟为自由港，当时它也是英国的殖民地。如今，世界上最成功的自由港名单又加上了阿联酋迪拜港自由贸易区，而该自由港区是 1985 年由迪拜政府建立的。它也是用了 30 多年时间，才发展成为与香港、新加坡比肩的全球第三自由贸易港。

这些世界著名自由贸易港发展的经验告诉我们："从现实情况看，自由贸易港需要有大流量的经济活动支撑，是经过几十年甚至上百年的发展与积累才实现的。"（何立峰：《在海南建设中国特色自由贸易港引领更高层次更高水平开放型经济发展》，《人民日报》2020 年 6 月 2 日）因此，中央决定用 30 年时间把海南自由贸易港全面建成具有较强国际影响力的高水平自由贸易港，这是积极进取的目标，通过持续稳扎稳打、步步为营，统筹安排好开放节奏和进度，这样的目标是完全能够实现的。

2. 反映海南发展实际的发展目标

确立海南自由贸易港建设三步走的发展目标，符合海南发展的实际，把准了在海南建设自由贸易港的有效发展路径。

在海南建设中国特色社会主义的自由贸易港是一项全新的探索，既没有先例可循，又不能简单照搬西方自由贸易港的发展模式。因此，在海南探索建设自由贸易港，既要体现中国特色，又要符合海南实际。

习近平总书记在谋划海南自由贸易港建设过程中，既看到海南发展成绩来之不易，也指出海南发展存在的突出问题。他 2013 年在海南考察时指出，从现在的情况看，经过 20 多年开发建设，海南与台湾的发展差距已相对缩小。台湾早在 20 世纪六七十年代就抓住国际产业转移的机会完成了工业化。与之相比，海南开发建设起步晚、起点低，取得这样的成绩殊为不易。另一方面，也要看到，海南经济基础仍较薄弱、经济结构和产业结构比较单一、市场发育不充分、服务业结构不合理，以传统服务业为主的格局尚未改变。这些都是必须下大气力才能解决的问题。

习近平总书记在"4·13"重要讲话中强调："海南发展不能以转口贸易和加工制造为重点，而要以发展旅游业、现代服务业、高新技术产业为主导，更加注重通过人的全面发展充分激发发展活力和创造力。在内外贸、投融资、财政税务、金融创新、入出境等方面，探索更加灵活的政策体系、监管模式、管理体制，加强风险防控体系建设，打造开放层次更高、营商环境更优、辐射作用更强的开放新高地。"这就是解决海南经济基础仍较薄弱、经济结构和产业结构比较单一等问题的根本出路。

建省办特区 30 多年来，海南经济社会发展变化很大，取得了令人瞩目的成绩。但是，经济基础薄弱，经济体量较小，人均 GDP 仍低于全国平均水平；这几年虽然着力培育 12 个重点产业，但多数产业尚未成势，产业竞争力不强，技术人才缺乏等问题仍然突出。海南虽然具有独特的区位优势，是相对独立的地理单元，但偏离国际主航线，自身缺乏足够的发展腹地，不适宜大规模发展加工贸易。因此，建设自由贸易港必须扬长避短，有所为有所不为。要充分发挥改革开放先行先试的优势，紧密结合海南的资源条件和现实基础，聚焦发展旅游业、现代服务业和高新技术产业，引进全球高端生产要素，打造具有国际竞争力的开放型生态型服务型产业体系，进一步夯实实体经济基础。这就需要一定的时间，才能积小胜为大胜、转弱势为强项。

由于海南经济欠发达，经济体量规模不大，承接高水平开放政策的功能平台不优不强，尤其是市场主体和人才缺乏，由此伴生的是人流、物流、资金流、信息流不足，这些都是阻碍建成高水平自由贸易港的短板、弱项，客观上要求在发展目标设计和推进步骤安排上，必须讲究久久为功、行稳致远，既"慢不得"，也"急不得"。俗话说："一口吃不成胖子，一步跨不到天边。"只有通过科学统筹安排好开放节奏和进度，才能确保海南自由贸易港建设健康有序加快推进，取得明显效果。

3. 自由贸易试验区建设取得良好效果

在正式启动自由贸易港建设之前，海南已经进行了两年时间的自由贸易试验区建设，聚焦加快构建开放型经济新体制、加快服务业创新发展、加快政府职能转变等重点任务，各领域基础性制度逐步建立。国务院 34 号文件确定的改革试点任务全面实施，特别是与自由贸易港建设密切相关的贸易投资自由化便利化探索深入开展，建设成果不断涌现。中央 12 号文件所确定的到 2020 年"自由贸易试验区建设取得重要进展"的目标顺利实现。

据商务部网站 2020 年 4 月 13 日消息，商务部自贸区港司司长唐文弘就中国（海南）自贸试验区建设有关情况发表了谈话，指出《中国（海南）自由贸易试验区总体方案》发布以来，各项工作进展顺利、成效显著，为中国特色社会主义自由贸易港建设奠定了坚实基础。一是贸易投资自由化便利化水平显著提升。贸易和投资自由化便利化是海南自由贸易港建设的重点。海南自贸试验区在相关领域率先开展探索，取得积极成效。例如，在贸易领域，高标准建设国际贸易"单一窗口"，主要申报业务应用率达到 100%，海南特色应用功能初步形成；推进货物平均放行和结关时间体系化建设，进出口通关时间较 2017 年分别压缩 69% 和 97%；洋浦保税港区试点实施"一线放开、二线高效管住"的货物进出境管理制度。在投资领域，加大保险、建筑、海上运输、新能源汽车等领域对外开放力度，对外资全面实行准入前国民待遇加负面清单管理制度。二是国际开放度明显提高。通过自贸试验区的建设，大大提升了海南省的国际开放度。2019 年，海南自贸试验区新增外资企业数量和实际利用外资增速均超过 100%。服务贸易出口增长 33%，实现顺差 6.5 亿元。开通 43 条内外贸海运航线，实现东南亚主要港口全覆盖。执飞的国际航线达到 103 条，通达境外 62 个城市，2019 年接待入境游客 144 万人次，同比增长 14%。三是市场主体加速集聚。改革开放创新举措的落地，有效改善了营商环境，吸引了众多企业投资兴业。2019 年，海南新增市场主体 22 万户，同比增长 71％，平均日增 670 户。28 家世界 500 强企业入驻海南，总部企业累计达到 33 家。四是制度创新成效明显。海南自贸试验区坚持以制度创新为核心，深入推进"放管服"改革，"一网通办""极简审批"等改革举措成效明显，85％的政府服务事项实现"不见面审批"，企业开办时间压缩至 3 个工作日。海南自贸试验区先后分 6 批总结形成了 71 项制度创新案例，其中，"知识产权证券化"等创新成果经评估，已基本具备向全国复制推广条件。五是风险防控体系逐步完善。海南自贸试验区建设坚持"管得住"是"放得开"的前提，切实防范化解各类风险。扎实推进社会信用体系建设，完成统一社会信用代码改革，横向归集省级 46 个部门信用数据。大数据中心功能不断提升，政务信息数据共享率达到 100％，实现全天候、实时性的人流、物流、资金流进出岛信息监管。

实施《中国（海南）自由贸易试验区总体方案》取得的显著成效，为党中央顺利出台《海南建设自由贸易港建设总体方案》奠定了良好基础，创造了良好条件，让人们对海南自由贸易港建设前景产生了良好社会预期。

2020 年 6 月 8 日，在国务院新闻办公室举行的《海南自由贸易港建设总体方案》发布会上，海南省委书记刘赐贵向中外媒体表示，海南将牢牢把握好自贸港建设的正确方向，坚持实施高水平开放政策，扎实做好各类风险防控，不断增强海南百姓和全国人民的获得感、幸福感，让中外投资者共享自贸港红利。

刘赐贵首先回顾了两年多来全省上下深入贯彻习近平总书记"4·13"重要讲话精神和党中央关于海南全面深化改革开放一系列重要部署的情况。他说，两年来，海南高标准推进自由贸易试验区建设，结合海南实际细化落实中央"1+N"政策体系，实施 18 个先导性项目，完善"五网"基础设施，实施"百万人才进海南"行动计划，谋划推进"智慧海南"建设，取得 77 项制度创新成果，按世界银行标准实施 69 条优化营商环境措施，大力吸引外资和市场主体，严格管控房地产市场，严格保护生态环境，加强社会管理体系和社会管理信息化平台建设等，这些都为建设海南由贸易港打下了坚实的基础。

刘赐贵表示，高标准高质量推进海南由贸易港建设行稳致远、确保干一件成一件，海南将把握好三个方面的重点。一是始终坚持和加强党的全面领导，牢牢把握好海南自贸港建设的正确方向。目前，海南已经把《总体方案》作了任务分解，制定时间表、路线图，层层压实责任，在全省开展"我为加快推进海南自由贸易港建设作贡献"活动。全省干部将发挥敢闯敢试、敢为人先、埋头苦干的特区精神，以"一天当三天用"的干劲，确保各项政策不折不扣的落地见效。二是坚持实施高水平的开放政策，吸引全世界的投资者到海南投资兴业。我们将着重把制度集成创新摆在十分突出的位置，解放思想、大胆创新，成熟一项推出一项，围绕贸易投资自由化便利化等重点，在管理体制、法律法规体系等层面推动集成创新，促进生产要素的自由流动，防范和化解各类风险，实现高水平的开放形态，把自贸港建成改革开放的新高地。我们将始终把人民利益放在至高无上地位，让海南群众和全国人民都增强获得感、幸福感。三是始终坚持底线思维，深刻吸取海南历史上曾经有过的"大起大落"教训，牢牢把握"管得住才能放得开"这一前提，科学预判、精准应对、妥善管控，着力防范和化解贸易投资、人员进出、资金流动、生态和公共卫生等领域的风险，确保自由贸易港建设行稳致远。

刘赐贵代表海南自由贸易港郑重发出邀请：欢迎全世界投资者和各类人才到海南投资兴业，积极参与海南自由贸易港建设，共享中国发展机遇、共享中国改革开放成果！在海南自由贸易港建设的过程中，我们一定会让全国人民和中外投资者深切感受到，海南是一块投资发展的乐土。

（三）海南自由贸易港的实施范围为海南岛全岛

《总体方案》还明确"实施范围"：

海南自由贸易港的实施范围为海南岛全岛。

海南自由贸易港的实施范围为海南岛全岛，这点令很多人印象非常深刻。此前有猜测，自由贸易港可能会限定在海南的某一部分，现在《总体方案》明确全岛都是自由贸易港，可见开放的魄力之大。

1. 有利于打造全球最大的自由贸易港

"海南自由贸易港的实施范围为海南岛全岛"的制度设计，有利于打造全球最大的自由贸易港。

海南岛面积约 3.4 万多平方公里。海南自由贸易港的实施范围为海南岛全岛，这就使得海南自由贸易港成为全球最大的自由贸易港。这给全世界投资者以无限大的想象空间。

自由贸易港是古老的贸易促进政策工具，发源于欧洲。随着殖民历程，这一模式被扩散到世界各地。据统计，全世界有 130 多个自由港和 2000 多个与自由港有相似内涵和功能的特殊经济自由区，其中大部分位于海运历史悠久、市场机制比较完善的发达国家或地区，如新加坡、香港、迪拜、巴拿马科隆、爱尔兰香农、智利依基克、德国汉堡、阿姆斯特丹和鹿特丹等自由港。

新加坡自 1819 年英国公爵莱佛士开埠至今，其发展走过了 200 年的历史，在仅 724 平方公里的陆地国土上取得了巨大的成就。新加坡集装箱中转枢纽港业务遍布全球 123 个国家地区、250 条航线、600 多个港口，是世界上第二大港口运营商，每年处理超过 1700 万个标准箱，占全球转口集装箱总量的 1/5。全球每年能源、金属与矿产、农产品等大宗商品交易量的 15%、20%、20%都发生在新加坡，已成为全球最佳转运枢纽和新兴的世界贸易中心。新加坡在世界各经济体竞争力排名中名列第一、在全球经商最便利国家或地区排名第一、在全球最廉洁国家排名第三，从昔日单一的自由贸易港，发展成为亚洲重要的世界级贸易中心。

空港型自由区起源于 1959 年成立的爱尔兰香农国际航空港自由贸易

园区。经过半个多世纪的发展，空港型自由区已经由最初的物流型自由区发展成为集物流分拨、高端制造、免税购物、休闲娱乐、商务交流等多功能于一体的综合经济区。由机场、火车站、地铁站集成立体式交通枢纽，商务活动正在以国际空港为核心呈集聚态势。目前，全球最有代表性的空港自由区有韩国仁川机场空港自由区、荷兰史基浦机场空港自由区和美国杜勒斯对外贸易区。迪拜面积只有 4114 平方公里，但杰贝阿里自贸区不仅是全球第一个通过国际认证的自贸区，也是目前最繁忙和最成熟的自贸区之一。

迪拜位于临近亚欧非交界处的中东地区，在四小时飞行时间内可以覆盖世界 1/3 的人口，八小时飞行时间内可以覆盖世界八成左右的人口。迪拜利用独特的区位优势，修建大机场、大港口，着眼于服务大范围的人员、货物进出，成为国际上重要的中转枢纽，跃升为中东乃至全球的金融、贸易、展会、航运和旅游文化中心，成为"海湾明珠"，创造了"迪拜奇迹"。

"海南自由贸易港的实施范围为海南岛全岛"的制度设计，有利于发挥岛屿独特的地理位置优势，有利于打造世界上最大的自由贸易港，与中国超大规模的经济体量相适应。岛屿的特征是一个相对独立的地理单元，海南岛与内地相隔琼州海峡，全岛封关监管的成本较低，无论是货物、资金、人员流动等方面都更容易进行封闭管理，风险外溢可控。国际上的自由贸易港基本上是依托港口再加上园区，面积通常只有几十平方公里，产业业态也受限于中转物流、出口加工等。在一个 3.4 万多平方公里、近1000 万常住人口的海岛建设自由贸易港，探索投资、贸易自由化，这在全世界也是一个创举。一方面，海南自由贸易港是全岛开放，对比而言，海南岛面积分别是新加坡面积（724 平方公里）和香港面积（1107 平方公里）的约 49 倍和 32 倍。另一方面，产业布局的纵深大，持续发展的空间优势更为突出。海南是"陆海空"立体式开放，涵盖旅游业、现代服务业和高新技术产业等各领域，在热带农业、医疗、教育、电信、金融、航天、海洋经济等具体产业方面开放政策力度大。比如，在货物贸易方面，要实现"零关税"、瞄准"零壁垒"和自由化便利化。在服务贸易方面，体现"既准入又准营"。此外，海南还担负着探索城乡协调发展、生态和经济效益兼顾的重任，把农村地区也纳入到了自由贸易港建设的范围，这是其他国际自由贸易港所不同的。

2. 有利于发挥不同于自由贸易试验区的作用

"海南自由贸易港的实施范围为海南岛全岛"的制度设计，有利于发挥不同于自由贸易试验区的作用。

建设自由贸易试验区、在海南建设自由贸易港，都是以习近平同志为核心的党中央着眼国内国际两个大局，深入研究、统筹考虑、科学谋划作出的战略决策，是新时代对外开放高地。

但是，二者大不相同：一是开放作用不同。建设自贸试验区，要以可复制可推广为基本要求，为全国范围内深化改革和扩大开放探索新途径、积累新经验，实现改革成效共享、开放成果普惠。而建设海南自由贸易港，尽管其改革开放的思路和方法也能为全国提供借鉴，但根本目的是打造我国开放型经济新高地，最终全面建成具有较强国际影响力的高水平自由贸易港。二是政策导向不同。自贸试验区是制度创新的高地，而不是优惠政策的洼地，要通过将扩大开放同改革体制相结合，将培育功能同政策创新相结合，大胆试、大胆闯，在推动全面深化改革和扩大开放、实现高质量发展等方面发挥示范引领作用。而海南自由贸易港要把握好"制度创新＋优惠政策＋法治规则"的重要安排，政策制度设计要体现国际最高水平、具有国际竞争力，突出贸易投资自由化便利化，实现各类要素跨境自由有序安全便捷流动，建立现代产业体系、高效的社会治理体系和完备的法治体系，并作出特殊的税收制度安排。三是实施范围不同。此前，全国已设立的 18 个自贸试验区，除海南全岛为自贸试验区外，其他自贸试验区（包括上海自贸试验区临港新片区）实施范围基本都在 120 平方公里左右。而海南自由贸易港具有唯一性，实施范围为海南岛全岛。2020年9月21日，国务院印发《中国（北京）自由贸易试验区总体方案》《中国（湖南）自由贸易试验区总体方案》《中国（安徽）自由贸易试验区总体方案》《中国（浙江）自由贸易试验区扩展区域方案》，这些方案的实施范围几乎都是"标准"的119平方公里。如北京自贸试验区的实施范围119.68平方公里，湖南自贸试验区的实施范围119.76平方公里，安徽自贸试验区的实施范围119.86平方公里，浙江自贸试验区扩展区域实施范围119.5平方公里。

3. 有利于更好发挥"一带一路"重要开放门户的作用

"海南自由贸易港的实施范围为海南岛全岛"的制度设计，还有利于更好发挥"一带一路"海南自由贸易港的开放门户作用。自由贸易港是"开放程度最高"的实现模式，是要素自由便利、安全有序流动的区域经济组织模式与制度形态，同时具备自由贸易、自由投资、自由金融和自由运输这四大功能，在以货物贸易和中转为传统功能基础上，发展成为国际贸易中心、国际航运中心、国际货物集散中心、国际商品交易中心、国际金融中心、全球创新中心、跨国公司总部中心或者战略性产业集聚基地等。在海南岛全岛建设自由贸易港，为我国"一带一路"倡议的实施，提供了一个足够宽广的开放舞台。

（四）分步骤、分阶段安排的历史渊源

"天下将兴，其积必有源。"海南自由贸易港建设三步走发展目标，及其相对应分步骤、分阶段的重点任务安排，是推进海南自由贸易港建设的科学设计、精准安排，它反映海南发展的客观实际要求，也是习近平总书记早年在厦门市进行中国特色的自由港发展之路探索的实践经验的升华。

1. 厦门对中国特色的自由贸易港之路的最初探索

1985 年 6 月，习近平从河北省正定县委书记任上南下厦门，任副市长兼市经济体制改革委员会副主任，此后任厦门市委常委、副市长、常务副市长，成为厦门经济特区初创时期的重要领导者、开拓者、建设者。他在厦门对中国特色的自由港发展之路的探索，主要是围绕编制《厦门经济社会发展战略》来进行的。他们当时着重研究了厦门经济社会发展方面的 21 个专题，并在此基础上形成了《厦门市 2000 年经济社会发展战略》总报告。这 21 个专题都是习近平亲自审定的，其中有四个专题是在全国首次提出并进行了全面系统的研究：一是《厦门经济特区逐步实行自由港某些政策的构想》，二是《厦门经济特区近中期实施自由港某些政策的方案》，三是《厦门在祖国统一大业中的地位作用及前景研究》，四是《厦门市城镇体系与生态环境问题》。

由习近平及厦门大学经济系教授罗季荣、厦门市计委副主任郑金沐三人担任主编，鹭江出版社 1989 年 9 月出版的《1985—2000 年厦门经济社会发展战略》，是我国经济特区中最早编制的一部经济社会发展战略，解答了厦门特区怎么发展的问题。当中有些改革在全国还是率先提出的，为 2000 年把厦门建设成为自由港型的经济特区提供了有力依据，至今对厦门经济社会发展还具有重要的指导意义。而组织制定这样一个发展战略，也被认为是习近平对厦门一个全局性的贡献。

当时课题组经过深入研究，形成了《厦门市 2000 年经济社会发展战略》总报告和《厦门经济特区逐步实行自由港某些政策的构想》专题研究报告等。我们可以结合这些报告的相关内容，对照《总体方案》的内容，看出习近平在厦门探索建设"自由港型经济特区"、探索建设中国特色的自由港的发展之路，是今天海南探索建设"中国特色自由贸易港"的雏形，是实践原点、历史起点。

《厦门市 2000 年经济社会发展战略》总报告的主要内容是：

第一，提出厦门"实行'一个模式，两次转型'的战略"。这个厦门经济社会发展战略，"即近中期实行自由港的某些政策，逐步完成经济的外向型转化，然后再向具有自由港特征的多功能的经济模式发展"。这个战略根据"力争到本世纪末把厦门建设成为具有自由港特征的多功能的社会主义经济特区"的厦门市 2000 年经济社会发展战略的指导思想而确定。

这是富有创造性而又切合厦门实际的发展战略。这样的战略与语言表述，今天读来还倍感亲切。如果套用当年厦门"一个模式，两次转型"的战略概括，那么今天海南的发展战略就是倒过来的"两个模式，一次转型"，即从 2018 年开始建设自由贸易试验区与探索建设自由贸易港两个模式同时进行，到 2020 年"一次转型"为自由贸易港模式。2018 年 10月，国务院印发的《中国（海南）自由贸易试验区总体方案》中明确，到2020 年，努力建成高标准高质量自贸试验区，为逐步探索、稳步推进海南自由贸易港建设，分步骤、分阶段建立自由贸易港政策体系打好坚实基础。至 2020 年 6 月 1 日，中共中央、国务院印发《海南自由贸易港建设总体方案》，海南自由贸易港建设迎来开局之年。如此看来，海南"两个模式，一次转型"的战略设计，与当初厦门的"一个模式，两次转型"的模式设计，真的有异曲同工之妙。

当年厦门根据自己的实际确立"一个模式，两次转型"发展战略，主要是基于梯度推进原则，即"实施自由港某些政策应遵循梯度推进原则，即根据厦门经济的发展水平和竞争能力，在政策的实施范围和程度上逐步扩大和深化"。同样，"两个模式，一次转型"也是非常符合海南实际的战略设计。海南是在欠发达的省情基础上建设自由贸易港的，客观上要求建设自由贸易港必须"逐步探索、稳步推进"，用"分步骤、分阶段"的办法建立起自由贸易港政策和制度体系。

第二，提出厦门市经济社会发展的目标模式。这个目标模式是："到2000 年或稍长一点时间，把厦门建设成具有自由港特征的多功能的经济特区。"这一发展模式所具有的一个基本特色是："实施自由港的某些政策，实行货物进出自由、生产经营自由、金融活动自由和人员流动自由,形成具有国际自由港特征的经济活动环境。"

第三,提出分两步走实现厦门市 2000 年经济和社会发展战略目标。此战略目标是:"到 1995 年,建成以工业为主,兼营旅游、商业、金融业和房地产业的综合性外向型的经济特区,使厦门成为我国对外开放的重要基地,实现国家统一的重要桥梁,振兴东南地区经济的中心城市。到 2000 年或稍长一些时间内,建立具有国际自由港某些特征的经济体系和机制系统,逐步向具有自由港特征的多功能经济特区过渡,使厦门成为经济繁荣,科技先进,环境优美,城市功能较为齐全,人民生活比较富裕的海港风景城市。"

这样的"海港风景城市"战略目标,与习近平总书记 2013 年在海南提出加快建设经济繁荣、社会文明、生态宜居、人民幸福的美好新海南的目标是一致的。

第四,提出分两阶段实现厦门发展模式和战略目标。报告考虑到"实现发展模式和战略目标是一个复杂的动态过程,必须有步骤地进行",因此"根据'一个模式,两次转型'的发展战略,将这一过程大体分为两个发展阶段":第一阶段(1986—1995 年),基本任务是实现内向型经济向外向型经济的转型。第二阶段(1996—2000 年),基本任务是进一步提高特区经济的外向程度,建立具有自由港特征的特区经济。

可以说,《总体方案》按照分步骤、分阶段建立自由贸易港政策和制度体系的要求,作出海南自由贸易港建设"分步骤分阶段安排",当年厦门的探索是有很大启示的。

第五,提出厦门实施自由港某些政策应遵循梯度推进原则。报告根据厦门 2000 年经济社会发展的战略目标,确定三个带有全面性意义的战略重点:一是扩大对外开放,抓紧实施自由港的某些政策。二是发展对台关系,加强对台工作基地的建设。三是改造传统工业,为特区实现经济外向型铺平道路。即抓紧实施自由港的某些政策而言,报告中指出中央赋予厦门经济特区实施自由港某些政策，是厦门对外开放的政策优势，是带动厦门经济社会全局发展的关键，必须用足用活用好。并提出实施自由港某些政策，必须抓紧三个方面：一在货物进出方面，通过建立保税仓库和保税工厂，逐步形成免税区，开展保税业务，促进转口贸易和对外贸易的较大发展；二在金融活动方面，逐步放宽外汇管理，建立灵活的对外资金融通关系，并在适当的时候逐步开展离岸金融业务，实现资金流动进出的相对自由；三在人员进出方面，由特区审批国外人员和特区人员出入境，简化审批手续，并享有国际旅游组团权和签证权，实现人员自由往来。通过实施自由港的某些政策给予外国投资者在投资和经营方面有更多的优惠和便利。

报告强调，实施自由港某些政策应遵循梯度推进原则，即根据厦门经济的发展水平和竞争能力，在政策的实施范围和程度上逐步扩大和深化。在起步阶段，可先在一定的区域建立免税区、免税商店及内外产销双方直接见面的开放型市场等等，并逐步向自由贸易区、自由工业区和自由金融区过渡。对于岛内大部分区域来说，则应遵循保护、促进本地工业发展的原则，并视各方面条件的成熟情况，在不同时期，确定进入全岛的免税商品的范围和税率，最后达到全岛实行自由港某些政策。

《厦门市 2000 年经济社会发展战略》总报告还从体制改革、城市建设、产业结构、技术进步、人才、开拓国际市场、资金等七方面，提出战略实施对策。

2. 厦门逐步实行自由港某些政策的构想

在习近平的主持下，厦门没有完全参照新加坡的自由港模式，而是立足厦门自身的实际条件，采取"分阶段、分区域逐步扩大自由度的发展策略"，提出了实施自由港某些政策的"三阶段＋双梯度"的具体构想。这体现在厦门市 2000 年经济社会发展战略的专题研究报告《厦门经济特区逐步实行自由港某些政策的构想》中，报告中提出了完整的"厦门自由港模式的基本构想"。

报告对自由港进行了深入研究，提出自由港是开放度最高的一种自由贸易区。自由贸易区包括三种主要类型。第一种类型是自由港，自由港是关税保护国家所采取的一种重要港口政策，它对进口的外国商品无论是供当地消费或转口输出，原则上都不征税；第二种类型是中转贸易区，进口到中转贸易区的外国商品不受关税法和进口管理条例的限制，但原则上禁止这些商品进入国内市场；第三种类型就是出口加工区，出口加工区对进口商品原则上免税，但这些进口商品必须是该地区的加工出口产品所使用的机器设备和原材料，也就是说，供国内消费的进口商品是不能免税的。将自由港同其他类型的自由贸易区相比较，可以概括出两个特点：其一，自由港和所有其他的自由贸易区以是否免除关税与普通港口和普通地区相区别；其二，自由港以商品是否允许在当地消费和形形色色的其他自由贸易区相区别。综上所述，从概念范畴来看，自由港与自由贸易区之间的关系是个性与共性、特殊与一般的关系；但是，如果从地域范围来看，自由港内却可以包含有自由贸易区（实际上是中转贸易区）、自由工业区和出口加工。由此可见，自由港在自由贸易区的几种形式中，属于开放度最高、容纳层次最多、内容最为复杂从而要求条件最为严格的一种自由贸易区。（习近平、罗季荣、郑金沐主编：《1985—2000 年厦门经济社会发展战略》，鹭江出版社 1989 年版，第 41 页）

30 多年后，习近平总书记在 2018 年 "4·13" 重要讲话中又这样深刻阐述："自由贸易港是当今世界最高水平的开放形态。"

报告还对 "社会主义国家与自由港" 进行了深入研究，认为："当今的自由港，作为国际经济合作的一种方式，对有关国家和地区的经济发展，起了重要的促进作用，因此，社会主义国家也应当利用这种方式参与国际经济合作。""自由港是自由贸易政策和保护贸易政策矛盾的产物，换言之，它又是国际经济竞争的一种重要方式，社会主义国家也有必要利用这种方式参与国际经济竞争。可见，在改革、开放的世界性潮流中，对我国利用和开辟自由港的可行性进行一些探索试验，既符合发展社会主义经济的要求，也顺应世界经济发展的趋势。"这些结论，对探索中国特色的自由贸易港之路有重要的启蒙作用。

《厦门经济特区逐步实行自由港某些政策的构想》的主要内容是：

第一，分阶段、分区域。报告认为："厦门自由港的发展目标模式应确立为：通过分阶段、分区域逐步扩大自由度的发展策略，争取在本世纪末形成一个'建立在以工业为主兼营旅游、商业、金融业和房地产业的综合性、外向型的经济特区基础上的双梯度、多功能的自由港'，使之成为我国东南地区同世界各国发展经济合作的重要基地或中心、成为台湾与大陆联系的桥梁和通道、成为行政与经济体制改革的先行试验地，为发展东南地区经济、促进祖国统一做出积极而又特殊的贡献。"

第二，三阶段 + 双梯度 + 多功能。这是厦门自由港的发展目标模式的具体内容。"三阶段"即在原有经济特区基础上，采用渐进式方针，分三步走，逐步增加自由港的因素，逐步提高开放的档次。第一步是建立和完善位于湖里东渡港区一带的保税仓库区，开展转口贸易；第二步是以自由贸易区（具体讲是中转贸易区）替代保税仓库区（也可以将保税仓库区升级为自由贸易区），扩大转口贸易，增加业务活动内容；第三步才是有限度地全岛放开的自由港。

最初厦门特区划定面积仅 2.5 平方公里，后来扩大到全岛；岛内开放度也不太一样，原来的 2.5 平方公里的开放度高一些，老市区开放度就很低。根据厦门特区现状，划区分"三阶段"（即分三步走）逐步推进，逐步增加自由港的因素，不断提高开放的梯度和开放的层次。第一步就是建立保税区。厦门保税区应该是全国最早提出来的。第二步就是以自由贸易区替代保税区。第三步就是有限度地在全岛放开自由港。也就是说，"三阶段"的梯度演变格式是：保税仓库区→自由贸易区→自由港。

"双梯度"即从开始到最终建成，都采取双梯度开放的格局。第一阶段是小范围的保税仓库区和全岛经济特区两个梯度；第二阶段是基本上完全开放但管理严格的自由贸易区和经济特区两个梯度；最后（第三阶段）是自由贸易区和有限度放开的全岛自由港。这种"双梯度"的三次推进格式是：保税仓库区＋经济特区、自由贸易区＋经济特区、自由贸易区＋自由港。当时设计采用这种双梯度开放格局，一方面可以得到自由贸易的好处；另一方面又可起到贸易保护的作用。体现中央《批复》中"厦门特区扩大到全岛，逐步实行自由港的某些"中的"某些"的要求。对比积极不干预的自由港政策，厦门自由港只是有选择地实行这种政策中的某些政策。

"多功能"即到目标期（实现）时，厦门将形成一个宏观调控下的多种经济成分并存的特殊的市场经济结构。与此相适应，行政与经济管理体制具有内部相对统一和外部相对独立的特点。届时，厦门将是一个兼有自由贸易区、自由工业区、自由金融区和自由旅游区特色的多功能海港城市。

"多功能"其实也是厦门给社会发展战略目标的一个定位，而今天海南全面深化改革开放的战略定位是"三区一中心"（全面深化改革开放试验区、国家生态文明试验区、国家重大战略服务保障区、国际旅游消费中心）。

厦门实施自由港某些政策，"应遵循梯度推进原则，即根据厦门经济的发展水平和竞争能力，在政策的实施范围和程度上逐步扩大和深化"，根据这种理念，采取梯度推进、逐步推大这种渐进式的战略，是符合厦门实际的，也是符合当时中国实际的。

厦门实施自由港某些政策的"三阶段＋双梯度"构想，旨在通过分阶段、分区域逐步扩大自由度，这是非常科学缜密的谋划。

"三阶段（三步走）＋双梯度"的建设自由港模式，"这是对中国特色的自由港发展之路的最初探索，在全国都具有很强的开创性"。当年参与这项研究的相关人士这样评价说，厦门成为这套构想最直接的受益者。此后，厦门经济特区实现了从出口加工区、保税区、区港联动、保税港区，到自贸试验区的迭代升级，对外开放度不断提高。

3. 海南探索建设中国特色自由贸易港的雏形

习近平在厦门探索建设"自由港型经济特区"、探索建设中国特色的自由港发展之路，还有很多值得我们总结的地方。从中可以看出，这是今天海南探索建设中国特色自由贸易港的雏形。

第一，从探索建设"自由港"的时代背景看，习近平当时主持研究厦门经济特区逐步实行自由港某些政策的构想，其背景是贯彻落实邓小平在厦门提出"把经济特区办得更快些更好些"的要求，以及国务院批复《关于报审厦门经济特区实施方案的报告》的精神。而习近平总书记谋划海南全面深化改革开放、加快建设美好新海南，把海南更好地发展起来，其重要背景也就是贯彻邓小平关于"海南岛好好发展起来，是很了不起的"谈话精神。他在 2018 年 "4·13" 重要讲话中强调："党中央从决定设立海南经济特区开始，就决心把海南岛好好发展起来。如果海南岛更好发展起来，中国特色社会主义就更有说服力，更能够增强人们对中国特色社会主义的信心。"从"海南岛好好发展起来"到"海南岛更好发展起来"，新时代的海南正坚定走向探索建设中国特色自由贸易港、加快建成美好新海南的新征程。

第二，从探索建设"自由港"的指导思想看，习近平从新加坡考察回来后，就说："我们要立足中国的实际、厦门的实际，不能全搬新加坡的模式，更不能搬用香港的模式，可以把它们作为重要参考。"他要求课题组的成员根据厦门的实际情况，研究解决厦门自由港发展模式，争取探索出一条中国特色的发展自由港的路子。这样的宏大愿望，今天得以在"中国特色海南自由贸易港"全面实施、加快推进，是令人奋进的昭示。说到底，"中国特色"就是学习、借鉴、对标国际先进水平经验，走自己的自由贸易港发展道路。这里要特别指出，习近平总书记的政治意识非常强。从地方工作到中央一直是这样，他对中国特色社会主义的信念是坚定不移的。这也体现到他主持编制的厦门市经济社会发展战略上。在厦门与他共事过的同志回忆说，习近平同志发展经济的理念很开放，但掌握一点，一定要坚持走中国特色社会主义道路。他在厦门制定发展战略的时候，就对"战略办"的同志说，"我们是搞经济特区，不是搞政治特区，我们是搞社会主义，发展战略一定要体现这个，严格把握制定战略发展的方向，要坚持社会主义的方向，要把厦门建成具有自由港特征的社会主义经济特区，而且要把这点作为制定发展战略的指导思想写进去，到本世纪末，把厦门建设成具有自由港特征的多功能的社会主义经济特区"。由于有这样旗帜鲜明的指导思想，习近平主持编制的《厦门市 2000 年经济社会发展战略》总报告提出，"力争到本世纪末把厦门建设成具有自由港特征的多功能的社会主义经济特区"，这里的特征是自由港，但落脚点是"社会主义经济特区"；从这点看，今天海南探索建设"中国特色自由贸易港"，实际上是"中国特色社会主义自由贸易港"的简称——落脚点是"自由贸易港"，但前置条件是"中国特色社会主义"。中央组织部等七部门联合印发的《关于支持海南开展人才发展体制机制创新的实施方案》，更是首次使用了"中国特色海南自由贸易港"的概念，也就是中国特色社会主义的海南自由贸易港的概念。

第三，从探索建设"自由港"的实施步骤看，习近平当年在厦门没有完全参照新加坡的自由港模式，而是立足厦门自身的实际条件，采取"分阶段、分区域逐步扩大自由度的发展策略"，提出了实施自由港某些政策的"三阶段＋双梯度"的具体构想。"三阶段（三步走）＋双梯度"的科学构想及其从实际出发的设计理念，这也应是今天海南探索建设中国特色自由贸易港要"分步骤、分阶段建立自由贸易港政策和制度体系"的思想来源与实践来源。由此也可看出习近平总书记谋划建设中国特色自由贸易港的思想脉络，是如此的坚实而稳健。建设"自由港"必须从中国的国情出发，这是一条重要的经验。

海南探索建设中国特色自由贸易港采用"分步骤、分阶段"模式。厦门当年是"分阶段、分区域"模式；因为海南现在是"全岛建设自由贸易试验区"，所以就不必再分区域。中央 12 号文件中明确规定："坚持全方位对外开放，按照先行先试、风险可控、分步推进、突出特色的原则，第一步，在海南全境建设自由贸易试验区，赋予其现行自由贸易试验区试点政策；第二步，探索实行符合海南发展定位的自由贸易港政策。"并具体规划了到 2020 年、2025 年、2035 年和本世纪中叶的四步走发展目标。从这些发展目标看，是通过"两步骤 + 四阶段"，实现建成以经济繁荣、社会文明、生态宜居、人民幸福定义的美好新海南的目标。如果单纯就自由贸易港建设而论，则是"两步骤 + 三阶段"，就是到 2020 年自由贸易试验区建设取得重要进展，到 2025 年自由贸易港制度初步建立；到 2035 年，自由贸易港的制度体系和运作模式更加成熟。

习近平在厦门时看到新加坡、香港是当时世界上最出色的两个自由区，香港原为英国所殖民统治，于 1842 年辟为自由港；新加坡于 1819 年辟为自由港，它是英国的殖民地。而如今，世界上最出色的自由港名单上除了当时的新加坡、香港，又加上了一个阿联酋迪拜港自由港区；而该自由港区正好就是习近平南下那年（1985 年）成为自由港的。迪拜用 30 多年时间，建成世界闻名的自由贸易港，现在以习近平同志为核心的党中央用同样的时间来推进建设具有较强国际影响力的高水平自由贸易港，我们对此充满信心，并保持历史耐心。

第 六 讲
海南自由贸易港的政策制度重点

自党中央决定支持海南逐步探索、稳步推进中国特色自由贸易港建设，分步骤、分阶段建立自由贸易港政策和制度体系的重大消息宣布以来，海南自由贸易港政策和制度体系的内容就一直受到广泛关注和热切期待。《海南自由贸易港建设总体方案》不负众望，给了世界超预期的回答。它的"五个自由便利＋一个安全有序流动"的政策制度安排，充分吸收借鉴国际经验，采取更为自由、更为便利的政策措施，打造我国与国际高水平自由贸易港相比肩的开放新高地。这是海南自由贸易港最重要的政策制度，对于发挥海南岛全岛试点的整体优势，加强改革系统集成，力争取得更多制度创新成果，将发挥重要的基础和先导作用，必将产生广泛而深刻的历史影响。

（一）贸易自由便利

《总体方案》提出清晰的海南自由贸易港建设制度设计理念：

以贸易投资自由化便利化为重点，以各类生产要素跨境自由有序安全便捷流动和现代产业体系为支撑，以特殊的税收制度安排、高效的社会治理体系和完备的法治体系为保障，在明确分工和机制措施、守住不发生系统性风险底线的前提下，构建海南自由贸易港政策制度体系。

货物贸易自由化是指通过削减关税、取消和简化非关税壁垒等方式，逐步或全部取消现存的货物贸易障碍，实现货物的自由贸易。货物贸易便利化是指通过对进出口程序的简化、现代化和协调，消除货物跨境障碍，涉及海关程序简化检疫合作、贸易目录出版、技术标准合作等方面。

海南自由贸易港制度设计以贸易投资自由化便利化为重点，是"深入推进商品和要素流动型开放"的必然要求和具体体现。由"重点""支撑""保障"和"底线"为关键词，表明《总体方案》是个思想完整、思路缜密、路径明晰、安排科学的方案，是一个体系完备、内容丰富、指向有力、预期良好的方案，是一个经得起时间和历史检验的方案。

关于《总体方案》以贸易投资自由化便利化为重点，商务部副部长兼国际贸易谈判副代表王受文在 2020 年 6 月 8 日的《海南自由贸易港建设总体方案》发布会上接受记者提问时说，贸易自由化便利化是全世界先进的自由贸易港的一个基本的、普遍的特征。在今天，很多区域的自由贸易协定、双边的自由贸易协定中都强调贸易的自由化和便利化，当然，贸易的自由化便利化也是海南自由贸易港制度设计的一个非常重要的内容，是一个重点。在制度设计过程中，强调要突出创新，要借鉴国际经验，要体现中国特色，符合海南的定位。贸易自由化便利化也要符合我国的全面深化改革、扩大开放的整体方向。

王受文解释说，贸易自由化便利化分为两个方面：第一是货物贸易的自由化便利化，第二是服务贸易的自由化便利化。货物贸易自由化便利化有几个特点：一是要实现"零关税"。也就是说，海南自由贸易港要制定一个征税商品目录，在这个商品目录之外的产品进入自由贸易港，实行"零关税"。二是瞄准"零壁垒"。除关税措施外，在非关税措施如许可证、配额等方面，将制定海南自由贸易港禁止、限制进出口货物、物品清单，清单以外的货物和物品，自由进出自贸港。三是推进便利化。货物进入海南自由贸易港，可以通过单一的国际贸易窗口，十分便利地进入。海关监管要体现高效便捷，货物进入自贸港是非常便利的。四是在货物贸易自由便利的情况下，要确保风险能够得到防范和控制，要高标准地建设口岸的基础设施，要实施智能的、精准的监管。在服务贸易方面，服务贸易有四种形态。其中，跨境交付、境外消费和自然人移动叫作跨境服务贸易。对跨境服务贸易的这三种形态，我们要制定跨境服务贸易负面清单，在这个负面清单之外，这三种形态的服务贸易将是自由的，将准入。服务贸易的另外一种形态叫作商业存在，就是在当地提供服务。进入要准营，准许经营就涉及资格标准，一些技术要求有透明度、监管方面的要求，在这方面我们要做进一步的规范，使之建立商业存在也可自由便利。在服务贸易方面，我们体现既准入又准营。

关于"贸易自由便利"，《总体方案》中提出：

在实现有效监管的前提下，建设全岛封关运作的海关监管特殊区域。对货物贸易，实行以"零关税"为基本特征的自由化便利化制度安排。对服务贸易，实行以"既准入又准营"为基本特征的自由化便利化政策举措。

海南自由贸易港实行贸易自由便利，当中对货物贸易以"零关税"为基本特征，对服务贸易以"既准入又准营"为基本特征。

"建设全岛封关运作的海关监管特殊区域"，这是海南自由贸易港制度设计的最大亮点。"海关监管特殊区域"的名称，也是在中央文件中第一次出现。与综合保税区等海关特殊监管区域不同，海南自由贸易港模式下的"海关监管特殊区域"是在有效监管的前提下，建设全岛封关运作的、具有国际竞争力和影响力的海关监管特殊区域，主要内容是"零关税"、"一线"放开、"二线"管住、岛内自由、加工增值税收政策。

《总体方案》中关于"贸易自由便利"的制度设计，具体的内容是四项。

1."一线"放开

在海南自由贸易港与中华人民共和国关境外其他国家和地区之间设立

"一线"。"一线"进（出）境环节强化安全准入（出）监管，加强口岸公共卫生安全、国门生物安全、食品安全、产品质量安全管控。在确保履行我国缔结或参加的国际条约所规定义务的前提下，制定海南自由贸易港禁止、限制进出口的货物、物品清单，清单外货物、物品自由进出，海关依法进行监管。制定海南自由贸易港进口征税商品目录，目录外货物进入自由贸易港免征进口关税。以联运提单付运的转运货物不征税、不检验。从海南自由贸易港离境的货物、物品按出口管理。实行便捷高效的海关监管，建设高标准国际贸易"单一窗口"。

"一线"放开的界定很清楚。第一是设立"一线"，即在海南自由贸易港与中华人民共和国关境外其他国家和地区之间设立"一线"。第二是放开"一线"，主要内容：一是制定海南自由贸易港禁止、限制进出口的货物、物品清单，清单外货物、物品自由进出。二是制定海南自由贸易港进口征税商品目录，目录外货物进入自由贸易港免征进口关税。三是从海南自由贸易港离境的货物、物品按出口管理。

与此相适应，实行便捷高效的海关监管，依法进行监管，建设高标准国际贸易"单一窗口"。国际贸易"单一窗口"是指参与国际贸易和运输的各方，通过电子口岸平台一点接入、一次性提交满足口岸管理和国际贸易相关部门要求的标准化单证和电子信息，相关部门通过电子口岸平台共享数据信息、实施职能管理，处理状态（结果）统一通过"单一窗口"反馈给申报人。

2."二线"管住

在海南自由贸易港与中华人民共和国关境内的其他地区（以下简称内地）之间设立"二线"。货物从海南自由贸易港进入内地，原则上按进口规定办理相关手续，照章征收关税和进口环节税。对鼓励类产业企业生产的不含进口料件或者含进口料件在海南自由贸易港加工增值超过30%（含）的货物，经"二线"进入内地免征进口关税，照章征收进口环节增值税、消费税。行邮物品由海南自由贸易港进入内地，按规定进行监管，照章征税。对海南自由贸易港前往内地的运输工具，简化进口管理。货物、物品及运输工具由内地进入海南自由贸易港，按国内流通规定管理。内地货物经海南自由贸易港中转再运往内地无需办理报关手续，应在自由贸易港内海关监管作业场所(场地) 装卸，与其他海关监管货物分开存放，并设立明显标识。场所经营企业应根据海关监管需要，向海关传输货物进出场所等信息。

"二线"管住的界定同样清楚。第一是设立"二线"，即在海南自由贸易港与中华人民共和国关境内的其他地区（以下简称内地）之间设立"二线"。第二是管住"二线"，主要内容是：一是货物从海南自由贸易港进入内地，原则上按进口规定办理相关手续，照章征收关税和进口环节税。二是对鼓励类产业企业生产的不含进口料件或者含进口料件在海南自由贸易港加工增值超过 30%（含）的货物，经"二线"进入内地免征进口关税，照章征收进口环节增值税、消费税。三是行邮物品由海南自由贸易港进入内地，按规定进行监管，照章征税。四是对海南自由贸易港前往内地的运输工具，简化进口管理。五是货物、物品及运输工具由内地进入海南自由贸易港，按国内流通规定管理。内地货物经海南自由贸易港中转再运往内地无需办理报关手续等。

"一线放开、二线管住"是一种具有中国特色的进出口管理制度，深圳等经济特区早期就实行这种进出口管理和税收制度。当时深圳与香港之间被称为"一线"，与广东其他地区之间称为"二线"，并建起一道全封闭的隔离围网，对进出货物和人员实行海关监管，后来这一做法被广泛运用到各类海关特殊监管区域的政策中。海南自由贸易港政策的一大亮点，就是利用海南岛天然的地理屏障，海南自由贸易港的实施范围为海南岛全岛，建设"全岛封关运作的海关监管特殊区域"。海南岛是离岛，这是海南独特的、其他任何地区无法与之比拟的优势。充分利用这种相对独立的地理单元优势，建立全球高水平、高标准的自由贸易港，实行"一线"放开、"二线"高效管理,打造全球开放程度最高的特殊区域,彰显世界第二大经济体的无限魅力。

"二线"管住下的加工增值政策,又是一大亮点。《总体方案》明确,对鼓励类产业企业生产的不含进口料件或者含进口料件在海南自由贸易港加工增值超过30%(含)的货物,经"二线"进入内地免征进口关税,照章征收进口环节增值税、消费税。待全岛封关运作后,对在海南自由贸易港鼓励类企业生产的不含进口料件或者含进口料件加工增值超过30%(含)的货物,进入内地免征进口关税。这就是说,海南自由贸易港产货物进入内地也能免关税。

一般而言,全岛封关设置"二线"之后,货物从海南自由贸易港进入内地,原则上应按进口规定办理相关手续,照章征收关税和进口环节税。但是,此次《总体方案》规定对鼓励类产业企业生产的不含进口料件或者含进口料件在海南自由贸易港加工增值超过30%(含)的货物,经"二线"进入内地免征进口关税,照章征收进口环节增值税、消费税。这样的政策红利,从未出现过。这样的政策设计,可以保证海南自由贸易港"居间两边得利",就是在封关运作以后,仍然可以充分利用内地的超大规模市场优势,取得经济流量的突破性扩大。因此说,这是一项"含金量"极高的政策,有利于提高"海南造"产品进入内地市场的竞争力,将吸引高关税产品的制造类企业、高新技术产业、大宗商品加工类企业进驻海南,如新能源汽车、集成电路、海工装备、大宗农产品等。

鼓励类产业企业,是指在海南自由贸易港注册并实质性运营,以《海南自由贸易港鼓励类产业目录》中规定的产业项目为主营业务,且其当年度主营业务收入占企业收入总额60%以上的企业。为贯彻落实《总体方案》的要求,加快推进海南自由贸易港建设,国家发改委结合海南实际起草《海南自由贸易港鼓励类产业目录(2020年本,征求意见稿)》,于2020年9月1日向社会公开征求意见。海南自由贸易港鼓励类产业由两部分组成,一是国家现有产业目录中的鼓励类产业,包括《产业结构调整指导目录》和《鼓励外商投资产业目录》（均按最新修订版本执行）；二是海南自由贸易港新增鼓励类产业。

回顾海南开放的历史，我们更要说，这又是一项极其高明的政策设计，富有想象空间。

海南建省办特区前后，中央就有意在海南建立"第二关税区"，做到"放开一线，封死二线"。当时设想：岛内自用的货物，进口可以免税或减税；进口后出到大陆的货物，该补的税款一定要补。只要海关、公安、工商等各部门密切配合，管好二线，就不会出现大的娄子。但是，海南为什么就没有建立人们所希望的"第二关税区"呢？1988年4月28日下午，就海内外读者关心的海南办大特区的有关问题，中共海南省（筹建）工作委员会书记许士杰接受中国新闻社记者和香港中国通讯社记者的采访。记者问：中央给海南特区的政策，是否有把海南岛建成自由港的意向？许士杰答：本来中央主要负责同志的指导思想是要海南实行类似自由港性质的政策。为什么不这样提而现在也没有这样做呢？主要是海南本身的条件未具备，有不少产品还靠内地供应，包括食的、用的。内地运来的货物、商品，如果"视同出口"较为麻烦。前门放开了，后门就要管严，后门管不严，前门就不能全放开。外面来的商品、货物免税、减税，国家也要防止利用"自由港"冲击内地。所以有一个前提，要自由先要管好，管不好就不能放开。这就是我们过去说的"第二海关"。总之，海南具备了这些条件之后，中央是会批准的、允许的。

这就是"内地供应"问题以及管理方面的原因，使海南错过了建立"第二关税"的一次最好机会。但是，值得注意的是，许士杰在这个问题上也做了反思，认为有思想解放不够之处。

1988年12月23日至次年1月6日，许士杰率团到东南亚有关国家就建立海南特别关税区与引进外资问题作调查研究，泰国、新加坡的一些大财团都表示海南设特别关税区后，他们将很快前来投资。这次的考察访问，代表团成员感触颇深。很多朋友对他们说，你们现在胆子还不够大，政策的吸引力不大，如果你们能够放胆地把海南建成一个自由岛，不愁海南发展不起来。许士杰说，应当承认，我们的投资环境的确比人家差，也有思想不够解放之处。一是担心全面开放以后，海南没有承受能力，怕物价高了群众意见大，既想依靠外资也想依赖国家，依赖内地，两边靠最好。二是怕冲垮我们自己的企业。三是怕人家赚钱。这也反映出，当时的决策者心态是，海南基础差，底子薄，马上同大陆"隔离"，建立第二关税区，担心外资不能很快投入，而内资又不容易进来，出现岛内物价飞涨的窘况。为避免"两难"处境，因此，海南希望的是"外引内联两头沾光"的政策。这就是许士杰所说，我们要求的政策，最好是两边挂、两头沾边的政策。按照原来的指导思想，给海南的政策应是对外很宽，对内又不管死，居间两边得利。但许士杰又说，实际上这也是不可能的。他说，现实地看问题，现在主要是学透政策，主动用好政策问题。

在海南建省办特区之时，中央也出台了在当时看似很优惠的政策，其主要政策有在海南注册的企业都享有进出口经营权，以及放宽海南生产的产品（包括海南加工增值 20% 以上的产品）出口配额和许可证限制这两条。1988 年 4 月 14 日，国务院批转的《关于海南岛进一步对外开放加快经济开发建设的座谈会纪要》（国发〔1988〕24 号）中决定："海南省外贸自负盈亏，出口贸易收汇，一九九五年以前，海南省自产产品和用内地的原材料、半成品，经海南省加工增值 20% 以上的产品出口收汇，全部留给海南省，海南省收购其他省、自治区、直辖市的产品，未经加工或加工增值不足 20% 的产品出口收汇，按国家规定的超基数增收外汇的留成比例留成。"1988 年 5 月 4 日，国务院发布的《关于鼓励投资开发海南岛的规定》（国发〔1988〕26 号）中规定："在海南岛举办的外商投资企业和外商持有 25% 以上股份的企业均享有进出口经营权。"这条政策，海南省政府 1988 年 8 月 1 日发布的《关于贯彻国务院〔1988〕26 号文件加快海南经济特区开发建设的若干规定》又放宽至："凡在海南注册的企业，均享有进出口经营权。企业凭营业执照办理进出口业务。"但是，由于各种原因，这些政策都没有得到落实和执行，让海南错过大好的发展机会。

现在，中央充分考虑到海南的实际情况，周密出台了让海南"两边挂、两头沾边"的政策，使"不可能"变成可能、变成现实，这真的令人感慨万千！海南的领导干部真的是要认认真真学透政策，积极主动用好用足中央给予的大政策，抢抓千载难逢的历史大机遇，把海南更好发展起来，不能再留下历史的遗憾。

3.岛内自由

海关对海南自由贸易港内企业及机构实施低干预、高效能的精准监管，实现自由贸易港内企业自由生产经营。由境外启运，经海南自由贸易港换装、分拣集拼，再运往其他国家或地区的中转货物，简化办理海关手续。货物在海南自由贸易港内不设存储期限，可自由选择存放地点。实施"零关税"的货物，海关免于实施常规监管。

"岛内自由"又是一项精准政策。货物在海南自由贸易港内不设存储期限，可自由选择存放地点，这也是与国内其他自由贸易试验区的明显不同，是与海南全岛建立自由贸易港相匹配的政策新亮点，对投资者相当利好。

4.推进服务贸易自由便利

实施跨境服务贸易负面清单制度，破除跨境交付、境外消费、自然人移动等服务贸易模式下存在的各种壁垒，给予境外服务提供者国民待遇。实施与跨境服务贸易配套的资金支付与转移制度。在告知、资格要求、技术标准、透明度、监管一致性等方面，进一步规范影响服务贸易自由便利的国内规制。

世界贸易组织（WTO）《服务贸易总协定》（GATS）根据四种提供模式，对服务贸易做了定义，即跨境交付（模式一），指自世界贸易组织一成员领土向其他成员领土提供服务，服务提供者和服务消费者身处不同关境，服务则通过现代通信技术跨越关境；境外消费（模式二），指在一成员领土内向其他成员的消费者提供服务，服务消费者来到境外，接受当地服务提供者的服务；商业存在（模式三），指一成员的服务提供者通过在其他成员领土内的商业存在提供服务，服务提供者进入服务消费者所在关境，设立商业机构，提供相关服务；自然人移动（模式四），指一成员的服务提供者通过在其他成员领土内的自然人存在提供服务，服务提供者进入服务消费者所在关境，以机构雇员、合同人员或个人身份提供服务。这四种模式中，模式三实为服务领域的投资，属于外国直接投资，我国对此实行准入前国民待遇加负面清单管理制度，禁止和限制外资准入的领域，在《外商投资准入特别管理措施（负面清单）》列明。模式一、二、四，则构成跨境服务贸易。海南自由贸易港实施跨境服务贸易极简负面清单制度，就是要以透明、可预见的方式，破除在跨境交付、境外消费和自然人移动等三种服务提供模式下存在的各类壁垒，给予境外服务提供者国民待遇。

同时要放宽资格限制，规范国内规制。放宽境外人员参加各类职业资格考试的限制，对专业资格认定实行国家和地区的单向认可清单制度（注册会计师、法律服务等除外），进一步增强对服务贸易领域国际高端人才的吸引力，带动专业服务发展。实施与跨境服务贸易配套的资金支付与转移制度。全面清理和取消不必要的限制措施，在告知、资格要求、技术标准、透明度、监管一致性等方面，进一步规范影响服务贸易的国内规制，提升服务贸易便利化水平。

海南自由贸易港将分步骤、分阶段实施推进服务贸易自由便利。2025年前，在重点领域率先规范影响服务贸易的国内规制；制定出台海南自由贸易港跨境服务贸易负面清单；探索允许外国和港澳律师事务所驻海南代表机构从事部分涉海南商事非诉讼法律事务；制定境外人员在海南自由贸易港参加有关职业资格考试和执业的管理办法；制定单向认可专业资格清单（注册会计师、法律服务等除外），取得境外职业资格或公认的国际专业组织资质的专业人员，通过技能认定后，可直接为海南自由贸易港企业和居民提供专业服务，其在境外的从业经历可视同国内从业经历。2035年前，建立健全跨境支付业务相关制度，营造良好的支付服务市场环境，提升跨境支付服务效率，依法合规推动跨境服务贸易自由化便利化。

（二）投资自由便利

《总体方案》中提出：

大幅放宽海南自由贸易港市场准入，强化产权保护，保障公平竞争，打造公开、透明、可预期的投资环境，进一步激发各类市场主体活力。

"公开、透明、可预期"的投资环境要求，明确了海南打造投资环境的着力点和主方向。

在国务院新闻办 2020 年 6 月 8 日举行的《海南自由贸易港建设总体方案》发布会上，海南省省长沈晓明在回答记者的提问时说，关于投资自由便利，海南自由贸易港实行"非禁即入"，除非有强制性的标准和法律禁止，原则上政府取消许可和审批，对企业实行备案制、承诺制，承诺符合条件就可以开展业务。政府的备案受理机构通过事中事后监管来履行监管义务，对于外商投资实行准入前国民待遇加自贸港专用的负面清单管理制度。在自贸区基础上，进一步减少限制和禁止的条款。对于自贸港内注册的境内企业，将支持他们通过境外发行股票的方式进行融资。另外，如果他们从事的是旅游业、现代服务业、高新技术产业等我们鼓励的领域，他们在境外直接投资的收益可以免征企业所得税。

沈晓明还说，海南的比较优势是三个环境：一是生态环境，二是营商环境，三是政策环境。可以说，营商环境是决定自贸港成败的关键之一。海南营商环境建设的总体目标是世界一流，总体要求是法治化、国际化、便利化。我们在优化海南营商环境的过程中，特别重视两个方面：一是公平、透明和可预期。所谓公平，就是内资和外资一个样，国有和民营一个样，本地企业和外地企业一个样，认识的人和不认识的人一个样。所谓透明和可预期，就是这个事能不能做、怎么做，政府要做到标准透明、程序透明、路径透明，这样才能够使得市场主体感觉到过程可预期、结果可预期。二是摆正政府和企业的位置。强化尊重企业、尊重企业家的理念，营商环境好不好，政府说了不算，领导说了不算，甚至评价体系本身说了也不算，企业说了算，企业家说了算。

《总体方案》中关于"投资自由便利"的具体内容是四项。

1. 实施市场准入承诺即入制

严格落实"非禁即入"，在"管得住"的前提下，对具有强制性标准的领域，原则上取消许可和审批，建立健全备案制度，市场主体承诺符合相关要求并提交相关材料进行备案，即可开展投资经营活动。备案受理机构从收到备案时起，即开始承担审查责任。对外商投资实施准入前国民待遇加负面清单管理制度，大幅减少禁止和限制条款。

实行投资自由便利，要求大幅放宽市场准入。市场准入承诺即入制是指严格落实"非禁即入"，在"管得住"的前提下，对具有强制性标准的领域，原则上取消许可和审批，建立健全备案制度，市场主体承诺符合相关要求并提交相关材料进行备案，即可开展投资经营活动。备案受理机构从收到备案时起，即开始承担审查责任。比如说，有两家企业，一家是原来从事家具生产的企业，计划从事汽车制造，在投资和转产环节，将不需要获取生产许可证等相关许可和审批，其所生产汽车如果符合相关强制性标准，就可以上市销售。而另一家一直从事汽车制造的生产企业，所生产的汽车如果达不到相关强制性标准，就不能上市销售。市场监管部门、投资主管部门和有关行业主管部门对具有强制性标准的领域，应最大限度取消许可和审批，主动破除各种投资经营障碍，实现市场准入承诺即入。要严格标准执行，加强事中事后监管，以公正监管促进公平竞争，加快打造法治化、国际化、便利化营商环境。

准入前国民待遇是指在企业设立、取得、扩大等阶段，给予外国投资者及其投资不低于本国投资者及其投资的待遇。准入前国民待遇通常与负面清单制度相结合。负面清单，是指关于外资进入或限定外资比例的行业清单，是国家规定在特定领域对外商投资实施准入特别管理措施；其中，负面清单禁止领域，外资不得进入；负面清单限制领域，外资根据负面清单规定依法进入；负面清单以外领域，按照内外资一致原则依法进入。海南自由贸易港对外资实行准入前国民待遇加负面清单的管理模式，将有力促进投资自由化，营造稳定、透明、可预期的营商环境，成为深化对外开放、构建开放型经济新体制的重要一环。对外商投资实施准入前国民待遇加负面清单管理制度，除涉及国家安全等特殊领域外，大幅减少禁止和限制条款。

2. 创新完善投资自由制度

实行以过程监管为重点的投资便利制度。建立以电子证照为主的设立便利，以"有事必应"、"无事不扰"为主的经营便利，以公告承诺和优化程序为主的注销便利，以尽职履责为主的破产便利等政策制度。

《总体方案》用以电子证照为主的设立便利、以"有事必应""无事不扰"为主的经营便利、以公告承诺和优化程序为主的注销便利、以尽职履责为主的破产便利这"四个便利"制度，规则创新完善海南自由贸易港投资自由便利的路径。

电子证照作为具有法律效力和行政效力的专业性、凭证类电子文件，日益成为市场主体和公民活动办事的主要电子凭证，是服务经济运行、社会运转的重要载体。充分发挥电子证照的作用和特性，为社会提供更加便利的以电子证照制度为主的设立便利、经营便利、注销便利等服务，进一步提升市场主体设立、经营和注销的便利化水平，对于海南进一步打造数字政府、创新政府服务理念、改革行政管理方式和再造行政程序具有积极意义。

2020 年 9 月 1 日，海南省政府办公厅印发《海南省一体化政务服务平台电子证照应用管理实施办法》，规范海南省一体化政务服务平台电子证照的应用和管理，实现电子证照跨地区、跨部门共享。各有关单位应当按照全国一体化政务服务平台电子证照标准要求签发电子证照文件，满足证照样式及要素统一的要求，加盖一体化政务服务平台电子印章或数字签名，实现全国电子证照互信互认。该办法明确，电子证照与纸质证照具有同等法律效力，法律、行政法规另有规定的除外。该办法要求，除国家另有规定外，各有关单位应当在清理、精简证照的基础上，按照"应上尽上"的原则，对有效期内的存量纸质证照数据进行检查和清洗，按照电子证照标准逐步实行电子化，并纳入电子证照目录管理。除法律、行政法规另有规定外，电子证照、电子证明文件、加盖有效电子印章或者数字签名的电子材料，可以作为办理政务服务事项的依据。在一体化政务服务平台办理政务服务事项时，提交上述材料后，原则上不再要求提交纸质证照。

3.建立健全公平竞争制度

强化竞争政策的基础性地位，确保各类所有制市场主体在要素获取、标准制定、准入许可、经营运营、优惠政策等方面享受平等待遇。政府采购对内外资企业一视同仁。加强和优化反垄断执法，打破行政性垄断，防止市场垄断，维护公平竞争市场秩序。

关于建立健全公平竞争制度，关键是落实《总体方案》提出的两个要求。

第一，强化竞争政策的基础性地位。竞争政策是保护和促进竞争的一系列政策措施，通过建立维护公平竞争的制度体系，保障市场机制有效运转。海南要以制度创新为核心，加快形成法治化、国际化、便利化的营商环境和公平开放统一高效的市场环境；要更大力度转变政府职能，深化简政放权、放管结合、优化服务改革，全面提升政府治理能力。强化竞争政策基础地位，是处理好政府和市场的关系，使市场在资源配置中起决定性作用、更好发挥政府作用的重要内容。要深刻理解强化竞争政策基础地位对自由贸易港建设的重要意义。要看到自由贸易港功能定位与实施竞争政策高度契合，强化竞争政策基础地位应率先在自由贸易港建设中有所突破。

2019 年 4 月，国家市场监管总局批复同意中国（海南）自由贸易试验区实施强化竞争政策试点和有关方案，海南成为全国第一个强化竞争政策试点实施省份，率先开展强化竞争政策试点，打造公平竞争新高地，为强化竞争政策基础地位探索可复制、可推广的经验。相关方案提出，到 2020 年，初步建立中国（海南）自由贸易试验区竞争制度、政策体系、组织保障体系；全面清理和废除本省三大领域 12 个重点产业中妨碍公平竞争的规定、做法，行政性垄断得到有效遏制；培育全社会竞争文化意识。经过两年左右的努力，竞争政策的基础性作用初步显现。把海南打造成为全国自由贸易试验区公平竞争高地。方案还明确了 2025 年、2035 年的建设目标，其中到 2035 年，努力把中国特色自由贸易港打造成为全球公平竞争新高地。海南省将组建中国（海南）自由贸易试验区公平竞争审查与反垄断委员会；彻底清理废除妨碍统一市场和公平竞争的规定和做法，推进产业政策由差异化、选择性向普惠化、功能性转变，并将保留的优惠扶持政策透明化，为内资与外资、国有与民营、大公司与中小企业创造公平竞争的市场环境；切实开放行业准入，加大种业、医疗、教育、旅游、金融等重点领域开放力度，取消相关行业外资股比和准入限制；严格落实公平竞争审查制度；统一实行公平竞争审查评估制；加快建立竞争政策与产业政策的协调机制；强化公平竞争执法。此外，还将制定相关配套法规、规章，大力培育竞争文化，加快竞争专业人才引进和本土人才培养，加强国际交流合作。未来，海南要逐步建立自由贸易港政策和制度体系，竞争政策在其中发挥着重要作用。因此，要结合海南自由贸易港建设的实际，推动竞争政策实施，构建更高水平开放型经济新体制。

第二，政府采购对内外资企业一视同仁、平等对待。这表明，海南自由贸易港立足于"竞争中性原则"，着力破除市场隐性壁垒和保护主义，在政府采购信息发布、供应商条件确定、评标标准等方面全方位深化改革，明确不允许对外资企业实行任何歧视待遇，禁止限定供应商的所有制形式、组织形式、股权结构或投资者国别，以及产品或服务品牌等。同时，推动各类所有制市场主体在要素获取、标准制定、准入许可、经营运营等方面享受平等待遇，加快打造法治化、国际化、便利化的营商环境。

海南已废止15件妨碍统一市场和公平竞争文件。从2020年1月起，海南省部署开展妨碍统一市场和公平竞争的政策措施清理工作。此项清理工作聚焦营造公平竞争的制度环境和法治化、国际化、便利化的营商环境，紧密结合"放管服"改革、新冠肺炎疫情防控、助力复工复产等重点工作，加强整体谋划，突出问题导向，强化基础支撑，全力推进省、市、县（区）三级政府全覆盖，清理工作效能进一步提升，为维护公平竞争市场秩序提供有力保障。本次清理工作中，全省梳理2019年12月31日前制定的现行有效的规章、规范性文件和其他政策措施共25747件，按程序清理22件，其中废止15件，修改7件。下一步，海南省将继续深化清理成果，围绕营造良好营商环境的要求，开展公平竞争审查第三方评估和督查工作，全面清理和废除妨碍统一市场和公平竞争的各种规定和做法，推动建立健全公平竞争制度。

4.完善产权保护制度

依法保护私人和法人财产的取得、使用、处置和继承的权利，以及依法征收私人和法人财产时被征收财产所有人得到补偿的权利。落实公司法等法律法规，加强对中小投资者的保护。加大知识产权侵权惩罚力度，建立健全知识产权领域市场主体信用分类监管、失信惩戒等机制。加强区块链技术在知识产权交易、存证等方面应用，探索适合自由贸易港发展的新模式。

完善的产权保护制度是市场经济顺利运转的重要制度基础。完善产权保护制度，依法保护产权是现代政治文明的表现，也是社会繁荣发展的前提条件。2016 年 11 月 27 日,《中共中央　国务院关于完善产权保护制度依法保护产权的意见》发布,这是中央首次在产权保护领域出台专门文件提出加强产权保护要坚持平等保护、全面保护、依法保护、共同参与、标本兼治等原则。《总体方案》提出完善产权保护制度的四项具体任务,一是依法保护私人和法人财产的取得、使用、处置和继承的权利,以及依法征收私人和法人财产时被征收财产所有人得到补偿的权利。二是落实公司法等法律法规,加强对中小投资者的保护。三是加大知识产权侵权惩罚力度,建立健全知识产权领域市场主体信用分类监管、失信惩戒等机制。四是加强区块链技术在知识产权交易、存证等方面应用,探索适合自由贸易港发展的新模式。把这些任务落实好,必将对进一步完善海南自由贸易港的产权保护制度、推进产权保护法治化、平等保护各种所有制经济产权起到重要的促进作用。

2014 年底,习近平总书记在中共中央政治局第十九次集体学习时,强调加快实施自由贸易区战略,加快构建开放型经济新体制。他指出:"加快实施自由贸易区战略是一项复杂的系统工程。要加强顶层设计、谋划大棋局,既要谋子更要谋势,逐步构筑起立足周边、辐射'一带一路'、面向全球的自由贸易区网络,积极同'一带一路'沿线国家和地区商建自由贸易区,使我国与沿线国家合作更加紧密、往来更加便利、利益更加融合。"如今,《总体方案》从各个方面,完全体现了习近平总书记关于加快实施自由贸易区战略、加快构建开放型经济新体制谋局谋势的要求。在海南建设自由贸易港是习近平总书记亲自谋划、亲自部署、亲自推动的"大棋局",《总体方案》就是这大棋局的顶层设计。

贸易自由便利、投资自由便利、资金流动自由便利、人员进出自由便利、运输来往自由便利,是当今世界高水平自由贸易港的基本特征。其中,贸易自由便利和投资自由便利是关键。《总体方案》强调以贸易自由便利和投资自由便利为重点,建立与高水平自由贸易港相适应的政策制度体系，这便是棋高一着。

以贸易投资自由化便利化为重点，反映了经济全球化的基本要求，体现了自由贸易港的显著特征。当今世界高水平自由贸易港的基本特征，包括贸易自由便利、投资自由便利、跨境资金流动自由便利、人员进出自由便利、运输来往自由便利和数据安全有序流动。其中，贸易自由便利和投资自由便利是关键、是风向标。从香港、新加坡等自由贸易港发展的基本规律来看，一般也是贸易和投资先行，以贸易和投资的率先对外开放，带来人流、物流、资金流、信息流。因此，建设海南自由贸易港，要学习借鉴香港、新加坡、迪拜、鹿特丹等国际自由贸易港成功经验，需要重点围绕贸易和投资自由化便利化开展政策设计，实施高水平的开放政策。资金流动自由、人员流动自由等政策制度设计，都要服务于贸易自由和投资自由，要在贸易投资自由化便利化方面进一步解放思想，加强制度创新。要坚持金融服务实体经济，相关金融政策制度设计要促进贸易自由和投资自由，必须从海南全面深化改革开放实际需要出发，充分考虑法律体系、人才等现状。

海南自由贸易港实行的贸易和投资自由便利化制度，还具有特殊性。海南由于自身基础较差、经济流量规模不大，必须充分考虑统筹用好国内外两个市场、两种资源，最大限度实现境外货物进出的自由便利化以及与内陆货物往来的畅通便利。《总体方案》对贸易和投资自由便利化制度进行了创新。贸易自由便利主要包括建设全岛封关运行的海关监管特殊区域，实行以"零关税"为基本特征的货物贸易自由化便利化制度安排，及以"既准入又准营"为基本特征的跨境服务贸易自由化便利化制度安排等。投资自由便利主要包括大幅放开市场准入，实施市场准入承诺即入制，保障公平竞争，强化产权保护，打造具有国际竞争力的投资环境等。

| 第 七 讲 |
海南自由贸易港的政策制度支撑

《海南自由贸易港建设总体方案》系统设计海南自由贸易港建设的政策制度体系，以各类生产要素跨境自由有序安全便捷流动和现代产业体系为支撑，这个自由贸易港建设的支撑系统，包括跨境资金流动自由便利、人员进出自由便利、运输来往自由便利、数据安全有序流动和以旅游业、现代服务业、高新技术产业为代表的海南现代产业体系。这样的制度设计，能让海南自由港建设扎实前行、行稳致远。

（一）跨境资金流动自由便利

《总体方案》中提出：

坚持金融服务实体经济，重点围绕贸易投资自由化便利化，分阶段开放资本项目，有序推进海南自由贸易港与境外资金自由便利流动。

所谓跨境资金自由流动，就是确保在有序的前提下，让境外资金能够进得来、又出得去，同时也要让境内资金能够出得去、又回得来。受新冠肺炎疫情影响，国内一些在境外的企业资金投到境外以后，就出现资金回不来的情况。所以，筑牢跨境资金自由流动的基础非常重要。跨境资金流动自由便利属于金融政策方面的内容，也是《总体方案》中非常重要的内容。

"坚持金融服务实体经济"，这是一条重要原则，甚至被认为是海南建设自由贸易港不是替代香港的制度设计，因为它不是往金融中心方向来设计与安排。《总体方案》明确了金融在自由贸易港建设中的定位，海南不是打造国际金融中心，而是围绕服务贸易和货物贸易的投资自由化和便利化，进行相关的金融配套服务。当前，我国已经实现经常项下可兑换，《总体方案》此次提出将分阶段开放资本项目，以有序推进海南自由贸易港与境外资金自由便利流动。《总体方案》还提出此政策的终极目标是，2035 年前允许符合一定条件的非金融企业，根据实际融资需要自主借用外债，最终实现海南自由贸易港非金融企业外债项下完全可兑换。

《总体方案》中金融开放的内容很多、很重要，也是社会关注的热点问题。在国务院新闻办 2020 年 6 月 8 日举行的《海南自由贸易港建设总体方案》发布会上，有记者问，从国际成熟的自贸港建设经验看，开放的金融政策是一个比较基本的特征。请问未来在海南自由港的建设当中，人民银行在金融政策设计的方面有哪些考虑？中国人民银行副行长、国家外汇管理局局长潘功胜回答说，要素的自由流动是高水平自由贸易港的基本特征，其中，资金的自由流动是最基本和最核心的要素流动，是贸易和投资自由化和便利化的基础条件。在海南自由贸易港的建设过程中，金融政策的设计与推进遵循三项原则：第一，按照《总体方案》所确定的，分步骤、分阶段建立自由贸易港政策和制度体系的建设。第二，金融定位于服务跨境贸易投资的自由化和便利化。第三，以不发生系统性金融风险为底线。所以，我们将按照这三项原则来设计和推进支持海南自由贸易港建设的金融政策。

金融政策的总体框架主要包含四个方面的内容：一是高水平的经常项目和资本项目的开放，便利跨境贸易和投融资的资金流动。二是金融服务业的开放。三是金融改革创新，支持实体经济的发展。四是金融风险防控体系的建设。

潘功胜解释说，第一方面，金融服务于跨境贸易和投融资的自由化便利化。高水平的经常项目开放和资本项目的开放政策，跨境资金流动管理政策是海南自由贸易港建设中最重要，也是最核心的金融政策。在跨境贸易方面，我国的经常项目的资金汇兑已经完全开放，所以在海南自由贸易港货物贸易、服务贸易的资金汇兑要实现高度的便利化，商业银行所进行的真实性审核，全面从事前的审查转向事后的核查。同时，完善新的跨境贸易形态，比如离岸贸易、转口贸易的跨境收支的管理政策。建设便利跨国公司全球结算中心运行的政策环境。在跨境直接投资方面，全面落实准入前国民待遇＋负面清单的外商投资管理制度，探索适用市场需求新形态的跨境直接投资，在海南自由贸易港内试行 QFLP（合格境外有限合伙人）和 QDLP（合格境内有限合伙人）的两项制度。在跨境融资政策方面，在海南建立新的跨境融资体制，试点合并交易环节的跨境融资政策管理框架，实施统一的宏观审慎管理政策，逐步实现市场主体自主的跨境融资。同时，随着海南自由贸易港建设的推进，探索扩大海南居民个人用汇自主权。考虑到金融开放政策有很强的外溢性，需要以现有的本外币账户和自由贸易账户为基础，建立资金"电子围网"，构建海南金融对外开放的基础平台。第二方面，服务于海南对外开放的金融服务体系和金融服务能力的建设。率先在海南自由贸易港落实金融服务业的扩大开放政策，丰富海南的金融业态。培育商业银行等金融机构服务于开放型经济的金融能力，支持国际能源、航运、大宗商品等要素交易平台建设。第三方面，围绕海南建设现代产业体系的重点产业政策取向。强化金融支持和改革创新，推动海南重点发展产业的产业聚集规模和产业竞争力的提升，创新发展贸易金融、消费金融、绿色金融、科技金融。第四方面，构筑海南自由贸易港建设的金融风险防控体系。建设跨境资本流动的监测预警和评估体系，宏观审慎管理体系，建设反洗钱、反恐怖融资、反逃税的审查机制。构建适应海南自由贸易港建设的金融监管协调机制。

这里提出在海南自由贸易港内试行 QFLP（合格境外有限合伙人）和

QDLP（合格境内有限合伙人）的两项制度。这需要在风险可控的前提下，允许海南自由贸易港内 QFLP 资金按照余额管理模式自由汇出、汇入，简化外汇登记手续。将海南自由贸易港纳入 QDLP 试点区域，给予海南自由贸易港 QDLP 试点基础额度，每年可按一定规则向其增发 QDLP 额度。开展这两项试点，能够加快推进海南自由贸易港吸引境内外投资机构集聚，畅通境内外资本流出入海南自由贸易港的渠道，汇聚金融人才，提升金融服务水平，对打造最高水平的开放形态意义重大。

这方面的进展是，2020 年 9 月，交通银行引进的海南自由贸易港首支 QFLP 基金 9998 万美元资本金足额到位，标志着海南 QFLP 实质运营进入新阶段。这个首只 QFLP 基金——交银国际科创盛兴 QFLP 股权投资基金，由交银国际控股有限公司、交银国际股权投资管理（深圳）有限公司共同设立，主要聚焦新一代信息技术、金融科技、高端装备等在内的新一代信息技术产业，重点扶持国内相关高新技术企业发展。据交通银行海南省分行相关负责人介绍，该行近期还引入了海南省内首单境外投资者认购海南省地方政府债券，提升了海南自由贸易港对境外投资人的吸引力。此外，还成功为省内首笔 QDII（合格境内机构投资者）和 RQFII（人民币合格境外机构投资者）开立托管账户办理托管业务及资本项下业务。

海南一直在抓紧研究完善促进 QFLP 聚集发展的相关措施。目前正加快推动 QFLP 的暂行办法出台，对 QFLP 企业的登记注册不设最低准入门槛，并将对内外资实行无差别待遇，投资实施负面清单管理。

关于"跨境资金流动自由便利"，《总体方案》中的具体内容是四项。

1.构建多功能自由贸易账户体系

以国内现有本外币账户和自由贸易账户为基础，构建海南金融对外开放基础平台。通过金融账户隔离，建立资金"电子围网"，为海南自由贸易港与境外实现跨境资金自由便利流动提供基础条件。

跨境资金自由流动的基础，是需要有一个非常便捷的账户体系。多功能自由贸易账户体系是一套以人民币为本位币，在分账核算单元开立的规则统一的本外币可兑换账户体系，可以实现本外币一体化的自由兑换，该账户体系按照"一线便利、二线管理"的原则规范账户收支管理，建立资金"电子围网"，为海南自由贸易港与境外实现跨境资金自由便利流动，提供非常便利的基础条件。目前境外发达地区的融资成本，相对来说比境内低一些，而有一个多功能的自由贸易账户体系，在海南的企业进行融资会比其他地方的企业更加便利，同时还能降低成本。这对于在海南的企业和市场主体来说，是一个非常大的利好消息。海南要赋予原有的 FT 账户（自由贸易账户）更多的功能，进而打造一个多功能的自由贸易账户体系。

海南积极打造自由贸易港资金"电子围栏"，着力构建适应自由贸易港发展需要的资金流监测机制，取得多项阶段性成果。截至 2020 年 10 月 12 日人行海口中心支行的信息，数据显示，在海南 22 家商业银行，日均实时向资金流监测系统报送进出岛资金交易笔数 600 万—800 万笔，金额 500 亿—800 亿元，日均数据体量 5GB。

加强对进出岛人流、物流、资金流的全天候、实时性精准识别监管，有效保障海南全岛企业及个人的人身及财产安全，是为实现自由贸易港建设防风险、管得住目标打下坚实基础的重要举措。其中，海南自由贸易港资金流监测信息系统，是海南省委、省政府确定的第一批自贸区、自贸港先导性项目之一，旨在通过信息化手段实现对进出岛资金的动态跟踪监测和预测预警，由人民银行海口中心支行牵头负责，在琼各银行配合实时采集报送资金流进出岛交易数据。

通过搭建全面关系网络，资金流信息监测平台实现多样化查询功能。目前，已实现个体和群体查询功能，包括对特定自然人、法人的查询及某特定对象某段时间内的全部资金交易信息查询，支持精确搜索、模糊搜索和多条件组合查询。同时，可通过企业的交易信息实现企业画像功能，并形成较全面的关系网络，网络中的任意信息点都可多维度向下钻取检索，实现了数据"一点查询，多点展示"。截至目前，可对 2700 万余名自然人和 28 万余户企业的交易信息进行查询。此外，通过整合内外部相关数据、丰富平台数据维度及开展数据关联挖掘分析，可精准掌握辖区资金进出运行整体情况。在此基础上，采用多种方式进行数据分析，并按日、月、季的频率自动生成数据分析报告，预测数据总量、分布特征、变化趋势等，为宏观经济金融形势分析研判提供重要参考。截至目前，已纳入工商民政 400 余万条数据。

海南资金流信息监测系统被国务院第六次大督查通报表扬，为全国首个实时采集银行资金交易数据的数据平台，并荣获第一届"海南省改革和制度创新奖"一等奖。目前，资金流信息监测系统运行良好。截至 2020 年 8 月末，资金流监测系统共接收了 19 亿条资金进出岛交易数据，实现了全天候、实时性、交易级对进出岛"每一分钱"的精准监测。海南将持续优化系统宏观分析和监测预警功能，多措并举加强数据安全管理，着力构建适应自贸港发展需要的资金流监测机制，坚守风险底线，有效防范和化解跨境资金流动风险，切实扎好自贸港资金"电子围栏"。

2. 便利跨境贸易投资资金流动

进一步推动跨境货物贸易、服务贸易和新型国际贸易结算便利化，实现银行真实性审核从事前审查转为事后核查。在跨境直接投资交易环节，按照准入前国民待遇加负面清单模式简化管理，提高兑换环节登记和兑换的便利性，探索适应市场需求新形态的跨境投资管理。在跨境融资领域，探索建立新的外债管理体制，试点合并交易环节外债管理框架，完善企业发行外债备案登记制管理，全面实施全口径跨境融资宏观审慎管理，稳步扩大跨境资产转让范围，提升外资资金汇兑便利化水平。在跨境证券投融资领域，重点服务实体经济投融资需求，扶持海南具有特色和比较优势的产业发展，并在境外上市、发债等方面给予优先支持，简化汇兑管理。

这项制度设计有四个侧重点。

第一，进一步推动跨境货物贸易、服务贸易和新型国际贸易结算便利化，实现银行真实性审核从事前审查转为事后核查。银行真实性审核，是指银行机构按照"了解客户、了解业务、尽职审查"的展业三原则，对所办理外汇业务的真实性、合规性进行审查，包括客户身份信息、交易信息、外汇业务信息等，确保交易真实、合规、合理。真正对标国际规则，实现银行真实性审核从事前审查转为事后核查，实施"无感式"监管，促进贸易自由化便利化，为企业提供更高效、便捷的金融服务。"事后核查"政策实施后，银行可凭贸易企业收付款指令直接办理跨境贸易和新型国际贸易结算业务。对于贸易方面的支付结算，主要是对其真实性的审核方面，对于商业银行来说，这方面以前是由外管部门来管理的，但现在是由商业银行直接从事前审查转向事后核查，是非常好的政策。

2020 年 8 月 22 日，中国证券报社主办的"2020 金牛资产管理论坛"透露，海南正推动在洋浦开展离岸新型国际贸易外汇收支便利化试点工作。试点企业可以享受银行真实性审核从事前审核到事后核查，银行可凭试点企业支付指令直接办理试点企业的离岸新型国际贸易结算业务。这一试点将有利于进一步提高试点企业离岸新型国际贸易资金结算的便利性，加快做大海南自由贸易港的贸易流和资金流，形成市场增量。

第二，在跨境直接投资交易环节，按照准入前国民待遇加负面清单模式简化管理，提高兑换环节登记和兑换的便利性，探索适应市场需求新形态的跨境投资管理。2020 年 2 月 18 日，国家外汇管理局海南省分局发布《关于支持海南自由贸易港建设外汇创新业务政策的通知》，明确进一步简化外商直接投资外汇登记及用汇手续，是海南自由贸易港在跨境直接投资方面的便利化政策。一是外商直接投资外汇办理更加便利。外商在投资企业到市场监督管理局完成注册后，凭借其工商注册信息到注册地银行，即可直接办理相关外汇登记、账户开立、资金划转及汇兑等业务。其资本项目外汇收入（含直接投资资本金收入）在境内支付使用时，不要求提供银行事前审核真实性证明材料，仅凭支付命令函即可办理。二是境内企业境外投资外汇办理更加便利。境内企业境外投资凭商务、发改等主管部门批准证书或备案文件，即可直接到银行办理登记及投资资金汇出，投资收益可自由汇回。下一步，还要简化交易环节管理，提高登记和兑换便利性，拓宽利用外资渠道和方式。

第三，在跨境融资领域，探索建立新的外债管理体制，试点合并交易环节外债管理框架，完善企业发行外债备案登记制管理，全面实施全口径跨境融资宏观审慎管理，稳步扩大跨境资产转让范围，提升外债资金汇兑便利化水平。在宏观审慎管理框架下，按照风险可控和规模可调节原则，在海南自由贸易港内试点扩大可跨境转出的信贷资产范围和参与信贷资产跨境转出的机构范围。目前，这项政策已在海南落地实施，可跨境转让的信贷资产业务范围包括银行不良资产、贸易融资资产等。

第四，在跨境证券投融资领域，重点服务实体经济投融资需求，扶持海南具有特色和比较优势的产业发展，并在境外上市、发债等方面给予优先支持，简化汇兑管理。海南自由贸易港在跨境证券投融资政策方面的便利化政策，一是支持在海南自由贸易港内注册的境内企业根据境内外融资计划在境外发行股票，优先支持企业（房地产和政府融资平台除外）在境外发行债券融资。二是探索开展跨境资产管理业务试点。支持境外投资者投资海南自由贸易港内金融机构发行的理财产品、信托产品、集合投资产品等。三是提高跨境证券投融资汇兑便利。支持海南自由贸易港内企业境外融资，试点海南自由贸易港内企业境外上市外汇登记直接在银行办理。下一步，需要为海南具有特色和比较优势的产业在跨境证券投融资方面提供支持。一是为海南自由贸易港特色产业吸引更多国际投资者。落实合格境外投资者制度（QFII、RQFII）新规，充分利用沪深港通等跨境投资渠道，吸引鼓励更多国际投资者参与海南自由贸易港建设投资。二是为海南自由贸易港特色产业跨境融资提供便利。为海南自由贸易港内注册的企业和参与海南自由贸易港建设的企业做好服务，特别是支持具有海南特色和产业比较优势的企业赴境外上市融资。三是为海南自由贸易港吸引更多国际金融机构。落实金融服务业对外开放政策，大力改善营商环境，鼓励境外金融机构在海南设立合资或独资的证券、基金和期货公司。四是强化海南自由贸易港与国际资本市场的合作。积极做好招商引资工作，深度对接中国香港、欧美等主要资本市场和金融机构，加大对海南自由贸易港和相关企业的国际推介力度。

在简化汇兑管理方面，海南自由贸易港在外汇管理要体现自由化便利化政策安排，一是大力推进外债和直接投资领域改革，积极推动投融资便利化。二是实施贸易外汇收支便利化试点，积极促进跨境贸易高质量发展。三是推动外汇管理由事前审批逐步转向事中事后监测，不断完善监管体系。

2020 年 6 月 24 日，国家外汇管理局海南省分局印发《国家外汇管理局海南分局关于开展贸易外汇收支便利化试点工作的通知》，支持符合条件的银行推荐经营稳健、业务合规、内控完善的企业，开展货物和服务贸易外汇收支便利化试点，实现银行审核从事前向事后转变，从而进一步推动贸易结算便利化。7 月初，中国银行海南省分行成功为一家企业办理了货物贸易外汇收支便利化试点业务，这也是该业务在海南自由贸易港首次落地。作为海南自贸港首家贸易外汇收支便利化试点银行，中国银行海南省分行结合企业对于外汇收支便利化的具体需求，制定银行风控措施，通过简化单据审核流程，帮助企业节省经营成本、提升管理效能。试点政策出台后，第一时间为海南赛诺实业有限公司办理了试点业务。该公司主要生产聚丙烯烟膜，每年进出口业务所办理的贸易外汇收支额近 1000 万美元，此次办理试点业务、向银行申请收付款过程，用时从以往的半天缩减到现在的 10 分钟。

3. 扩大金融业对内对外开放

率先在海南自由贸易港落实金融业扩大开放政策。支持建设国际能源、航运、产权、股权等交易场所。加快发展结算中心。

中央 12 号文件已经明确支持依法合规在海南设立国际能源、航运、大宗商品、产权、股权、碳排放权等交易场所。《总体方案》又提出支持海南建设国际能源、航运、产权、股权等交易场所。海南已建立了国际能源、大宗商品、产权、股权等交易场所，2020 年底将完成航运、碳排放交易场所的设立。实施这项政策，将允许非居民按规定参与上述交易场所的交易和有关资金结算；推进各类交易场所对照国际惯例健全完善准入管理、交易模式、风险管控等机制体系，建设国际高度流动、便捷安全的交易平台，吸引并服务好参与交易的境内外各类市场主体，加快形成资源集聚，从而提升海南自由贸易港在国际要素市场领域的话语权、定价权。非居民有两类，一是非居民企业，是指依照外国（地区）法律法规成立且实际管理机构不在中国境内，但在中国境内设立机构场所的，或者在中国境内未设立机构场所，但有来源于中国境内所得的企业；另一是非居民个人，是指外国自然人（包括无国籍人）、港澳台同胞和持中华人民共和国护照但已取得境外永久居留权的中国自然人。

中国证券报社主办的"2020 金牛资产管理论坛"透露消息，海南正构建与国际惯例规则和制度体系接轨的要素市场体系。海南将探索允许国内、国际交易品种挂牌交易，境内外投资者自由进出参与交易，交易资金闭环自由进出，全力打造跨境交易便利化平台。论坛还透露，海南正在建设海南国际清算所。这有利于有效对冲交易场所各类商品交易和跨境贸易过程中面临的市场价格、运费、汇率和利率波动等风险，提供安全便捷的仓单融资服务，为大宗商品场外市场提供一个集中统一的交易和清结算平台，引导国内大宗商品场外市场的完善和发展，助推我国争夺大宗商品场外市场的国际话语权、定价权。

4.加快金融改革创新

支持住房租赁金融业务创新和规范发展，支持发展房地产投资信托基金（REITs）。稳步拓宽多种形式的产业融资渠道，放宽外资企业资本金使用范围。创新科技金融政策、产品和工具。

加快金融改革创新制度设计的重点是：

第一，支持在海南发展房地产投资信托基金（REITs）。积极推进房地产投资信托基金（REITs）试点，是 2015 年发布的《住房城乡建设部关于加快培育和发展住房租赁市场的指导意见》提出的要求，该意见解释："REITs 是一种金融投资产品，推进 REITs 试点，有利于促进住房租赁市场发展，有利于解决企业的融资渠道，有利于增加中小投资者的投资渠道。通过发行 REITs，可充分利用社会资金，进入租赁市场，多渠道增加住房租赁房源供应。积极鼓励投资 REITs 产品。各城市要积极开展 REITs 试点，并逐步推开。"据中国证券报社主办的"2020 金牛资产管理论坛"透露，海南将持续推进 REITs 创新发展，推动基础设施投融资市场化、规范化，通过创新金融产品来充分保障重点园区、重点项目融资需求。海南还将积极争取法定数字货币试点在海南自由贸易港跨境贸易、跨境投融资和穿透式监管中的应用。海南正试点扩大可跨境转出的信贷资产范围和参与机构范围，境内信贷资产对外转让业务正开始实施。

第二，稳步拓宽多种形式产业融资渠道，放宽外资企业资本金使用范围。落实准入前国民待遇加负面清单的自由贸易港外商投资管理制度改革，在负面清单之外，原则上不再限制外资企业资本金在自由贸易港内使用范围。支持海南非金融企业通过标准化票据融资。

第三，创新科技金融政策、产品和工具。一是创新推动完善投贷联动基础措施。在海南试点出台认股权证获取、管理、退出、收费标准等相关办法，择机建立认股权证、转股权交易市场。二是加大创投领域对外开放力度。引入经验丰富、运作成熟的外资创投机构参与科技金融专营机构的公司治理和内部管理，加快提升业务团队专业性，转变信贷理念，增强风控能力。三是探索加大创投税收优惠政策力度。在海南试点建立创投企业所得税税率、应纳税所得额抵扣比例与投资期限反向挂钩机制。合理扩大创投基金费用支出抵扣范围，探索将管理费、业绩报酬等重大支出纳入抵扣范围。

（二）人员进出自由便利

《总体方案》中提出：

根据海南自由贸易港发展需要，针对高端产业人才，实行更加开放的人才和停居留政策，打造人才集聚高地。在有效防控涉外安全风险隐患的前提下，实行更加便利的出入境管理政策。

人才在经济全球化进程中起着巨大的主导作用。正如习近平总书记2016年5月30日在全国科技创新大会上发表讲话指出，经济全球化表面上看是商品、资本、信息等在全球广泛流动，但本质上主导这种流动的力量是人才、是科技创新能力。"打造人才集聚高地"，充分体现海南自由贸易港在人才建设方面的胸怀与抱负。

海南自由贸易港人员进出自由便利的制度设计，着眼于实行更加开放的人才和停居留政策。海南自由贸易港人才移民和居留政策，主要包括外国人加入中国国籍、永久居留和居留。香港、澳门、台湾居民在海南自由贸易港居留按照公安部、国家移民管理局相关规定执行。

海南自由贸易港人才的界定：一是知名奖项获得者或高层次人才计划入选者。二是海外知名专家、学者、杰出人才、专业人才。三是企业创新创业的杰出人才、专业人才。四是符合海南省高层次人才分类标准并被认定为海南省高层次人才的人才。五是符合我国《外国人来华工作分类标准》中A类人才认定标准的外籍人才。六是具有特殊专长或高超技能并为海南自由贸易港建设急需紧缺的境外人才。

《总体方案》中关于"人员进出自由便利"的具体内容是这三项。

1. 对外籍高层次人才投资创业、讲学交流、经贸活动方面提供出入境便利

完善国际人才评价机制，以薪酬水平为主要指标评估人力资源类别，建立市场导向的人才机制。对外籍人员赴海南自由贸易港的工作许可实行

负面清单管理，放宽外籍专业技术技能人员停居留政策。允许符合条件的境外人员担任海南自由贸易港内法定机构、事业单位、国有企业的法定代表人。实行宽松的商务人员临时出入境政策。

这项人才制度设计的关注点是：

第一，以薪酬水平为主要指标评估人力资源类别。实施这项政策，对人才的认定将不再唯论文、唯职称、唯学历、唯奖项等，而是以薪酬水平为主要指标，以市场为导向，构建更加开放包容的引才引智制度，吸引高收入、特色类人才来海南创业就业。

为贯彻落实《总体方案》"以薪酬水平为主要指标评估人力资源类别，建立市场导向的人才机制"要求，海南省委人才办制定了《海南自由贸易港高层次人才分类标准（2020）》，着力构建更加科学、规范的人才评价体系，分类精准评价和服务管理高层次人才。该标准坚持德才兼备原则，以市场认可、专业共同体认可和社会认可为基本依据，把高层次人才划分为A、B、C、D、E五个类别。其中，市场认可标准，以反映薪酬水平的纳税额作为主要指标，分别明确认定为各类别人才需要达到的个人所得税、企业纳税总额标准；专业共同体和社会认可标准，以专业和社会认可的任职经历、工作业绩、荣誉称号等作为重要指标，分别明确热带农业、旅游业等15个海南自由贸易港重点行业领域各类别人才标准。

据2020年9月27日在海口举行的海南自由贸易港人才政策新闻发布会介绍，区别于《海南省高层次人才分类标准（2019）》，新版的人才分类标准，体现出五个方面的特点：一是突出全领域人才评价，将海南自由贸易港三大产业类型、10个重点领域、12个重点产业人才，专业技术人才、管理人才、技能人才、农村实用人才、社会工作人才，国内人才、国外人才一体纳入评价范围，将人才标准覆盖各个领域、各个类别、各个层次。二是以薪酬水平为主要指标，在市场竞争比较充分的领域，尽可能采取薪酬税收标准评价人才，根据纳税情况对各类人才进行分类；在教育科研、医疗健康、社科文化等薪酬水平不足以完全反映人才层次的领域，设定有针对性的分类评价标准。三是坚决破除唯"帽子"倾向，不把"帽子"作为各领域人才评价的普遍要求，对引育性人才项目的"帽子"不再保留。四是突出国际人才评价，立足海南自由贸易港建设需要，聚焦国际人才，把国际上所认可的人才评价指标尽可能纳入。五是不拘一格评价新业态人才，通过设定新标准，把自由贸易港建设需要的各类新业态人才，如电竞奖项获得者、网红主播、知名网络作家等尽可能纳入进来。

据介绍，依据 2020 版的新分类标准认定的 A、B、C、D、E 类人才，分别对应原有标准中的大师级人才、杰出人才、领军人才、拔尖人才、其他类高层次人才，可以获得相应优惠政策支持和服务保障待遇。

第二，对外籍人员赴海南自由贸易港的工作许可实行负面清单管理。目前，我国办理外籍人员工作许可的前置条件较多，手续流程较为烦琐。这项政策实施后，对于负面清单外的工作许可，外籍人员都可以申请，有利于吸引海南自由贸易港建设紧缺急需的各类人才。

第三，允许符合条件的境外人员担任海南自由贸易港内法定机构、事业单位、国有企业的法定代表人。目前，外籍人员担任我国法定机构、事业单位、国有企业法定代表人存在诸多限制。实施这项政策，有利于加大海南自由贸易港园区管理机构、科研机构、国有航运公司、国有金融机构等对外籍人才的吸引力度，引入全球更多的先进技术、管理经验，为自由贸易港建设提供强有力的人才保障。海南自由贸易港内各法定机构、事业单位、国有企业可根据需要引进境外人才，按人事管理权限进行报批任命。

2.建立健全人才服务管理制度

实现工作许可、签证与居留信息共享和联审联检。推进建立人才服务中心，提供工作就业、教育生活服务，保障其合法权益。

建立健全人才移民服务管理制度，目的是鼓励在海南自由贸易港投资工作的外籍"高精尖缺"人才及其配偶、父母（包括配偶父母）、未成年子女申请永久居留，允许符合条件的外籍专业技术技能人才申请在海南自由贸易港永久居留。实施这项制度政策，有利于海南自由贸易港营造更加开放的氛围，引进更多"高精尖缺"和专业技术技能人才。海南要建立引进、就业和居留一体化的许可制度，实现工作许可、签证与居留信息共享和联审联检。推行人才移民管理"单一窗口"和电子化服务，推进建立人才移民服务中心，提供工作就业、教育生活以及移民融入服务，依法依规落实永久居留资格者应享受的待遇，保障其合法权益。

《总体方案》发布以来，海南省坚持"双轮驱动"战略，密集出台人才政策，持续推进人才全球招聘、全面放开高校毕业生落户限制等，一项项关于人才引进、培养、服务的有力举措密集跟进，为海南自由贸易港建设提供了强有力的人才支撑。

为了彰显海南招才引才的决心和诚意，吸引海内外大量高层次人才的目光。2020年6月16日，海南省委人才发展局印发出台《海南省高层次人才服务专员管理办法》，推出一系列贴心服务举措，提出在海南省建立高层次人才服务专员制度，安排专人为高层次人才提供精准服务，打造"覆盖全省、上下贯通、专员服务、高效办理"的高层次人才服务保障新模式，围绕加快推进海南自贸港建设，构建以"一次办好""零跑腿"为标志的高层次人才服务新优势，为人才来琼创新创业解决后顾之忧。

为了能够更好地形成在实干担当中见本领、在实际效果中论英雄、在实时变化中作评估的高层次人才动态评价体系，精准识才用才，从而引导、激励高层次人才勇攀高峰、追求卓越，2020年6月16日，海南省委人才办印发《海南省引进高层次人才跟踪考核暂行办法》。该办法对在海南省引进服务期内经认定的各类高层次人才，以及入选省级人才引进项目的高层次人才进行跟踪考核，防止高层次人才认定变成一张"永久牌"。

为了吸引留住更多高校毕业生在海南就业创业，培养储备更多适应自贸港建设的人才，海南省人社厅、海南省委人才发展局等多部门2020年6月19日联合印发《吸引留住高校毕业生建设海南自由贸易港的若干政策措施》。

海南以前所未有的力度，加快国际人才工作。2020 年 9 月 14 日，中共海南省委常委会会议审议通过《关于开展海南自由贸易港国际人才服务管理改革试点工作的实施方案》，部署开展国际人才服务管理改革试点。这是海南对标国际领先水平和最高开放形态，实现人员进出和就业执业自由化便利化的重要政策措施，也是全国首个在省级层面出台的覆盖全省的国际人才服务管理改革系统性文件。

该方案提出，海南将深入实施外籍人员工作许可和出入境便利措施：对外籍人员赴海南自由贸易港工作许可实行负面清单管理，"负面清单"之外的外籍人员来海南自由贸易港工作不受限制；对工作许可负面清单中的限制类实行配额管理，建立配额动态调整机制，在配额总量控制下对限制类工作许可进行自主审批；允许在海南自由贸易港任职外国高层次人才，经工作单位和兼职单位同意并向有关部门备案后，可以直接在海南自由贸易港兼职工作、创新创业，工作许可证在有效期内，兼职工作无须重新申办或变更工作许可证；实行"容缺承诺 + 失信惩戒"制度，外籍人员办理工作许可和工作类居留许可除提交主要申请材料外，其他材料由申请人和用人单位作出承诺后实行"容缺受理"，对不履约的个人和单位依法实施失信惩戒。

创新国际人才引进使用机制方面，该方案提出：海南将建立与国际接轨的全球人才招聘制度，编制发布《海南自由贸易港行业紧缺人才目录》，引导国际人才来琼工作和创新创业；在海南省内高校、医院、科研院所和法定机构拿出一定数量岗位招聘外籍人员，允许符合条件的境外人员担任法定机构、事业单位、国有企业的法定代表人；搭建国际人才创新创业平台，筹建中国（海南）留学人员创业园，吸引国际人才和优秀留学生到海南自由贸易港创新创业；拓宽国际人才工作联络渠道，依托我国驻外使领馆或友好城市加强与重点国家和地区交流合作，吸引国际知名猎头公司总部或分支机构落户海南；打造国际人才交流合作品牌，举办中国（海南）

人才交流大会暨"一带一路"人才发展论坛,加强与国际知名行业协会和基金会合作交流,大力吸引重点领域高端人才。

根据《总体方案》,参照《外国人来华工作分类标准(试行)》,结合海南自由贸易港劳动力市场需求,以建立薪酬水平为指标,注重实绩和贡献,突出市场评价、国际同行评价等市场需求导向,制定海南自由贸易港外籍"高精尖缺"人才认定标准。2020 年 9 月 16 日,海南省政府正式印发《海南自由贸易港外籍"高精尖缺"人才认定标准(2020—2024 年试行)》的通知,明确五个可以被认定为海南自由贸易港外籍"高精尖缺"人才的标准和条件。而满足以下标准之一的外籍人员可认定为海南自由贸易港外籍"高精尖缺"人才。

1. 国家外国专家局发布的《外国人来华工作分类标准(试行)》(以最新版本为准)中的外国高端人才(A 类)和外国专业人才(B 类)。

2. 在海南自由贸易港年度收入达到人民币 30 万元及以上的外籍人才。

3. 符合海南省公开发布的"急需紧缺外国人工作岗位目录"的外籍人才。

4. 地级市以上外国人工作许可行政部门确认的临时申报的急需紧缺外籍人才。

5. 省重点产业园区管理部门确认的临时申报的企业急需紧缺外籍人才。

3. 实施更加便利的出入境管理政策

逐步实施更大范围适用免签入境政策,逐步延长免签停留时间。优化出入境边防检查管理,为商务人员、邮轮游艇提供出入境通关便利。

外国人在海南自由贸易港适用的免签政策主要包括:公安部、国家移民管理局经报国务院批准后决定在海南实施的免签入境政策,中国与外国互免签证协定规定的免签政策,以及其他免签政策。

第一,海南免签入境政策。目前,海南有 59 国人员可享受入境旅游免签政策。这59个国家名单是：俄罗斯、英国、法国、德国、挪威、乌克兰、意大利、奥地利、芬兰、荷兰、丹麦、瑞士、瑞典、西班牙、比利时、捷克、爱沙尼亚、希腊、匈牙利、冰岛、拉脱维亚、立陶宛、卢森堡、马耳他、波兰、葡萄牙、斯洛伐克、斯洛文尼亚、爱尔兰、塞浦路斯、保加利亚、罗马尼亚、塞尔维亚、克罗地亚、波黑、黑山、马其顿、阿尔巴尼亚、美国、加拿大、巴西、墨西哥、阿根廷、智利、澳大利亚、新西兰、韩国、日本、新加坡、马来西亚、泰国、哈萨克斯坦、菲律宾、印度尼西亚、文莱、阿联酋、卡塔尔、摩纳哥、白俄罗斯。上述59个国家人员持普通护照赴海南旅游，须遵守以下要求：一是由海南设立的旅行社接待。外国人免签入境海南自由贸易港前，需要联系海南设立的旅行社，由其邀请接待并安排好旅游行程后，才可以通过海南59国人员入境旅游免签政策入境；如未提前联系旅行社邀请接待，抵达海南口岸后不能享受免签政策，满足条件的外国人可使用海南口岸签证政策入境。二是在海南省行政区域内停留且不超过30天。外国人免签入境海南自由贸易港后，应当遵守中国法律规定和海南省人民政府出台的《免签证来琼旅游外国人服务和管理办法》，不得未经批准离开海南岛或者超出30天的免签停留时限；如需超出上述范围或者时限，可提前向海南省公安机关出入境管理部门申请办理外国人签证。

更加开放的免签政策，其内容是：拓展外国人免签入境渠道。完善外国人免签预申报平台，规范外国人免签入境预申报信息标准，将旅行社邀请接待模式扩展为外国人自行申报免签入境或通过单位邀请接待免签入境。一是扩大外国人免签入境事由范围。在59国人员入境海南旅游免签基础上，允许外国人以商贸、访问、探亲、医疗、会展、体育竞技等事由免签入境海南。二是延长免签外国人在海南停留时间。积极创造条件逐步实现给予免签入境人员30日以上的停留期限。研究建立国别免签停留政策对不同国家人员适用不同的免签停留期限。三是评估调整免签国家范围。综合考虑海南对外交往、旅游市场需求，会同有关部门开展综合评估，对适用免签入境政策国家名单适时进行调整。

第二，中国与外国互免签证协定规定的免签政策。中国与 147 个国家缔结了互免签证协定，相关国家公民持所适用的护照前往中国短期旅行通常无须事先申请签证，详细信息可参考外交部网站。免签入境并不等于可无限期在协定国停留或居住，根据协定要求，持有关护照免签入境后，一般只允许停留不超过 30 日。持照人如需停留 30 日以上，按要求应尽快在当地申请办理停留手续。

第三，其他免签政策。一是持有效 APEC 商务旅行卡者。APEC 商务旅行卡相当于五年多次签证，持卡人可凭旅行卡及与该卡相一致的有效护照，在旅行卡有效期内多次进入中国境内，每次停留时间为 60 天至 90 天不等。二是新加坡、文莱、日本三国公民。新加坡、文莱、日本三国持普通护照的公民，前来中国大陆旅游、经商、探亲访友或过境不超过 15 天者，从中国对外国人开放口岸入境时，可免办签证。

2019 年 7 月 3 日，公安部在北京召开新闻发布会，通报出台支持海南全面深化改革开放移民与出入境、交通管理政策措施。公安部、国家移民管理局深入贯彻习近平总书记在庆祝海南建省办经济特区 30 周年大会上的重要讲话精神和关于加快探索建设海南自由贸易港进程的重要指示，根据海南开放发展、创新发展、高质量发展的实际需要，在充分调研论证的基础上，提出相关政策措施意见，并报经中央推进海南全面深化改革开放领导小组批准，正式对外公布。这些举措对促进中外人员往来、增强海南吸引国际人才竞争力、推进服务海南国际旅游消费中心建设、进一步便利境外人员在海南居住生活，推动海南形成高水平、高层次改革开放新格局将产生非常积极的作用。

本次出台的移民与出入境政策措施，重点围绕海南发展高新技术产业、旅游业、现代服务业三大产业类型，有力促进服务海南建设自由贸易试验区和中国特色自由贸易港，拟订 3 个方面 12 条支持海南自贸区（港）建设的政策措施。一是实施更加开放的免签入境政策。在现行的 59 国人员入境旅游免签政策的基础上，进一步优化入境免签政策，包括拓展外国人免签入境渠道，符合免签条件的外国人可自行申报或通过单位邀请接待免签入境；扩大外国人免签入境事由范围，外国人可以商贸、访问、探亲、医疗、会展、体育竞技等事由免签入境海南；积极创造条件逐步实现给予免签入境人员 30 日以上的停留期限；综合考虑海南对外交往、旅游市场需求，适时评估调整免签国家名单。二是实施更具吸引力的引才引智政策。包括对海南引进的外籍高级管理人员以及长期工作或投资的外国人，进一步提供办理口岸签证、长期签证、居留许可和永久居留便利。对在海南就业的外籍技术技能人员，可发放与工作合同期限一致的工作类居留许可。对获得中国高等院校硕士研究生及以上学历的外国留学生在海南创新创业提供申请办理居留许可便利。允许境外高等院校外国学生到海南实习。在海南外国人工作生活较为集中的区域建立移民事务服务中心，提供"一站式"服务。三是实施更为便捷的高端旅游出入境服务措施。包括实施外国旅游团乘坐邮轮 15 天入境免签政策，简化琼港澳游艇出入境（港）手续，对前往博鳌乐城国际医疗旅游先行区等海南医疗机构诊疗的外籍患者及其陪护家属，提供申请办理签证或居留许可便利。公安部、国家移民管理局制定出台上述政策措施是继 2019 年 59 国人员入境旅游免签政策后，又一批支持海南全面深化改革扩大开放的创新举措。

此次公安部推出的境外人员在海南驾车出行便利措施，主要是简化临时机动车驾驶许可办理程序，延长临时驾驶许可有效期限，推行在入境站点设立交通管理服务站，满足境外人员在海南旅游、工作、生活驾车出行需求。一是放宽临时驾驶许可申领条件。对因旅游、商贸、探亲等短期在海南入境停留的境外人员，可持境外机动车驾驶证直接申请小型汽车临时驾驶许可，免予到医院进行身体条件检查。二是延长临时驾驶许可使用期限。对在境内停留、居留超过三个月的，小型汽车临时驾驶许可有效期限从最长三个月延长至最长一年（不超过签证有效期）。三是提供便利化交管服务。推行在机场、港口等入境站点设立交管服务站，并积极推行网上预约申请、网上学习教育等新模式，便利境外人员入境办理临时驾驶许可。

（三）运输来往自由便利

《总体方案》中提出：

实施高度自由便利开放的运输政策，推动建设西部陆海新通道国际航运枢纽和航空枢纽，加快构建现代综合交通运输体系。

"推动建设西部陆海新通道国际航运枢纽和航空枢纽"这"两个枢纽"的新定位，刷新了我们对海南开放格局认识的新高度。

"西部陆海新通道"的提出经历了一个历史进程。2015 年 11 月 7 日，中华人民共和国和新加坡共和国在新加坡发表《中华人民共和国和新加坡共和国关于建立与时俱进的全方位合作伙伴关系的联合声明》，中新两国政府签署了《关于建设中新（重庆）战略性互联互通示范项目的框架协议》及其补充协议，正式启动以重庆为运营中心的第三个政府间合作项目。2017 年 8 月 31 日，重庆、广西、贵州、甘肃四方签署《关于合作共建中新互联互通项目南向通道的框架协议》，这标志着四省（区、市）合力打造南向通道，深度融入"一带一路"发展，将有利于重庆市建设内陆国际物流枢纽、口岸高地和内陆开放高地。2017 年 9 月 20 日，国家主席习近平在北京人民大会堂会见来华进行正式访问的新加坡总理李显龙，希望双方建设好中新（重庆）战略性互联互通示范项目，并在地区层面带动其他国家共同参与国际陆海贸易新通道建设。2018 年 11 月，中新两国正式签署《关于中新（重庆）战略性互联互通示范项目"国际陆海贸易新通道"建设合作的谅解备忘录》，将原来的"南向通道"正式更名为"国际陆海贸易新通道"，简称"陆海新通道"。

"陆海新通道"是中新（重庆）战略性互联互通示范项目的重要组成

部分。该通道利用铁路、公路、水运、航空等多种运输方式，由重庆向南经贵州等省份，通过广西北部湾等沿海沿边口岸，通达新加坡及东盟主要物流节点，运行时间比经东部地区出海节约 10 天。2019 年 8 月 15 日，国家发展改革委印发《西部陆海新通道总体规划》，指出西部陆海新通道位于我国西部地区腹地，北接丝绸之路经济带，南连 21 世纪海上丝绸之路，协同衔接长江经济带，在区域协调发展格局中具有重要战略地位。

《西部陆海新通道总体规划》中有很多与海南紧密相关的内容。比如，在基本原则上："对接共建'一带一路'、长江经济带发展、海南全面深化改革开放等国家战略"，形成西部地区开发开放新动能。在空间布局上："建设自重庆经贵阳、南宁至北部湾出海口（北部湾港、洋浦港），自重庆经怀化、柳州至北部湾出海口，以及自成都经泸州（宜宾）、百色至北部湾出海口三条通路，共同形成西部陆海新通道的主通道。""着力打造国际性综合交通枢纽"，建设广西北部湾国际门户港（包括钦州港、防城港、北海港），发挥海南洋浦的区域国际集装箱枢纽港作用，提升通道出海口功能。在发展目标上：到 2020 年，广西北部湾港和海南洋浦港资源整合初见成效，广西北部湾港、海南洋浦港集装箱吞吐量分别达到 500 万、100 万标箱。到 2025 年，具有国际影响力的北部湾深水港基本建成，广西北部湾国际门户港、海南洋浦的区域国际集装箱枢纽港地位初步确立，广西北部湾港、海南洋浦港集装箱吞吐量分别达到 1000 万、500 万标箱。到 2035 年，西部陆海新通道全面建成，为建设现代化经济体系提供有力支撑。在加快运输通道建设方面："发挥海南洋浦港作用。推进海南港口资源整合与分工优化，支持洋浦港吸引国内外货源，发展国际中转运输业务，培育成为区域国际集装箱枢纽港。创新洋浦港管理体制机制，推进集装箱、散杂货板块公共码头资源优化整合，提升港口综合服务能力。"这是明确将海南洋浦港作为区域国际集装箱枢纽港。在促进通道与区域经济融合发展方面："强化广西北部湾港、海南洋浦港、重庆港等航运和资源集聚功能，提升现代航运经济发展水平。依托广西北部湾港，积极推进临港工业、国际贸易发展。依托海南自由贸易港，设立洋浦航运交易所，研究建立洋浦港保税油供应中心，发展以保税船供油为特色的大宗商品贸易，培育修造船、油品加工与供应、特色产品加工和高端航运服务等产业。"

从《西部陆海新通道总体规划》中的这些内容看，海南处于通道"出海口"的重要位置，对于推进西部陆海新通道建设至关重要，能为我国深化陆海双向开放、推进西部大开发形成新格局发挥重要作用。正如《总体方案》中提出，"推动建设西部陆海新通道国际航运枢纽和航空枢纽，加快构建现代综合交通运输体系"，这是非常重要的新定位。

2020 年 5 月 17 日发布的《中共中央　国务院关于新时代推进西部大开发形成新格局的指导意见》提出，以共建"一带一路"为引领，加大西部开放力度，强化开放大通道建设，"积极实施中新（重庆）战略性互联互通示范项目。完善北部湾港口建设，打造具有国际竞争力的港口群，加快培育现代海洋产业，积极发展向海经济"。

《中共中央　国务院关于新时代加快完善社会主义市场经济体制的意见》（2020 年 5 月 11 日）中提出，以"一带一路"建设为重点构建对外开放新格局。坚持互利共赢的开放战略，推动共建"一带一路"走深走实和高质量发展，促进商品、资金、技术、人员更大范围流通，依托各类开发区发展高水平经贸产业合作园区，加强市场、规则、标准方面的软联通，强化合作机制建设。加大西部和沿边地区开放力度，推进西部陆海新通道建设，促进东中西互动协同开放，加快形成陆海内外联动、东西双向互济的开放格局。

这都表明，推进西部陆海新通道建设上升为国家重大战略，把海南全面深化改革开放放大到西部地区广阔腹地来谋划，也展示了海南自由贸易港建设的独特地位和非凡前景。

2020 年 9 月 28 日，洋浦—南太—澳洲集装箱航线在洋浦小铲滩码头正式开通运营。这是海南自由贸易港首条洲际越洋航线。该航线由中远海运集装箱运输有限公司运营，目前投入两条 1740 箱位集装箱船，船舶班期密度为两周一班。航线途经中国香港、菲律宾宿务、巴布亚新几内亚莱城和莫尔兹比港，以及澳大利亚汤斯维尔和达尔文等港口，可为海南乃至中国与南太平洋地区国家的椰子、原木、牛肉、矿产和生活快消品贸易提供快捷、高效的海上直航路径。该航线的开通，不仅实现了海南洲际航线零的突破，标志着洋浦区域国际集装箱枢纽港建设开始从"近海"迈入"深蓝"时代，同时填补了洋浦与菲律宾的航线空白，加密了洋浦与香港的航线联系，极大完善了洋浦外贸航线布局，为洋浦发挥西部陆海新通道出海口作用，大力发展外贸水水中转，打造中国面向太平洋、印度洋的重要对外开放门户奠定了坚实基础。

《总体方案》中"运输来往自由便利"的具体内容是两项。

1.建立更加自由开放的航运制度

建设"中国洋浦港"船籍港。支持海南自由贸易港开展船舶登记。研究建立海南自由贸易港航运经营管理体制及海员管理制度。进一步放宽空域管制与航路航权限制，优化航运路线，鼓励增加运力投放，增开航线航班。

"建立更加自由开放的航运制度"的重要政策点是：

第一，建设"中国洋浦港"船籍港。建立以"中国洋浦港"为船籍港的海南自由贸易港国际船舶登记制度，是贯彻落实党中央、国务院关于支持海南全面深化改革开放决策部署的一项重要举措，是加快推动海南航运业发展的一个重要抓手。借鉴引进境外先进船舶登记制度，创新建立我国自由贸易港国际船舶登记制度，有利于加强船舶监督管理，提升中国籍国际航行船舶质量，增强海南自由贸易港航运企业国际竞争力，推动航运要素聚集，进一步优化营商环境。落实这项政策，一是组建海南自由贸易港国际航行船舶登记中心。在海南组建专门的船舶登记机构，为海南自由贸易港国际船舶登记制度的落实提供实施机构保障。该机构在交通运输部海事局的主管下，负责具体实施海南自由贸易港国际船舶登记相关业务，按照特别登记程序规定为海南自由贸易港国际航行船舶提供海事服务，实现全岛通办，提高海事政务服务效率。二是制定海南自由贸易港特别登记程序规定。创新制定海南自由贸易港高效船舶登记程序规定，对设定程序的法律依据、实施登记的机构、船籍港名称、机构管理、申请主体限制、审批人员资质、申请方式、申请材料、审批程序、证书核发及格式、诚信管理等内容进行明确规定。按照国务院关于做好复制推广自由贸易试验区改革试点经验的工作要求，在海南自由贸易港放开国际航行船舶登记主体的外资股比限制，并在放开入级检验的基础上逐步放开船舶法定检验业务。探索创新建立准入前船舶技术状态核查制度。提供 24 小时不间断、覆盖全球的政务服务：提供网络信息化申请渠道，实现"不见面办理"；简化材料，优化审批环节和时限，实现"当场快捷办理"；加强审批人员资质管理，实现审批人员"持证上岗"；借鉴先进经验，施行"电子化船舶证书"。三是探索设立我国"临时登记""卖据"登记制度。积极响应进口船舶在船舶所有权登记公示方面与境外法律制度相衔接的诉求，借鉴境外登记制度，探索建立适用于境内法律体系的"临时登记"制度，推动实现进口船舶在境内快速进行船舶所有权登记公示和办理抵押贷款融资相关业务。对比研究国际航运普遍适用的"卖据"制度中的登记项目要素与我国《物权法》、船舶登记条例中关于船舶所有权的取得、转让和消灭等登记要素异同，将"卖据"制度中符合境内法律体系要求的要素引入到海南自由贸易港登记制度中，提高船舶所有权在取得、转让和消灭环节的登记公示效率。

世界较为成熟的自由贸易港多为航运发达的地区，以"新加坡"名义注册的船舶总吨位排名世界第五，注册船舶达 4500 艘、9600 多万总吨。而此前在海南注册的国际航行船舶仅有 54 艘、172 万总吨，发展空间潜力巨大。为此，近两年来海南海事部门围绕海南自贸港建设发展需求，对标世界航运业最高水平开放形态，主动对接和争取交通运输部的支持，承接了交通运输部、海南省政府的"建立更为开放的国际船舶登记制度，建设海南自由贸易港国际船舶登记中心"的重大工作任务。2020 年 4 月 13 日，交通运输部海事局批准中国洋浦港作为国际船舶船籍港注册地，为进一步探索建立符合我国国情具有海南自由贸易港特色的国际船舶登记制度，服务西部陆海新通道建设奠定了坚实的基础。

2020 年 6 月 4 日，海南海事局、洋浦经济开发区管委会向"中远海运兴旺"轮颁发首张"中国洋浦港"《船舶国籍证书》，标志着船籍港为"中国洋浦港"的首艘国际登记船舶诞生，海南自由贸易港有关船舶登记政策正式落地实施。"中远海运兴旺"轮船舶种类为杂货船，载重吨为 6.2 万吨，6 月 12 日后投入营运。据悉，船舶注册在"中国洋浦港"，可以视同国际船舶享受出口退税政策。这次中远海运兴旺号以中国洋浦港为船籍港成功注册为首艘国际航运船舶，标志着海南自由贸易港国际船舶登记制度进入了实施阶段，也标志着自由贸易港政策在交通海事领域形成了阶段性的成果。这有利于推动海南航运企业全面的开放，有利于建设洋浦西部陆海新通道的航运枢纽。

2020 年 8 月 30 日，中远海运能源运输股份有限公司从海南海事局国际船舶登记中心筹备组领取到"远东海"轮国际船舶证书。"远东海"轮的载重吨达 15 万吨，这是海南省历史上最大吨位油轮，也是海南自由贸易港建设总体方案发布以来以"中国洋浦港"为船籍港注册登记的吨位最大的一艘船舶。这标志着"中国洋浦港"跨入 10 万吨级巨轮"俱乐部"行列，海南海事部门支持和服务自贸港建设的力度进一步加大，国际船舶登记优惠政策的吸引力进一步有效放大。据悉，此前在海南省登记最大的油船为海洋石油（洋浦）船务有限公司 2015 年 2 月登记的"连安湖"轮，载重吨 71962。"远东海"轮的载重吨是"连安湖"轮的 2.2 倍。"远东海"轮船舶种类为大型油轮，总吨 84127，载重吨 158677，长 274.30 米，宽 48.00 米，建成日期为 2020 年 8 月 30 日。船舶所有人为海南中远海运能源运输有限公司（中远海运能源运输股份有限公司的子公司）。

　　船舶注册在"中国洋浦港"，航运公司能获得什么利益？"中国洋浦港"国际船舶登记制度落地后，将吸引众多国内航运企业，把旗下的船舶注册为"中国洋浦港"。"只要是'中国洋浦港'船籍的船舶，都可以视同国际船舶，可以享受出口退税政策，相当于在享受海南自贸港政策的红利。"随着《总体方案》的发布，预计大量的航运企业将入驻海南，登记注册船舶、贸易、金融、保险等公司，也将跟着人流、物流、现金流进入海南，这将给海南的交通运输行业带来千载难逢的发展机遇。

　　洋浦是我国首个吸引外资、成片开发的国家级开发区。2019 年 8 月，国家发展改革委印发《西部陆海新通道总体规划》，支持洋浦港吸引国内外货源，发展国际中转运输业务，培育成为区域国际集装箱枢纽港。海南省委、省政府明确提出："将洋浦打造成为自由贸易港建设的先行区、示范区，全省高质量发展的增长极。"洋浦确定西部陆海新通道国际航运枢纽、先进制造业基地、大宗商品集散交易基地、国际贸易创新示范区等四大发展定位，按照海南自贸港先行区、示范区的产业政策大规模引进项目。

　　第二，进一步放宽空域管制与航路航权限制。空域管制放宽方面，继续优化海口美兰、三亚凤凰、琼海博鳌机场进离场航线，支持博鳌机场正式对外开放，调整优化湛江、南宁地区空域结构，打通海南岛北部进出堵点，开通东部海上航线，增加航班进出通道。及时总结推广低空空域管理改革试点经验，实现真高 300 米以下监视空域和报告空域无缝衔接，划设低空目视飞行航线，深化低空空域空管服务保障示范区建设。航路航权开放方面，在已明确开放海南第三、四、五航权的基础上，积极推进在海南开放第七航权。支持外航在现有航权安排外，在海南经营客、货运第七航权，每条航线客货总班次每周最高分别为七班，外航经其所在国指定和民航局确认后，按照现有民航有关规章规定，向民航局或民航地区管理局申请运行合格审定、航线经营许可、航班时刻和预先飞行计划。

2.提升运输便利化和服务保障水平

推进船舶联合登临检查。构建高效、便捷、优质的船旗国特殊监管政策。为船舶和飞机融资提供更加优质高效的金融服务，取消船舶和飞机境外融资限制，探索以保险方式取代保证金。加强内地与海南自由贸易港间运输、通关便利化相关设施设备建设，合理配备人员，提升运输来往自由便利水平。

提升运输便利化和服务保障水平制度设计的要点有：

第一，推进船舶联合登临检查。船舶联合登临检查是指各口岸查验单位根据法律、法规和规定的程序，对航行船舶进出口岸联合实施登轮检查的活动。实行联合登临检查，通过口岸管理相关部门信息互换、监管互认和执法互助，有利于大幅提升口岸查验的通关效率，推进口岸综合治理体系和治理能力现代化。

第二，构建高效、便捷、优质的船旗国特殊监管政策。船旗国特殊监管政策，是指海事管理机构根据国内法律法规等规定和相关国际公约要求，借鉴境外船旗国综合质量管理经验，对拟登记和已登记在海南自由贸易港的国际航行船舶创新实施特别海事监管政策。落实这项政策要创新实施船舶综合评估制度。对拟在海南自由贸易港注册的国际航行船舶实施准入前船舶技术状态综合评估制度，对船舶船龄、技术状况、公司管理情况、以往监督检查记录等因素综合评估，未通过综合评估的船舶不得取得海南自由贸易港国际航行船舶登记。要强化船舶综合质量管理。对登记在册的海南自由贸易港国际船舶实行船舶综合质量管理，定期开展船舶综合质量评定，并向社会公开综合质量评定结果。要强化信用管理。引入信用评价工具，界定失信行为范畴，研究制定海南自由贸易港航运企业失信惩戒措施和守信激励措施，制定海南自由贸易港国际航行船舶安全诚信管理制度。针对安全状况差、信用等级低下的航运企业和船舶实施严格监督管理，同时对安全状况好、诚实守信的航运企业和船舶创造宽松的监管环境，并提供便捷高效的海事政务服务，从而引导航运企业、船舶主动加强内部安全管理，提高安全管理水平，自觉做好安全管理工作。

第三，取消船舶和飞机境外融资限制。为船舶和飞机融资提供更加优质高效的金融服务，取消船舶和飞机境外融资限制，探索以保险方式取代保证金。海南自由贸易港内船舶和飞机融资租赁公司母子公司共享外债额度，境外融资可在海南省发展改革委进行备案，按照备案金额办理外债登记，逐步放宽船舶和飞机行业的跨境融资限制。

海南在加快推动融资租赁及航运经济发展。2020 年 8 月 13 日，海南自由贸易港重点项目集中签约活动在海南国际会展中心举行，海口综合保税区飞机融资租赁项目、船舶融资租赁项目参与签约。作为交通银行全资子公司的交银金融租赁有限责任公司在此次签约中，拟设立特殊目的公司，积极为设立的项目公司提供业务、人才、技术、资金支持，并选择合适的项目，优先在海口综保区落地。该公司将结合自身产业、资源、平台等优势，在海口发展飞机融资租赁项目，并将以飞机租赁为切入点，开展飞机整机、发动机、航材、飞行模拟器、动态模拟舱等航空专用设备租赁业务，及旧飞机发动机及航材等资产处置业务。同时，总部位于中国香港的海丰国际控股有限公司拟在海口综保区注册外资（计划实际利用外资 1 亿美元）融资租赁公司，将以船舶租赁为切入点，开展定期租船、光船租赁、船舶管理、船舶经纪、船舶代理和综合物流等航运物流相关业务。

经过前期周密的互动交流，2020 年 8 月 28 日，中航国际租赁有限公司（以下简称"中航国际租赁"）正式与海口江东新区管理局签约，首批确定 11 架飞机租赁落地，标志着海南自由贸易港飞机租赁业务"首单"落户海口。据了解，中航国际租赁将在海口落地首批次 7 架 Cessna 208B 通航飞机、4 架空中国王 350 飞机租赁业务，合同总金额约 2.4 亿元。中航国际租赁还分别与承租方珠海中航通用航空有限公司和河北中航通用航空有限公司进行了签约。

（四）数据安全有序流动

《总体方案》提出：

在确保数据流动安全可控的前提下，扩大数据领域开放，创新安全制度设计，实现数据充分汇聚，培育发展数字经济。

数据安全有序流动的制度设计，其要项是：

第一，确保数据流动安全可控。数据流可以引领物流、技术流、资金流。数据只有在流动中才能带来价值最大化。麦肯锡全球研究院一份报告指出，自2008年以来，数据流动对全球经济增长的贡献已经超过传统的跨国贸易和投资。同时，数据出境不同于一般的商品出境，可能带来潜在的安全风险。因此在国际上，无论发达国家还是发展中国家，对数据出境活动进行监管是非常普遍的。对个人信息出境，往往通过立法提出限制，主要涉及个人信息主体同意、个人信息主体权益保障、境内数据输出方与境外接收方的合同、数据接收方所在国家或地区数据保护充分性评估等方面，最典型的代表是欧盟《通用数据保护条例》。对重要数据出境，一般没有专门的法规政策，相关要求分散于出口管理、行业监管方面的法规政策中，如对政府、医疗、金融、地理信息等领域特定数据实施禁止出境或限制出境管理。确保数据流动安全可控，要加强对海南自由贸易港数据出境流动的有效监管。借鉴国际通行做法，结合我国实际情况，国家网信部门依据《网络安全法》等上位法，建立个人信息、重要数据出境评估制度。2019年5月和6月，国家互联网信息办公室分别就《数据安全管理办法（征求意见稿）》《个人信息出境安全评估办法（征求意见稿）》公开征求意见，提出建立"先评估后出境"的数据出境监管基本框架，初步明确了国家对数据特别是个人信息出境安全管理的总体思路。目前，国家的数据出境安全评估办法尚未正式出台。海南自由贸易港可发挥自身政策资源优势，在国家数据出境安全评估监管框架下积极开展数据出境流动监管的探索和试点，为保障海南自由贸易港数据出境安全可控和国家建立数据出境安全评估制度作出贡献。

第二，培育发展数字经济。作为经济学概念的数字经济，是指人类通过大数据（数字化的知识与信息）的识别—选择—过滤—存储—使用，引导、实现资源的快速优化配置与再生、实现经济高质量发展的经济形态。为了优化海南大数据发展环境，发挥大数据在提升经济发展、社会治理和改善民生中的作用，培育壮大数字经济，服务中国（海南）自由贸易试验区和中国特色自由贸易港建设，2019 年 9 月 27 日，海南省人大常委会审议通过了《海南省大数据开发应用条例》，自 2019 年 11 月 1 日起施行。海南也因此成为继贵州、天津之后，全国第三个出台大数据方面地方性法规的省份。该条例在大数据共享、开放和安全保障的基础上，立足建设中国特色自由贸易港的时代要求，突出了大数据开发、应用和产业促进，特别是将区块链等新技术应用写入该条例，着力于打造安全可信的数据交易环境，为数据资产化奠定了坚实的法规基础。

《总体方案》中关于"数据安全有序流动"的内容是一项。

有序扩大通信资源和业务开放。开放增值电信业务，逐步取消外资股比等限制。允许实体注册、服务设施在海南自由贸易港内的企业，面向自由贸易港全域及国际开展在线数据处理与交易处理等业务，并在安全可控的前提下逐步面向全国开展业务。安全有序开放基础电信业务。开展国际互联网数据交互试点，建设国际海底光缆及登陆点，设立国际通信出入口局。

有序扩大通信资源和业务开放的政策点有：

第一，开放增值电信业务，逐步取消外资股比等限制。增值电信业务一般是指利用公共网络基础设施提供附加的电信与信息服务的业务，电子商务、即时通信、信息搜索、网络视频门户网站等都是常见的增值电信业务。我国《电信业务分类目录》（2015 年版）将增值电信业务细分为 10 项，分别是：互联网数据中心业务（IDC）、内容分发网络业务（CDN）、国内互联网虚拟专用网业务（P-VPN）、互联网接入服务业务、在线数据处理与交易处理业务、国内多方通信服务业务、存储转发类业务、呼叫中心业务、信息服务业务以及编码和规程转换业务。增值电信服务通常具有承载业务类型多样、创新活跃、市场广阔等特点，是外资重点关注的领域之一。有关部门积极支持海南自由贸易港开展增值电信业务开放试点。根据 2020 年 5 月，工信部印发《关于在自由贸易试验区做好相关增值电信业务开放试点有关事项的通知》，海南省可开放除 IDC 和 CDN 之外的 8 项增值电信业务，并取消部分业务的外资股比限制。目前，国内增值电信业务中最受企业关注、含金量最高的两大领域（即 IDC 和 CDN）还没有开放的先例可循，且信息领域的开放也相对比较敏感。这需要在风险可控的情况下，根据项目落地的实际需要，大胆先行先试，不断积累经验。

第二，允许实体注册、服务设施在海南自由贸易港内的企业，面向自由贸易港全域及国际开展互联网数据中心、内容分发网络、在线数据处理与交易处理等业务，并在安全可控的前提下逐步面向全国开展业务。互联网数据中心、内容分发网络、在线数据处理与交易处理，这三项业务均是我国《电信业务分类目录》（2015 年版）规定中的内容。目前，互联网数据中心、内容分发网络业务尚未放开，在线数据处理与交易处理已在全国自贸试验区放开。海南要积极对接国内外电信或互联网企业，做好政策推介、招商引资工作；根据项目落地的实际需要，细化业务操作流程，确保风险可控。同时，充分利用好互联网数据中心的政策优势，推进建设离岸数据中心，培育发展跨境办公和研发协同、服务外包、国际云计算、全球数据存储等业务，吸引国际数据流量在海南集聚，打造国际数据港。对于对外开放的增值电信业务，电信主管部门将依法依规实施经营许可管理，并深入推进"放管服"改革。

第三，安全有序开放基础电信业务。基础电信业务主要包括固定网络国内长途、本地电话业务、移动网络电话和数据业务等九种。目前，仅有国内的中国移动、中国联通、中国电信、中国广电、中信网络等几家基础运营商拥有相关的业务牌照，准入门槛相对较高，审批程序较严。2016年7月，国办发布《国务院办公厅关于进一步做好民间投资有关工作的通知》，要求进一步放开基础电信运营、油气勘探开发等领域；2017年1月，中办、国办印发《关于促进移动互联网健康有序发展的意见》，提出开放民间资本进入基础电信领域竞争性业务。海南需要率先进行小范围的突破、尝试，逐步开放基础电信业务。

第四，开展国际互联网数据交互试点，建设国际海底光缆及登陆点，设立国际通信出入口局。开展国际互联网数据交互试点，意味着今后在海南自由贸易港等就可以借助新的专用通道，能更直接地访问国际互联网。

国际通信业务出入口局是指国内运营商通信网络与境外运营商通信网络之间的互联节点，主要用于实现双方业务的互联互通和数据交换。在海南设立国际通信出入口局是海南自由贸易港建设的重要任务之一，也是落实工信部《支持海南建设自由贸易试验区和中国特色自由贸易港的实施方案》的重要举措，2020年5月，工信部召开评审会，通过中国移动海口区域性国际通信业务出入口局的设立评审。

由中国移动通信集团申报的海口区域性国际通信业务出入口局，获工信部批准设置，这是工信部正式批复同意建设海南自由贸易港国际互联网数据专用通道后的又一突破。据央视新闻客户端2020年8月24日消息，海口区域性国际通信业务出入口局获工信部批准设置，意味着海南自由贸易港国际通信服务能力提升，又迎来一个全新突破。此次由中国移动通信集团申报的海口区域性国际通信业务出入口局，将用于疏导内地与香港、我国与"一带一路"沿线国家和地区的国际数据专线业务，进一步提高海南自贸港的国际数据通信服务能力。这相当于修了一条直达香港的数据通道，并且通过香港连接其他的国际海缆。国际出入口局设置之后，对海南未来建设国际通信枢纽，以及信息交互中心都有很大意义。

海口区域性国际通信业务出入口局项目是海南到香港海底光缆项目的重要组成部分。目前国际海缆项目已完成路由调查许可、环评等环节，进入施工审批阶段。整个海缆从香港到海南文昌登陆点全程是 650 公里。整个审批已经进入中后期阶段，整个海缆的施工周期大概是三个月。海口区域性国际通信业务出入口局建成后，将明显改善中国移动国际传输网络布局，有利于疏导内地与港澳、我国与"一带一路"沿线国家和地区的国际数据专线业务，提高海南自贸港的国际数据通信服务能力，为将来打造国际信息通信枢纽打下坚实基础，直接带动海南自贸港以通信网络为依托的相关产业发展，有序扩大通信资源和业务开放，促进投资、贸易、金融、教育等方面的交流合作与功能对接。

海南建国际互联网数据专用通道、扩大数据领域开放的步伐在加快。2020 年 10 月 16 日，海南省通信管理局召开《2019 年海南省互联网发展报告》新闻发布会，海南正有序扩大通信资源和业务开放，包括加快建设国际互联网数据专用通道和通信出入口局，推进国际海缆建设。据海南省通信管理局介绍，海南自由贸易港国际互联网数据专用通道项目于 8 月初启动建设，覆盖海南自由贸易港海口江东新区、洋浦经济开发区等九个重点园区。中国电信、中国移动、中国联通正在同步进行设备采购和项目施工，预计 2021 年 3 月完成建设。

海南自由贸易港国际互联网数据专用通道是相关产业园区直达国际通信出入口局的数据专用链路，用于优化国际互联网访问路由，改善园区及企业访问国际互联网的性能。2020 年 8 月，海口区域性国际通信业务出入口局获批设置，对海南建设国际通信枢纽及信息交互中心有重要意义。海南省通信管理局负责人介绍，海南正推动电信企业建设国际海缆。目前中国移动在建海南至香港国际海缆，预计 2021 年可建成并开通国际业务。中国电信计划修建一条海南通往东南亚国家的国际海缆。海南正积极推动增值电信业务对外开放，努力探索基础电信业务有序开放。

据海南省通信管理局提供的数据显示，截至 2020 年 9 月底，海南 5G 基站总数为 5929 个，比上年末新增 4795 个。海南将确保 2021 年 4 月前基本实现全岛 5G 场景全覆盖的目标。

《总体方案》中关于海南自由贸易港的数据跨境流动政策，如允许实体注册、服务设施在海南自由贸易港内的企业，面向自由贸易港全域及国际开展在线数据处理与交易处理等业务，并在安全可控的前提下逐步面向全国开展业务；安全有序开放基础电信业务；开展国际互联网数据交互试点，建设国际海底光缆及登陆点，设立国际通信出入口局等，体现了实现最高水平开放的良好态势。

（五）现代产业体系

《总体方案》中提出：

大力发展旅游业、现代服务业和高新技术产业，不断夯实实体经济基础，增强产业竞争力。

对海南现代产业体系的这个重大设计，符合海南定位，是"充分发挥海南自然资源丰富、地理区位独特以及背靠超大规模国内市场和腹地经济等优势，抢抓全球新一轮科技革命和产业变革重要机遇，聚焦发展旅游业、现代服务业和高新技术产业，加快培育具有海南特色的合作竞争新优势"要求的具体体现。

按照《总体方案》要求，海南自由贸易港将重点发展三大产业，"现代产业体系"的具体内容是三项。

1. 旅游业

坚持生态优先、绿色发展，围绕国际旅游消费中心建设，推动旅游与文化体育、健康医疗、养老养生等深度融合，提升博鳌乐城国际医疗旅游先行区发展水平，支持建设文化旅游产业园，发展特色旅游产业集群，培育旅游新业态新模式，创建全域旅游示范省。加快三亚向国际邮轮母港发展，支持建设邮轮旅游试验区，吸引国际邮轮注册。设立游艇产业改革发展创新试验区。支持创建国家级旅游度假区和5A级景区。

　　海南自由贸易港发展旅游业的设计，重点内容是：

　　第一，提升博鳌乐城国际医疗旅游先行区发展水平。2013 年 2 月，国务院发布《国务院关于同意设立海南博鳌乐城国际医疗旅游先行区的批复》，同意在先行区先行先试九条政策措施，可称之为老"国九条"。2019 年 9 月，国家发展改革委、国家卫生健康委、国家中医药局、国家药监局联合印发《关于支持建设博鳌乐城国际医疗旅游先行区的实施方案》，赋予乐城先行区新的特殊政策，可称之为新"国九条"。提升博鳌乐城国际医疗旅游先行区发展水平，需要加速新老"国九条"落地实施。

　　博鳌打造"医疗特区"，海南要吸引医疗旅游者的消息，受到港媒的关注。香港《南华早报》2020 年 7 月 14 日发表题为《题中国创建海南"医疗特区》的文章，以开发日益增长的医疗旅游市场。报道称，从美丽的双腿到跳动的心脏，中国计划将海南变成顶尖医疗目的地，从而开发其庞大的国内医疗旅游市场。作为创建海南岛自贸区的雄心勃勃计划的一部分，北京已在当地设立"医疗特区"——海南博鳌乐城国际医疗旅游先行区，有关优惠政策将允许该区进口在中国内地难以获得的医疗设备、技术和药品。

　　"（中国人）到美国和日本去做大手术，到泰国去接受不孕不育治疗，到乌克兰打美容针，到韩国做整容手术"，当地有关负责人说，"（中国人）对海外医疗旅游的需求很大，但其实完全没必要"。该医疗园区目前由 12 家医院组成，是支撑北京实现一项宏伟构想——本世纪中叶将海南打造成与香港和新加坡媲美、具有国际影响力的自贸港的重点园区之一。海南正减税降费以吸引企业入驻，并出台慷慨的免税新规鼓励人们赴当地购物。该计划的一部分还包括大举开放难以被渗透的中国医疗行业。博鳌乐城的官员说，中国人对海外医疗的需求"凸显国际新药难以进入中国市场"。目前该医疗特区正开展 200 种进口医疗方案。到 2020 年底，每年将接纳包括患者在内的游客 20 万人次，远高于 2019 年的 7.5 万，这有助于提升该地区的医疗收入。(《港媒：打造"医疗特区"，海南要吸引医疗旅游者》，

《环球时报》2020 年 7 月 16 日）

2020 年 10 月 10 日上午，非小细胞肺癌靶向药物普拉替尼在乐城实现美国之外首例应用新闻发布会在海口举行。这是该药于 9 月初获美国 FDA 批准上市、9 月 29 日在乐城实现落地之后的首例应用。普拉替尼是乐城第一款真正意义上和国际同步上市、同步使用的创新药物。据介绍，在肺癌精准治疗领域，RET（基因突变）融合阳性非小细胞肺癌（NSCLC）患者尚存在巨大未满足的临床治疗需求，普拉替尼取得了重大突破，具有强效、持久和广泛的抗肿瘤活性，在 RET 融合的 NSCLC（即非小细胞肺癌）患者表现出良好的临床疗效与耐受性。该款药物的落地使用，创造了乐城第一款和国际当月同步上市使用的创新药物，同时也是美国市场之外的在乐城首个患者使用的药物。

为让国内 NSCLC 患者引进"救命药"，在海南省相关部门及乐城管理局的共同努力下，博鳌超级医院、成美医疗和基石药业携手合作，经各路专家高效审查评估后，特许新药项目团队为患者赵先生提出了用药申请。海南省卫健委、海南省药监局按加急处理审批，仅用 1.5 个工作日完成审批和发放批件程序。乐城特许药械采购商——海南成美药业与基石药业在申请进口批件的同时，仅三天时间完成进口采购合同签署、国际物流、清关等手续，让该药跨越重洋，从美国直接"飞"到乐城的患者手中。普拉替尼在较短的时间能够在乐城落地并应用，将有利于乐城先行区建设成为国外先进药械进入中国的门户、国际先进药械展示中心和国内医护人员使用国际先进医疗设备与技术的培训中心，打造高端医疗旅游产业园区的国际形象有着积极意义。这是乐城制度集成创新的生动体现，也体现了海南自由贸易港建设的早期收获。

第二，加快三亚向国际邮轮母港发展，支持建设邮轮旅游试验区，吸引国际邮轮注册。上海、天津、深圳、青岛、大连、福州等地已经设立"中国邮轮旅游发展实验区"。为落实该政策，要抓紧制定实施《海南邮轮旅游实验区建设实施方案》《三亚邮轮母港总体规划》，加快邮轮码头及配套设施建设，培育壮大邮轮维修、船舶登记、金融保险、船上物资供应、市场营销等业态。要探索实施海南邮轮航线创新试点、开通中资方便旗邮轮海上游试点等政策，加强招商服务，充分发挥零关税等自由贸易港政策，吸引更多国际邮轮注册，推动海南邮轮经济全产业链健康发展。

第三，设立游艇产业改革发展创新试验区。2019 年，琼港澳游艇自由行政策落地实施，海南成为全国首个对境外游艇开展临时开放水域审批试点省份，在全国率先实施境外游艇入境关税保证保险制度，并将游艇户口簿管理改为备案管理，为游艇产业加快发展创造了有利条件。为落实该政策，要充分利用对进口游艇实施"零关税"等自由贸易港的政策优势，进一步优化游艇业发展的配套政策法规和服务设施，把全球的游艇产业聚集到海南来，围绕"买得起""进得来""开得动""玩得好"，不断丰富产业链、提升价值链，优化经营理念和模式，不断降低游艇运行成本，让更多的人民群众"玩得起"游艇，促进海南游艇产业持续健康大发展。

2.现代服务业

集聚全球创新要素，深化对内对外开放，吸引跨国公司设立区域总部。创新港口管理体制机制，推动港口资源整合，拓展航运服务产业链，推动保税仓储、国际物流配送、转口贸易、大宗商品贸易、进口商品展销、流通加工、集装箱拆拼箱等业务发展，提高全球供应链服务管理能力，打造国际航运枢纽，推动港口、产业、城市融合发展。建设海南国际设计岛、理工农医类国际教育创新岛、区域性国际会展中心，扩大专业服务业对外开放。完善海洋服务基础设施，积极发展海洋物流、海洋旅游、海洋信息服务、海洋工程咨询、涉海金融、涉海商务等，构建具有国际竞争力的海洋服务体系。建设国家对外文化贸易基地。

现代服务业包括互联网、医疗健康、现代金融、现代物流、教育文体、商务服务、科技服务。其中商务服务包括总部经济、专业服务和会展，科技服务主要是工业设计、中试熟化、检验检测认证、知识产权服务、科技推广应用，这些现代服务业产业附加值高、技术含量高、物流成本低，符合岛屿型经济和自由贸易港建设实际，要大力发展。海南自由贸易港现代服务业发展设计有很多新内容，有很重要的新概念，比如说：

第一，建设海南国际设计岛。推动创意设计产业发展，吸引国内外知名设计企业、机构向重点园区集聚，高起点建设海南国际设计岛。2018年，设计业被国务院确定为战略性新兴产业。当前，海南设计产业基础薄弱，设计类企业数量少、层次低，设计成果转化困难，设计类人才特别是高端人才稀缺，设计类人才培育能力薄弱。为落实该政策，要大胆试、大胆闯、主动作为，抓紧制定实施海南国际设计岛建设发展规划，以重点园区为依托，打造国际一流设计园区，营造充满活力的设计生态系统，加强专业招商服务，充分利用个人所得税政策，吸引国际先进的设计园区建设专业团队和专业设计服务主体进驻海南。

"国际设计岛"是个新词，什么是海南国际设计岛？ 2020年上半年，海南省工业和信息化厅委托广东赛迪研究院对海南设计产业进行了调研。据介绍，海南国际设计岛建设将以设计促进城市更新，打造国际设计集群为目标，以龙头企业为牵引，项目落地为主导，围绕设计构建产业生态。按照初步构想，海南将以建筑艺术设计、工业设计、影视艺术设计、奢侈品时尚设计、服装时尚设计五大板块为核心，进行设计产业体系规划。目前，项目正处于进一步调研阶段，之后将编制具体的实施方案。

第二，理工农医类国际教育创新岛。要注重引进境外理工农医类高水平大学、职业院校在海南自由贸易港独立办学，推动国内重点高校引进国外知名院校在海南自由贸易港举办具有独立法人资格的中外合作办学机构，建设理工农医类国际教育创新岛，加快陵水黎安国际教育创新试验区建设。

第三，建设国家对外文化贸易基地。目前，国内已有北京、上海、深圳三个国家对外文化贸易基地。海南需要充分利用零关税、低税率、国家级展会展品免税等自由贸易港政策，大力发展艺术品贸易、影视贸易、文化装备贸易和时尚设计贸易等业态，进一步做大做强游戏动漫、影视创作、图书出版、创意设计、文化展演、收藏拍卖等产业。要加强专业招商服务，精心培育对外文化贸易园区，在文化产品进出口贸易、文化品牌企业集聚、文化贸易金融政策试验、文化产品展览展示推介、文化经营人才培训等方面改革创新、先行先试，推进国际文化贸易和文化交流。

3.高新技术产业

聚焦平台载体，提升产业能级，以物联网、人工智能、区块链、数字贸易等为重点发展信息产业。依托文昌国际航天城、三亚深海科技城，布局建设重大科技基础设施和平台，培育深海深空产业。围绕生态环保、生物医药、新能源汽车、智能汽车等壮大先进制造业。发挥国家南繁科研育种基地优势，建设全球热带农业中心和全球动植物种质资源引进中转基地。建设智慧海南。

关于高新技术产业，设计的内容是：

聚焦平台载体。平台载体承载着海南自由贸易港高新技术产业发展的特定功能，比如依托文昌国际航天城、三亚深海科技城，布局建设重大科技基础设施和平台，培育深海深空产业。又比如发挥国家南繁科研育种基地优势，建设全球热带农业中心和全球动植物种质资源引进中转基地。概要言之，海南将培育以"陆海空"为引领、面向未来的高新技术产业体系。"陆"是以南繁育种为代表的高科技农业，重点依托南繁科技城和全球动植物种质资源引进中转基地，引进种业领域国家队入驻，建成集科研、生产、销售、科技交流成果转化为一体的服务全国的"南繁硅谷"。"海"是深海科技及产业，依托三亚深海科技城建设，瞄准"高精尖"产业定位，集聚国内外高端海洋创新资源，努力打造全国唯一的国家深海科技城和深海科技创新人才培养基地。"空"是航天科技及产业，文昌国际航天城建设，重点打造航天领域重大科技产业基地、空间科技创新战略产业基地、军民深度融合示范产业基地、航天国际合作产业基地、航天超算中心等"四基地一中心"，把航天科技转化成航天工业。

除了"陆海空"，其他重点产业还包括油气化工、低碳制造（生物医药、清洁能源汽车、节能环保、特色农产品精深加工）、清洁能源（核电、气电、可再生能源等）。还有围绕生态环保、生物医药、新能源汽车、智能汽车等壮大先进制造业。此外，海南省还将深度挖掘海南热带资源优势，壮大热带水果和花卉，做大做强以椰子树、橡胶树、槟榔树等"三棵树"为代表的热带作物，建设现代化海洋牧场，整合海南渔港资源，打造国际渔业交易中心，建设生态循环农业示范省，加快创建农业绿色发展先行区、国家热带农业科学中心，全力打造国家热带现代农业基地。

2020 年 7 月，经推进海南全面深化改革开放领导小组同意，推进海南全面深化改革开放领导小组办公室印发了《智慧海南总体方案（2020—2025 年）》。该方案提出，深入贯彻习近平总书记在庆祝海南建省办经济特区 30 周年大会上的重要讲话精神，落实《中共中央　国务院关于支持海南全面深化改革开放的指导意见》《海南自由贸易港建设总体方案》文件要求，以引领海南高质量发展、支撑高标准建设自由贸易试验区和中国特色自由贸易港为主要方向，对标国际先进水平，发挥政策、区位综合优势，锐意探索，大胆突破，强化创新驱动与智慧赋能，推动新一代信息技术与海南经济社会发展全方位深度融合，着力增强国际化通信服务能力、健全智慧海南体系架构、提升社会智能化治理水平、创新国际一流高端服务体验、培育壮大外向型数字经济和现代服务业，不断优化"一盘棋"统筹协同治理机制，促进资源要素高效有序自由流通，促进产业创新升级，推进治理体系和治理能力现代化，支撑海南完成国家战略使命和目标。

该方案确定智慧海南的战略定位是，围绕海南在国家战略总体布局中的"三区一中心"发展定位，发挥海南改革开放试验田先行先试的政策优势，全面引入新理念、新模式、新机制、新应用，充分运用先进技术和前沿科技，以打造"数字孪生第一省"为主要手段，以国际信息通信开放试验区、精细智能社会治理样板区、国际旅游消费智能体验岛、开放型数字经济创新高地为四大战略定位和发展方向，引领支撑海南自由贸易试验区和自由贸易港实现高标准建设、高质量发展。

该方案确定智慧海南的总体架构，包括"四梁八柱"和"地基"。"四梁"指国际信息通信开放试验区、精细智能社会治理样板区、国际旅游消费智能体验岛、开放型数字经济创新高地四个战略定位；"八柱"包括打造 5G 和物联网等新型基础设施、提升国际信息通信服务能力、创新现代化治理和智慧监管新模式、构建立体防控智慧生态治理体系、优化国际旅游消费服务智慧化体验、推动数字政府和智能公共服务创新、加快优势产业数字化转型、数字新产业做优做强等内容。"地基"包括智慧大脑、能力中台、支撑体系以及体制机制等共性设施，通过构建智慧大脑和能力中台，形成智慧海南"内核"和技术创新"引擎"，通过健全运营、标准、安全一体化支撑体系，形成多主体高效配合、多要素有力支持的资源中心和生态体系。

该方案确定智慧海南的阶段目标是，至 2021 年底，智慧海南架构体系基本确立，关键基础设施和核心平台初步建成，以 5G、物联网为代表的新型基础设施和国际通信建设取得初步突破，数字孪生城市覆盖重点区域，应用试点取得成效，虚实融合的治理模式启动探索，保障智慧海南建设运营的体制机制基本就绪。至 2023 年底，智慧海南资源要素体系和体制机制基本完善，对自由贸易港的引领支撑作用进一步彰显，驱动经济质量、服务质量、生态质量不断提升。信息基础设施向高速、泛在、智能方向升级，便捷畅达的国际化通信环境基本确立。新一代信息技术全面赋能产业数字化和数字产业化提速。基于数字孪生城市的精细治理能力、海关监管能力和服务能力持续增强。至 2025 年底，以"智慧赋能自由港""数字孪生第一省"为标志的智慧海南基本建成，国际信息通信开放试验区、精细智能社会治理样板区、国际旅游消费智能体验岛和开放型数字经济创新高地的战略目标基本实现。国际互联网业务开放和信息服务、国际医疗康养和旅游消费服务、数字孪生驱动的一体化智慧监管和治理模式、离岸创业创新以及数据跨境服务等特色领域综合能力领跑全国，初步将海南打造成为全球自由贸易港智慧标杆。

该方案提出智慧海南五大重点任务：一是建设国际信息通信开放试验区。打造泛在接入、泛在感知、泛在标识、泛在计算、泛在智能的新一代信息基础设施。建设高水平光纤宽带网络，构建高速便捷的国际信息通信能力。超前布局5G、物联网、人工智能、工业互联网、云计算等新型基础设施，完善边缘计算、超级计算中心建设，全面提升"数字新基建"体系化支撑能力。二是打造精细智能社会治理样板区。坚持"数字孪生、虚实交互、以虚控实"城市治理理念和思维，推进基于大数据的人流、物流、资金流全方位监管，加强海洋、陆地一体化生态管控，打造"全域一张网、感知一张图、治理一平台"联动治理体系。三是创建国际旅游消费智能体验岛。以打造国际旅游消费智能体验岛为核心，着力创新高端智慧旅游消费新体验，建设宜居、宜游的智慧服务大环境，打响海南国际智慧旅游岛品牌。四是构筑开放型数字经济创新高地。聚焦产业数字化和数字产业化两大主攻方向，加快数字经济和实体经济深度融合，做好海南经济体系提质增效大文章。加快推动新型工业、特色农业、海洋经济、航运物流、金融、会展等优势产业数字化转型，不断壮大以互联网为核心的数字产业集群，着力营造宽松便利的开放化营商和创新创业环境，促进海南产业经济多元化发展。五是统筹部署智慧海南大脑支撑体系。加快提升海南省、市一体化数据整合、治理和应用服务能力，构筑大数据资源"聚通用"枢纽。强化共性技术赋能和协同应用支撑能力，超前构建"数字孪生第一岛"、全岛运行"领导驾驶舱"。探索建立市场化可持续运营体系，建立健全标准规范和安全防护体系，保障智慧海南可持续创新发展。

智慧海南重大工程项目清单，包括实施5G和物联网等新型基础设施建设工程、国际信息通信服务能力提升工程、现代化治理和智慧监管建设工程、立体防控智慧生态治理工程、国际旅游消费服务智慧升级工程、数字政府和智能公共服务建设工程、优势产业数字化转型工程、数字产业体系做优做强工程、智慧大脑和能力中台建设工程、可持续运营支撑体系建设工程等 10 个重点工程共 34 个项目。智慧海南先行先试改革举措清单，包括推动海南全国率先实现 5G 全省低频广域覆盖和异网漫游等七个方面的内容。

|第八讲|
海南自由贸易港的政策制度保障

自由贸易港不只表现为贸易、投资、金融、出入境政策的高度开放等，还表现为有健全的保障体系，尤其集中在富有竞争力的税收政策、完善的社会治理、完备的法律体系这三大方面。海南自由贸易港制度设计以特殊的税收制度安排、高效的社会治理体系和完备的法治体系为保障，体现出对标国际高水平经贸规则的良好态势。这些制度保障，是推进海南自由贸易港建设的重要保证。

（一）税收制度

关于"税收制度"，《总体方案》中提出：

按照零关税、低税率、简税制、强法治、分阶段的原则，逐步建立与高水平自由贸易港相适应的税收制度。

构建具有国际竞争力的税收制度体系，是建设中国特色自由贸易港的重要一环。在海南自由贸易港众多制度设计中，"税收制度"设计备受关注。海南将按照零关税、低税率、简税制的原则建立新的税收制度。

对《总体方案》中提出的建立与高水平自由贸易港相适应的税收制度，

2020 年 6 月 30 日，国家税务总局政策法规司的权威解读指出，《总体方案》突出强调制度集成创新，在守住不发生系统性风险底线的前提下，按照"一个重点、两个支撑、三个保障"的思路构建海南自由贸易港政策制度体系。其中，"一个重点"就是贸易投资自由化便利化，"两个支撑"就是各类生产要素跨境自由有序安全便捷流动和现代产业体系，"三个保障"就是特殊的税收制度安排、高效的社会治理体系和完备的法治体系。作为"保障"之一，税收制度安排对海南自由贸易港建设具有非常重要的作用。自由贸易港是当今世界最高水平的开放形态，特殊的税制安排是世界各地自由港都会采取的普遍做法。《总体方案》提出，要按照"零关税、低税率、简税制、强法治、分阶段"的设计原则，逐步建立与高水平自由贸易港相适应的税收制度。

《总体方案》中关于"税收制度"的内容是五项。

1. 零关税

全岛封关运作前，对部分进口商品，免征进口关税、进口环节增值税和消费税。全岛封关运作、简并税制后，对进口征税商品目录以外、允许海南自由贸易港进口的商品，免征进口关税。

"零关税"体现自由贸易港最基本的特征，是自由贸易港的标准配置。根据《总体方案》，海南自由贸易港将分两步实现零关税，第一步是全岛封关运作前，对部分进口商品免征进口关税、进口环节增值税和消费税。第二步是全岛封关运作、简并税制后，对进口征税商品目录以外、允许海南自由贸易港进口的商品，免征进口关税。

要看到，当前中国海关特殊监管区内货物也是零关税，但海南自由贸易港特殊之处是全岛零关税。过去很多产业进不了海关特殊监管区，现在有可能整个产业链的企业都能放在自由贸易港内，享受零关税政策。所以，这是非常令人震撼的制度设计。

2. 低税率

对在海南自由贸易港实质经营的企业，实行企业所得税优惠税率。对符合条件的个人，实行个人所得税优惠税率。

"低税率"的设计瞄准新加坡等世界自由贸易港，在企业所得税及个人所得税上推出更有竞争力的所得税优惠政策，对在海南自由贸易港实质经营的企业实行企业所得税优惠税率，对符合条件的个人实行个人所得税优惠政策，以吸引跨国公司总部和高端紧缺人才在海南集聚。

3. 简税制

结合我国税制改革方向，探索推进简化税制。改革税种制度，降低间接税比例，实现税种结构简单科学、税制要素充分优化、税负水平明显降低、收入归属清晰、财政收支大体均衡。

"简税制"的设计结合我国税制改革的方向，在海南自由贸易港探索推进比国内其他地区更加简化的税收制度，通过改革税种制度、降低间接税比例，实现税种结构简单科学、税制要素充分优化、税负水平明显降低、收入归属清晰明了、财政收支大体均衡的自由贸易港税制体系。

4. 强法治

税收管理部门按实质经济活动所在地和价值创造地原则对纳税行为进行评估和预警，制定简明易行的实质经营地、所在地居住判定标准，强化对偷漏税风险的识别，防范税基侵蚀和利润转移，避免成为"避税天堂"。积极参与国际税收征管合作，加强涉税情报信息共享。加强税务领域信用分类服务和管理，依法依规对违法失信企业和个人采取相应措施。

在税收征管中落实"强法治"的要求非常重要。税收在国家治理中具有基础性、支柱性、保障性作用，"零关税、低税率、简税制"的税制运行顺畅与否，对于海南自由贸易港建设至关重要，而这正需要法治化的税收征管予以保驾护航。

《总体方案》中有关"强法治"的设计非常清晰，要求税收管理部门按实质经济活动所在地和价值创造地原则对纳税行为进行评估和预警，制定简明易行的实质经营地、所在地居住判定标准，强化对偷漏税风险的识别，防范税基侵蚀和利润转移，避免海南自由贸易港成为"避税天堂"。为了实现这个目标，在国际层面，税务部门要积极参与国际税收征管合作，加强涉税情报信息共享；在国内层面，要加强税务领域信用分类服务和管理，依法依规对违法失信企业和个人采取相应措施。

5.分阶段

按照海南自由贸易港建设的不同阶段，分步骤实施零关税、低税率、简税制的安排，最终形成具有国际竞争力的税收制度。

自由贸易港税收政策制度体系设计不仅是制度创新，对海关、税务监管工作也提出了较大挑战。"放得开"的前提是"管得住"。以"零关税、低税率、简税制"为主要特征的自由贸易港税收政策制度体系，需与全岛封关运作进展、海关和税务监管体系建立进度相匹配，协调好分阶段、分步骤政策措施与最终目标之间的关系。封关运作前，对部分进口商品实行零关税，对符合条件的企业和个人实行所得税优惠政策，积累监管经验，做好封关前的准备工作。2025 年前，全面开展全岛封关运作准备工作情况评估，条件成熟后实施全岛封关运作，简并税制，并对进口征税商品目录以外、允许海南自由贸易港进口的商品，免征进口关税。"分阶段"的设计正是按照海南自由贸易港建设的不同阶段，分步骤实施零关税、低税率、简税制的安排，坚持先立后破、不立不破，久久为功、循序渐进，最终形成具有国际竞争力的税收制度。

（二）社会治理

《总体方案》提出：

着力推进政府机构改革和政府职能转变，鼓励区块链等技术集成应用于治理体系和治理能力现代化，构建系统完备、科学规范、运行有效的自由贸易港治理体系。

把"社会治理"纳入海南自由贸易港制度设计范畴，体现了习近平总书记"4·13"重要讲话的这个要求："深化党和国家机构改革是当前的一项重要工作。海南要深入落实党的十九届三中全会精神，按照党中央统一部署，深化地方党政机构改革，科学配置行政资源，转变政府职能，深化简政放权，结合自身实际改革和完善行政管理体制，为国家治理体系和治理能力现代化进行新的探索。"

中央12号文件专列"加强和创新社会治理"内容，要求海南始终坚持以人民为中心的发展思想，完善公共服务体系，加强社会治理制度建设，不断满足人民日益增长的美好生活需要，形成有效的社会治理、良好的社会秩序，使人民获得感、幸福感、安全感更加充实、更有保障、更可持续。具体内容包括：健全改善民生长效机制、打造共建共治共享的社会治理格局、深化行政体制改革。

推进国家治理体系和治理能力现代化，是党的十九届四中全会作出的重大决策部署。结合海南实际，着力提升治理体系和治理能力现代化水平，构建与中国特色自由贸易港相适应的社会治理体系，是海南自由贸易港建设题中应有之义。

区块链是分布式数据存储、点对点传输、共识机制、加密算法等计算机技术的新型应用模式，具有去中心化、不可篡改、全程留痕、可以追溯、集体维护、公开透明等特点。《总体方案》提出鼓励区块链等技术集成应用于治理体系和治理能力现代化，构建系统完备、科学规范、运行有效的自由贸易港治理体系，这必将为国家治理体系和治理能力现代化作出海南的贡献。

《总体方案》中关于"社会治理"的内容是四项。

1.深化政府机构改革

进一步推动海南大部门制改革，整合分散在各部门相近或相似的功能职责，推动职能相近部门合并。控制行政综合类公务员比例，行政人员编制向监管部门倾斜，推行市场化的专业人员聘任制。

这里给出了"深化政府机构改革"的重点任务，就是进一步推动海南大部门制改革，整合分散在各部门相近或相似的功能职责，推动职能相近部门合并。全面裁减不必要的行政机构，减少局、委、办数量。控制行政综合类公务员比例，行政人员编制向监管部门倾斜，推行市场化的专业人员聘任制。为此，要推动党政机关、法定机构改革创新，促进政府职能转变。加大机构和部门设置的制度集成创新力度，把提升政府效率和服务水平放在实现贸易投资自由化便利化的首要位置来抓，建设高效、诚信、廉洁政府。完善和优化机构职能体系，逐步建立符合海南自由贸易港发展需求的行政管理和服务体制机制。稳妥实施事业单位、法定机构和综合行政执法改革。在园区实行灵活的薪酬制度，吸引人才集聚。运用大数据、云计算、人工智能、区块链等技术手段提升政府效能，推动政务信息及时公开、共享。完善网上督查室，进一步减少多头督查、重复督查。

2.推动政府职能转变

强化监管立法和执法，加强社会信用体系应用，深化"双随机、一公开"的市场监管体制，坚持对新兴业态实行包容审慎监管。充分发挥"互联网＋"、大数据、区块链等现代信息技术作用，通过政务服务等平台建设规范政府服务标准、实现政务流程再造和政务服务"一网通办"，加强数据有序共享，提升政府服务和治理水平。政府作出的承诺须认真履行，对于不能履行承诺或执行不到位而造成损失的，应及时予以赔偿或补偿。

这里给出"推动政府职能转变"的重点任务是：

第一，强化监管立法和执法，加强社会信用体系应用，深化"双随机、一公开"的市场监管体制，坚持对新兴业态实行包容审慎监管。"双随机、一公开"监管体制，即在监管过程中随机抽取检查对象、随机选派执法检查人员，抽查情况及查处结果及时向社会公开的新型监管方式。实行"双随机、一公开"监管，切实解决一些领域存在的检查任性、执法扰民等问题，降低合规成本，减轻企业负担，实现政府部门有限监管资源的最优配置，提升监管执法效能和法律法规震慑力。

第二，充分发挥"互联网＋"、大数据、区块链等现代信息技术作用，通过政务服务等平台建设规范政府服务标准、实现政务流程再造和政务服务"一网通办"，加强数据有序共享，提升政府服务和治理水平。"一网通办"是依托一体化在线政务服务平台，通过线上线下相结合，为办事群众和企业提供统一信息发布、统一接件受理、统一进度查询、统一出件管理、统一评价反馈全流程服务。海南省利用"互联网＋"、大数据、云计算、区块链和人工智能等现代化信息技术，在提升行政管理效能、促进政务数据共享、提升部门协同效率、建设社会可信体系等推动政府职能转变方面，取得了积极成效。未来要通过建设"智慧海南"，继续推进新一代信息技术在社会管理、民生服务、旅游消费、经济贸易、产业创新各方面的深度应用，切实提升服务质量和供给能力，为自由贸易港建设营造更好的发展环境。

3. 打造共建共治共享的社会治理格局

深化户籍制度改革，进一步放宽户口迁移政策，实行以公民身份号码为唯一标识、全岛统一的居住证制度。赋予行业组织更大自主权，发挥其在市场秩序维护、标准制定实施、行业纠纷调处中的重要作用。赋予社区更大的基层治理权限，加快社区服务与治理创新。

打造共建共治共享的社会治理格局，建立与海南自由贸易港发展相适应的社会治理和公共服务体系，《总体方案》提出的任务是：

第一，深化户籍制度改革，进一步放宽户口迁移政策，实行以公民身份号码为唯一标识、全岛统一的居住证制度。全面取消城乡二元户籍制度，实行以身份证号为唯一标识、全岛统一的居住证制度。海南启动新一轮户籍制度改革，主要是为贯彻落实国家有关政策要求，便利非户籍人口在城镇落户，加快破除制约人口自由流动的制度性障碍。2019 年 10 月 19日，海南省人民政府办公厅印发《海南省新一轮户籍制度改革实施方案(试行)》(琼府办〔2019〕27 号)，对改革任务进行了部署。改革的主要内容：一是基本取消本省（除三沙市外）落户限制。省内居民，可在有合法稳定住所（含租赁）的城区、建制镇的社区落户。省外居民，取得本省居住证并参加海南省城镇从业人员基本养老保险(暂不含临时养老保险缴费账户)和海南省城镇从业人员基本医疗保险的，可在有合法稳定住所的城镇社区落户。二是居民在落户地点无自有产权住房的，一律在其合法稳定住所所在的城镇社区集体户落户。三是落实有关政策要求，取消农业户口与非农业户口性质区分，统一登记为居民户口。维护农业转移人口的土地承包权、宅基地使用权、集体收益分配权，不得以退出"三权"作为迁出户籍的条件，引导其依法自愿有偿转让"三权"，全面推行户籍变动与"三权"脱钩。

第二，赋予行业组织更大自主权，发挥其在市场秩序维护、标准制定实施、行业纠纷调处中的重要作用。赋予社区更大的基层治理权限，加快社区服务与治理创新。要加快推动行业协会商会与行政机关全面脱钩，赋予行业组织更大的自主权，发挥其在市场秩序维护、标准制定实施、行业纠纷调处中的重要作用。支持政府部门向行业组织购买服务，加大对非营利组织税收优惠力度。支持行业组织在进出口贸易和对外交流等工作中发挥协调服务作用，推动行业组织高水平发展。支持行业协会在企业和政府之间发挥桥梁和纽带作用，传递行业有关信息，规范行业有关工作，宣传国家有关方针政策。鼓励行业组织参与制定相关立法、政府规划、公共政策、行业标准等事务。政府的决策和法律法规，要通过行业组织协助贯彻执行，支持行业组织成为行业企业反映情况和问题的代言人。

在海南自由贸易港建设中，要大力推进综治中心、社会管理信息化平台、网格化服务管理、矛盾纠纷多元化解"四位一体"新机制建设，加快公共法律服务体系建设。"四位一体"新机制建设是海南市（县）域社会治理现代化试点，创新社会治理机制的举措。针对海南社会治理工作面临的新形势、新问题，海南提出"四位一体"新机制建设，对原先"三位一体"新机制建设进行了升级完善，是海南政法工作的制度集成创新之一，也是海南社会治理的核心模式。海南已建成省市县各级综治中心2838个，划分网格10905个，发挥9608名网格员基层感知细胞根植一线的优势，强化与基层群众的沟通协调，发动全社会力量，及时发现违法犯罪线索和风险隐患，并通过手持终端App实时上报综治中心，实时收集网格员反馈的信息。综治中心发挥统筹协调功能，根据事件性质推送相关部门及时处置，充分调动基层各方力量开展社会服务管理工作。

4. 创新生态文明体制机制

深入推进国家生态文明试验区（海南）建设，全面建立资源高效利用制度，健全自然资源产权制度和有偿使用制度。扎实推进国土空间规划体系建设，实行差别化的自然生态空间用途管制。健全自然保护地内自然资源资产特许经营权等制度，探索生态产品价值实现机制。建立热带雨林等国家公园，构建以国家公园为主体的自然保护地体系。探索建立政府主导、企业和社会参与、市场化运作、可持续的生态保护补偿机制。加快构建自然资源统一调查评价监测和确权登记制度。健全生态环境监测和评价制度。

对《总体方案》关于创新生态文明体制机制的内容，需要加深三点认识。

第一，扎实推进国土空间规划体系建设，实行差别化的自然生态空间用途管制。为有效落实自然生态空间用途管制,自 2017 年开始,海南省依据《自然生态空间用途管制办法(试行)》,在自然资源部等部委指导下,开展省域自然生态空间用途管制试点。2019 年以来,根据中共中央办公厅、国务院办公厅印发的《关于在国土空间规划中统筹划定落实三条控制线的指导意见的通知》(厅字〔2019〕48 号)精神,将生态空间范围内具有特殊重要生态功能、必须强制性严格保护的区域,统一划为生态保护红线。通过划定并严守生态红线提高生态产品供给能力和生态系统服务功能,构建国家生态安全格局,为健全生态文明制度体系、推动绿色发展提供坚实基础和有力保障。

第二,建立热带雨林等国家公园,构建以国家公园为主体的自然保护地体系。建设热带雨林国家公园是筑牢海南绿色生态屏障的关键举措,也是打造生态环境世界一流的自由贸易港的基础条件。构建自然保护地体系的主要任务:一是开展热带雨林国家公园体制试点。立足保护和修复海南热带雨林生态系统,充分考虑海南长臂猿等重要物种保护和繁衍需要,统筹自然生态系统的完整性和周边经济社会发展需要,以海南中部山区的主要山体为骨架,以五指山、鹦哥岭、尖峰岭、霸王岭、吊罗山、黎母山等国家级自然保护区为主体,整合该区域现有的 19 个自然保护地,并延展到周边天然林、生态公益林,科学划定国家公园范围,把我国分布最集中、保存最完好、连片面积最大的热带雨林保护起来。二是研究在我国管辖的南海海域规划建设国家公园。在我国管辖的超过 200 万平方公里的南海海域面积中规划建设国家公园,以保护我国典型的热带海洋生态系统和珊瑚礁生态系统及多样的珍稀海洋动植物资源,特别是抹香鲸、喙鲸、短肢领航鲸等全球关注的濒危珍稀鲸类物种。三是整合优化自然保护地。遵从保护面积不减少、保护强度不降低、保护性质不改变的要求,整合现有 119 个各类自然保护地和 47 个湿地保护小区,将交叉重叠或在同一自然地理单元内相邻、相连的各类自然保护地整合优化,打破因行政区划、资源分类造成的条块割裂局面。

第三，探索建立政府主导、企业和社会参与、市场化运作、可持续的生态保护补偿机制。生态补偿机制是以改善或恢复生态系统服务功能、促进人与自然和谐相处为目的，以生态系统服务价值、保护成本、发展成本为依据，以市场和政府相结合来进行调节为手段，调整生态环境保护和建设相关各方之间利益分配关系的政策。建立健全海南省生态补偿机制，要综合运用行政和市场手段，促使破坏者对保护者、受益者对受害者、受益地区对受损地区的利益补偿，通过政策补偿、实物补偿、资金补偿、技术补偿等多种方式，在不同区域、不同层级开展生态保护补偿实践，有效促进生态环境保护。海南省正在研究制定生态保护补偿条例，拟就生态补偿范围、补偿主体和客体的权利义务、生态保护补偿标准和补偿方式资金筹集渠道、考核评估与法律责任等进行明确。条例将加快海南省生态补偿机制和法律体系的建设步伐，为海南自由贸易港建设提供有力支撑。

2020 年 9 月 3 日，海南省六届人大常委会第二十二次会议审议通过《海南热带雨林国家公园条例（试行）》。该条例自 10 月 1 日起施行，分为总则、规划建设、生态与资源保护、利用管理、法律责任、附则六个部分，分别对构建统一管理、协同配合、多元共治的国家公园保护管理体制，实行分区管控。该条例还对国家公园的重点保护对象及其保护措施，国家公园内原住居民及周边社区居民生产生活与国家公园保护的关系等内容进行了规定，并明确了相应的法律责任。

该条例的施行，将为海南热带雨林国家公园的保护、利用和管理提供法治保障，服务国家生态文明试验区建设，同时也会对国家探索研究制定国家公园相关法律法规提供实践经验，贡献地方智慧。

（三）法治制度

《总体方案》中提出：

建立以海南自由贸易港法为基础，以地方性法规和商事纠纷解决机制为重要组成的自由贸易港法治体系，营造国际一流的自由贸易港法治环境。

建立以海南自由贸易港法为基础，以地方性法规和商事纠纷解决机制为重要组成的自由贸易港法治体系，营造国际一流的自由贸易港法治环境。这是海南自由贸易港法治制度设计的重要指导思想。充分体现了重大开放举措要于法有据，营造规范的法治环境的基本要求。党的十八大报告提出，法治是治国理政的基本方式。党的十八届四中全会要求，凡属重大改革必须于法有据。《中共中央　国务院关于构建开放型经济新体制的若干意见》（2015 年 5 月 5 日）强调：“加强开放型经济法治建设。适应对外开放不断深化形势，完善涉外法律法规体系，重大开放举措要于法有据，营造规范的法治环境。发挥法治的引领和推动作用，加快形成高标准的贸易投资规则体系。”

按照中央提出的发展规划和任务目标，海南 2025 年初步建成自由贸易港制度体系，时间紧、任务重、要求高。当前，海南自由贸易港建设已经起步，但立法供给难以充分满足海南在更高起点上对标国际先进做法打造现代化经济体系的立法需求。要确保自由贸易港建设既生机勃勃又平稳有序，迫切需要发挥法治引领作用，将海南自由贸易港法立法进程积极融入全面推进依法治国和全面深化改革开放大局，尽快形成央地各级推动立法工作的强大合力，抓住未来两到三年的时间窗口期，加快立法节奏，提高立法效率，早日制定、颁行海南自由贸易港法。同时，海南省要结合自由贸易港建设发展的实际需要，灵活按需开展立法，推动立法创新，简化立法程序，制定和出台反走私、简税制、专业服务、离岸金融、离岸贸易、离岸数据、商事注销、公平竞争、个人破产、工作发证、居留、船员管理、个人信息保护、数据出境安全评估等地方性法规规章，构建与自由贸易港建设总体方案相配套的自由贸易港地方性法规体系。

《总体方案》中关于“法治制度”的内容是三项。

1. 制定实施海南自由贸易港法

以法律形式明确自由贸易港各项制度安排，为自由贸易港建设提供原则性、基础性的法治保障。

这些内容的政策点是制定实施海南自由贸易港法。制定实施海南自由贸易港法，目的是以法律形式明确自由贸易港各项制度安排，为自由贸易港建设提供原则性、基础性的法治保障。2019 年 3 月，十三届全国人大二次会议采纳了海南代表团建议，写入"启动海南自由贸易港法立法调研起草工作"相关内容的全国人大常委会工作报告，经大会表决批准。这标志着海南自由贸易港法正式提上国家立法日程。营造国际一流的海南自由贸易港法治环境，也有了良好开端。制定海南自由贸易港法意义十分重大。

第一，制定海南自由贸易港法是贯彻落实党中央关于建设海南自由贸易港重大决策部署的重要举措。习近平总书记发表"4·13"重要讲话以来，全国人大常委会和海南方面就一直在加快推进海南自由贸易港法立法调研起草工作。2019 年 2 月 25 日，中央全面依法治国委员会第二次会议审议通过了《关于全面推进海南法治建设、支持海南全面深化改革开放的意见》，要求为推动海南全面深化改革开放提供良好法治保障和法律服务。这是中央和国家层面出台的第一个支持地方法治建设的文件。这项立法是要将关于建设海南自由贸易港的大政方针，通过法定程序转化为国家意志，转化为法律法规，以国家立法的形式保障党中央决策部署落到实处，切实推动海南自由贸易港建设进程。

第二，制定海南自由贸易港法是以法治保障改革发展的实际需要。制定海南自由贸易港法，要求紧紧围绕党中央关于海南自由贸易港政策和制度体系建设的总要求，将立法决策与改革决策精准有效对接，通过科学、可操作的制度规范来推进改革措施落到实处，以高质量立法引领推动高质量发展，保障海南自由贸易港在法治轨道上有序运行，推动海南成为新时代全面深化改革开放的新标杆，为国家进一步扩大改革开放重大战略的推行实施提供完善有效的法治保障。制定海南自由贸易港法，全面推进海南法治建设，对于完善中国特色社会主义法治理论实践，建设中国特色社会主义法治体系，建设社会主义法治国家具有重要意义。

第三，制定海南自由贸易港法是建设适应国际高水平经贸规则的中国特色自由贸易港的重要保障。海南自由贸易港政策制度体系的关键是制度创新，必须坚持高起点谋划、高水平开放、高标准建设，形成具有国际竞争力的法治化、国际化、便利化的营商环境和开放的制度环境。法治具有固根本、稳预期、利长远的保障作用，是最好的营商环境，是提高核心竞争力的重要抓手。把海南建设成为国内营商环境最好、国际先进一流的具有中国特色的社会主义现代化自由贸易港，法治将成为海南核心竞争力的重要标志。

第四，制定海南自由贸易港法是保障海南自由贸易港政策的稳定性与权威性的根本保证。建设海南自由贸易港，必须立足海南实际，体现中国特色，作为"境内关外"的特殊经济区域，在贸易自由便利、金融创新、税收征管等方面实行更加灵活便利的政策体系、监管模式和管理体制。制定海南自由贸易港法，从宏观上把握自由贸易港建设的总体框架，并将自由贸易港的各项制度和政策上升到国家立法层面，对自由贸易港的功能定位、运行方式、管理模式进行顶层设计，有利于增强制度设计的系统性与协调性，避免各级各类法律规范在实施适用中可能出现的冲突；有利于使各项制度措施相互配合、相得益彰，促进资源的最优配置，提高制度的整体效益；有利于保障海南自由贸易港政策的稳定性与权威性，保障海南自由贸易港的长远可持续发展，从而打造高水平、国际化且兼具中国特色的自由贸易港。

全国人大常委会已将"海南自由贸易港法"项目列为 2020 年初次审议的法律项目。2020 年 6 月 1 日，十三届全国人大常委会第五十八次委员长会议审议通过了调整后的全国人大常委会 2020 年度立法工作计划。6

月 20 日，调整后的立法工作计划对外公布。计划强调，适应党和国家事业发展需要，为疫情防控和经济社会发展工作提供法律支持，做好国家重大战略法治保障工作，加强重要领域立法。在推动经济高质量发展方面，计划提出制定乡村振兴促进法、期货法、海南自由贸易港法等。

在中央层面，制定海南自由贸易港法的工作在加快。2020 年 9 月 21 日至 23 日，中共中央政治局委员、全国人大常委会副委员长王晨在海南就制定海南自由贸易港法进行调研，并召开座谈会听取有关方面对制定海南自由贸易港法的意见建议。王晨指出，要深入贯彻习近平总书记重要指示精神，按照党中央、国务院印发的《海南自由贸易港建设总体方案》要求，通过实地调研，听取多方意见，了解实践需求，扎实推进海南自由贸易港法立法工作，为建设高水平的中国特色自由贸易港提供有力法治支撑。王晨强调，制定海南自由贸易港法，要坚持党的领导，坚持中国特色社会主义制度，贯彻新发展理念，着眼新发展格局，推动高质量发展，对接国际高水平经贸规则，聚焦贸易投资自由化便利化，以法律形式构建起自由贸易港制度的"四梁八柱"。要加快工作进度，确保按照预定计划将法律起草好、审议好。要加强对接沟通，同步制定地方性法规，为自由贸易港建设提供完备配套的实施细则，更好保障和服务更高水平对外开放。

海南自由贸易港法虽已纳入国家立法日程，但要完成最终的立法仍然需要一定的时间。特别是制定海南自由贸易港法条款，还有赖于在《总体方案》实施过程中处于突出位置的制度集成创新的实践，及其经验的提炼总结。

2.制定经济特区法规

在遵循宪法规定和法律、行政法规基本原则前提下，支持海南充分行使经济特区立法权，立足自由贸易港建设实际，制定经济特区法规。

海南具有经济特区立法权，依据是 1988 年 4 月 13 日七届全国人大一次会议审议了国务院建立海南经济特区议案，除了决定将海南岛列为经济特区外，还"授权海南省人民代表大会及其常委会，根据海南经济特区的具体情况和实际需要，遵循国家有关法律、全国人民代表大会及其常务委员会有关决定和国务院有关行政法规的原则制定法规，在海南经济特区实施，并报全国人大常委会和国务院备案"。海南要在遵循宪法规定和法律、行政法规基本原则前提下，用好用足经济特区立法权，加强各重点领域立法，制定经济特区法规。

3.建立多元化商事纠纷解决机制

完善国际商事纠纷案件集中审判机制，提供国际商事仲裁、国际商事调解等多种非诉讼纠纷解决方式。

海南自由贸易港建立多元化商事纠纷解决机制，已经越来越迫切。随着各项优惠政策陆续出台，逐渐吸引境内外商事主体落户海南，参与自由贸易港建设。在此背景下，投资、金融、知识产权等新型商事纠纷的预防化解显得至关重要。既需要公正高效权威的司法支持与保障，也需要构筑公民自治、社会共治、多方参与、司法保障的多元化商事纠纷解决体系。海南自由贸易港多元化商事纠纷解决机制建设，将凸显国际化、中立化和专业化特征，有序规范商事交易行为，平等保护中外当事人合法权益，对增进国际合作与努力营造稳定、公平、透明、可预期的法治化营商环境具有重要意义。

2020年6月1日，海南国际仲裁院国际商事调解中心在海口揭牌设立，受理国内外平等主体的自然人、法人、其他组织之间的民商事争议，包括合同纠纷和其他财产权益纠纷等，对接国内外商事调解机构。该中心对调解员采取聘用制，境外调解员占调解员总数的1/3，地域上分布全球各地，专业类型上覆盖面广，具有很高的专业性和国际化水平。在调解规则方面更加精细化，充分吸收了国内先进机构的调解制度，同时引入《新加坡调解公约》相关内容，在制度设计上与公约保持有效衔接。该中心的设立，有助于海南打造法治化、国际化、便利化的自由贸易港营商环境。

2020 年 10 月 16 日，海南省高级人民法院与中国国际经济贸易仲裁委员会等 10 家境内外仲裁、调解机构签约，努力构建海南自由贸易港公正、高效、便捷的多元化解纠纷机制。此次合作协议的签约，有助于将丰富的国内外争议解决经验成果、优质调解资源、与国际接轨的规则与实践引入海南；有助于进一步完善海南自由贸易港多元化纠纷解决机制，发展高水准、专业化的国际经济纠纷调解服务，建立国际化联合调解机制，增强国际辐射能力；有助于进一步优化海南自由贸易港营商环境，特别是法治化的营商环境建设。海南省高级人民法院负责人表示，海南法院要加强与签约机构合作，对标世界先进，合作构建符合国情和海南全面深化改革开放需要的诉讼、调解工作衔接新机制，共建共享纠纷多元化解平台。引入外籍和港澳台地区调解员，进一步充实调解专家库，加强业务探讨，开展法官、调解员双向业务培训，实现项目、师资等资源共享，共同提高业务水平，形成依法各司其职、相互配合、效能集成的多元化纠纷解决机制，公正高效便利解决商事纠纷，为建设法治化、国际化、便利化营商环境作出新贡献。

（四）风险防控体系

在海南建设自由贸易港，要坚持的一项基本原则是"坚持底线思维"，要求加强重大风险识别和系统性风险防范，建立健全风险防控配套措施。据此，在海南自由贸易港制度设计中提出："在明确分工和机制措施、守住不发生系统性风险底线的前提下，构建海南自由贸易港政策制度体系。"风险防控体系的建设，能确保海南自由贸易港建设沿着正确的方向健康向前发展。

关于"风险防控体系"，《总体方案》中提出：

制定实施有效措施，有针对性防范化解贸易、投资、金融、数据流动、生态和公共卫生等领域重大风险。

凡事预则立，不预则废。海南自由贸易港风险防控体系建设，强调有针对性防范化解贸易、投资、金融、数据流动、生态和公共卫生等领域重大风险。"管得住"是"放得开"的前提。为切实做好海南自由贸易港建设重大风险防控工作，《总体方案》在制度设计中专门明确了风险防控体系的各项措施。做好海南自由贸易港建设重大风险防控工作，需要充分认识加强重大风险防控工作的重要性。当今世界正处于百年未有之大变局，全球动荡源和风险点增多，国内各类矛盾风险也加快积聚。在海南建设中国特色自由贸易港，时刻面临各种风险和挑战，加强全方位全过程的风险防控，成为必要的前提条件和重要的基础保障。

《总体方案》中专门列出"风险防控体系"设计，具体内容是六项。

1. 贸易风险防控

高标准建设开放口岸和"二线口岸"基础设施、监管设施，加大信息化系统建设和科技装备投入力度，实施智能精准监管，依托全岛"人流、物流、资金流"信息管理系统、社会管理监管系统、口岸监管系统"三道防线"，形成海南社会管理信息化平台，对非设关地实施全天候动态监控。加强特定区域监管，在未设立口岸查验机构的区域设立综合执法点，对载运工具、上下货物、物品实时监控和处理。海南自由贸易港与内地之间进出的货物、物品、人员、运输工具等均需从口岸进出。完善口岸监管设备设施的配置。海关负责口岸及其他海关监管区的监管和查缉走私工作。海南省政府负责全省反走私综合治理工作，对下级政府反走私综合治理工作进行考评。建立与广东省、广西壮族自治区等地的反走私联防联控机制。

贸易风险防控的着力点在这三个方面。

第一，实施智能精准监管。海关已引入了大数据、人工智能、云计算、物联网、移动互联等新技术。智能审图技术，会帮助海关对进出岛的目标物进行更为精准、快速的智能识别。人脸识别技术，会自动建立频繁进出岛旅客数据库，在旅检通道实时发现、布控重点嫌疑人。通过政务信息共享积极与地方政务数据对接，实现进出岛的人流、物流、资金流相互融合，构建资源可视、指挥扁平、作战可控的情指一体化监管体系。在旅检现场使用机器人自动解答通关问题，引导旅客快速通关，并探索利用机器人辅助查验、进行辐射检测。海关建设了国际贸易"单一窗口"和"互联网＋海关"一体化平台，口岸和海关服务事项"应上尽上，全程在线"。海关通关无纸化比例达到98%以上，让企业少跑腿，数据多跑路。海关全面开放业务数据交换接口，为岛内企业提供公开公平规范有序的联网服务。海关推进了全国通关一体化改革，设立风险防控中心和税收征管中心，从体制层面和技术层面实现统一执法，让岛内企业切实感受到全国海关如一关。

第二，依托全岛"人流、物流、资金流"信息管理系统、社会管理监管系统、口岸监管系统"三道防线"，对非设关地实施全天候动态监控。2020年8月31日，海南省委、省政府对第一届"海南省改革和制度创新奖"的获奖项目进行了表彰，建立全天候进出岛人流、物流、资金流监管系统等三个项目获一等奖。而就在2019年，该项目作为制度创新案例，还得到了国务院第六次大督查通报表扬。海南加强对进出岛人流、物流、资金流的全天候、实时性精准识别监管，全面提升实战能力，为实现自由贸易港建设防风险、管得住的目标打下坚实基础。

早在2017年10月，海南省就启动进出岛人流信息管理系统建设工作，习近平总书记发表"4·13"重要讲话之后，海南加速建立全天候进出岛人流、物流、资金流监管系统，同时该项目也被纳入海南自贸区建设的先导性项目。监管系统服务自由贸易港建设"一线"放开、"二线"管住的总体目标，通过整合交通、铁路、海关等部门数据，建设应用全天候、实时性的人流、物流、资金流信息管理系统，精准识别和管控进出岛人流、物流、资金流，基本实现了进出岛人脸识别全覆盖和进出岛货物动态监管，实现了所有在琼银行机构的"T+0"实时数据监测。同时，该系统运用大数据分析感知社会态势，辅助海南省委、省政府进行科学决策，在此基础上，建立了跨层级、跨地域、跨系统、跨部门、跨业务的协同管理和服务机制，提高施政效率。2019年5月，海南省大数据管理局成立后，继续对该监管系统进行完善。主要依据海南自由贸易港"管得住，才能放得开"的基本要求，依托新一代可信数据交换技术和区块链技术，设定特殊商品监管等特定应用场景，打通数据共享壁垒，实现人流、物流、资金流跨网数据共享、协同分析以及与海南社会管理信息化平台的联动。

在海南自由贸易港建设过程中，面临复杂的人流、物流、资金流出入岛管控风险。货物走私将成为重点防控打击的行为。按照"一线"放开、"二线"管住总体目标建设的海南进出岛物流信息管理系统，自2018年10月上线运行以来，对物流监管成效显著。海南省交通运输厅数据显示，2019年，海南进出岛货物总量逾7000万吨。数以万计的货车、货轮、货机，挨个查验费时又费力，物流既要"走得顺"，也得"管得住"，这就需要借助技术的力量。该系统采用大数据、物联网等技术手段，以道路、水路、铁路、航空运输等信息资源共享为基础，整合接入了交通运输部、海关、铁路公司等42个单位的62个系统数据，采集了海口、三亚、洋浦等16个码头的物流数据和监控视频，最终形成进出岛物流数据资源库。值得一提的是，进出岛物流信息管理系统强化对货运车船运行轨迹监控预警能力，可以联动多部门有效开展进出岛物流防控和打击走私行动，并可按"空、铁、水、路"四种运输方式进行查询，详细掌握当天进出岛物流信息；同时对进出岛货物事后可稽查、可追溯。而通过滚装港口安装的检验设备，还可逐车检定装载货物，查看货物成像是否与其申报出岛货物相符，检定符合要求的可以快速放行，从而提高物流的通行效率，助力海南自由贸易港营商环境的改善。

进出岛资金流信息管理系统则为海南自由贸易港建设构建起金融"防火墙"，通过汇总统计开展宏观分析，为经济形势分析、防范化解金融风险、维护金融稳定等提供数据支撑。

在新冠肺炎疫情防控中，进出岛人流信息管理系统发挥了重要作用，为疫情大数据精准防控、数字化防控和疫情防控指挥部决策提供了扎实的数据基础。

第三，有效防范海南自由贸易港中的走私风险。《总体方案》明确要求，海关负责口岸及其他海关监管区的监管和查缉走私工作。海南省政府负责全省反走私综合治理工作，对下级政府反走私综合治理工作进行考评。建立与广东省、广西壮族自治区等地的反走私联防联控机制。

《海南省反走私暂行条例》自 2020 年 4 月 1 日起实施。《条例》提出，以"高效精准打击走私活动"为目标，构建起政府统一领导、部门各尽其责、企业自律配合、群众积极参与、军警民协调联动的反走私综合治理机制。

2020 年 8 月 25 日，海关总署缉私局在海口主持召开琼粤桂反走私联防联控机制建设座谈会，贯彻落实《总体方案》关于"建立与广东省、广西壮族自治区等地的反走私联防联控机制"的部署。海关总署缉私局、琼粤桂三省区打私办相关负责同志、广东分署缉私局相关同志及海口海关缉私局负责人参会。会议听取了海南省打私办关于琼粤桂反走私联防联控机制建设相关情况介绍，以及海口海关缉私局关于自由贸易港海关反走私工作机制有关情况介绍，并就进一步完善琼粤桂反走私联防联控机制进行了深入交流探讨。会议强调，一要充分认识琼粤桂反走私联防联控机制建设的重大意义。要把全方位、全过程风险防控作为推进海南自由贸易港建设的前提和基础，处理好"放得开"与"管得住"之间的关系，行稳致远，久久为功。二要准确把握琼粤桂反走私联防联控机制的定位。三省区地方政府是推动机制建设和运转的责任主体，切实做好"打、防、管、控"。三要强化风险意识，科学设计联防联控机制。确保将各类风险苗头消灭在萌芽状态。四要强化协作配合，确保按时高效完成机制建设任务。会议期间，组织实地调研了海南社会管理信息化平台、海南省反走私情报指挥中心，以及离岛免税品店和码头提货点，并对做好反走私信息化建设、加强离岛免税风险防控等工作提出具体要求。

2.投资风险防控

完善与投资规则相适应的过程监管制度，严格落实备案受理机构的审查责任和备案主体的备案责任。明确加强过程监管的规则和标准，压实监管责任，依法对投资经营活动的全生命周期实施有效监管，对新技术、新产业、新业态、新模式实行包容审慎监管，对高风险行业和领域实行重点监管。建立健全法律责任制度，针对备案主体提供虚假备案信息、违法经营等行为，制定严厉的惩戒措施。实施好外商投资安全审查，在创造稳定、透明和可预期的投资环境同时，有效防范国家安全风险。

《总体方案》关于投资风险防控的制度设计，着重强调：

第一，完善与投资规则相适应的过程监管制度。过程监管是改变重审批轻监管的行政管理方式，把更多行政资源转到事中事后监管上，推行"双随机、一公开"和"互联网＋监管"，对投资经营活动的全生命周期实施有效监管，提高监管执法效能。

第二，对新技术、新产业、新业态、新模式实行包容审慎监管，对高风险行业和领域实行重点监管。包容审慎监管是指在现行法律规范尚未明确的前提下对刚出现还看不准的新技术、新产业、新业态、新模式，如跨境电商，采取一定的包容态度，不是一上来就"管死"，而是给出个"观察期"，营造有利于新兴产业市场发展的良好市场环境。《总体方案》有关推动政府职能转变的要求，就提出坚持对新兴业态实行包容审慎监管。

2020年9月12日，《海南省市场监督管理局关于推行包容审慎监管优化营商环境的指导意见》公布，将从2020年10月6日起施行。根据该意见，海南省将充分发挥制定的轻微违法行为不予处罚清单、违法行为应当从轻或减轻处罚清单、违法行为可以从轻或减轻处罚清单等"三张清单"的监管效能，推行包容审慎监管，支持新技术、新产业、新业态、新模式等各类商事主体健康规范发展，全面优化营商环境。其中，《海南省市场监督管理局轻微违法行为不予处罚清单（2020年版）》涉及商事主体登记管理、广告监管、电子商务监管、质量监管、计量监管、标准化监管、认证认可监管、化妆品监管、知识产权监管等9个方面38项。外国企业常驻代表机构从事规定业务活动以外活动，责令限期改正后及时改正的；公司未依法办理住所变更登记，责令限期登记后及时登记的；广告用语用字未按规定使用普通话和规范汉字，责令限期改正后及时改正的；化妆品标识未标注化妆品名称或者标注名称不符合规定要求，责令限期改正后及时改正的……对这些轻微违法行为，海南省将不予处罚。《海南省市场监督管理局违法行为应当从轻或减轻处罚清单（2020年版）》涉及商事主体登记管理、市场规范、计量监管、知识产权监管等4个方面17项。《海南省市场监督管理局违法行为可以从轻或减轻处罚清单（2020年版）》涉及商事主体登记管理、广告监管、市场规范监管、质量监管、计量监管、认证认可监管、知识产权监管等7个方面39项。该意见以实施分类监管、坚持过罚相当、纳入信用监管为基本原则，在实施行政处罚时充分考虑违法行为的特点、主观恶意以及违法行为的情节、危害程度等因素，并将违法行为纳入信用监管的范围。该意见明确，实行清单动态管理。在适用范围方面，除涉及人身安全、财产安全、公共安全等领域外的商事主体，特别是对新技术、新产业、新业态、新模式等领域，按照鼓励创新原则，在坚守质量和安全底线的基础上，留足发展空间，推行包容审慎监管。

第三，实施好外商投资安全审查，在创造稳定、透明和可预期的投资环境同时，有效防范国家安全风险。2019年3月15日，第十三届全国人民代表大会第二次会议表决通过了《中华人民共和国外商投资法》，自2020年1月1日起施行。该法规定我国建立外商投资安全审查制度，对影响或者可能影响国家安全的外商投资进行安全审查。该法的出台，除在外资准入和国民待遇方面大幅放宽了标准，也正式从法律层面建立了我国的国家安全审查制度，提升了其效力层级和权威，是一部既符合我国经济发展阶段和基本国情、又顺应国际通行规则发展要求的外商投资基础性法律，将为外商投资创造更加稳定、透明、可预期的法律环境，同时也表明我国对于外商投资的规范愈加成熟，市场开放程度更高。

3. 金融风险防控

优化金融基础设施和金融法治环境，加强金融消费者权益保护，依托资金流信息监测管理系统，建立健全资金流动监测和风险防控体系。建立自由贸易港跨境资本流动宏观审慎管理体系，加强对重大风险的识别和系统性金融风险的防范。加强反洗钱、反恐怖融资和反逃税审查，研究建立洗钱风险评估机制，定期评估洗钱和恐怖融资风险。构建适应海南自由贸易港建设的金融监管协调机制。

为做好推动海南自由贸易港跨境资金依法有序自由流动相应风险防范工作，要探索构建自由贸易港本外币一体化跨境资本流动监测预警、宏观审慎评估和协调联系机制。2018 年 6 月以来，海南省启动了资金流信息监测系统建设。目前，一期已经上线运行，二期将正式上线。届时，海南可实现按天、按月，分币种、分区域流向、分行业流向对进出岛资金进行统计，精准识别和管控进出岛"每一分钱"，实时把控全省资金动向。宏观审慎评估目的是对系统性金融风险进行监测、有效识别和评估预测。评估工作机制将以普通账户和自由贸易账户并存的现实为基础，科学设定金融稳定指标和跨境资本流动参数和阈值，进一步完善风险识别指标体系，重点关注资金大规模异常流动，防止出现因外部冲击出现系统性风险。

4. 网络安全和数据安全风险防控

深入贯彻实施网络安全等级保护制度，重点保障关键信息基础设施和数据安全，健全网络安全保障体系，提升海南自由贸易港建设相关的网络安全保障能力和水平。建立健全数据出境安全管理制度体系。健全数据流动风险管控措施。

数据已经成为与人力资本、物质资产相提并论的重要生产要素，并被视为国家基础性战略资源，掌握数据的多寡是衡量国家软实力和竞争力的重要标志。海南自由贸易港建设的大机遇，正逢全球数字经济大潮奔腾而至之时。抢抓数字化发展机遇，以信息化助力海南自由贸易港发展，成为破题新时代中国特色自由贸易港建设的必然选择。同时，数据安全风险总是与数字化发展相伴相生，如果没有安全保障，数字化发展越快，造成的危险可能越大。因此，海南自由贸易港抢抓数字化发展机遇，要与数据安全同行。

第一，用正确的网络安全观指引海南自由贸易港数据安全。习近平总书记指出，没有网络安全，就没有国家安全，就没有经济社会稳定运行，广大人民群众利益也难以得到保障。要正确认识安全和发展的关系，安全是发展的前提，发展是安全的保障，安全和发展要同步推进。网络安全和信息化必须统一谋划、统一部署、统一推进、统一实施。海南发展数字经济，要处理好安全和发展的关系，做到协调一致、齐头并进，以安全保发展，以发展促安全。

第二，落实好《网络安全法》等法律制度，切实维护海南自由贸易港数据安全。2016年11月，十二届全国人大常委会第二十四次会议表决通过了《网络安全法》。这是我国第一部专门针对网络安全的基本大法，是依法治网、化解网络风险的法律重器，为网络安全工作提供了切实法律保障。《网络安全法》提出建立个人信息保护、个人信息和重要数据出境安全评估等数据安全管理制度。此外，国家有关部门研究起草的《数据安全管理办法（征求意见稿）》和《个人信息出境安全评估办法（征求意见稿）》已向社会征求了意见，这些办法对数据安全管理作出了规范，都是海南切实维护数据安全的有效法律依据。

第三，利用国家标准指导海南自由贸易港做好数据安全保护。国家互联网信息办公室指导全国信息安全标准化技术委员会先后出台了《信息安全技术个人信息安全规范》《信息安全技术大数据安全管理指南》等国家标准，从数据安全管理和安全技术等方面提出要求，覆盖了个人信息收集、存储、处理、共享、销毁等各个环节，为指导和规范企业落实数据安全保护责任提供了具体行动指南。海南自由贸易港建设需要相关企业利用好这些国家标准，充分发挥标准的引领作用。

第四，探索开展海南自由贸易港数据出境安全评估。数据跨境管理是数据安全管理的重要部分。在全球化高度发展的今天，数据跨境传输已成为一种必然趋势。海南自由贸易港作为我国面向太平洋和印度洋的重要对外开放门户，服务我国高水平对外开放战略，决定了其特殊性和高水平的数据流通需要。要充分利用自由贸易港制度创新优势，在国家数据出境安全管理制度框架下，积极探索数据跨境传输安全管理方式方法，走出一条数据安全有序流动促进贸易畅通、资金融通的路子。

5. 公共卫生风险防控

加强公共卫生防控救治体系建设，建立传染病和突发公共卫生事件监测预警、应急响应平台和决策指挥系统，提高早期预防、风险研判和及时处置能力。加强疾病预防控制体系建设，高标准建设省级疾病预防控制中心，建立国家热带病研究中心海南分中心，加快推进各级疾病预防控制机构基础设施建设，优化实验室检验检测资源配置。加强公共卫生人才队伍建设，提升监测预警、检验检测、现场流行病学调查、应急处置和医疗救治能力。建设生物安全防护三级实验室和传染病防治研究所，强化全面检测、快速筛查能力，优化重要卫生应急物资储备和产能保障体系。健全优化重大疫情救治体系，建设传染病医疗服务网络，依托综合医院或专科医院建立省级和市级传染病医疗中心，改善传染病医疗中心和传染病医院基础设施和医疗条件。重点加强基层传染病医疗服务能力建设，提升县级综合医院传染病诊疗能力。构建网格化紧密型医疗集团，促进资源下沉、医防融合。完善基层医疗卫生机构标准化建设，强化常见病多发病诊治、公共卫生服务和健康管理能力。加强国际卫生检疫合作和国际疫情信息搜集与分析，提升口岸卫生检疫技术设施保障，建设一流的国际旅行卫生保健中心，严格落实出入境人员健康申报制度，加强对来自重点国家或地区的交通工具、人员和货物、物品的卫生检疫，强化联防联控，筑牢口岸检疫防线。加强对全球传染病疫情的监测，推进境外传染病疫情风险早期预警，严防重大传染病跨境传播。建立海关等多部门协作的境外疫病疫情和有害生物联防联控机制。提升进出口商品质量安全风险预警和快速反应监管能力，完善重点敏感进出口商品监管。

《总体方案》对"公共卫生风险防控"着墨颇多。方案提出，要加强公共卫生防控救治体系建设，建立传染病和突发公共卫生事件监测预警、应急响应平台和决策指挥系统，提高早期预防、风险研判和及时处置能力。根据方案，海南自由贸易港将建设生物安全防护三级实验室和传染病防治研究所，强化全面检测、快速筛查能力，优化重要卫生应急物资储备和产能保障体系。加强对全球传染病疫情的监测，推进境外传染病疫情风险早期预警，严防重大传染病跨境传播。

就加强境外疫情风险防控而言，面对全球新发传染病不断涌现，传统传染病死灰复燃的严峻形势，必须充分发挥海关等多部门协作的境外传染病疫情联防联控机制的作用，形成合力，才能妥善加以应对，筑牢口岸检疫防线。

第一，构建预防为主的口岸公共卫生体系。坚持以预防为主，以基层建设为重点，以改革创新为动力，以共建共享为目标，以发展理念为引领，构建口岸公共卫生体系，统筹应对口岸非传统安全威胁，服务国家发展战略，保障人民群众健康安全。

第二，建立完善的全球疫情监测体系。建立基于国家层面的全球传染病疫情信息智能监测预警体系，充分运用大数据加强国际疫情分析，开展全球传染病疫情数据风险研判，评估境外疫情输入风险，制定有针对性的传染病疫情防控措施，做到科学施策、精准检疫，实现对重大传染病传入风险的有效控制，最大限度降低传染病的传入风险。

第三，建立口岸传染病疫情主动防控体系。加强联防联控，探索利用"云平台"进行大数据信息交换和人员信息采集，建立覆盖全球的、高效信息互通的"跨境人流"信息管理系统，实现与卫生健康、边检、外事、交通、商务、旅游等部门数据互联互通、信息共享。形成海南全省传染病防控"一张网"，从而有效构建口岸传染病主动防控体系，做到"早发现、早研判、早预警、早处置"，有效降低传染病跨境传播的风险。

第四，建立分级分类的高效协作机制。将海南口岸传染病和突发公共卫生事件处置有机融入海南省突发公共卫生事件应急处置体系，与各级有关部门建立和完善跨部门、跨区域、跨专业的公共卫生应急联动机制，拟定层级分明、分类合理、高效协作的应急预案和技术方案，有效提升应急管理能力，共同协调处置口岸传染病和突发公共卫生事件。建设应对全球关注的突发公共卫生事件的协作沟通机制，探索"关口前移、源头控制"模式，深度参与全球公共卫生治理。

第五，打造联防联控一体化信息平台。建立同周边国家和"一带一路"沿线国家疫情信息与卫生措施通报机制，构建与世界卫生组织主要缔约国的疫情信息、卫生措施通报机制和联合应急处置机制。将口岸传染病疫情信息全部纳入国家传染病监控网络，搭建跨部门、跨区域、跨专业的突发公共卫生事件信息交流平台，实现全国疫情信息互联互通。

第六，提供高质量的国际旅行医疗服务。本着"高起点定位、高标准建设、高水平管理、高质量服务"的原则，到 2025 年，构建以海口为总部，三亚为分中心，辐射全岛的国际旅行卫生保健服务新格局，建设拥有领先的救助诊察手段、先进的检测设备和雄厚的技术力量的综合性保障服务体系，实现国际旅行卫生健康咨询、旅行健康体检评估、免疫预防接种、医疗救助为一体的服务体系，为国际旅行人员提供高质量的国际旅行医疗服务。

第七，建立协同高效的口岸病媒生物监测控制机制和外来有害生物联防联控机制。提升口岸病媒生物本底调查和输入性病媒生物监测控制的智能化、科学化水平，应用生物传感器、物联网等技术推进口岸鼠类等病媒生物的智能监测；建立基于人工智能技术的病媒生物远程鉴定和智能鉴定系统。加大口岸外来有害生物监测、查验和处置力度，健全重大动植物疫情监测网络，构建动植物疫情风险级别判定指标体系及风险预警智能化判定模型。通过加强与口岸运营单位等部门的联防联控合作，依托物理、生物、化学、遗传等综合防治手段，持续消除病媒生物滋生场所和栖息地，有效防范口岸虫媒传染病的传播扩散。加强与地方政府农林部门的联防联控合作，及时发布风险预警，配合做好外来有害生物应急处置预案和有害生物铲除，有效防范外来有害生物传入。

6.生态风险防控

实行严格的进出境环境安全准入管理制度，禁止洋垃圾输入。推进医疗废物等危险废物处置设施建设，提升突发生态环境事件应急准备与响应能力。建立健全环保信用评价制度。

《总体方案》关于生态风险防控的制度设计，安排了海南自由贸易港建设三个具体任务：一是实行严格的进出境环境安全准入管理制度，禁止洋垃圾输入。二是推进医疗废物等危险废物处置设施建设，提升突发生态环境事件应急准备与响应能力。三是建立健全环保信用评价制度。

在推进海南自由贸易港建设过程中有什么风险？海南将如何加强风险防范？对这些问题，海南省委书记刘赐贵在国务院新闻办公室2020年6月8日举办的《总体方案》发布会上表明立场：要明确海南自贸港是中国特色社会主义制度的自贸港，走中国特色社会主义道路是坚定不移的。也可以说，世界上很多的自贸港是资本主义制度的，但是社会主义制度下的自贸港就是海南。所以我们要坚持中国共产党的领导，坚持走中国特色社会主义道路，有几个不允许，即不允许危害国家安全；不允许在意识形态方面来破坏社会主义制度；不允许通过货物贸易走私；不允许搞黄赌毒；不允许破坏海南良好的生态环境；不允许在海南自贸港建设过程中产生腐败、发生不廉洁的行为。对这些原则性的问题，我们都会制定或者已经制定相应的管控措施。

　　海南自由贸易港是在中华民族伟大复兴这个时代，在百年未有之大变局这个时期应运而生的，是中国改革开放鲜明的特征。刘赐贵表示，海南自由贸易港建设正在拉开序幕，这是一个伟大的事业，是中国内地唯一一个自由贸易港，谁也没有经历过，因此就有风险防控问题。海南开放的历史经验告诉人们，"管得住"才能"放得开"。因此，海南自由贸易港建设过程中，风险防控的意识一点都不能少，风险防护的措施一点也不能缺。海南省委对自由贸易港建设的风险防控高度重视，做了认真的分析，大体上总结了 13 类、大大小小的风险点有 100 多个，这还是可以想到的。在发展过程中可能还有想不到的。无论是想到的还是想不到的，只要有坚定的防范化解的意识和决心，就能不断去提升风险防范和化解的能力，提高社会治理能力。就以海南的房地产而言，全岛进行全域的限购有个过程，这实际上也是风险防控的一个过程。早在 2015 年，习近平总书记主持全面深化改革领导小组会议时确定海南进行"多规合一"的试点，从那时开始，海南就对房地产提出了"两个暂停"，一个是暂停批地，一个是有地的房地产商暂停批建。习近平总书记发表"4·13"重要讲话以后，海南是以壮士断腕的决心采取了全域限购的措施。现在看来，海南经历了阵痛，但是海南在房地产上曾经有过的历史上带来的风险，几起大起大落的风险，可以说在自由贸易港政策发布后不会再出现。

　　刘赐贵介绍说，海南还从立法的角度加强风险防控，制定出台并且正在实施《海南省反走私暂行条例》，对走私有明确的法律条款。因为"零关税"以后，"一线"放开必须管住"二线"，主要还是管住货物的走私，所以海南从法律方面会制定相关的条例。建设自由贸易港，项目多了，投资多了，公共的权力大了，如果廉政风险控制不住，就不可能有一个良好的营商环境。在这方面，海南对项目招投标进行全过程的介入监督，由省纪委监委、审计等部门组成，对全省的投资项目进行全覆盖监督。海南还建立了社会管理信息化平台，基本上建立起了一套海上 12 海里内、岸上 1944 公里的海岸线上和内陆的网格化反走私管控。通过卫星海上和岸上的岸基雷达，通过远程抓拍，可以无缝对所有岸线实行监控，所以在风险管控方面、反走私方面，海南是有一套管理机制和平台的。

在发布会上，又有记者问，海南的环境、空气、水体质量总体保持全国一流水平，在建设海南自由贸易港过程中，海南如何处理好经济发展和保护生态环境的关系？刘赐贵回答，在海南自贸港建设中一定会守住生态的底线，海南的生态环境一定会只能更好，不会变差，这一直是我们发展的理念。习近平总书记在2013年4月视察海南时强调，青山绿水、碧海蓝天是海南最强的优势和最大的本钱，是一笔既买不来也借不到的宝贵财富，必须倍加珍惜，精心呵护。我们牢记习近平总书记的嘱托，在发展上，不管项目有再多的GDP、再多的税收，只要对环境造成影响和破坏的，都坚决不要。这几年我们落实习近平总书记的重要嘱托，采取了一系列的措施，大家比较关心的是大气质量，2017年PM2.5浓度均值每立方米是18微克，2018年是17微克，2019年是16微克，每年下降一个点，但是这一个点很不容易。我们设定的目标，到2030年，海南的PM2.5是个位数，怎么实现这个目标？我们已经采取了一系列措施。第一，使用的是清洁能源，到时候全岛将使用清洁能源，成为清洁能源岛。第二，到2030年不再销售燃油汽车。第三，从2020年底开始，将实现禁塑，就是禁止使用不可降解的塑料制品，包括塑料袋、塑料餐具等。第四，对农村的农民烧柴火，已经建设了2000多公里的LNG的供气管道，2030年也基本上可以实现以气代柴。第五，森林覆盖率保持在62%以上，有4400平方公里的热带雨林公园，这是海南的"肺"，一定会保护好的。热带雨林公园已经在建设，国家也批准了。第六，继续进行人居环境整治，包括对海岸带的整治、违章建筑的整治、黑臭水体的整治等，这是我们的发展理念。

刘赐贵介绍说，在发展区域上，不是项目到处都可以落，我们建立了20个园区，6月3日有11个园区同时挂牌。项目进园区，最大限度把省级审批权限下放到园区，让园区说了算，就是我们讲的"极简审批"。园区配套最优质的幼儿园和中小学，让创业人才解除后顾之忧。在产业选择上，不是什么项目都要，主要是聚焦三大领域：旅游业、现代服务业和高新技术产业。高新技术产业着重发展大家都熟知的陆海空三个产业。"陆"就是著名的南繁育种、杂交水稻。"海"就是深海研究、深海开发、海洋经济。"空"就是文昌卫星发射和今后文昌卫星的系列产业发展。所以我们在产业上也是有选择的。

建设高水平的中国特色自由贸易港，是一项前所未有、需要探索的伟大事业，各类风险和挑战必将相伴而生，且更具复杂性、交织性、全域性，将在不同阶段呈现不同特点。海南将深刻汲取三次"大起大落"的历史教训，始终坚持底线思维，认真科学审慎地对海南建设自由贸易港存在的独特优势、短板不足进行分析，从整体上大局上把握防范化解重大风险，做实系统性整体性防范化解重大风险各项工作。

对海南来说，必须深刻汲取"大起大落"的历史教训，增强忧患意识、坚持底线思维，一手抓政策落地，一手毫不放松抓风险防控，确保海南自由贸易港建设方向正确、健康发展、行稳致远。坚持底线思维，牢牢把握"管得住"才能"放得开"这一前提，对海南来说是有过极其深刻教训的。

1985年7月31日，新华社以《海南岛大量进口和倒卖汽车事件真相大白》为题，详尽地报道了中央联合调查组调查海南汽车事件的前后经过和处理意见，指出中纪委等单位组成的联合调查组提出调查报告，海南岛大量进口倒卖汽车问题已经查实。报道中说："海南区党委、区政府的一些主要领导干部从1984年1月1日至1985年3月5日，共批准进口汽车（包括组装件）8.9万辆（90%以上是小轿车、面包车），已到货7.9万辆；批准进口电视机（包括组装件）286万台，已到货34.7万台……这些物资，显然不是海南岛的建设和海南岛人民消费所容纳得了的，而且多数是海南岛建设所不需要的（如小轿车、面包车）。实际上，进口的汽车已有1万多辆被倒卖出岛，销到27个省、自治区、直辖市。其他进口物资大部分也被倒卖出岛。"为了进口汽车等物资，海南岛有关干部违犯国家外汇管理规定，非法高价从岛外购进外汇 5.7 亿美元，这个数字是国家允许海南提留外汇的 10 倍。同时，用于进口汽车等物资的贷款，累计达 42.1 亿元，比海南 1984 年工农业总产值还多 10 亿元。

联合调查组的报告指出："汽车事件"的错误在于："大量进口汽车等物资倒卖出岛，冲击了国家计划，冲击了市场，违犯了外汇管理规定，破坏了信贷政策，败坏了党风和社会风气。错误是十分严重的。其性质是严重违背中央的方针政策，明知故犯，弄虚作假，欺骗上级的政治性错误，是无组织无纪律，违反组织原则，严重违反党纪、政纪的错误。"

《人民日报》为此发表《吸取教训 继续前进》的评论员文章说："从 1984 年到今年 3 月，海南区党委、区政府的一些主要领导干部共批准进口汽车 8.9 万辆，已到货 7.9 万辆，还有大量电视机、录像机、摩托车，并进行倒卖。这是我国实行对外开放以来的一个重大事件。海南行政区党委和政府某些负责人违背中央关于开发海南岛的方针，从局部利益出发，钻政策的空子，滥用中央给予的自主权，犯了严重错误。在事件发展过程中，党中央、国务院有关部门曾多次指出他们的错误，要求及时制止。但主事者置若罔闻，有令不行，有禁不止，使错误越发展越严重。""海南汽车事件，冲击国家计划，干扰市场秩序，破坏外汇管理条例和信贷政策，败坏党风和社会风气，不仅给国家造成很大的损害，也给海南的开发建设增加了困难，教训是极其深刻的。"

海南岛大量倒卖汽车等物资的事件，"这是我国实行对外开放以来的一个重大事件"，这是从全国开放大局来认识此事件的突出影响。"汽车事件"发生的原因是多方面的，教训是极其深刻的。在建设自由贸易港的今天，吸取其教训，就是要切实增强风险防控意识，加强重大风险识别和系统性风险防范，建立健全风险防控配套措施。把握好"一线"放开和"二线"管住的关系，坚持在"管得住"的基础上再"放得开"，把牢建设海南自由贸易港的安全屏障。

2009 年 12 月 31 日，《国务院关于推进海南国际旅游岛建设发展的若干意见》（国发〔2009〕44 号）出台，这标志着海南国际旅游岛建设上升为国家战略。随之而来的是，大量资金涌入海南，使海南房价地价一夜之间猛烈飞涨，达到了令人瞠目的地步！据有关统计，2010 年头五天，海南全省商品房交易额达到 171.12 亿元，相当于 2008 年全年的交易总额。2010 年 1 月 11 日，三亚市凤凰岛建设项目一期 700 套房开盘，当天销售一空，均价每平方米 6.5 万元，最高达每平方米 9 万元，属于海南首创、全国罕见。面对疯狂买房购地的不正常现象，海南省政府决定在 2010 年 3 月前，在海南国际旅游岛建设发展规划纲要正式获得国家批准之前，全省暂停土地出让和审批新的房地产开发项目，以利海南国际旅游岛长远发展。这本来是从搞好规划的高度采取的紧急措施，但它却更加刺激房价飞涨。海口、三亚房产一日一价，不少房地产楼纷纷捂盘待售；抢地者更加疯狂。海口有的楼盘一天每平方米上涨 5000 元；有一个老楼盘 1 月 16 日价格为每平方米 1.5 万元，17 日便涨至 1.7 万元，而该楼盘 2008 年的售价为每平方米 4000 多元；海甸岛一个高级楼盘，别墅卖到每平方米 4 万多元，公寓每平方米高达 1.6 万元。琼海市的平均房价，也由每平方米 4000 多元猛涨到 7000—8000 元。

2010 年 2 月，海南省商品房销售均价为 13318 元／平方米，环比上升80.88%。海南建设国际旅游岛的开场锣鼓刚敲响，而首先登台的竟然是这样一场"房地产炒作"风暴，圈地四处成风，房价一夜飙升，令人一时反应不过来！由此演绎出一场海南始料未及的"生态危机"，这就有了后来中央环保督察组所直指的严重现象：房地产企业指到哪儿，政府规划就跟到哪儿！

2017 年 12 月 23 日，中央环保督察组当天在向海南省反馈督察时狠批当地房地产行业对当地生态的破坏："财政过分依赖房地产，房地产企业指到哪儿，政府规划跟到哪儿，鼓了钱袋，毁了生态。"督察组说，海南一些地市轻视环境保护，热衷搞"短平快"的速效政绩，导致当地自然保护区、优质自然岸线、生态脆弱山体遭受破坏，成了当地生态环境难以抚平的伤痛。督察发现，海南沿海市县向海要地、向岸要房等情况严重，对局部生态环境造成明显影响或破坏。万宁市日月湾综合旅游度假区人工岛月岛项目于 2015 年 10 月未批先建，直至督察进驻时才实际停止违法填海行为，周边岸滩已出现大面积淤积并形成连岛沙坝，破坏了海洋自然风貌。三亚市凤凰岛填海项目以国际客运港和邮轮港名义取得海域使用权，但实际用于房地产和酒店开发，由于填岛造成水流变化，三亚湾西部岸线遭到侵蚀，为修复岸滩不得不斥巨资对三亚湾进行人工补沙。文昌市自 2012 年以来对沿海防护林采取托管方式交由企业管理，仅高隆湾片沿海防护林就托管给 13 家企业，放任企业随意占用，造成沿海防护林破坏严重。琼海市对沿海防护林内违法建设不监管、不制止，并于 2015 年 11 月集中为 13 宗海岸带内违法建筑物补办临时手续。昌江县在编制棋子湾旅游度假区控制性详细规划时，擅自放宽海岸带和沿海防护林保护要求，将沿海防护林地规划为建设用地，侵占破坏 200 多亩海岸带。

除了海洋和岸线遭遇房地产项目侵蚀外，海南省的一些自然保护区也难逃劫难。全省 10 个国家级自然保护区中有 8 个存在未经审批的旅游项目。文昌市将铜鼓林国家自然保护区 1333 公顷的陆域范围全部划入生态旅游区开发范围。2014 年又将自然保护区 41.3 公顷现状林地规划为酒店用地，并侵占 5.5 公顷林地开展旅游道路建设。督察组指出，在调整规划过程中，海南省国土、林业、住建等部门把关不严、大开方便之门。三亚珊瑚礁国际级自然保护区 2932 公顷陆域面积长期未纳入实际管护，人类活动频繁的鹿回头片区大洲岛海域和小东海海域活体珊瑚盖度急剧下降。白蝶贝省级自然保护区成立以来未纳入有效管理，2013 年以来，临高县政府在保护区内违规审批用海项目 54 个，办理海水养殖证 77 个，截至督察时，保护区内仍存在 167 家海水养殖单位，白蝶贝已濒临灭绝。文昌麒麟菜省级保护区作为海藻场被盲目开发，原生麒麟菜已濒临灭绝。督察组指出，文昌市政府不仅疏于管理，甚至违规填海造地，建设清澜半岛、东郊椰林、海南度假村等项目，侵占保护区 174 公顷。

中央环保督察组认为，海南省近年来出现的生态给大开发让路，根源是当地一些地方和政府部门对全省得天独厚的生态环境盲目自满，认为自然环境好是自己的工作做得好，对生态环境保护面临的矛盾与挑战缺乏忧患意识。

在建设国际旅游岛背景下海南生态环境遭受严重破坏的事实，告诉我们，生态风险的防控对海南是多么重要！也正是基于房地产绑架海南规划、鼓了钱袋毁了生态的事实，海南下决心坚决破除财政过分依赖房地产的怪圈，坚决落实"房子是用来住的，不是用来炒的"定位，海南不能变成房地产加工厂。在生态红线区周边严格控制商品住宅开发，永久停止中部生态核心区开发新建外销房地产项目，海岸带可开发的一线土地、新批填海土地严禁用于开发商品住宅。海南能走到健康发展的这一步，是极其不容易的。

|第 九 讲|
海南自由贸易港建设的任务安排

　　海南自由贸易港建设是庞大的系统工程，是一个较长时期的奋斗过程，客观上要求分步骤、分阶段推进。通过分步骤分阶段建设，充分发挥海南作为"相对独立的地理单元"的区位优势和特点，将海南岛全岛作为海南自由贸易港的实施范围，对暂不具备在全岛范围实施条件的开放措施，选择海关特殊监管区等特定区域或园区先行实施，待条件成熟后再向全岛范围扩展。最终目标是推动海南岛全岛范围内的全面开放，实现全岛无差异、市场无扭曲、措施更有效。《海南自由贸易港建设总体方案》设计了到 2025 年、到 2035 年和到本世纪中叶三个阶段发展目标。这些目标的确立，体现了科学求实、久久为功的精神，所清晰规划的前行路径和一系列重点工作，把自由贸易港建设的"总蓝图"变成触手可及的"实景图"。

（一）2025 年前重点任务

　　《总体方案》第三部分提出"分步骤分阶段安排"，明确了海南自由贸易港建设 2025 年前、2035 年前两个阶段的重点任务，也就是打基础和全面推进两个阶段的重点任务。当中有：

　　2025 年前重点任务。围绕贸易投资自由化便利化，在有效监管基础上，有序推进开放进程，推动各类要素便捷高效流动，形成早期收获，适时启动全岛封关运作。

2025 年前的第一个阶段，主要是打基础、做准备。这一阶段的目标任务是，围绕贸易投资自由化便利化，在有效监管基础上，有序推进开放进程，推动各类要素便捷高效流动，形成早期收获，适时启动全岛封关运作。围绕这一目标任务，有关方面将抓紧开展工作，力争三年左右时间取得突破性进展，基本具备封关条件，为全岛全面封关奠定良好基础。如果说"适时启动全岛封关运作"是鼓舞人心的重点任务和核心目标，那么把"早期收获"的概念运用到海南自由贸易港第一阶段的建设上，体现的是把海南自由贸易港建设好的信心，让人民群众尽早从自由贸易港的建设中享受到政策红利的初心。

"早期收获"这个词最早用于"一带一路"建设上。2015 年 3 月 28 日，习近平主席在博鳌亚洲论坛 2015 年年会上的主旨演讲中指出："'一带一路'建设不是空洞的口号，而是看得见、摸得着的实际举措，将给地区国家带来实实在在的利益。在有关各方共同努力下，'一带一路'建设的愿景与行动文件已经制定，亚洲基础设施投资银行筹建工作迈出实质性步伐，丝路基金已经顺利启动，一批基础设施互联互通项目已经在稳步推进。这些早期收获向我们展现了'一带一路'的广阔前景。"2019 年 4 月 27 日，第二届"一带一路"国际合作高峰论坛圆桌峰会闭幕后，习近平主席在北京雁栖湖国际会议中心会见记者，介绍高峰论坛主要成果。他说，共建"一带一路"五年多来，特别是首届高峰论坛以来，在各方的共同努力下，政策沟通范围不断拓展，设施联通水平日益提升，经贸和投资合作又上新台阶，资金融通能力持续增强，人文交流往来更加密切，共建"一带一路"合作取得的早期收获，为各国和世界经济增长开辟了更多空间，为加强国际合作打造了平台，为构建人类命运共同体作出了新的贡献。

2020 年 6 月 8 日，国务院新闻办公室在北京举行《海南自由贸易港建设总体方案》发布会，有记者问 2025 年封关运作前，海南自由贸易港建设实行"零关税"政策，形成早期收获。请问财政部是如何考虑的？财政部副部长邹加怡回答说，"零关税"是海南自由贸易港的一项非常重要的制度设计，具体说就是分步骤、分阶段地实施以"零关税"为特征的贸易自由化便利化制度安排。"零关税"政策的早期收获就是在 2025 年全岛封关运作之前率先对部分进口商品实施"零关税"，免征进口关税、进口环节增值税和消费税。邹加怡介绍说，具体来说包括几方面：一是生产设备。对企业自用的生产设备实施"零关税"负面清单管理。二是交通工具。对岛内用于交通运输、旅游业的船舶、航空器等交通工具，还有游艇，实行"零关税"正面清单管理。三是原辅料。对于岛内用于生产自用或者是开展"两头在外"模式的出口加工所消耗的原辅料，实施"零关税"正面清单管理。四是居民消费品。对岛内居民消费的进口商品，实行"零关税"正面清单管理，允许岛内居民免税购买。这四类商品就是"一负三正"的清单管理。除此之外，五是大幅放宽离岛免税购物政策，免税购物的额度从现在的每人每年 3 万元提升到每人每年 10 万元，并且在现行 38 类商品的基础上进一步扩大免税商品种类，同时优化管理，提高旅客购物的便利度。六是支持海南发展会展经济，开展国际交流。研究出台对国家级展会的境外展品在展期内进口和销售的免税政策。这是早期收获。等到条件成熟，于 2025 年实施全岛封关运作之后，会在简并税制的基础上，对进口征税商品目录以外的所有进口商品免征进口关税。这就是实现"零关税"的最终制度安排。国家要制定一个进口征税商品目录，只有在这个目录上的商品仍然需要征收关税，其他大部分不在目录上的进口商品就会实现免征进口关税。

邹加怡说，"零关税"政策的"早期收获"内容是非常丰富的，覆盖了海南经济生活的方方面面。从受益的主体看，包括了生产者，比如企业，也包括了消费者，比如居民和游客。从支持的行业看，既包括了物质生产型的企业，也包括了服务型的企业。从商品范围来看，既包括了大型的生产设备和交通工具，又包括了居民日常生活用的消费品。未来我们要制定"一负三正"四张清单，在制定四张清单时会重点支持高新技术、生态环保和有海南特色的产业，不断夯实海南实体经济发展的产业基础。同时，也会根据海南的实际情况来对"一负三正"的清单进行动态调整。总体上要逐步地缩短负面清单，不断扩大正面清单，不断释放"零关税"的政策红利。

邹加怡同时表示，"零关税"的"早期收获"关键是"早"，就是早日落地、早见成效。一方面，能够吸引更多的人流、物流、资金流集聚到海南，为海南自由贸易港的发展提供经济活动支撑。同时，增强大家对海南发展的信心。另一方面，也是为2025年之后实行全岛封关运作积累经验，做好准备。

从这段精彩回答可以看出，形成早期收获的积极意义在于：

第一，海南自由贸易港建设既对标国际高水平经贸规则，又同时体现中国特色——坚持以人民为中心。2025年之前，海南自由贸易港将对岛内居民消费的进境商品，实行正面清单管理，允许岛内免税购买。2025年之后，正面清单可能将转为负面清单，即从规定什么可以免税购买变成规定什么不能免税购买。这条政策非常有意义，允许当地消费进口免税商品，这是自由贸易港的重要标志，是自由贸易港区别于其他各种类型自由贸易区的一个重要特征。还要看到，这种早期收获不限于岛民，还扩至全体国人。就是放宽离岛免税购物额度至每年每人10万元，扩大免税商品种类。这也是让全国人民尽早享受海南自由贸易港建设的红利。这种早期收获不限于岛民、国人，还扩大到广大投资者。就是2025年前除法律法规和相关规定明确不予免税、国家规定禁止进口的商品外，对企业进口自用的生产设备，实行"零关税"负面清单管理；对岛内进口用于交通运输、旅游业的船舶、航空器等营运用交通工具及游艇，实行"零关税"正面清单管理；对岛内进口用于生产自用或以"两头在外"模式进行生产加工活动（或服务贸易过程中）所消耗的原辅料，实行"零关税"正面清单管理。"零关税"政策，在全岛封关运作完成之前是采取正面清单与负面清单并存的管理方式，正面清单与负面清单并存是一种阶段性举措。在全岛封关运作完成之后，"早期安排"将结束，有望实现除了一些限制进口的商品之外，绝大多数都是"零关税"，即实行一个较简短的负面清单管理。这样的岛民、国人、投资者三方都能获得实惠和红利的"早期收获"政策，还能在哪里寻得？只能是在中国共产党领导下的全球最大的自由贸易港、中国特色的自由贸易港——海南自由贸易港才能享受得到。

中国特色的自由贸易港是以人民为中心的自由贸易港。《总体方案》的制度设计通过一系列过渡性的"早期安排"，让企业和居民可以提早享受到"零关税"等政策红利，提高获得感和幸福感，突出了以人民为中心的发展思想和让改革发展成果更多更公平惠及全体人民的发展方向。"我们不能等到所有的制度和法规体系都完全形成之后，才去让企业和老百姓分享红利，这是一个比较长的时期。"有专家对此表示赞赏，"可以通过逐步地去推进的过程，让企业和老百姓能够尽早地分享自贸港这样一个重大制度建设的红利，提高海南人民或者是进入海南投资的企业的获得感和幸福感。"

第二，尽快形成"早期收获"，又能够吸引更多的人流、物流、资金流集聚到海南，为海南自由贸易港大力发展实体经济提供有力支撑。

第三，除了让人民群众提早享受到制度红利，实行"早期安排"还出于另一方面的考虑：为了在阶段性推进过程中进行压力测试，积累经验，检验制度设计是否符合实际需要，以及识别和应对一些未预见的风险并建立防控体系，以利于自由贸易港建设稳扎稳打，行稳致远，久久为功。

2025年之前这段时间，《总体方案》确定了海南自由贸易港建设的重点任务有18项。

1.加强海关特殊监管区域建设

在洋浦保税港区等具备条件的海关特殊监管区域率先实行"一线"放开、"二线"管住的进出口管理制度。根据海南自由贸易港建设需要，增设海关特殊监管区域。

这个任务明确，2025 年之前在洋浦保税港区等具备条件的海关特殊监管区域，率先实行"一线"放开、"二线"管住的进出境管理制度。作为海南自由贸易港建设的先行区，洋浦保税港区这项早期安排意义重大。建设好洋浦保税港区等海关特殊监管区域，尽早实现海南自由贸易港建设早期收获，还可为下一步全岛封关运作，实行该政策进行压力测试，积累经验。这也是这项任务摆在 2025 年之前 18 项重点任务第一位的要义。

为了打造开放层次更高、营商环境更优、辐射作用更强的中国特色自由贸易港，服务新时代国家对外开放战略布局，充分发挥洋浦保税港区的先行先试作用，支持建设自由贸易港先行区，规范海关对洋浦保税港区的管理，根据《中华人民共和国海关法》和其他有关法律、法规，海关总署制定《中华人民共和国海关对洋浦保税港区监管办法》。2020 年 6 月 3 日，海关总署发布这个办法，对进出洋浦保税港区的货物，实行"一线"放开、"二线"管住的货物进出境管理制度，包括试行加工增值税收政策、简化"一线"申报、突出区内自由、严格"二线"管理、改革统计方法、支持发展国际中转集拼业务、建立协同共管机制、不禁止区内居住居民及设立营业性商业设施等重大政策突破。与国内其他海关特殊监管区域相比更开放、更优惠、更便利，这将有利于为海南自由贸易港的全岛封关运作先行进行探索和积累经验。

在 2020 年 6 月 8 日国新办举行的《海南自由贸易港建设总体方案》发布会上，针对记者提出的在海南自由贸易港的早期建设中洋浦保税港区在哪些方面开展先行先试的问题时，海关总署副署长李国回答说，《海南自由贸易港建设总体方案》明确规定，海南自由贸易港的建设采取分步骤、分阶段实施的战略，其中在 2025 年之前这段时间，《总体方案》确定了 18 项重点任务。第一项就是明确提出了在洋浦保税港区等具备条件的海关特殊监管区域率先实行"一线"放开、"二线"管住的进出口管理制度。

这段话的意思很明确地告诉我们，在第一阶段实施的过程中，要率先利用洋浦保税港区等具备条件的海关特殊监管区域进行一些先行先试的工作。也就是说，洋浦综合保税港区是自由贸易港建设的先行区。在这个先行区里面，将率先实行"一线"放开、"二线"管住的创新管理制度，率先在这里实施有关的早期收获的政策，率先实施我们一系列的有利于贸易便利化自由化的措施，从而为海南自由贸易港的建设进行探索和积累经验。所以从这个意义上来讲，建设好、实施好洋浦保税港区，为全岛封关运行、全面实施自由贸易港的政策将发挥重要的探索和基础性的作用。

李国介绍说，根据中央的部署，海关总署聚焦贸易自由化便利化，坚持管得住才能放得开的要求，在全面总结现有海关特殊监管区域、监管经验的基础上，深入调研论证，研究制定了《中华人民共和国海关对洋浦保税港区监管办法》，并于 2020 年 6 月 3 日正式对外发布。这个《办法》分 7 章 31 条，从先行的角度来看具有几方面的特点：一是试行《海南自由贸易港建设总体方案》明确的加工增值税收政策，对鼓励类产业企业生产的不含进口料件或者含有进口料件在洋浦保税港区加工增值超过 30%的货物，出区进入境内区外销售时免征进口关税，照章征收进口增值税和消费税。这里面有两个非常重要的关键点需要把握：对鼓励类的企业不是所有的，这个地方讲的免税是免征关税。二是简化"一线"申报，在风险可控前提下，洋浦保税港区与境外之间进出的货物除需要口岸检疫检验或必须验核许可证件的货物，包括履行国际公约条约协定，或者涉及安全准入管理的货物以外，企业无须向海关申报，海关径予放行，最大限度地放宽"一线"进入。三是突出区内自由，强化区内企业主体责任，实行企业自律管理。一般情况下，区内企业可以依法开展中转集拼、加工制造、交易、研发再制造、检测维修等业务。其经营活动无须办理海关手续，货物在保税港区内不设存储期限。海关取消账册管理，免于办理海关核销等常规监管手续。同时，海关将充分运用大数据平台，实现风险甄别和智能研判，实施重点的稽核查和查验，实行高效精准的管理。四是严格"二线"

管理。加强围网管理，强化卡口的作用，对保税港区内企业及进出保税港区的车辆（包括行政车辆）、货物、物品、人员，海关依法实施查验监管。五是改革统计方法。改变海关原有实时逐票统计的方式，将统计数据采集手段前伸至洋浦保税港区管理机构建立的一体化信息管理服务平台，实现自动汇总统计。六是支持发展国际中转集拼业务，对国家禁止进出境货物外，可在符合海关要求的专用作业场所开展国际中转集拼业务，简化中转集拼货物数据报送方式，实施电子仓单传输。七是建立协同共管机制。依托洋浦保税港区管理机构建立的一体化信息管理服务平台，搭建统一规范、真实可靠的信息底账库，实现政府部门、口岸监管机构及区内企业之间信息的互联互通、数据可溯、责任可究，建立地方主管、多部门协同监管、企业自管的机制。八是不禁止区内居住居民及设立营业性的商业设施。考虑到海南自由贸易港涉及商业消费等业态，对洋浦保税港区内设立的营利性商业设施等不做禁止性的规定，这也是一个巨大的突破，因为现在所有的海关特殊监管区域内都是不允许人员居住和设立营利性场所，这是开了一个口子。

2020 年 9 月 28 日，海南洋浦保税港区公共信息服务平台（一期）上线运行，实施"一线"进境径予放行、"二线"出区单侧申报等监管模式创新，这标志着海南自由贸易港洋浦保税港区"一线"放开、"二线"管住的进出口管理制度正式落地实施。

海口海关在当日举办的新闻发布会上介绍，该平台运行后除国际公约、条约、协定或涉及安全准入管理要求，以及不涉及口岸检疫、检验、必须核验许可证件的货物，"一线"进出洋浦保税港区无须申报，海关径予放行，企业可直接提货、发货。海关对区内企业取消账册管理，突出区内自由。在"二线"监管上，海关运用大数据平台，改区内外企业双侧申报为区外企业单侧申报。平台上线运行后洋浦保税港区进出境通关手续大幅简化，可实现无感通关，货物存储与流转变得更加自由、便利。

洋浦保税港区现规划面积为 2.3 平方公里。《总体方案》明确，在洋浦保税港区等具备条件的海关特殊监管区域率先实行"一线"放开、"二线"管住的进出口管理制度。《中华人民共和国海关对洋浦保税港区监管办法》提出，洋浦经济开发区管委会应建立公共信息服务平台，实现区内管理机构、海关等监管部门间数据交换和信息共享。

自海南自由贸易港建设以来，洋浦保税港区对外吸引力不断凸显。据海口海关统计数据，2020 年 6 月至 8 月，洋浦保税港区外贸进出口总值为 2.5 亿元人民币，同比增长 174.3%。目前洋浦保税港区注册企业共 359 家，相比 2019 年底增长 1.6 倍。自 6 月 1 日至今，区内新设企业近 200 家，已落地项目 8 个，业态涉及大健康食品生产、高端旅游消费品制造、冷链物流产业、跨境电商、保税检测维修和绿色再制造、离岸新型国际贸易以及国际中转等。洋浦打造海南自由贸易港的"样板间"的速度在加快。

2. 实行部分进口商品零关税政策

除法律法规和相关规定明确不予免税、国家规定禁止进口的商品外，对企业进口自用的生产设备，实行"零关税"负面清单管理；对岛内进口用于交通运输、旅游业的船舶、航空器等营运用交通工具及游艇，实行"零关税"正面清单管理；对岛内进口用于生产自用或以"两头在外"模式进行生产加工活动（或服务贸易过程中）所消耗的原辅料，实行"零关税"正面清单管理；对岛内居民消费的进境商品，实行正面清单管理，允许岛内免税购买。对实行"零关税"清单管理的货物及物品，免征进口关税、进口环节增值税和消费税。清单内容由有关部门根据海南实际需要和监管条件进行动态调整。放宽离岛免税购物额度至每年每人 10 万元，扩大免税商品种类。

这个任务的核心内容，是"一负三正"清单管理。对实行"零关税"清单管理的货物及物品，免征进口关税、进口环节增值税和消费税。清单内容由有关部门根据海南实际需要和监管条件进行动态调整。

第一，对岛内企业进口自用的生产设备，实行"零关税"负面清单管理。这表明，企业进口清单外的生产设备，免征进口关税、进口环节增值税和消费税。负面清单的含义是，以清单方式明确列出禁止和限制类的行业、领域、业务、商品等，清单以外的行业、领域、业务、商品等各类市场主体皆可依法平等进入或经营。生产设备是指生产性的基础设施建设项目所需的机器、设备；生产运营所需的机器、设备、模具、专用工具及其维修用零配件；各类服务经营（包括医疗康养、研发设计、检测维修、物流、游乐、服务外包等）中所使用的机器、设备、器械。实现政策落地，取得早期收获，需要出台生产设备零关税负面清单。届时，岛内企业进口自用的生产设备，只要属于负面清单之外的，按照正常进口程序向海关申报，即可享受免税，极大降低生产成本。负面清单的范围将根据实际需要进行定期调整。零关税进口设备在岛内企业之间可以自由转让，但须向海关备案。转售至内地的，按进口规定办理，照章征收关税和进口环节税。

第二，对岛内进口用于交通运输、旅游业的船舶、航空器等营运用交通工具及游艇，实行"零关税"正面清单管理。进口营运用交通工具及游艇免征进口关税、进口环节增值税和消费税。这项政策落地，届时在岛内注册经营的各类市场主体、各级党政机关、事业单位和社会组织进口正面清单中的交通工具及游艇，按照正常进口程序向海关申报，即可享受免税。正面清单的范围将根据实际需要进行定期调整。需要注意的是，进口零关税交通工具须在岛内登记注册并以海南为主营运基地，在岛内企业之间可以自由转让，但须向海关备案。在规定时间段内可以进入内地使用，或从事往来内地的运输、旅游作业，具体天数及监管办法正在与财政部、海关总署研究确定，离岛超出规定时间不回岛内的，由海关予以处罚或以走私行为论处。转售至内地的，按进口规定办理，照章征收关税和进口环节税。

第三，对岛内进口用于生产自用或以"两头在外"模式进行生产加工活动(或服务贸易过程中）所消耗的原辅料，实行"零关税"正面清单管理。

此项政策落地，届时岛内企业进口正面清单中的生产原辅料，按照正常进口程序向海关申报，即可免征进口关税、进口环节增值税和消费税。正面清单的范围将根据实际需要进行定期调整。需要注意的是，零关税原辅料仅限于岛内企业生产使用或以"两头在外"模式进行生产、加工活动（或服务贸易）在岛内企业之间可以自由转让，但须向海关备案。转售至内地的，按进口规定办理，按实际报验状态照章征收关税和进口环节税。

第四，对岛内居民消费的进境商品，实行正面清单管理，允许岛内免税购买。岛内居民购买的进境商品免征进口关税、进口环节增值税和消费税。此项政策落地，需要出台岛内居民消费的进境商品（日用消费品）零关税正面清单。相比前述零关税商品，零关税日用消费品监管难度更大，需要做大量基础性工作。要加快推进相关软硬件设施建设，推动政策尽快落地，让岛内居民享受到实实在在的自由贸易港政策红利。届时岛内居民凭借身份证明，在一定的年度限额内，可通过跨境电商购物网站、线下实体零售商店等渠道购买清单内的免税商品。

第五，放宽离岛免税购物额度至每年每人 10 万元，扩大免税商品种类。岛内居民在享受自由贸易港"零关税"政策的同时，依然可以同时享受离岛免税购物政策。离岛免税购物政策的进一步完善，将大大提升政策优惠度和购物便利度，有利于吸引国人境外消费回流，促进海南国际旅游消费中心建设，减少我国对外服务贸易逆差。

"实行部分进口商品零关税政策"，这是海南自由贸易港建设的精妙一步。按照分步骤、分阶段建设海南自由贸易港的要求，到 2025 年要初步建立以贸易自由便利和投资自由便利为重点的海南自由贸易港政策制度体系。为有序推进开放进程，同时为全岛封关运作积累经验，2025 年前将在有效监管基础上，对部分进口商品实行"零关税"。对部分进口商品实行"零关税"，既是早期收获的一部分，也是分步骤、分阶段建设自由贸易港的重要一环。

"零关税"是自由贸易港的基本特征之一。海南是我国的一个省级行政区域，与国内其他地区间存在大量贸易和人员往来。建设海南自由贸易港，在营造自由便利的贸易投资环境的同时，还需有效防控风险，确保不对内地造成冲击。因此，"一线"放开、全岛实行"零关税"，必须建立在"二线"安全高效管住的前提下，方能走好这步大棋。考虑到全岛封关运作还需要一定时间、一个过程，为给将来的封关运作积累经验，提前做好压力测试，同时也为取得改革成效，吸引更多的人流、物流、资金流向海南集聚，在封关运作前，对部分进口商品实行"零关税"，逐步过渡到全岛"零关税"。这真是精妙无比的政策设计。

按照海南"三区一中心"（全面深化改革开放试验区、国家生态文明试验区、国家重大战略服务保障区、国际旅游消费中心）的战略定位，海南自由贸易港不以转口贸易和加工制造为重点，而以旅游业、现代服务业和高新技术产业为主导，重点发展种业、医疗、教育、体育、电信、互联网、文化、维修、金融、航运等领域的产业。充分考虑海南战略定位与产业发展方向，在全岛封关运作前，采用"清单管理"的方式，选择重点行业发展所需的商品先行实施"零关税"，并根据海南实际需要和监管条件对清单进行动态调整，逐步扩大"零关税"商品范围。从海南的战略定位出发，结合海南发展实际，将首先对四个领域实行"零关税"：企业进口自用的生产设备，岛内进口用于交通运输、旅游业的船舶、航空器等营运用交通工具及游艇，岛内进口用于生产自用或以"两头在外"模式进行生产加工所消耗的原辅料，以及岛内居民消费的进口商品。这四种类型进口商品的免税主体不同、使用领域各异，相应的监管模式也不相同。

在海南自由贸易港建设过程中，必须牢牢把握"管得住"才能"放得开"这一前提，坚持稳扎稳打、求真务实，与监管能力建设进度保持一致，合理确定"零关税"商品清单。同时，根据监管完善程度，不断扩大"零关税"适用范围，最终实现全岛除进口征税商品目录以外，全面实行"零关税"。

"放宽离岛免税购物额度至每年每人10万元，扩大免税商品种类"的效应迅速显现。2020年10月9日，海关总署公布，离岛免税购物新政落地后的首个中秋、国庆长假，海口海关共监管海南离岛免税购物金额10.4亿元、旅客14.68万人次、件数99.89万件，同比分别增长148.7%、43.9%、97.2%。在海外疫情反复无常的背景下，"出境游"持续停摆，海南正好打开了一扇窗口，成为高端消费群体的首选地，免税购物消费有效引导了境外消费回流。"海南购"正在成为自由贸易港的新名片。

3.减少跨境服务贸易限制

在重点领域率先规范影响服务贸易自由便利的国内规制。制定出台海南自由贸易港跨境服务贸易负面清单，给予境外服务提供者国民待遇。建设海南国际知识产权交易所，在知识产权转让、运用和税收政策等方面开展制度创新，规范探索知识产权证券化。

这个任务有两大亮点：

第一，制定出台海南自由贸易港跨境服务贸易负面清单。这是以透明、可预见的方式，对跨境交付、境外消费和自然人移动等三种服务贸易制定负面清单，负面清单之外将是自由的，允许准入。服务贸易还有一种形态——商业存在，就是在当地提供服务，涉及资格标准，要进一步规范，使之建立商业存在也可自由便利。这将是中国跨境服务贸易的第一张负面清单，是海南自由贸易港制度集成创新的一大亮点。通过负面清单管理，要尽可能破除各类壁垒，在医疗、教育、互联网、会展、影视制作等领域最大限度放开跨境服务贸易准入，给予境外服务提供者国民待遇。落地这项政策，需要出台海南自由贸易港跨境服务贸易负面清单。

第二，建设海南国际知识产权交易所。这是在知识产权转让、运用和税收政策等方面开展制度创新，规范探索知识产权证券化，健全完善知识产权估值、交易体系，为文化、科技等产业企业的无形资产评估、交易提供平台，吸引更多国内外的知识产权持有者落户海南，带动知识产权相关服务行业集聚，延伸知识产权产业链条。知识产权证券化为拥有知识产权的中小微企业破解融资难的问题提供了一个全新的融资模式。海南国际知识产权交易场所的建设对促进知识产权价值实现，更好地服务实体经济，助推海南自由贸易港建设发展具有重大价值与意义。海南国际知识产权交易场所建设的前景广阔，要结合海南自由贸易港特色，建成更加高效、透明、规范的知识产权标准化、国际化交易所，助推国内外各类知识产权的转让、价值实现和落地应用。

2020 年 8 月 28 日，海南国际知识产权交易中心正式开业，标志着海南在建设国际化知识产权交易场所、规范探索知识产权证券化上迈出了重要一步。至此该中心已引入超过 1000 项专利、商标、版权等国内外知识产权在平台挂牌，并达成了超过 20 笔成交案例。

4. 实行"极简审批"投资制度

制定出台海南自由贸易港放宽市场准入特别清单、外商投资准入负面清单。对先行开放的特定服务业领域所设立的外商投资企业，明确经营业务覆盖的地域范围。建立健全国家安全审查、产业准入环境标准和社会信用体系等制度，全面推行"极简审批"制度。深化"证照分离"改革。建立健全以信用监管为基础、与负面清单管理方式相适应的过程监管体系。

这个任务明确：

第一，制定出台海南自由贸易港放宽市场准入特别清单、外商投资准入负面清单。市场准入负面清单制度是指以清单方式明列境内禁止和限制投资经营的行业、领域、业务等，各级政府依法采取相应管理措施的一系列制度安排，清单之外各类市场主体皆可依法平等进入。我国全面实施市场准入负面清单制度以来，市场准入环节政府与市场的关系全面规范，市场准入门槛大幅放宽，市场主体活力充分激发。但依然存在部分行业、领域、业务准入限制过多、过严问题，市场准入制度改革有待进一步深化。在全国统一的市场准入负面清单政策体系下，制定海南自由贸易港放宽市场准入特别清单，放开一批具有含金量的准入措施，支持海南在市场准入环节大胆先行先试，坚定破除各类壁垒，探索更加灵活高效的市场准入政策体系监管模式和管理体制，有利于营造对所有市场主体一视同仁的公平竞争环境，有利于促进优质生产要素加速集聚，有利于加快培育具有海南特色的合作竞争新优势，将树立全国畅通市场准入的样板，打造世界级市场治理的典范，以最具竞争力的治理模式，加速汇聚国内外高端要素，将其切实转化为现实生产力，成为海南自由贸易港建设的重要基础性制度安排。尤其在百年未有之大变局下，国内外形势错综复杂叠加，新冠肺炎疫情全球扩散，着力稳住外资和外贸，及时编制海南自由贸易港放宽市场准入特别清单，能够向全球投资者和消费者展示我国经济高标准开放的魅力，汇聚全球优质资源，彰显我国扩大对外开放、护航经济全球化的大国担当。海南自由贸易港放宽市场准入特别清单政策，把海南打造成为世界范围市场准入的标杆，形成极具吸引力的市场环境。具有中国特色的自由贸易港市场准入标准体系和市场环境将极大地促进全球优质资本、人才、技术等资源高效汇聚，形成改革发展的强大动能。因而，制定出台海南自由贸易港放宽市场准入特别清单具有重要意义。

海南自由贸易港放宽市场准入特别清单是全新的制度安排。特别清单的"特别"之处体现在海南自由贸易港独一无二的清单，直接服务自由贸易港实现特殊定位，精准推动海南发展。紧密围绕国家发展需要与海南发展定位，鼓励市场主体在海南试所不能试，尝所不敢尝。突出精准性、有效性、开拓性找准社会资本有进入积极性意愿和破除壁垒迫切需求的关键点。为海南自由贸易港打造更高层次、更高水平的开放型经济提供必备的体制机制条件，使清单成为自由贸易港建设的重要制度支撑。在"管得住"的前提下，切实放宽文化、医疗、教育等行业准入准营门槛，千方百计破除壁垒，充分激发市场主体活力。海南在建设国际旅游岛、博鳌乐城国际医疗旅游先行区、国际教育创新岛等工作中已有较好基础，已经具备试行更加宽松准入政策的条件。海南在前期工作基础上，进一步提高站位，按照中央部署，发扬敢闯敢试、敢为人先的精神，在市场准入体系建设中形成更加浓厚更有活力的改革创新氛围。

《市场准入负面清单》全国是一张单，海南自由贸易港放宽市场准入特别清单将在国家版负面清单基础上，进一步缩短清单长度，打开"大门"，同时减少许可等管理措施，打开"小门"，实现既准入又准营。要在旅游业、现代服务业、高新技术产业等三大主导产业先行放宽市场准入，特别是在金融、航运、文化、互联网、医疗、教育、体育、种业等重点领域加大开放力度，推动市场准入门槛不断放宽，落实"非禁即入"。

第二，全面推行"极简审批"投资制度。"极简审批"是为营造法治化、国际化、便利化的营商环境，按照深化"放管服"改革的要求，最大限度精简行政审批事项、简化行政审批流程、下放行政审批权限、提高行政审批效率，降低企业的制度性交易成本。2019 年 3 月，海南省人大常委会审议通过《中国（海南）自由贸易试验区重点园区极简审批条例》，要求在重点园区逐步推行规划代立项审批、区域评估代单个项目评估，实行准入清单和告知承诺管理，组织联合验收，强化事中事后监管，以及实施其他极简审批做法。该条例明确，博鳌乐城国际医疗旅游先行区、海口国家高新技术产业开发区、海南老城经济开发区三个产业园区范围内的建设项目，依照相关规定实施特别极简审批。

"多规合一"下的"极简审批"包括以下主要内容：一是"规划代立项"。完整编制园区总体规划、控制性详细规划、土地利用专项规划等，对符合规划的政府投资项目不再开展项目建议书、可行性研究报告等立项审批，项目选址意见书核发、建设项目用地预审等也不再进行审批。二是"区域评估评审"取代"单个项目评估评审"。对园区内规划发展的不存在压覆重要矿床、不产生地质灾害、建设范围内没有文物的产业，经过评估评审确认后，单个项目进园不再进行上述事项的评估评审。对园区内需要审核的林地实行一次性审批，单个项目入园后不再单独报批。环境影响评价文件审批实行分类管理，污染较重、生态影响较大、环境风险较大的项目环境影响评价，报环保主管部门审批；其他准入项目的环境影响评价文件暂时停止实施行政审批，改为备案管理，同时实行排污与环保措施承诺制。三是"准入清单"和"项目技术评估"制度。园区按照园区产业规划，编制园区项目"准入清单"向社会公布。园区管委会在投资主体提交项目报告后，须在 10 个工作日内组织行业主管部门对项目建设内容、用地规模、投资强度、产出率、建设技术方案等进行评估，评估工作完成后企业即可入园。四是承诺审批、审批改备案制。对原来耗时长且影响建设进度的建设项目用地规划许可、建设工程规划许可、建筑工程施工许可等 3 项审批事项，通过实行一次性告知审批条件和需要提交的材料，以及容缺受理和限期承诺等方式，可以当场办理。此外，对于通过加强事中事后监管可以纠正前期审查错误且不会造成严重后果的部分审批事项，如建设项目工程建设方案审查、防空地下室易地建设许可、防雷装置设计审核、城市道路挖掘许可、城镇污水排入排水管网许可等七项，不再进行审批，改为备案管理。五是"联合验收"机制。项目建设完工后 30 天之内，投资主体可以向园区管委会申请验收，园区管委会组织相关部门和专家依据行业标准规范进行"联合验收"，在 30 天之内作出同意投产（运营）或者限期整改、全面整顿的意见。联合验收将原来互为前置审批改为同时审批，互相不为前置，解决了以往验收部门之间互为前置的问题。六是"项目退出"机制。项目竣工验收后，通过对项目合同履约、建设履约、项目效益、可持续发展能力等再进行项目后评估，对后评估未能达标的项目责令限期整改，而整改后仍然未能达标的项目则实行严格退出。项目退出有政府回收、对接转让、对接转移合作开发等多种形式。这就是六个制度（即"六个试行"）。推行"极简审批"，减少行政审批事项和简化行政审批流程，大大降低了企业的制度性交易成本，为项目落地节省制度性成本。

2020 年 7 月 31 日，海南省人民代表大会常务委员会通过《关于批准在洋浦经济开发区等六个园区推广适用"三园"特别极简审批的决定》，明确在海南自由贸易港洋浦经济开发区、海口江东新区、海口综合保税区、三亚中央商务区、文昌国际航天城、陵水黎安国际教育创新试验区推广适用"三园"特别极简审批。

第三，深化"证照分离"改革。证照分离的"照"，是指市场监管部门颁发的营业执照，"证"是指各行业主管部门颁发的经营许可证。"证照分离"改革，是将涉企经营许可事项全部纳入清单管理，按照直接取消审批、审批改为备案、实行告知承诺、优化审批服务等四种方式分类推进改革，减少企业领取营业执照后的经营许可审批事项，简化审批手续，做到"既准入又准营"。

5.试点改革跨境证券投融资政策

支持在海南自由贸易港内注册的境内企业根据境内外融资计划在境外发行股票，优先支持企业通过境外发行债券融资，将企业发行外债备案登记制管理下放至海南省发展改革部门。探索开展跨境资产管理业务试点，提高跨境证券投融资汇兑便利。试点海南自由贸易港内企业境外上市外汇登记直接到银行办理。

这个任务，着眼于支持在海南自由贸易港内注册的境内企业根据境内外融资计划在境外发行股票，优先支持企业通过境外发行债券融资，而明确将企业发行外债备案登记制管理下放至海南省发展改革部门，将大幅缩减海南自由贸易港内注册企业境外债券融资的时间，为企业募集国际资本市场资金提供极大便利。

同时，明确探索开展跨境资产管理业务试点，这项政策支持境外投资者开展境内的资产管理业务时，在海南自由贸易港的银行开设理财账户，以外币或人民币直接投资海南自由贸易港内金融机构发行的银行理财产品、资金信托计划及其他资产管理产品，并为其投资收益汇出提供汇兑便利；探索支持海南自由贸易港内满足一定条件的居民通过港内银行在境外银行开户，在一定额度内以人民币或外币投资海外金融产品，实现资金封闭循环管理，有效防控各类风险。

此外，明确试点海南自由贸易港内企业境外上市外汇登记直接到银行办理，这项政策将实现相关外汇登记业务权限由国家外汇管理局下放至银行办理，给在海南自由贸易港注册的企业创造更加便利化的境外融资环境。届时，海南自由贸易港内企业可凭借相关资料，直接到注册地银行办理境内公司境外上市登记、境外上市公司境内股东持股登记、境外上市公司变更、注销登记及境外上市公司境内股东境外持股变更登记等业务。

优先支持企业境外上市的政策，将重点服务实体经济投融资需求，扶持海南具有特色和比较优势的产业发展，并在境外上市方面给予优先支持，助力在海南注册的企业开展全球资本统筹运用。

6. 加快金融业对内对外开放

培育、提升海南金融机构服务对外开放能力，支持金融业对外开放政策在海南自由贸易港率先实施。支持符合条件的境外证券基金期货经营机构在海南自由贸易港设立独资或合资金融机构。支持金融机构立足海南旅游业、现代服务业、高新技术产业等重点产业发展需要，创新金融产品，提升服务质效。依托海南自由贸易港建设，推动发展相关的场外衍生品业务。支持海南在优化升级现有交易场所的前提下，推进产权交易场所建设，研究允许非居民按照规定参与交易和进行资金结算。支持海南自由贸易港内已经设立的交易场所在会员、交易、税负、清算、交割、投资者权益保护、反洗钱等方面，建立与国际惯例接轨的规则和制度体系。在符合相关法律法规的前提下，支持在海南自由贸易港设立财产险、人身险、再保险公司以及相互保险组织和自保公司。

这个任务明确：

第一，支持符合条件的境外证券基金期货经营机构在海南自由贸易港设立独资或合资金融机构。这项政策有利于吸引更多实力雄厚的国际金融机构落户海南自由贸易港，带动海南省内金融机构服务质量转型升级，加快推动海南自由贸易港建设的国际化进程。

第二，依托海南自由贸易港建设，推动发展相关的场外衍生品业务。衍生品是指其价值依赖于特定基础资产价值变动的金融工具。场外衍生品则是指在场外市场（即交易所以外的市场）进行交易的衍生品。场外衍生品的交易主体主要为商业银行、证券公司、期货公司、风险管理子公司、各类资产管理机构及其他相关机构。根据我国现行法规，目前可以开展的场外衍生品业务类型主要包括以商品权益、利率、汇率及信贷等为标的资产的掉期、期权及中远期合约。

海南需要在国家监管部门指导管理下，审慎开展特色场外衍生品业务。要建设和完善以中央对手清算机制为主体的场外衍生品清算平台。按照《统筹监管金融基础设施工作方案》（银发〔2020〕54号），将海南国际清算所列入国家场外市场金融基础设施，支持上海清算所援建海南国际清算所，通过多方式入股、技术系统搭建、人才智力和交易基础价格授权等方面给予全面支持，为开展场外衍生品提供重要基础设施保障。要积极开展特色场外衍生品业务。包括：以大宗商品非标仓单业务为主，在对指定交割仓库实施有效管理的基础上，推出非标仓单的认证、交易和串换等业务。当市场流动性达到预期水平后，推出仓单融资业务。同时，推出各类仓单价格指数，并在此基础上逐步推出大宗商品的中远期、掉期和场外期权业务。以地域特色热带农产品如天然橡胶、咖啡和槟榔等为基础资产，开展以人民币计价的场外仓单交易与场外衍生品业务。面向东南亚和"一带一路"沿线，发展天然橡胶、咖啡和槟榔以离岸人民币计价的场外仓单交易与场外衍生品业务。引入大型央企，发展以离岸人民币计价的能源类如煤炭、原油、天然气等产品场外衍生品业务；发展以美元计价、人民币结算的大宗商品相关场外衍生品业务。

第三，支持海南在优化升级现有交易场所的前提下，推进产权交易场所建设，研究允许非居民按照规定参与交易和进行资金结算。海南自由贸易港将积极按照国际化、专业化、公开化的原则，打造综合型的产权市场，产品以人民币计价，国内、国际产权均可挂牌交易，境内外机构投资者都可参与。同时，非居民可在海南国际化交易场所开户，获得参与交易资格，并通过自由贸易账户汇入资金，由自由贸易账户转入交易场所保证金户进行交易。在交易场所方面，国家允许在海南设立交易场所，非居民可以参与，包括境外企业和个人，可以在海南交易场所进行交易和结算，这都是很开放的政策。

第四，在符合相关法律法规的前提下，支持在海南自由贸易港设立财产险、人身险、再保险公司以及相互保险组织和自保公司。这项政策重点支持内外资企业设立财产险、人身险、再保险公司及相互保险组织和自保公司，鼓励更多实力雄厚的保险机构落户本地，为海南自由贸易港内企业和个人提供更多国际化、多元化的保险服务，完善海南自由贸易港金融组织体系。

2020年8月22日，中国证券报社主办的"2020金牛资产管理论坛"传出消息，海南正在建设海南国际清算所。这一举措，有利于有效对冲交易场所各类商品交易和跨境贸易过程中面临的市场价格、运费、汇率和利率波动等风险，提供安全便捷的仓单融资服务，为大宗商品场外市场提供一个集中统一的交易和清结算平台，引导国内大宗商品场外市场的完善和发展，助推我国争夺大宗商品场外市场的国际话语权、定价权。

7.增强金融服务实体经济能力

支持发行公司信用类债券、项目收益票据、住房租赁专项债券等。对有稳定现金流的优质旅游资产，推动开展证券化试点。支持金融机构在依法合规、有效防范风险的前提下，在服务贸易领域开展保单融资、仓单质押贷款、应收账款质押贷款、知识产权质押融资等业务。支持涉海高新技术企业利用股权、知识产权开展质押融资，规范、稳妥开发航运物流金融产品和供应链融资产品。依法有序推进人工智能、大数据、云计算等金融科技领域研究成果在海南自由贸易港率先落地。探索建立与国际商业保险付费体系相衔接的商业性医疗保险服务。支持保险业金融机构与境外机构合作开发跨境医疗保险产品。

这个任务明确，推动开展优质旅游资产证券化试点。旅游资产证券化是指以旅游业基础资产所产生的现金流为偿付支持，通过结构化等方式进行信用增级，在此基础上发行资产支持证券的业务活动。开展旅游资产证券化，有利于盘活丰富的海洋、热带雨林等景区沉淀资产，创新融资渠道；有利于提升旅游企业评级，控制融资成本；有利于实现景区经营的良性循环，促进区域经济协同发展，对推动海南旅游业发展意义重大。

8. 实施更加便利的免签入境措施

将外国人免签入境渠道由旅行社邀请接待扩展为外国人自行申报或通过单位邀请接待免签入境。放宽外国人申请免签入境事由限制，允许外国人以商贸、访问、探亲、就医、会展、体育竞技等事由申请免签入境海南。实施外国旅游团乘坐邮轮入境15天免签政策。

这个任务明确，将外国人免签入境渠道由旅行社邀请接待扩展为外国人自行申报或通过单位邀请接待免签入境；放宽外国人申请免签入境事由限制，允许外国人以商贸、访问、探亲、就医、会展、体育竞技等事由申请免签入境海南；实施外国旅游团乘坐邮轮入境15天免签政策。海南是我国内地唯一实行单向免签入境的省份，目前免签59国，包括美英法俄等主要客源地。需要尽快落实非旅行社邀请模式的自行申报免签入境，延长免签停留时间，在更大范围优化出入境边防检查管理，为境外人员、邮轮游艇提供出入境通关便利，进一步便利境外人员在海南居住、生活和工作。

9. 实施更加开放的船舶运输政策

以"中国洋浦港"为船籍港，简化检验流程，逐步放开船舶法定检验，建立海南自由贸易港国际船舶登记中心，创新设立便捷、高效的船舶登记程序。取消船舶登记主体外资股比限制。在确保有效监管和风险可控的前提下，境内建造的船舶在"中国洋浦港"登记并从事国际运输的，视同出口并给予出口退税。对以洋浦港作为中转港从事内外贸同船运输的境内船舶，允许其加注本航次所需的保税油；对其加注本航次所需的本地生产燃料油，实行出口退税政策。对符合条件并经洋浦港中转离境的集装箱货物，试行启运港退税政策。加快推进琼州海峡港航一体化。

这个任务明确：

第一，以"中国洋浦港"为船籍港，建立海南自由贸易港国际船舶登记中心。建设"中国洋浦港"国际船籍港并实施国际船舶登记制度，有利于吸引在境外注册的中资船舶回归，促进航运要素向洋浦集聚，培育现代航运产业集群，提升国际航运话语权。国际船舶登记制度是所有海南自由贸易港政策中率先落地实施的政策，这既对洋浦建设西部陆海新通道国际航运枢纽具有重大意义，对于海南自由贸易港建设历程来说，也具有特殊的标志性意义。要充分运用好洋浦国际船籍港等各项航运政策，在洋浦注册更多的船舶、开通更多的航线，共享自由贸易港发展机遇和政策红利。2020年6月1日，中远海运旗下的"中远海运兴旺"轮成为首艘以"中国洋浦港"为船籍港注册的货轮，预计2020年后续还将注册19艘，全年新增200万载重吨。

第二，在确保有效监管和风险可控的前提下，境内建造的船舶在"中国洋浦港"登记并从事国际运输的视同出口，并给予出口退税。这项政策有利于降低航运企业的购船成本，是海南自由贸易港国际船舶登记制度的有力补充，将吸引更多的中资国际航行船舶在"中国洋浦港"船籍港登记，将洋浦港打造成为西部陆海新通道的区域国际集装箱枢纽港。

第三，对以洋浦港作为中转港从事内外贸同船运输的境内船舶，允许其加注本航次所需的保税油，对其加注本航次所需的本地生产燃料油，实行出口退税政策。2020年6月4日，"飞云河"轮完成广州南沙至洋浦航次后在洋浦进行保税油加注操作测试，这是国内第一单内外贸同船运输船舶加注保税燃油业务。

内外贸同船运输是指经海关核准备案的监管船舶，在内贸状态下同时承载内贸和外贸集装箱货物的运输，有助于促进集装箱运输产业的发展，提高口岸通关效率。内外贸同船运输具有舱位共享、沿途随装随卸、高效快速中转等特点，将进一步提高驳船运输舱位利用率，减少中转时间及停靠泊次数，船舶只需一次靠泊、一次装卸，卸完进口货物，同时装载出口货物，船舶运营效率预计将提高20%以上。内外贸同船运输是国家赋予洋浦港的一项新政。实施该政策，将吸引境内船舶开辟更多以洋浦港为中转港的航线，降低进出岛运输成本，提升洋浦港区域国际集装箱枢纽港地位。2020年7月上旬，来自辽宁省锦州市新时代集装箱码头的"天隆河"集装箱货轮停靠在洋浦经济开发区小铲滩码头，卸下504个集装箱，其中包括16个外贸集装箱。至此，锦州至海南（洋浦）内外贸同船航线完成首航。该航线的开通，丰富了洋浦港至东盟的国际贸易航线，进一步助力洋浦区域国际集装箱枢纽建设，助力洋浦依托高度自由便利的开放运输政策，吸引全球货源在洋浦港集聚。

洋浦经济开发区、海南省交通运输厅以及中远海运携手，加密布局洋浦航线、拓展内外贸同船运输。2020年1—7月，洋浦集装箱吞吐量逆势上扬突破46.46万标箱，同比增长23.24%，西部陆海新通道航运枢纽建设成效初显。

第四，对符合条件并经洋浦港中转离境的集装箱货物，试行启运港退税政策。启运港退税是指出口企业从启运地口岸启运报关出口，由符合条件的运输企业承运，从水路转关直航或经停指定口岸，自离境地口岸离境的集装箱货物，出口企业凭启运港出口货物报关单电子信息及相关材料到主管退税的税务机关，即可申请办理退税。也就是说，启运港退税是指企业由原先的在离境地报关办理出口退税，提前为从启运港出发即可申请出口退税。实施启运港退税，有利于缩短企业退税周期，提高企业资金周转率，降低企业资金占用成本。在"中国洋浦港"实施启运港退税，有利于吸引更多的出口货物来洋浦港中转，增强洋浦港的辐射带动效应和集聚能力。

第五，加快推进琼州海峡港航一体化。琼州海峡港航一体化是指按照政府引导、市场运作企业为主的原则，整合琼州海峡两岸港口、航运资源，实现统一规划、统一建设、统一运营、统一管理，打造"安全、绿色、高效、便捷"的海峡运输大通道。2020年9月10日在海口举行的海南·广东两省合作交流座谈会上，广东、海南两省签署了《海南省人民政府 广东省人民政府战略合作框架协议》和《海南省人民政府 广东省人民政府加快推进琼州海峡港航一体化框架协议》。

10. 实施更加开放的航空运输政策

在对等基础上，推动在双边航空运输协定中实现对双方承运人开放往返海南的第三、第四航权，并根据我国整体航空运输政策，扩大包括第五航权在内的海南自由贸易港建设所必需的航权安排。支持在海南试点开放第七航权。允许相关国家和地区航空公司承载经海南至第三国（地区）的客货业务。实施航空国际中转旅客及其行李通程联运。对位于海南的主基地航空公司开拓国际航线给予支持。允许海南进出岛航班加注保税航油。

这个任务明确：

第一，支持在海南试点开放第七航权。扩大第五航权的开放安排，意味着国际航班经停海南并在海南上下客货；试点开放第七航权，则意味着国际航空公司可以开设由海南到境外其他地区的航线。在海南开放第七航权，将吸引外国航空公司更加积极以海南为基地开通航线，增加海南出入境市场航空运力投放，助力海南航空区域门户枢纽建设，为海南建设自由贸易港带来更多的人流物流，并进一步提升海南国际开放度，推动海南实现贸易投资的国际化，提升海南旅游市场活力，充分发挥民航的战略先导作用。该政策的实施将惠及广大参与海南地区航空运输市场的国际航司，吸引更多国际航司到海南开展业务，进一步推进海南民航业发展，极大地促进海南航空枢纽建设和我国民航高水平对外开放。因此，以航权开放为抓手，打造航空区域门户枢纽，对于加快推进海南自由贸易港建设意义十分重大。

为贯彻落实《总体方案》及民航局印发的《关于加快海南民航业发展支持海南全面深化改革开放的实施意见》，扎实推进海南民航业发展，推动民航高水平对外开放，中国民用航空局按照积极稳妥、有序开放、逐步推进的原则，在海南自由贸易港分阶段、分步骤试点开放第七航权，就试点开放政策细化落实措施，制定并于 2020 年 6 月 9 日印发《海南自由贸易港试点开放第七航权实施方案》，具体试点内容为：一是中国民用航空局在现有航权安排之外，鼓励并支持指定的外国空运企业在海南省具有国际航空运输口岸的地点经营第三、四、五航权以及试点经营第七航权的定期国际客运和／或货运航班，第七航权航班每条航线客、货总班次最高每周分别为七班。海南省已开放的第三、四、五航权航班无班次限制。二是指定的外国空运企业经营上述第三、四、五航权航班时，可根据双边航权安排规定的航线表及运力额度，在海南与中国境内除北京、上海、广州以外的具有国际航空运输口岸的地点之间行使客运中途分程权，每条航线班次最高每周为七班。三是指定的外国空运企业经营上述第七航权航班时，在海南与中国境内的其他地点之间无串飞或中途分程权。四是第七航权的试点开放政策按照国家外交、航空安全、应急管理以及运输发展等宏观调控政策实施。中国民用航空局根据宏观调控需要、公共利益考虑或依据试点评估结果，适时调整第七航权试点开放政策。该实施方案在空域优化、时刻管理、机场容量扩容、基础设施等服务保障方面提出了要求,明确将通过建立有关工作机制推动试点开放政策的落实。

海南自由贸易港试点开放第七航权,是我国航权的最高水平开放。2020年6月10日,民航局举行新闻发布会,民航局政法司司长颜明池在答记者问时表示,在海南自贸港试点开放第七航权,是我国在航权方面的最高水平开放。首先是客、货全面开放。这是我国民航首次同时试点开放客运和货运第七航权,此前仅对个别国家在个别城市开放货运第七航权,本次是超出我国现有双边航权安排的最高水平开放,也是世界范围内自贸港航权开放的最高水平,新加坡、迪拜等自由贸易港主要开放货运第七航权。本次试点符合中央对海南对标世界最高开放形态,高标准建设自由贸易港的要求和战略定位,体现了民航对海南自贸港建设在航权方面的最大支持力度。其次是单向自主开放。一般来说,航权通过两国间双边航空运输协定按照对等原则作出安排。从近年来航权政策发展实践看,有些国家通过"天空开放"协议,与他国实现较高程度的航权开放,如美国、澳大利亚;有些通过诸边方式实现区域内单一航空市场,如欧盟、东盟国家。这些航权开放都是对等互相开放。本次在海南试点开放第七航权是我国对外单向自主开放,不以其他国家向我对等开放第七航权为前提,也不需要通过双边航空运输协定单独作出安排。再次是开放政策叠加。本次在海南试点开放了客货运第七航权,并对此前已做开放试点的三、四、五航权中途分程权做了细化规定和落地落实,结合此前已在海南开放的第三、四、五航权,形成了多项航权开放政策的叠加。航空公司可以通过航线航班的排列组合,建立更加便利、通达的航空运输网络。最后是开放政策的试验田。本次试点开放第七航权,是在航权政策方面对标当今世界最高开放水平的一次试验,也是首次在一省范围内,对航权开放政策与海关、边检、签证、口岸等政策相互作用、开放联动的试验。通过在海南的制度创新和压力测试,为航空运输政策与地区发展政策之间的配套衔接积累经验。颜明池并表示,航权开放对带动海南经济社会发展是有先导作用的。在建设自由贸易港的背景下，高水平航权开放政策对海南民航业和海南经济社会发展的战略作用将更加凸显。从发挥地理区位优势看，第七航权开放政策能够吸引航空公司增开航线航班，增加运力投放，加密布局国际客货运航线，提升海南的国际客货运输网络化和通达性。

第二，允许海南进出岛航班加注保税航油。海南作为相对独立的地理单位，航空运输是对外联通的主要交通方式，在海南自由贸易港建设中发挥着基础性、先导性和战略性作用。航油成本占比是决定航空公司运营成本的主要因素。这条政策突破了原先保税航油政策的适用对象和范围，即无论是国际航班还是国内航班、国外航空公司还是国内航空公司，只要进出海南岛，均可加注保税航油。这将有效降低燃油成本，吸引更多航空公司执飞海南，促进人流、物流向海南集聚，助力海南航空枢纽建设。允许海南进出岛航班加注保税航油，又叠加海南自由贸易港在民航领域的政策优势和税收优势，既可以降低航空公司运营成本，间接降低机票票价，还可以吸引更多航空公司执飞海南航班，拉动产业发展，形成产业集聚。

2020年6月28日，海南省委深改委会议审议通过了《进出岛航班加注保税航油改革实施方案》。从2020年7月1日起国内外航空公司在海口美兰机场、三亚凤凰机场、琼海博鳌机场加注的航油价格下调，其中，内贸航油进销差价每吨下降50元，保税航油综合服务费每吨下降100美元，保税航油销售价格成为国内最低。此次价格下调是《进出岛航班加注保税航油改革实施方案》迈出的坚实一步，将让国内外航空公司享受实实在在的利好，充分体现海南建设自由贸易港的改革决心和优惠政策。

综合来看，海南自由贸易港建设要推动生产要素自由有序安全便捷流动，因此要下大力气破除影响资金、人员、数据等生产要素流动的体制机制障碍，从而有效引导全球高端生产要素在海南集聚、配置、融合，为海南自由贸易港建设提供重要支撑。

11. 便利数据流动

在国家数据跨境传输安全管理制度框架下，开展数据跨境传输安全管理试点，探索形成既能便利数据流动又能保障安全的机制。

这个任务明确，在国家数据跨境传输安全管理制度框架下，开展数据跨境传输安全管理试点。数据的跨境传输是关系国家网络安全的重要领域。海南应以建设智慧海南为抓手，瞄准5G、区块链、人工智能、物联网、大数据等数字经济关键生产要素的"建设、应用、安全、标准"主线谋划开启自由贸易港建设新征程，力争2025年前在国家数据跨境传输安全管理制度框架下，开展数据跨境传输安全管理试点，探索形成既能便利数据流动又能保障安全的机制；2035年前创新数据出境安全的制度设计，积极参与跨境数据流动国际规则制定，建立数据确权、数据交易、数据安全和区块链金融的标准和规则等，实现数据安全有序流动。

这方面的最新进展是，2020年7月底，工业和信息化部正式批复同意建设海南自由贸易港国际互联网数据专用通道，预计年底前建成投用。这有助于加快"便利数据流动"政策落地。国际互联网数据专用通道是以园区为接入单位、服务于外向型企业、直达我国北上广国际通信出入口的专用链路。国际互联网数据专用通道建成后，可明显提升覆盖园区企业的国际互联网访问质量，改善国际网站访问、跨国视频会议、大文件传输等应用场景下的用户体验，为园区营造优质的国际通信营商环境，助力自贸港国际金融服务、跨境电子商务、软件与信息服务外包、跨境物流、国际文化交流、国际总部办公等外向型产业的集聚发展。根据工信部批复，海南自由贸易港国际互联网数据专用通道主要覆盖洋浦经济开发区、博鳌乐城国际医疗旅游先行区、海南生态软件园、三亚崖州湾科技城、海口国家高新技术产业开发区、海口复兴城互联网信息产业园、海口江东新区、海口综合保税区、三亚互联网信息产业园等九个园区。

12. 深化产业对外开放

支持发展总部经济。举办中国国际消费品博览会，国家级展会境外展品在展期内进口和销售享受免税政策，免税政策由有关部门具体制定。支持海南大力引进国外优质医疗资源。总结区域医疗中心建设试点经验，研究支持海南建设区域医疗中心。允许境外理工农医类高水平大学、职业院校在海南自由贸易港独立办学，设立国际学校。推动国内重点高校引进国外知名院校在海南自由贸易港举办具有独立法人资格的中外合作办学机构。建设海南国家区块链技术和产业创新发展基地。

这个任务明确：

第一，支持发展总部经济。总部经济是通过创造有利条件，吸引跨国公司和大型企业总部入驻，形成企业总部在本地区集群布局，进而集聚各种生产要素和创新要素，提升地区经济核心竞争力的一种经济模式。2018年4月以来，海南陆续出台了《关于促进总部经济发展的工作意见》《海南省总部企业认定管理办法》等促进总部经济发展的政策，明晰了总部经济发展路径，构建聚焦重点差异化协同发展的总部经济格局。结合海南省三大产业、十个重点领域规划布局，明确全省总部经济重点发展区域和重点发展领域，通过资金和资源支持引导差异化发展。推动海口、三亚打造为全省总部经济发展大本营，并进行差异化布局引导现代服务业、高新技术产业企业总部落户海口，引导旅游业总部落户三亚。支持若干特定区域发展为特色产业总部经济集聚区，如博鳌乐城国际医疗旅游先行区打造为医疗总部集聚区，洋浦经济开发区打造为航运总部集聚区，三亚崖州湾科技城打造为种业、海洋经济总部集聚区等。

关于各类总部认定标准，主要是大企业、职能类、高成长类等六类总部企业认定标准。一是跨国公司地区总部，由境外注册的母公司在海南省设立，履行两个省以上区域范围管理和服务职能的唯一总机构。二是大企业总部，对境内外所有下属企业履行管理服务职能的唯一总机构。三是综合型企业总部，承担决策管理、行政管理、资产管理、资金结算管理、采购管理等综合总部职能的大型企业。四是职能型总部（结算中心），职能型总部是经授权承担中国区、亚区或更大范围内结算、研发、销售等职能的机构，达到标准的结算中心即可申请职能型总部。海南将取消职能型企业认定的分支机构设立要求，以其经总部授权承担区域内结算、研发、销售等职能的实际业务内容为考核标准，设置营业收入部分比例（如30%）需来自为区域内关联企业提供服务的要求。五是高成长总部，高成长型总部企业是指规模未达到综合型总部要求，但在行业内具有先进的创新技术或商业模式、引领行业发展趋势的企业，对该类企业进行扶持对于推进海南总部经济发展很有必要。海南将明确高成长型总部企业认定条件，并且减少条件限制。六是国际组织（机构）总部，由知名国际组织（机构）在海南省设立的外国非企业经济组织代表机构，以授权形式在中国或更大区域内履行管理和服务职能的唯一总机构，且首席代表常驻海南。

关于各类总部认定，建立省、市（县）两级认定机制。对社会影响力大、带动作用强的跨国公司总部实行省级认定，由省政府授牌，按企业和年薪50万元以上的高管缴纳税收在海南省留成部分"前三年100%、后两年50%"的比例享受财政奖励。其他总部参照《海南省总部企业认定管理办法》，由市（县）政府认定，报海南省联席会议备案，由市县政府根据企业和员工在当地市县缴纳税收留成部分自行安排。此外，对在海南注册企业以外资形式投资并实际到位10亿元以上的，或年度在海南结算营收50亿元以上的企业，在承诺一年内达到海南省现行总部认定标准的前提下，由市（县）政府按"容缺审批"方式预认定为总部企业，报省联席会议备案。这是建立预认定总部企业制度。

在建设自由贸易港的背景下，海南将立足"零关税、低税率、简税制"等自由贸易港政策，不断优化财政扶持、外汇管理便利、人才引进和奖励政策等方面对总部经济的支持力度，进一步设立研发中心、采购中心、财务管理中心等功能性总部机构，引导产业良性循环，实现高质量发展。同时，不断强化配套服务，积极引进国际知名的专业服务机构，为总部企业提供优质的投资管理、咨询、法律、会计、知识产权、人力资源等专业服务；加快国际学校、外国人公寓、家政服务、文化娱乐等配套设施的建设，为总部企业发展生态链提供全方位配套，鼓励总部经济发展。

第二，在海南举办中国国际消费品博览会。首届中国国际消费品博览会以"开放中国　海南先行"为主题，将于2021年5月7日至10日在海南举行，围绕建设海南国际旅游消费中心定位，聚焦全球消费领域资源，打造全球消费品展示交易平台，为全球消费增长提供新动力。这个"消博会"是国家级展会，而国家级展会境外展品在展期内进口和销售享受免税政策。该政策将惠及来琼参加国家级会展境外参展企业、观展企业及个人、会展企业，激活海南的展会经济，有利于海南自由贸易港打造全球消费品展示交易平台，是助力国际旅游消费中心建设的重大举措。在海南举办的中国国际消费品博览会一开始就高起点，由此中国将有四大并驾齐驱的国家级博览会，即广州的中国进出口商品交易会、上海的中国国际进口博览会、北京的中国国际服务贸易交易会和海南的国际消费品博览会。在海南举办消博会，目的是让中国老百姓包括国际消费者，都能在中国买到全世界最好的消费品，这是一个实质性的利好，对建设具有国际影响力的旅游消费中心意义尤其重大。

第三，研究支持海南建设区域医疗中心。中央深改委第九次会议审议通过了《区域医疗中心建设试点工作方案》，明确在河北、山西、辽宁、安徽、福建、河南、云南和新疆八个省份开展试点建设。海南应利用此政策，积极争取补充纳入"国家区域医疗中心建设试点"，结合自由贸易港药品、医疗器械及医疗专业人才资格认可和税收等优惠政策，大力引进国内外优质医疗资源，遴选优质医疗机构在海南建设分中心、分支机构，促进医师多机构执业，融通区域内就医资源和医疗信息，并充分运用"互联网医疗健康"、人工智能等先进技术，解决患者跨区域就诊问题，更好满足人民群众医疗服务需求，打造面向北部湾和东南亚的区域医疗中心。

第四，允许境外理工农医类高水平大学、职业院校在海南自由贸易港独立办学，设立国际学校。海南利用该政策，可以引进境外知名理工农医类大学和职业院校来琼办学，一方面，吸引国内生源在海南自由贸易港就读国际学校取得国际文凭，吸引境外教育消费回流，减少我国服务贸易逆差，增加海南服务贸易收入；另一方面，国际学校的引进将有效集聚优质的教育资源，更多的国际学校毕业生也将留在海南就业创业，补齐人才短板。对于深化海南教育改革开放水平，打造我国教育改革试验平台和对外开放窗口，也具有重要意义。

2020 年 8 月，海南省人民政府与德国比勒费尔德应用科技大学签署了战略合作协议。这是海南落实《总体方案》关于"允许境外理工农医类高水平大学、职业院校在海南自由贸易港独立办学，设立国际学校"，引进境外高水平优质教育资源，加强中德高等教育特别是高等职业教育合作的重要举措，是海南自由贸易港建设早期收获、早期安排的标志性项目之一。

德国比勒费尔德应用科技大学在海南自由贸易港独立办学，是中国境内第一所境外高校独立办学项目，也是德国公办高校首个在国外独立办学项目。该校引入德国"实践嵌入式"高等教育模式，开办大学学士学位和硕士学位教育，将促进海南自由贸易港建设和德国在华企业发展，在培养高素质、国际化人才，推动德国优质企业资源落户海南，推动中德全面交流合作上发挥重要作用。该校首批拟开设经济信息、企业经济、经济工程、智能物流、智能科技、机电一体化、应用自动化、数据科学、工业设计与服务、企业管理、工程管理等专业，计划 2021 年首期招生。该办学项目计划落户海南洋浦经济开发区。德国比勒费尔德应用科技大学位于德国北莱茵—威斯特法伦州，是德国经济发达的东威斯特法伦利普地区最大的应用型大学，拥有 37 个本科专业、25 个硕士专业及多个职业证书教育专业。该校是德国最早提出"实践嵌入式应用型高等教育"的高校，办学水平高、实力强，系为德国工业智能制造集群提供技术支撑的公立院校的领头高校，通过数十年与超过 400 个大中小企业的合作实现了职业教育与高等教育的贯通式人才培养模式。

第五，推动国内重点高校引进国外知名院校在海南自由贸易港举办具有独立法人资格的中外合作办学机构。建设理工农医类海南国际教育创新岛，扩大专业服务业对外开放。海南正在规划建设"陵水黎安国际教育创新试验区""三亚崖州湾科教城""海口桂林洋大学城"三大国际教育集聚区，并计划在洋浦经济开发区、博鳌乐城国际医疗旅游先行区等重点园区，引进高水平、多层次的国际教育资源。上海交通大学医学院和爱丁堡大学合作办学项目、中国农业大学研究院与康奈尔大学等国外四所顶尖农业高校合作 A5 联盟、德国比勒费尔德应用技术大学等项目已落地或正在推进落地，哈罗公学已经开学。海南应发挥自由贸易港税收等政策优势，依托国内巨大生源的区位优势，继续采取市场化方式引进资本合作办学，推动国际院校合作项目在海南落地。此外，教育部联合海南省政府之前发布的《关于支持海南深化教育改革开放实施方案》还明确，赋予海南"支持境外一流高校开展中外合作办学""试点设立国际高中和国际幼儿园""吸引境外教育公司在海南注册离岸公司"等政策。利用好这些政策，应注意与自由贸易港政策的联动性，打好政策"组合拳"，加快海南教育产业开放发展。

第六，建设海南国家区块链技术和产业创新发展基地。聚焦平台载体，提升产业能级，以物联网、人工智能、区块链、数字贸易等为重点发展信息产业，创建国家区块链试验区。建设海南国家区块链技术和产业创新发展基地，这项政策措施旨在加快推动区块链技术、产业与政策、制度协同创新，构建优质的区块链产业生态。2019 年 11 月，工信部印发《支持海南建设自由贸易试验区和中国特色自由贸易港的实施方案》，明确了支持海南发展区块链产业的有关政策措施。为落实该政策，相关园区要大胆试、大胆闯、主动作为，加大政策执行力度，围绕构建区块链产业生态，深入开展专业招商服务工作，吸引和扶持国内外区块链优质企业扎根海南，着力培育"链上海南"区块链产业生态，打造区块链产业集群。

13.优化税收政策安排

从本方案发布之日起，对注册在海南自由贸易港并实质性运营的鼓励类产业企业，减按 15% 征收企业所得税。对在海南自由贸易港设立的旅游业、现代服务业、高新技术产业企业，其 2025 年前新增境外直接投资取得的所得，免征企业所得税。对企业符合条件的资本性支出，允许在支出发生当期一次性税前扣除或加速折旧和摊销。对在海南自由贸易港工作的高端人才和紧缺人才，其个人所得税实际税负超过 15% 的部分，予以免征。对享受上述优惠政策的高端人才和紧缺人才实行清单管理，由海南省商财政部、税务总局制定具体管理办法。

这个任务明确：

第一，对注册在海南自由贸易港并实质性运营的鼓励类产业企业，减按 15% 征收企业所得税。所称实质性运营，是指企业的实际管理机构设在海南自由贸易港，并对企业生产经营、人员、账务、财产等实施实质性全面管理和控制。对不符合实质性运营的企业，不得享受优惠。这里强调"实质性运营"非常重要，也是吸取了海南开发开放过程中的经验教训所作出的针对性强的规定。它既可以吸引真正符合自由贸易港产业发展规划的企业汇集海南，又能够有效防止没有实际经营活动的"空壳企业"浑水摸鱼，扰乱正常的税收管理秩序，败坏自由贸易港建设的形象。所称鼓励类产业企业，是指以《海南自由贸易港鼓励类产业目录》中规定的产业项目为主营业务，且主营业务收入占企业收入总额 60% 以上的企业。《海南自由贸易港鼓励类产业目录》包括《产业结构调整指导目录（2019 年本）》《鼓励外商投资产业目录（2019 年版）》和海南自由贸易港新增鼓励类产业目录。2020 年 6 月 30 日，财政部发布《关于海南自由贸易港企业所得税优惠政策的通知》，明确对注册在海南自由贸易港并实质性经营的鼓励类产业企业，减按15%的税率征收企业所得税。2020年7月31日，海南省税务局发布《关于海南自由贸易港企业所得税优惠政策有关问题的公告》，对6月发布的海南自由贸易港企业所得税优惠政策逐一进行了说明。

第二，对在海南自由贸易港设立的旅游业、现代服务业、高新技术产业企业，其2025年前新增境外直接投资所得，免征企业所得税。凡是在海南自由贸易港注册，以旅游业、现代服务业、高新技术产业项目为主营业务，且其当年度主营业务收入占企业收入总额60%以上的企业，其在境外直接投资取得的收益，汇回海南自由贸易港的，都可以免征企业所得税。这是国家支持海南自由贸易港三大主导产业企业扩大海外业务版图的最大优惠，将吸引更多外向型企业在海南集聚，将海南自由贸易港打造成企业走出去向境外投资的桥头堡。

为贯彻落实《总体方案》要求，支持海南自由贸易港建设。2020年6月30日，财政部发布《关于海南自由贸易港企业所得税优惠政策的通知》，明确对在海南自由贸易港设立的旅游业、现代服务业、高新技术产业企业新增境外直接投资所得，免征企业所得税。所称新增境外直接投资所得应当符合以下条件：其一，从境外新设分支机构取得的营业利润；或从持股比例超过20%（含）的境外子公司分回的，与新增境外直接投资相对应的股息所得。其二，被投资国（地区）的企业所得税法定税率不低于5%。所称旅游业、现代服务业、高新技术产业，按照《海南自由贸易港鼓励类产业目录》执行。

第三，对海南自由贸易港企业符合条件的资本性支出，允许在支出发生当期一次性税前扣除或加速折旧和摊销。自2020年1月1日起，对于设立在海南自由贸易港内的企业，一是对企业新购进单位价值不超过500万元的固定资产或无形资产，允许一次性计入当期成本费用，在计算应纳税所得额时扣除；二是对企业新购置500万元以上的固定资产和无形资产，允许加速折旧和摊销。该政策相比国内现行政策，优势体现在：允许在支出发生当期一次性税前扣除或加速折旧和摊销的资本性支出范围增加了无形资产，且加速折旧和摊销的资本性支出取消了制造业的限定，覆盖面更广，极大地扩展了可扣除的资产范围、增大了可扣除金额，有助于减少企业的资金占用，加速资金周转速度，提升企业的投资意愿。

2020 年 6 月 30 日，财政部发布《关于海南自由贸易港企业所得税优惠政策的通知》，明确对在海南自由贸易港设立的企业，新购置（含自建、自行开发）固定资产或无形资产，单位价值不超过 500 万元（含）的，允许一次性计入当期成本费用在计算应纳税所得额时扣除，不再分年度计算折旧和摊销；新购置（含自建、自行开发）固定资产或无形资产，单位价值超过 500 万元的，可以缩短折旧、摊销年限或采取加速折旧、摊销的方法。其中所称固定资产，是指除房屋、建筑物以外的固定资产。

第四，对在海南自由贸易港工作的高端人才和紧缺人才，其个人所得税实际税负超过 15% 的部分，予以免征。2020 年 6 月 30 日，财政部发布《关于海南自由贸易港高端紧缺人才个人所得税政策的通知》，进一步明确了海南自由贸易港高端紧缺人才可享受的个人所得税政策内容：一是对在海南自由贸易港工作的高端人才和紧缺人才，其个人所得税实际税负超过 15% 的部分，予以免征。二是享受上述优惠政策的所得包括来源于海南自由贸易港的综合所得（包括工资薪金、劳务报酬、稿酬、特许权使用费四项所得）、经营所得以及经海南省认定的人才补贴性所得。三是纳税人在海南省办理个人所得税年度汇算清缴时享受上述优惠政策。四是对享受上述优惠政策的高端人才和紧缺人才实行清单管理，由海南省会同财政部、税务总局制定具体管理办法。

2025 年前，对在海南自由贸易港工作的高端人才和紧缺人才，其个人所得税实际税负超过 15% 的部分，予以免征。实施这项政策，需对享受个人所得税优惠政策的高端人才和紧缺人才实行清单管理。2025 年后，享受政策的对象不再局限于高端人才和紧缺人才，只要是一个纳税年度内在海南自由贸易港累计居住满 183 天的个人，其取得来源于海南自由贸易港范围内的综合所得和经营所得，均按照 3%、10%、15% 三档超额累进税率征收个人所得税。

关于所得税的税率，税务总局政策法规司的权威解读是，从现在开始到 2025 年，对符合条件的企业和个人减免所得税。比如，对注册在海南自由贸易港并实质运营的鼓励类的产业企业，减按 15% 征收企业所得税。比如，对在海南自由贸易港工作的高端和紧缺人才，如果他们在海南岛内居住满 183 天，他们个人所得税实际税负超过 15% 的那部分将免征。因此，对于高端紧缺人才在个税方面的吸引力也是十分大的。

《总体方案》中对企业所得税和个人所得税给出的优惠税率也极为引人注目，这也是目前国内首次出现如此普惠性的低税率。企业减按 15% 征收企业所得税，个税按 3%、10%、15% 三档超额累进税率征收，这是海南极具全球竞争力的税率优惠安排。横向比较，海南的优惠税率已低于全球多数自由港水平，这将带来大量产业与人才的集聚，并有望成为跨国公司总部的集聚地。当前中国香港企业所得税率为 7.5% 至 16.5%，个人所得税率最高为 15%；新加坡企业所得税率为 17%，个人所得税率最高为 22%。与这些知名自由贸易港相比，海南自由贸易港税制已经完全具备竞争力。

实施所得税优惠是各国自由港都会采取的一项普遍做法。海南 15% 的所得税税率不仅低于国内 25% 的水平，而且还要低于新加坡、英国伦敦、美国纽约等多数自由港，这在全球自由港中也是很有竞争力的一个。可以预见，海南发展总部经济和离岸贸易大有可为。

概括而言，海南自由贸易港的建设不以转口贸易和加工制造为重点，而是以发展旅游业、现代服务业、高新技术产业为主导。产业结构的差异化定位，有利于海南和同处亚太区域的中国香港、新加坡等开展错位竞争，形成优势互补的局面。这方面有四项优惠政策可以起到促进与引导作用，即：一是举办中国国际消费品博览会，国家级展会境外展品在展期内进口和销售享受免税政策。二是继续执行离岛免税购物政策，将免税额度放宽至每年每人 10 万元，并扩大免税商品种类。三是对在海南自由贸易港设立的旅游业、现代服务业、高新技术产业企业，其 2025 年前新增境外直接投资取得的所得，免征企业所得税。四是对企业符合条件的资本性支出，允许在支出发生当期一次性税前扣除或加速折旧和摊销。

14. 加大中央财政支持力度

中央财政安排综合财力补助，对地方财政减收予以适当弥补。鼓励海南在国务院批准的限额内发行地方政府债券支持自由贸易港项目建设。在有效防范风险的前提下，稳步增加海南地方政府专项债券发行额度，用于支持重大基础设施建设。鼓励在海南自由贸易港向全球符合条件的境外投资者发行地方政府债券。由海南统筹中央资金和自有财力，设立海南自由贸易港建设投资基金，按政府引导、市场化方式运作。

这个任务明确，加大中央财政对海南自由贸易港建设的支持力度。

第一，中央财政安排综合财力补助。2020 年 6 月 23 日，国家发展改革委员会微信公众号发布，为贯彻落实《海南自由贸易港建设总体方案》，加快推进海南自由贸易港建设，2020 年国家发展改革委分两批下达中央预算内投资 35 亿元，用于补齐海南自由贸易港建设的基础设施和公共服务短板。资金重点支持一批全局性、基础性和长远性项目：一是直接关系自由贸易港建设的重大基础设施，如社会管理信息化平台、综合保税区监管设施等风险防控设施；二是崖州湾科技城、博鳌乐城国际医疗旅游先行区、洋浦经济开发区等重点功能区的配套基础设施、科技平台项目；三是聚焦旅游业等主导产业，进一步夯实国际旅游消费中心建设基础；四是结合当前新冠肺炎疫情常态化防控要求，支持海南省人民医院医教协同等疫情防控补短板项目。下一步，国家发展改革委将加快推动海南自由贸易港重大工程项目建设，及时帮助协调解决项目建设中的困难和问题，持续加大对自由贸易港建设的资金和政策支持力度。2020 年 7 月上旬，财政部下达海南省地方政府新增债券资金 147

亿元，其中新增一般债券 60 亿元，新增专项债券 87 亿元。截至目前，2020 年财政部合计下达海南省各类债券资金 624.9 亿元（含抗疫特别国债 153 亿元，特殊转移支付 51.9 亿元），比 2019 年全年增加 278.9 亿元，增长 80.6%。

第二，鼓励在海南自由贸易港向全球符合条件的境外投资者发行地方政府债券。这项政策将鼓励海南面向全球境外投资者发行地方债券，吸引境外投资资金支持海南自由贸易港建设，为海南公共基础设施建设提供更加充足的资金保障。2020 年第一、第二季度，海南省财政厅已争取到新增地方政府债券共 273 亿元，用于支持美兰机场二期、高速公路、江东新区等基础设施建设。目前境外机构可通过国有银行分销方式认购地方债券。海南正积极与中国国债登记结算有限责任公司沟通协调，吸引更多境外投资机构加入债券承销团，直接参与地方债券招投标。要争取更多额度向全球发行地方政府债券，支持海南自由贸易港基础设施建设。

第三，设立海南自由贸易港建设投资基金。设立海南自由贸易港建设投资基金是海南自由贸易港政策制度体系的重要内容，是落实《总体方案》的具体举措，对推动海南自由贸易港各项政策任务落地具有重要意义。基金主要采取私募的方式筹集资金。基金采取认缴制，认缴资金结合项目实际需求情况分期实缴到位。基金设立运作过程中，其他社会资本如果愿意出资，后续可以加入，扩大基金规模。未来还会对基金参与投资建设和运营的部分不动产进行盘活培育，发行不动产证券类产品，以公募的方式筹集资金。自由贸易港建设投资基金投资领域，主要包括：一是光网、电网、气网、水网等具有一定收益的基础设施建设项目，养老、育幼、中外联合办学、职业教育、健康产业等公共服务设施项目等。二是旅游业、现代服务业和高新技术产业等海南自由贸易港主导产业项目。三是博鳌乐城国际医疗旅游先行区、三亚崖州湾科技城、洋浦经济开发区等重点功能区的相关配套设施建设项目。四是城市更新和功能转型升级项目。对于投向重点园区的项目，通过园区建设招商、运营等全流程科学管理产生的现金流覆盖投资成本,实现自由贸易港建设投资基金的退出;对于具有一定收益的基础设施和公共服务领域的项目,在国家政策允许范围内,按照使用者付费或政府可行性缺口补助等方式实现退出;对于市场化的产业项目,可采取社会股东回购、转让、上市、资产证券化、清算等多种方式退出。

15. 给予充分法律授权

本方案提出的各项改革政策措施,凡涉及调整现行法律或行政法规的,经全国人大及其常委会或国务院统一授权后实施。研究简化调整现行法律或行政法规的工作程序,推动尽快落地。授权海南制定出台自由贸易港商事注销条例、破产条例、公平竞争条例、征收征用条例。加快推动制定出台海南自由贸易港法。

这个任务明确,给予海南省充分法律授权。

第一,各项改革政策措施,凡涉及调整现行法律或行政法规的,经全国人大及其常委会或国务院统一授权后实施。习近平总书记"4·13"重要讲话发表两年多以来,国家对海南全面深化改革开放高度重视。在司法部的大力支持和推动下,国务院针对海南进行了两次单项调规,在"4·13"重要讲话前后分别发布《国务院关于在海南博鳌乐城国际医疗旅游先行区暂停实施〈医疗器械监督管理条例〉有关规定的决定》《国务院关于在海南博鳌乐城国际医疗旅游先行区暂时调整实施〈中华人民共和国药品管理法实施条例〉有关规定的决定》,为将先行区建成国际一流水平的国际医疗旅游目的地和医疗科技创新平台提供法治支持。

2020年6月28日,《国务院关于在中国(海南)自由贸易试验区暂时调整实施有关行政法规规定的通知》正式发布,指出为支持海南全面深化改革开放,推动中国(海南)自由贸易试验区试点政策落地,国务院决定,即日起至2024年12月31日,在中国(海南)自由贸易试验区暂时调整实施《中华人民共和国海关事务担保条例》《中华人民共和国进出口关税条例》《中华人民共和国国际海运条例》《中华人民共和国船舶和海上设施检验条例》和《国内水路运输管理条例》五部行政法规的有关规定。国务院有关部门、海南省人民政府要根据上述调整，及时对本部门、本省制定的规章和规范性文件作相应调整，建立与试点要求相适应的管理制度。海南省第一批一揽子调法调规事项共有六项，涉及调整三部法律、五部行政法规。在司法部认真审查论证，反复协调各部门意见的基础上，国务院向全国人大常委会提请审议调整法律相关规定的议案。4月29日，十三届全国人大常委会第十七次会议表决通过了《全国人民代表大会常务委员会关于授权国务院在中国（海南）自由贸易试验区暂时调整适用有关法律规定的决定》。继三部法律调整实施后，国务院于6月28日发布了《国务院关于在中国（海南）自由贸易试验区暂时调整实施有关行政法规规定的通知》，调整适用五部行政法规的相关规定。《通知》的出台，是为了贯彻落实党中央、国务院关于加快推进海南自由贸易港建设的重大决策部署，与不久前全国人大授权调整有关法律的决定相配套、相衔接，目的是保障海南省各项改革措施于法有据，加快推进海南形成法治化、国际化、便利化的营商环境。

第二，研究简化调整现行法律或行政法规的工作程序，推动尽快落地。完备的法治体系是海南自由贸易港建设的重要支撑。建设海南自由贸易港，必须尽快建立与国际惯例相接轨、与中国特色自由贸易港相适应的法律法规制度体系，充分发挥法治建设对海南经济特区和中国特色自由贸易港的引领、规范、保障和服务作用，实现立法与改革决策相衔接，做到重大改革于法有据、立法主动适应改革发展需要。根据《立法法》的规定，我国实行统一分层次的立法体制，全国人大和全国人大常委会行使国家立法权。在这一立法体制下，法律和行政法规的规定事项既包括中央事权，也包括地方事权。地方人大及其常委会行使地方立法权，不论是否涉及地方事权，都不得同宪法、法律、行政法规相抵触。海南落实各项改革政策措施，除制定的经济特区法规可根据授权对法律法规作出变通性规定外，如果需要调整现行法律或行政法规的规定，应当根据《立法法》规定的权限和程序，由全国人大及其常委会或国务院统一授权。

第三，授权海南制定出台自由贸易港商事注销条例、破产条例、公平竞争条例、征收征用条例。

一是制定商事注销条例。实施简易、便捷的商事注销制度是市场经济法治体系下实现市场主体"畅通退出渠道"的一项重要举措。近年来，海南实施商事登记制度改革，进一步放开了市场准入限制，降低了市场准入门槛。但市场主体退出机制依然不够畅通，影响了市场主体的投资热情和资源使用效率。因此，通过立法对市场主体退出机制进行完善补充是非常必要的。制定商事注销条例，将注重于完善和规范普通注销、简易注销、强制退出、信用约束机制、事后追责机制等制度，进一步厘清政府市场和市场主体三者之间的关系，贯彻政府简政放权理念，简化注销程序、减少申请材料、体现企业自治。条例的出台，有利于提高市场退出效率和社会资源利用效率，进一步改善营商环境，使市场主体在更为宽松的环境中进行市场交易，更好地促进海南自由贸易港建设。

二是制定破产条例。办理破产是市场退出和市场主体再建的一个重要途径，建设自由贸易港，推动投资自由化便利化，急需建立与国际通行规则相接轨的市场主体退出和再建机制。目前我国现有的破产制度在实施过程中存在债权回收率低、时间长、成本高的问题，破产管理人制度施行效果不佳，许多具体问题的处理没有可供依据的规则和程序等问题，特别是在个人破产方面，还存在空白地带。因此，通过立法对现有破产制度进行改革创新势在必行。制定破产条例，将从立法层面理顺行政权与司法权之间的关系，在破产清算、重整重组、信用恢复、债权清偿、破产管理机构等方面进行制度创新，并先行先试个人破产制度，推进市场化破产进程，促进信用市场的发展，降低破产成本并提高市场主体再建成功率，促进市场主体的良性发展，积极推动海南自由贸易港的经济和金融活动。

三是制定公平竞争条例。公平竞争是指除法定情形之外，各类市场主体平等地享有法定权利和履行法定义务，在要素获取、标准制定、准入许可、经营运营、优惠政策等方面享受平等待遇。目前，全球已有130多个国家（地区）建立了竞争中立政策。与新加坡、中国香港、鹿特丹等国际知名自由贸易港相比，海南省诚信经营、公平竞争的市场秩序尚未完全形成。通过立法推进竞争中立制度实施十分必要。制定公平竞争条例，需要在市场准入、协调机制、公平竞争审查和评估、竞争文化、保障机制等方面进行制度创新。将深化政府职能转变，最大程度地避免或纠正不合理限制或扭曲竞争的制度安排，提高政府治理能力和效率；逐步与国际通行规则接轨，提升地区竞争力和国际影响力；优化营商环境，激发市场主体活力和提振投资信心。

四是制定征收征用条例。产权制度是市场经济的基石。海南自由贸易港建设的不断深入必然对产权保护提出更高的要求。完善财产征收征用制度是完善产权保护制度、依法保护产权的一项重要举措。同时，现有财产征收征用制度在实践中存在公共利益界定不明确、征收征用程序不完善、征收征用补偿不科学等问题，有必要通过立法对现有的财产征收征用制度进行补充完善。制定征收征用条例将从合理界定征收征用适用的公共利益范围入手，细化规范征收征用法定权限和程序，遵循及时合理补偿和非歧视原则，完善国家补偿制度，进一步明确补偿的范围、形式和标准，给予被征收征用者公平合理补偿。最终实现依法有效地保护各种所有制经济组织和公民财产权，增强人民群众财产财富安全感，增强各类经济主体创业创新动力。

2020年6月11日，中国共产党海南省第七届委员会第八次全体会议通过的《中共海南省委关于贯彻落实〈海南自由贸易港建设总体方案〉的决定》提出建立健全海南自由贸易港法治体系，营造国际一流的法治环境，并提出"根据授权研究制定海南自由贸易港商事注销条例、破产条例、公平竞争条例、征收征用条例"。

16. 强化用地用海保障

授权海南在不突破海南省国土空间规划明确的生态保护红线、永久基本农田面积、耕地和林地保有量、建设用地总规模等重要指标并确保质量不降低的前提下，按照国家规定的条件，对全省耕地、永久基本农田、林地、建设用地布局调整进行审批并纳入海南省和市县国土空间规划。积极推进城乡及垦区一体化协调发展和小城镇建设用地新模式，推进农垦土地资产化。建立集约节约用地制度、评价标准以及存量建设用地盘活处置政策体系。总结推广文昌农村土地制度改革三项试点经验，支持海南在全省深入推进农村土地制度改革。依法保障国家重大项目用海需求。

土地是市场的重要因素之一，是影响项目实施进度的关键因素。《总体方案》赋予海南省在不突破生态保护红线和耕地保护红线的前提下，自行审批调整全省耕地、永久基本农田、林地、建设用地布局，是对土地管理法规定的创新突破。要根据省级和市县级国土空间规划、省国土空间规划评估调整办法，加快开展耕地、永久基本农田、林地、建设用地布局调整审批工作，用好政策，为自由贸易港重点项目腾出建设用地空间。

几年前，国土资源部选定文昌市作为全国改革试点片区，试点"三块地"任务，即集体经营性建设用地入市试点、农村土地征收制度改革试点、农村宅基地制度改革试点。文昌市在试点中取得丰硕成果，试点经验亮点多，主要特点是着眼经济，确保权益；结合实际，配套政策；"以老带新，以新促老"统筹推进三项试点深度融合；土地整治＋三项试点；积极探索，统筹推进，共享建设，共同开发经营；多元补偿、平衡收益等经验。

17. 做好封关运作准备工作

制定出台海南自由贸易港进口征税商品目录、限制进口货物物品清单、禁止进口货物物品清单、限制出口货物物品清单、禁止出口货物物品清单、运输工具管理办法，以及与内地海关通关单证格式规范、与内地海关通关操作规程、出口通关操作规程等，增加对外开放口岸，建设全岛封关运作的配套设施。

全岛封关运作是海南全面实施自由贸易港政策的重要标志，也是实现贸易"管得住""放得开"的有效监管模式。围绕贸易投资自由化便利化，在有效监管基础上有序推进开放进程，推动各类要素便捷高效流动，形成早期收获，适时启动全岛封关运作。

当前，海南在封关运作的口岸建设、监管能力、监管措施、法律法规等方面还存在缺口和短板，涉及部门多、事项复杂。要实现 2025 年前启动全岛封关运作，时间紧、任务重，必须采取超常规措施强力推进。要在 2025 年前重点项目布局中，优先安排封关运作基础设施项目。要加快研究"一线""二线"口岸重新划定和新增建设工作，研究制定相应的具体可操作的配套监管方案及设施建设方案。要推动口岸监管服务能力扩容升级，对国际贸易"单一窗口"系统进行优化升级，同时加强监管查验设备等口岸硬件基础设施建设。要研究制定全岛封关运作后的进口征税商品目录、限制进口货物物品清单、禁止进口货物物品清单、限制出口货物物品清单、禁止出口货物物品清单、运输工具管理办法，以及与内地海关通关单证格式规范、与内地海关通关操作规程、出口通关操作规程等。

18. 适时启动全岛封关运作

2025 年前，适时全面开展全岛封关运作准备工作情况评估，查堵安全漏洞。待条件成熟后再实施全岛封关运作，不再保留洋浦保税港区、海口综合保税区等海关特殊监管区域。相关监管实施方案由有关部门另行制定。在全岛封关运作的同时，依法将现行增值税、消费税、车辆购置税、城市维护建设税及教育费附加等税费进行简并，启动在货物和服务零售环节征收销售税相关工作。

《总体方案》在"税收制度"设计中关于"零关税"有如下规定："全岛封关运作前，对部分进口商品，免征进口关税、进口环节增值税和消费税。全岛封关运作、简并税制后，对进口征税商品目录以外、允许海南自由贸易港进口的商品，免征进口关税。"就推进简化税制，《总体方案》明确，结合我国税制改革方向，探索推进简化税制。改革税种制度，降低间接税比例，逐步建立由企业所得税、个人所得税、销售税、物业税、资源税、环保税、印花税等七个国内税种构成的海南自由贸易港税制体系，实现税种结构简单科学、税制要素充分优化、税负水平明显降低、收入归属清晰、财政收支大体均衡。全岛封关运作时，依法将现行增值税、消费税、车辆购置税、城市维护建设税及教育费附加等税费进行简并到位。

（二）2035 年前重点任务

海南自由贸易港建设 2035 年前的第二个阶段，主要任务是全面推进自由贸易港政策落地见效。

《总体方案》中提出 2035 年前的重点任务：

进一步优化完善开放政策和相关制度安排，全面实现贸易自由便利、投资自由便利、跨境资金流动自由便利、人员进出自由便利、运输来往自由便利和数据安全有序流动，推进建设高水平自由贸易港。

海南自由贸易港的制度设计是以贸易投资自由化便利化为重点，以各类生产要素跨境自由有序安全便捷流动和现代产业体系为支撑，以特殊的税收制度安排、高效的社会治理体系和完备的法治体系为保障。在 2035 年前重点任务安排中，仍然集中于进一步优化完善开放政策和相关制度安排，全面实现贸易自由便利、投资自由便利、跨境资金流动自由便利、人员进出自由便利、运输来往自由便利和数据安全有序流动这些涉及建设高水平自由贸易港的内容，基本形成完备的法律法规体系、现代产业体系和现代化社会治理体系，打造我国开放型经济新高地。

《总体方案》提出，2035 年前海南自由贸易港建设重点任务有七条。

1. 实现贸易自由便利

进一步创新海关监管制度，建立与总体国家安全观相适应的非关税贸易措施体系，建立自由进出、安全便利的货物贸易管理制度，实现境外货物在海南自由贸易港进出自由便利。建立健全跨境支付业务相关制度，营造良好的支付服务市场环境，提升跨境支付服务效率，依法合规推动跨境服务贸易自由化便利化。

2. 实现投资自由便利

除涉及国家安全、社会稳定、生态保护红线、重大公共利益等国家实行准入管理的领域外，全面放开投资准入。在具有强制性标准的领域，建立"标准制＋承诺制"的投资制度，市场主体对符合相关要求作出承诺，即可开展投资经营活动。

"标准制＋承诺制"的投资制度，主要是指在具有强制性标准的领域，市场主体对符合相关要求作出承诺，即可开展投资经营活动。推行政府投资项目审批"标准制"改革，要通过建立政府投资项目审批的"五个标准化"（审批要件标准化、审批流程标准化、收费标准化、规范文本标准化、信息公开标准化），实现政府投资项目审批便捷、高效、阳光和服务的无差别化，促使行政审批效能进一步提高和企业群众满意度进一步提升。推行政府投资项目"承诺制"改革，要制定项目准入负面清单和企业承诺事项清单，明确相关事项应当遵照执行的条件标准、技术规范及相应的监管验收要求，对符合条件的投资项目，企业按照政府制定的标准作出书面承诺后，即可自主开展项目设计、施工等工作。政府部门依托投资项目在线审批监管平台和公共信用信息服务平台，健全高效、透明、协同的监管体系和信用惩戒机制，加快推进企业投资项目管理重心由事前审批向事中事后全过程监管服务转变。

3.实现跨境资金流动自由便利

允许符合一定条件的非金融企业，根据实际融资需要自主借用外债，最终实现海南自由贸易港非金融企业外债项下完全可兑换。

非金融企业是指主要从事市场货物生产和提供非金融市场服务的常驻企业，不具有金融许可证，它主要包括各类法人企业。允许符合一定条件的非金融企业，根据实际融资需要自主借用外债，这也是促进跨境资金流动自由便利的一个环节。海南自由贸易港内注册的非金融企业（不含房地产企业和地方政府融资平台），还可以根据实际业务需求和融资能力适当提高跨境融资杠杆率。按国家现行政策，一家境内非金融企业到海外融资，我国企业境外融资杠杆率为最高不超过其净资产2.5倍水平。海南自由贸易港将允许非金融企业境外融资在现有规模基础上进一步放宽。这需要结合市场主体发展需求，提升海南自由贸易港内企业跨境融资杠杆率宏观审慎系数，满足企业的境外融资需求。

4.实现人员进出自由便利

进一步放宽人员自由进出限制。实行更加宽松的商务人员临时出入境政策、便利的工作签证政策，进一步完善居留制度。

5.实现运输来往自由便利

实行特殊的船舶登记审查制度。进一步放宽空域管制与航路航权限制。鼓励国内外航空公司增加运力投放，增开航线航班。根据双边航空运输协定，在审核外国航空公司国际航线经营许可时，优先签发至海南的国际航线航班许可。

《总体方案》提出要进一步放宽空域管制与航路航权限制，优化航运路线，鼓励增加运力投放，增开航线航班。随着经济社会和国防建设快速发展，近年来海南省航空量也保持强劲势头快速增长（2019年，旅客吞吐量海口美兰机场达2400万人次，位全国第17名；三亚凤凰机场达2001万人次，位全国第23名），以运输飞行为主，通用航空飞行、无人机飞行等多元化航空活动对空域的需求越来越旺盛，在有限空间范围内，空域需求与供给之间的矛盾也越来越突出。受海南岛地理位置等多重因素影响，海南空域供给能力受到较大的制约。有关部门近年来先后组织开展了海南地区低空空域管理改革试点和空域精细化管理改革试点，多次调整优化海南地区空域结构，极大改善了海南地区空域供给品质和航班运行环境。未来需要在海南地区推广实施空域精细化管理改革试点经验，继续优化海口美兰、三亚凤凰、琼海博鳌机场进离场航线；调整优化湛江、南宁地区空域结构，打通海南岛北部进出堵点；开通海南岛东部进出航线，拓展海南地区航班进出通道；继续深化低空空域空管服务保障示范区建设，为海南民航航班持续增长和通用航空有序发展提供有力空域保障。

6. 实现数据安全有序流动

创新数据出境安全的制度设计，探索更加便利的个人信息安全出境评估办法。开展个人信息入境制度性对接，探索加入区域性国际数据跨境流动制度安排，提升数据传输便利性。积极参与跨境数据流动国际规则制定，建立数据确权、数据交易、数据安全和区块链金融的标准和规则。

7. 进一步推进财税制度改革

对注册在海南自由贸易港并实质性运营的企业（负面清单行业除外），减按15%征收企业所得税。对一个纳税年度内在海南自由贸易港累计居住满183天的个人，其取得来源于海南自由贸易港范围内的综合所得和经营所得，按照3%、10%、15%三档超额累进税率征收个人所得税。扩大海南地方税收管理权限。企业所得税、个人所得税作为中央与地方共享收入，销售税及其他国内税种收入作为地方收入。授权海南根据自由贸易港发展需要，自主减征、免征、缓征除具有生态补偿性质外的政府性基金，自主设立涉企行政事业性收费项目。对中央级行政事业性收费，按照中央统一规定执行。中央财政支持政策结合税制变化情况相应调整，并加大支持力度。进一步研究改进补贴政策框架，为我国参与补贴领域国际规则制定提供参考。

这七项重点任务中，除了实现"五个自由便利＋一个安全有序流动"外，另一个任务就是进一步推进财税制度改革，这是一项海南自由贸易港建设十分重要的改革任务。

根据进一步推进海南自由贸易港财税制度改革的要求，《总体方案》明确，2035年前对注册在海南自由贸易港并实质性运营的企业（负面清单行业除外），减按15%征收企业所得税。

海南自由贸易港税收制度的主要内容，税务总局政策法规司的权威解读认为，《总体方案》推出了一系列具有突破性的税收政策措施。从时间维度看，这些政策措施按照2025年前、2025年至2035年前两个时间段分别实施。从内容维度看，这些政策措施以建立特殊的税收制度安排为目标，紧紧围绕实现贸易投资自由化便利化这"一个重点"，倾力服务促进生产要素流动和发展现代产业体系这"两个支撑"，加快推动形成具有国际竞争力的开放政策和制度。

2035年前实施的税收政策措施是：2025年至2035年期间，在第一阶段早期收获基础上，海南自由贸易港将进一步推进税收制度改革，具体包括三项内容：一是拓展企业所得税优惠。对注册在海南自由贸易港并实质性运营的企业，除负面清单行业之外减按15%征收企业所得税。与2025年前政策的区别是，前一阶段实行的是正面清单，这一阶段实行的是负面清单，享受优惠税率的企业范围更大。二是深化个人所得税改革。对一个纳税年度内在海南自由贸易港累计居住满183天的个人，其取得来源于海南自由贸易港范围内的综合所得和经营所得，按照3%、10%、15%三档超额累进税率征收个人所得税。与2025年前政策的区别是，前一阶段实行的是对高端紧缺人才个人所得税实际税负超过 15% 部分予以免征，这一阶段是对所有符合规定条件纳税人实行最高 15% 的三档超额累进税率，优惠范围更宽、优惠力度更大。三是扩大海南地方税收管理权限。将企业所得税、个人所得税作为中央与地方共享收入，销售税及其他国内税种收入作为地方收入。与 2025 年前政策相比，扩大了地方税的范围，有利于增加海南自由贸易港的财力。

第 十 讲

海南自由贸易港建设的组织实施

《海南自由贸易港建设总体方案》不但科学确立海南自由贸易港建设的发展目标，还系统设计海南自由贸易港建设的政策制度体系；不但精确安排分步骤分阶段建设海南自由贸易港的重点任务，还强力部署加快推进海南自由贸易港建设的组织实施。《总体方案》发布以来，充分发挥党总揽全局、协调各方的作用，在推进海南全面深化改革开放领导小组指导下，海南省要切实履行主体责任，加强组织领导，全力推进海南自由贸易港建设各项工作；中央和国家机关有关单位主动指导推动海南自由贸易港建设，进一步细化相关政策措施，制定出台实施方案，确保政策落地见效，使海南自由贸易港建设起好步、开好局。海南已经成为国内外企业投资兴业的热土，吸引着来自全球的目光。

（一）加强党的全面领导

在海南建设中国特色自由贸易港，要坚持党的集中统一领导，坚持中国特色社会主义道路，始终朝着党中央确定的宏伟目标和擘画的战略路径奋勇前行、扎实推进，行稳致远、久久为功，蹚出一条新时代全面深化改革开放的新路子。

《总体方案》提出"组织实施"的意见，其中的内容首先是：

坚持用习近平新时代中国特色社会主义思想武装党员干部头脑，认真贯彻落实党中央、国务院决策部署，增强"四个意识"，坚定"四个自信"，做到"两个维护"。建立健全党对海南自由贸易港建设工作的领导体制机制，充分发挥党总揽全局、协调各方的作用，加强党对海南自由贸易港建设各领域各方面各环节的领导。以党的政治建设为统领，以提升组织力为重点，全面提高党的建设质量，为海南自由贸易港建设提供坚强政治保障。加强基层党组织建设，引导广大党员发挥先锋模范作用，把基层党组织建设成为海南推动自由贸易港建设的坚强战斗堡垒。完善体现新发展理念和正确政绩观要求的干部考核评价体系，建立激励机制和容错纠错机制，旗帜鲜明地为敢于担当、踏实做事、不谋私利的干部撑腰鼓劲。把社会主义核心价值观融入经济社会发展各方面。持之以恒正风肃纪，强化纪检监察工作，营造风清气正良好环境。

中国共产党的领导是中国的最大国情、最本质特征，中国特色自由贸易港的最大特色也是党的领导。党的领导是确保海南自贸港成功的最重要、最关键、最根本的因素。习近平总书记在党的十九大报告中提出新时代中国特色社会主义思想，"明确中国特色社会主义最本质的特征是中国共产党领导，中国特色社会主义制度的最大优势是中国共产党领导，党是最高政治领导力量，提出新时代党的建设总要求，突出政治建设在党的建设中的重要地位"。他要求，全党要深刻领会新时代中国特色社会主义思想的精神实质和丰富内涵，在各项工作中全面准确贯彻落实。他指出："坚持党对一切工作的领导。党政军民学，东西南北中，党是领导一切的。必须增强政治意识、大局意识、核心意识、看齐意识，自觉维护党中央权威和集中统一领导，自觉在思想上政治上行动上同党中央保持高度一致，完善坚持党的领导的体制机制，坚持稳中求进工作总基调，统筹推进'五位一体'总体布局，协调推进'四个全面'战略布局，提高党把方向、谋大局、定政策、促改革的能力和定力，确保党始终总揽全局、协调各方。"

这是构成新时代坚持和发展中国特色社会主义的基本方略之一。

习近平总书记把坚持党对一切工作的领导思想体现到对海南全面深化改革开放的要求中，他在"4·13"重要讲话中强调："海南要坚持和加强党的全面领导，确保全面深化改革开放正确方向。坚持党的领导，全面从严治党，是改革开放取得成功的关键和根本。经济特区处于改革开放前沿，对全面加强党的领导和党的建设有着更高要求。广大党员、干部要坚定维护党中央权威和集中统一领导，自觉在思想上政治上行动上同党中央保持高度一致，自觉站在党和国家大局上想问题、办事情，在践行'四个意识'和'四个自信'上勇当先锋，在讲政治、顾大局、守规矩上做好表率。要用新时代中国特色社会主义思想武装头脑，帮助广大党员、干部坚定理想信念、更新知识观念、掌握过硬本领，更好适应新形势新任务的需要。要加强基层组织建设，把每一个基层党组织都打造成坚强的战斗堡垒。要以改革创新精神抓好党建，持之以恒正风肃纪，深入推进反腐败斗争，教育引导广大党员、干部自觉抵制不良风气对党内生活的侵蚀，营造风清气正的良好政治生态。"

中央12号文件强调加强党的领导："坚持党对一切工作的领导，充分发挥党总揽全局、协调各方的作用。海南省委要把党的政治建设摆在首位，用习近平新时代中国特色社会主义思想武装海南党员干部。着眼于健全加强党的全面领导的制度，优化党的组织机构，建立健全省委对全面深化改革开放工作的领导体制机制，更好发挥党的职能部门作用，提高党把方向、谋大局、定政策、促改革的能力和定力。加强基层党组织建设，着力提升组织力，增强政治功能，引导广大党员发挥先锋模范作用，把基层党组织建设成为推动海南全面深化改革开放的坚强战斗堡垒。完善体现新发展理念和正确政绩观要求的干部考核评价体系，建立激励机制和容错纠错机制，旗帜鲜明地为敢于担当、踏实做事、不谋私利的干部撑腰鼓劲。牢牢掌握意识形态工作领导权，把社会主义核心价值观融入社会发展各方面，坚定文化自信。持之以恒正风肃纪，强化纪检监察工作，营造风清气正良好环境。深化政治巡视。全面落实监察法。"

始终坚持党对自由贸易港建设的领导，这个领导是全面的领导。要牢牢把握好自由贸易港建设的正确方向，以习近平新时代中国特色社会主义思想为指导，进一步增强"四个意识"，坚定"四个自信"，做到"两个维护"，坚决保证自由贸易港的建设始终在党中央领导下统筹推进，在推进海南全面深化改革领导小组的直接领导下，把《总体方案》任务进行分解、制定时间表、路线图，层层压实责任，发扬敢闯敢试、敢为人先、埋头苦干的特区精神，确保各项制度政策不折不扣的落地见效。

近年来，伴随全面深化改革开放的深入推进，海南更加注重全面加强党的领导。对全省各级党组织开展贯彻落实习近平总书记重要讲话和重要指示批示精神情况监督检查，对发现的 2572 个问题列出台账、逐一推动整改，切实纠正在"两个维护"上的温差、落差、偏差问题；坚定不移推进全面从严治党，坚持党的建设与全面深化改革开放各项工作同谋划、同部署、同推进、同考核，仅 2019 年就对党员领导干部开展谈话提醒 14652 人次，对落实"两个责任"不力的 70 个党组织和 457 名党员领导干部实施问责；持续推进人才引进和干部挂职交流，大力实施"百万人才进海南"行动计划，启动首批面向全球招聘人才活动，截至目前，招聘岗位已达 4.7 万余个；与中央和国家有关部门及其他自贸试验区开展双向挂职，先后派出 100 名干部跟班学习，中组部选派 131 名优秀干部到海南挂职。（刘赐贵：《加快建设高水平的中国特色自由贸易港》，《求是》2018年第 16 期）

在建设自由贸易港的新背景下，海南广大党员、干部要坚定维护党中央权威和集中统一领导，自觉在思想上政治上行动上同党中央保持高度一致，自觉站在党和国家大局上想问题、办事情，在践行"四个意识"和"四个自信"上勇当先锋，在讲政治、顾大局、守规矩上做好表率。"自觉站在党和国家大局上想问题、办事情"，这是对海南全体党员、干部的政治和工作要求。

1. 坚持用习近平新时代中国特色社会主义思想武装党员干部头脑

《总体方案》提出"组织实施"意见，首要的是"加强党的全面领导"，突出坚持用习近平新时代中国特色社会主义思想武装党员干部头脑，认真贯彻落实党中央、国务院决策部署，增强"四个意识"，坚定"四个自信"，做到"两个维护"。这为海南自由贸易港建设确立了政治坐标、行动遵循。

对海南的广大党员干部来说，如何做到坚持用习近平新时代中国特色社会主义思想武装头脑？

一要充分认识建设海南自由贸易港的重大意义，切实把思想和行动统一到党中央的决策部署上来。建设海南自由贸易港，是习近平总书记科学把握中华民族伟大复兴的战略全局和世界百年未有之大变局，亲自谋划、亲自部署、亲自推动的改革开放重大举措，是党中央着眼于国内国际两个大局，为推动中国特色社会主义创新发展作出的一个重大战略决策，是我国新时代改革开放进程中的一件大事，充分体现了党中央始终不渝奉行互利共赢的开放战略、践行"中国开放的大门只会越开越大"承诺的坚定信心，充分表明了以习近平同志为核心的党中央扩大我国对外开放的坚定决心。

二要充分认识海南自由贸易港是中国特色的自由贸易港，把好建设海南自由贸易港的方向。国际上典型的自由贸易港，基本都采用西方现行制度。海南自由贸易港既要具备自由贸易港的基本要素，更要充分体现中国特色，遵循社会主义制度。要把党的集中统一领导贯穿于海南自由贸易港建设的全过程，充分发挥党总揽全局、协调各方的作用；要坚定不移走中国特色社会主义道路，在基本制度层面和意识形态领域绝不能逾越"红线"；要坚持以人民为中心，让改革发展成果更多更公平惠及全体人民；要培育和践行社会主义核心价值观，坚决对"黄赌毒"等违法犯罪行为"零容忍"。

三要确保海南自由贸易港建设开好局、起好步。要用脑用心用情学深悟透习近平总书记关于海南工作的系列重要讲话和重要指示批示精神、中央 12 号文件和《海南自由贸易港建设总体方案》要求，更加全面准确领会党中央的战略意图，自觉站在新时代党和国家事业发展全局、服务国家重大战略的高度，抓住千载难逢的历史机遇，牢记初心使命，扛起责任担当，紧紧围绕"三区一中心"的战略定位，坚持党的领导和中国特色社会主义制度，坚持对接国际高水平经贸规则，坚持把制度集成创新摆在突出位置，把准方向、敢于担当、主动作为，以只争朝夕的作风和"钉钉子"的精神，确保海南自由贸易港建设开好局、起好步，决不辜负习近平总书记和党中央赋予海南的重托和厚望。

2020 年 6 月 10 日至 11 日，在海口召开的中国共产党海南省第七届委员会第八次全体会议，围绕习近平总书记"4·13"重要讲话、对海南自由贸易港建设的重要指示和中央 12 号文件精神进行再学习、再领会、再落实，对贯彻落实《总体方案》进行全面系统部署，进一步统一思想、凝聚共识，动员全省上下借鉴国际经验、体现中国特色、符合海南定位、突出改革创新、坚持底线思维，高质量高标准推进海南自由贸易港建设，确保海南自由贸易港建设开好局、起好步，决不辜负习近平总书记、党中央和全国人民对海南的重托和厚望。6 月 11 日，全会审议通过了《中共海南省委关于贯彻落实〈海南自由贸易港建设总体方案〉的决定》和省委七届八次全会决议。会议提出：坚持用习近平新时代中国特色社会主义思想武装头脑，切实抓好党中央决策部署的学习宣传贯彻。在全省迅速掀起学习宣传贯彻《总体方案》的热潮，把《总体方案》作为各级党委（党组）理论学习中心组学习的重要内容，作为干部教育培训的必修课，扎实做好全员轮训、系统培训工作，教育引导党员、干部把学习领会《总体方案》与学深悟透习近平总书记"4·13"重要讲话以及对海南系列重要指示批示精神结合起来，与学深悟透中央 12 号文件结合起来。运用融媒体等手段开展全方位、多层次、广覆盖的宣传，做好宣传推介、开展集中宣讲，鼓励引导全球智库开展海南自由贸易港专题研究，进行深度解读，推动学懂弄通做实。

为进一步推动全省党员干部学习贯彻《总体方案》和海南省委七届八次全会精神，根据海南省委工作部署，计划在全省党员干部中开展《总体方案》重点政策测试。

2020年7月11日下午，省管厅级干部、市县党政主要负责人首批测试在海口举行。此次测试实行闭卷考试，以海南省委办公厅7月1日下发的《〈海南自由贸易港建设总体方案〉重点政策测试题库（200道）》为主，考试时从题库中抽题组卷，分别设有单选题、多选题、填空题、判断题、名词解释、简答题等题型。为严肃纪律，此次测试严禁携带任何学习资料和电子设备，进入考场后，参加测试人员均按照工作人员要求密封存放手机。此次测试共设19个考场，816人参加，是海南干部教育培训历史上最大规模、最高层次的领导干部集中测试。厅级领导干部率先考试，把学习领会的文件精神，用到工作实践当中，学以致用，为建设自由贸易港发挥好作用。按照部署要求，海南还将对处级省管干部、省直单位干部和重点园区、招商人员进行《总体方案》内容的闭卷测试，并指导各市县对乡镇干部和市县直属部门干部进行测试，实现全覆盖。截至7月底，在计划开展的10个批次的测试中，有四个批次已全部完成。

这是一次高站位、高规格、大阵容的特殊测试，参与人数之多、覆盖面之广，在海南省历史上前所未有。是海南组织动员广大干部群众"学政策"的一大创举。从第一批测试的结果来看，762名省管干部中，112分以上（总分140分，换算百分制为80分）的共有684人，占了近九成。在重点政策测试题库中，一道道试题拎出了《总体方案》的要点、重点，且题型多样，可较好检验出对政策的理解程度，有利于及时发现学习盲区、补齐知识短板，有效形成督促倒逼效应，推动各级领导干部时刻保持学习状态，在学深悟透上更进一步。

2.加强党对海南自由贸易港建设各领域各方面各环节的领导

2020年6月10日至11日召开的海南省委七届八次全会，对加强党对海南自由贸易港建设各领域各方面各环节的领导做了全面部署，提出明确要求坚持和加强党的全面领导，确保海南自由贸易港建设正确方向。坚持重大改革事项由党中央决定、整体工作进度由党中央把握、政策实施情况及时向党中央报告，把党的领导贯穿海南自由贸易港建设各领域各方面各环节，决不允许危害国家安全，决不允许在意识形态领域破坏社会主义制度，决不允许通过货物贸易走私，决不允许搞"黄赌毒"，决不允许破坏海南良好的生态环境，决不允许在海南自由贸易港建设过程中产生腐败和不廉洁的行为。省委要切实发挥总揽全局、协调各方的作用，履行好主体责任，主动配合指导海南推进自由贸易港建设工作小组开展工作。坚持五级书记抓海南自由贸易港建设，以党的政治建设为统领，以提升组织力为重点，充分发挥基层党组织战斗堡垒作用和党员先锋模范作用，全面提高党的建设质量，为海南自由贸易港建设提供坚强政治保障。当中提出的"六个决不允许"，是建设中国特色自由贸易港的鲜明态度和硬核宣示。

把加强党的领导贯穿到海南自由贸易港建设的各领域各方面各环节，这是把海南自由贸易港建设事业顺利向前推进的根本保证。

第一，始终把政治建设摆在首位，坚决维护党中央权威和集中统一领导。坚持党中央权威和集中统一领导，是海南自由贸易港建设取得成功的根本保证。要坚持把政治建设摆在首位，在践行"四个意识"和"四个自信"上勇当先锋，自觉在思想上政治上行动上同以习近平同志为核心的党中央保持高度一致。深入学习贯彻习近平新时代中国特色社会主义思想，夯实贯彻执行党的全面领导制度的思想根基。严格执行向党中央请示报告制度。

第二，着力构建系统完备高效的组织体系，把基层党组织打造成坚强战斗堡垒。主动适应自由贸易港建设需要，创新和优化组织设置把基层党组织建在最活跃的市场主体上、建在最新的经济业态和产业链上，全面加强各类园区、商务楼宇、候鸟人群和互联网等党建工作，推动基层党组织有效嵌入社会各类组织，党的工作有效覆盖社会各类群体。加强基层党组织建设，推动基层党建工作与自由贸易港建设深度融合，发挥好基层党组织的战斗堡垒作用和党员的先锋模范作用。巩固深化党政机构改革成果，以构建与自由贸易港建设相匹配的管理体制为目标，完善和优化机构职能体系，更好发挥党的职能部门作用，逐步建立符合中国特色自由贸易港发展需求的行政架构，形成统一高效的领导体制。

第三，始终坚持正确的选人用人导向，努力打造与海南自由贸易港建设相适应的高素质干部队伍。坚持党管干部原则，坚持事业为上、选贤任能，突出政治标准、敢担当善作为，切实把好干部标准落到实处，在海南自由贸易港建设实践中认识好干部、培养好干部、用好好干部，加强优秀年轻干部储备和使用。建立"不忘初心、牢记使命"的制度，巩固拓展主题教育成果，确保初心和使命在党员、干部内心深处铸牢、在思想深处扎根。推行公务员聘任制和分类管理改革，拓宽社会优秀人才进入党政干部队伍渠道。强化干部教育培训，推动干部双向挂职常态化，鼓励干部到基层一线、困难艰苦地区历练。加强干部的思想淬炼、政治历练、实践锻炼、专业训练，坚持不懈锤炼党员、干部忠诚干净担当的政治品格。完善干部综合考核和激励体系，鼓励干部创新实干。坚持"三个区分开来"（把干部在推进改革中因缺乏经验、先行先试出现的失误和错误，同明知故犯的违纪违法行为区分开来；把上级尚无明确限制的探索性试验中的失误和错误，同上级明令禁止后依然我行我素的违纪违法行为区分开来；把为推动发展的无意过失，同为谋取私利的违纪违法行为区分开来），建立健全容错纠错机制，为担当者担当，让履职者尽责，让能干的上位、不能干的让位、乱干的被问责。

第四，着力集聚各方面优秀人才，为自由贸易港建设提供强大智力支撑。坚持党管人才不动摇，切实发挥好管宏观、管政策、管协调、管服务的作用。大力实施人才强省战略，确立人才引领发展的战略地位，实施《海南自由贸易港人才发展规划（2021—2025年）》，用好用活各类人才资源。贯彻落实中央组织部等七部委《关于支持海南开展人才发展体制机制创新的实施方案》，优化人才培养、评价、流动、激励、引进和保障机制。

第五，始终践行社会主义核心价值观，深入开展社会文明大行动。把社会主义核心价值观融入海南自由贸易港建设各方面，加强爱国主义、集体主义、社会主义教育，扎实推进精神文明建设，加快新时代文明实践中心建设；深化拓展"五大文明创建活动"，大力移风易俗，深入开展乡风文明行动，狠刹铺张浪费、厚葬薄养、封建迷信等歪风，弘扬遵纪守法、勤俭节约、孝老爱亲等文明新风；增强社会公众的健康意识，倡导文明健康的生活方式，大力开展以"爱国家、爱海南、爱家乡、爱家庭"为主题的卫生健康大行动，推进城乡环境整治，建设海南文明岛；构建社会信用体系，完善跨部门、跨领域的守信激励和失信联合惩戒机制，让诚信文明成为海南自由贸易港的金字招牌。

3. 营造风清气正良好环境

不允许在海南自贸港建设过程中产生腐败、不廉洁的行为，这需要切实加强党风廉政建设，切实构建一体推进不敢腐、不能腐、不想腐的体制机制做保证。

2020年6月11日，海南省委七届八次全会再次对此做了部署，提出坚持正风肃纪反腐，着力织牢廉政风险防护网。严格落实全面从严治党主体责任和监督责任，严格执行中央八项规定精神及省委、省政府实施细则，大力纠治"四风"，特别是形式主义、官僚主义，切实为基层减负。运用监督执纪"四种形态"，重点强化政治纪律和组织纪律，带动廉洁纪律、群众纪律、工作纪律、生活纪律严起来。加强思想道德和党纪国法教育，开展警示教育，探索实施党政干部"廉洁保证金"制度，强化党员、干部廉洁从政意识。坚持和完善监督体系，强化对权力运行的制约和监督，加强对习近平总书记"4·13"重要讲话、中央12号文件和《总体方案》落实情况的监督检查，强化对各级领导班子特别是"一把手"的监督，构建亲清政商关系。实现纪律监督全覆盖、监察监督全覆盖、派驻监督全覆盖、巡视巡察监督全覆盖，实现对公共工程和土地出让项目跟踪监督的分级抓、全覆盖。构建一体推进不敢腐、不能腐、不想腐体制机制，巩固和发展反腐败斗争压倒性胜利，营造风清气正的政治生态。

在《海南自由贸易港建设总体方案》出台前后，海南省党风廉政建设工作节节推进，不断筑牢防腐倡廉的思想根基。

第一，举行集体廉政谈话。2020 年 4 月 17 日，海南省委书记刘赐贵与全省 19 个市县党委及洋浦工委书记举行集体廉政谈话，强调要进一步深入贯彻习近平总书记有关重要指示精神，落实好《党委（党组）全面从严治党主体责任规定》等党纪党规，明确管党治党主体责任，作勤政廉政表率，把全面从严治党贯穿到海南自贸港建设全过程各环节，营造风清气正政治生态，凝聚干事创业精气神，心无旁骛推进自贸港建设这项壮丽事业，不辜负党中央赋予海南的历史重任。会议通报了海南建省办经济特区以来查处市县党政"一把手"严重违法犯罪问题有关情况。刘赐贵强调，党风廉政建设事关自贸港建设成败，要从实现中华民族伟大复兴中国梦的高度和落实好国家重大战略的全局出发，切实把思想和行动统一到党中央全面从严治党的决策部署上来，抓早、抓实、抓细、抓小各项决策部署，及时防范化解廉政风险，确保各项政策措施和各种工程项目顺利落地、干一件成一件。

刘赐贵深入剖析了海南省查处的市县党政"一把手"违纪违法典型案例，深刻总结教训，以案警示、警醒、警戒。他强调，在我们党的组织结构和国家政权结构中，市县一级处在承上启下的关键环节，是发展经济、保障民生、维护稳定、促进国家长治久安的重要基础。市县委书记重任在肩、作用重大，其违纪违法对地方政治生态和经济社会发展危害极大、破坏极大。海南省近年来查处的市县委书记违纪违法案件，触目惊心、教训深刻。实践反复证明，抓党风廉政建设就是抓政治生态，就是抓营商环境，就是抓经济社会健康发展；市县委书记作为地方主官，只有政治上廉洁上过硬，才能团结班子，带好队伍，为官一方、造福一方。

媒体盘点发现，回顾海南历届省委举行的集体廉政谈话，多是针对新上任的市县委书记。面对自由贸易港建设这样的特殊背景，本届省委特意又举行了 17 日这场专门针对全省 19 个市县党委及洋浦工委书记的廉政谈话。这足以见得本届省委对于海南当下将从严治党推向纵深的力度与决心。

第二，出台《关于开展公共工程和土地出让项目跟踪监督工作的意见》。为防范化解公共工程和土地出让项目廉洁风险，为加快自由贸易港建设营造优良的营商环境，海南省委高度重视整治工程和土地领域腐败问题，把公共工程和土地出让项目跟踪监督列入 2020 年常委会工作的要点，海南省委办公厅、海南省政府办公厅于 4 月底印发了《关于开展公共工程和土地出让项目跟踪监督工作的意见》，对跟踪监督范围、原则作出明确规定，更清晰明确公共工程项目实施的主体责任和行业监管责任、土地出让项目的主体责任和行业监管责任，明确由纪检监察机关、巡视巡察机构、审计机构联合起来，在全省范围内开展公共工程和土地出让项目跟踪监督工作。

海南省委七届八次全会一闭幕，海南省纪委监委立即召开全省公共工程和土地出让项目跟踪监督工作动员部署会议，落实省委、省政府印发《关于开展公共工程和土地出让项目跟踪监督工作的意见》，对全省公共工程和土地出让项目跟踪监督工作进行动员部署。会议指出，在跟踪监督工作中，纪检监察机关履行"监督的再监督"职责，要突出强化日常监督全覆盖，同时要协同协调巡视巡察机构、审计机构对公共工程和土地出让项目开展全过程全方位监督。

在自由贸易港建设的起步之年，海南就出台开展公共工程和土地出让项目跟踪监督工作的意见，实属必要，非常及时。改革开放越深入、开发建设越加快，党员领导干部面对的考验越艰巨。随着自由贸易港建设的大力推进，近几年内海南将会有一批重大基础设施项目开工建设，据专家估计会有万亿规模的投资。而从近年查办的腐败案件来看，工程和土地领域腐败易发多发，几乎所有的大案要案都涉及工程腐败问题。因此，面对这些工程项目的巨额投资，必须扎紧制度的笼子，进一步落实各级党委（党组）的主体责任，防范工程项目和土地出让领域的廉洁风险，为加快自贸港建设营造良好的纪法环境和公平竞争环境。

"项目上马，干部落马"。从某种意义上说，《关于开展公共工程和土地出让项目跟踪监督工作的意见》就是以底线思维防控风险，扣紧各部门各领域"驾驶员"的廉政风险"安全带"，确保海南在自由贸易港建设的快车道上行稳致远。可以说，开展公共工程和土地出让项目跟踪监督，是海南省委作出的一项重大决策部署，是护航自由贸易港建设的根本要求，是深入推进反腐败斗争、营造自由贸易港风清气正政治生态的现实需要，是履行监督职责、强化对权力运行制约和监督的有力举措，是推动各类监督贯通协同、形成监督合力的实践探索，是全省纪检监察机关必须完成的政治任务，更是对纪检监察审计工作的深度检验。

第三，举办全省党员领导干部纪律教育专题班。2020 年 7 月 10 日上午，海南省委举办 2020 年度全省党员领导干部纪律教育专题班。省委书记刘赐贵作专题授课，带领广大党员领导干部深入学习贯彻习近平新时代中国特色社会主义思想，进一步贯彻落实党的十九届四中全会精神，巩固深化"不忘初心、牢记使命"主题教育成果，在坚持完善中国特色社会主义制度和国家治理体系的大局中思考、谋划、推进全面从严治党，引导大家不断增强管党治党的责任意识，筑牢廉洁从政的思想基础，激发持续奋斗的担当精神，确保海南自由贸易港建设沿着正确方向行稳致远。

建设海南自由贸易港既要对标当今世界最高水平的开放形态，又要坚持中国特色、坚持党的领导、坚持走中国特色社会主义道路。在持续推进高水平开放过程中，必须深刻领会习近平总书记"4·13"重要讲话精神，准确把握全面从严治党的政治保障和政治引领作用；必须以"永远在路上"的态度，一以贯之、坚定不移地把全面从严治党抓下去，努力营造风清气正的政治生态。在授课中，刘赐贵重点围绕在自由贸易港建设进程中全面从严治党"为什么抓""抓什么""怎么抓"的问题，深入阐释了"八个着力"的要求，即党风廉政建设事关海南自由贸易港建设成败，着力把思想和行动统一到党中央全面从严治党的决策部署上来；深入学习贯彻党的十九届四中全会精神，着力推动从严治党的治理体系和治理能力现代化；把党的政治建设摆在首位，着力以"两个维护"实际行动推动党中央决策部署在海南落地见效；一体推进不敢腐、不能腐、不想腐，着力打造清正廉洁自由贸易港；完善党和国家监督体系，着力以刚性约束管住公权力、管住公职人员；坚持把纪律挺在前面，着力增强党员干部抵腐定力；持之以恒深化作风建设，着力推动党风政风持续向好；抓牢党委主体责任"牛鼻子"，着力夯实管党治党政治责任。

（二）健全实施机制

《总体方案》提出"组织实施"意见：

在推进海南全面深化改革开放领导小组指导下，海南省要切实履行主体责任，加强组织领导，全力推进海南自由贸易港建设各项工作。中央和国家机关有关单位要按照本方案要求，主动指导推动海南自由贸易港建设，进一步细化相关政策措施，制定出台实施方案，确保政策落地见效。推进海南全面深化改革开放领导小组办公室牵头成立指导海南推进自由贸易港建设工作小组，由国家发展改革委、财政部、商务部、中国人民银行、海关总署等部门分别派出干部驻海南实地指导开展自由贸易港建设工作，有关情况及时上报领导小组。国务院发展研究中心组织对海南自由贸易港建设开展全过程评估，牵头设立专家咨询委员会，为海南自由贸易港建设建言献策。

这些意见要求明确具体，必将有力地推进《总体方案》的有序有效实施，尽快形成早期收获。

1. 推进海南全面深化改革开放领导小组指导

在习近平总书记作出"5·28"重要指示三天之后，即 2020 年 5 月 31 日，中共中央政治局常委、国务院副总理、推进海南全面深化改革开放领导小组组长韩正在海口主持召开推进海南全面深化改革开放领导小组全体会议并讲话。胡春华、何立峰和推进海南全面深化改革开放领导小组成员、领导小组办公室、有关部门负责同志参加会议。

韩正表示，在海南建设中国特色自由贸易港，是习近平总书记亲自谋划、亲自部署、亲自推动的改革开放重大举措，是党中央着眼国内国际两个大局作出的战略决策。要以习近平总书记的重要指示精神为根本遵循，贯彻落实党中央、国务院决策部署，把握好分步骤分阶段实施的推进节奏，只争朝夕、扎实稳妥，高质量高标准建设海南自由贸易港。韩正强调，要突出重点领域和关键环节，加快推动自由贸易港建设形成一批阶段性成果。要把握好体现中国特色的重要方向，坚持中国特色社会主义道路，始终朝着党中央确定的宏伟目标和战略路径前进。要把握好制度集成创新这个根本着力点，在贸易投资领域实施"零关税"、市场准入承诺即入制等制度，做到最大限度的自由化便利化。要把握好"一线"放开和"二线"管住的关系，有力有序推动政策落地。要把握好海南的优势和特色，发展科技含量高、生态环保、有海南特点的产业。要把握好"制度创新＋优惠政策＋法治规则"的重要安排，实化细化政策措施，把"总蓝图"转化为"实景图"。要把握好不发生重大风险的底线要求，确保海南自由贸易港建设行稳致远。要强化责任担当，把各项工作抓实抓细抓出成效，向党中央交出一份合格答卷。

2020 年 5 月 30 日至 31 日，韩正在海南调研时强调，要认真学习贯彻习近平总书记重要指示精神，全面落实《海南自由贸易港建设总体方案》，真抓实干，稳扎稳打，推动海南自由贸易港建设开好局、起好步。

同一时间，中共中央政治局委员、国务院副总理胡春华在海南省调研自由贸易港建设工作。他强调，要深入贯彻落实习近平总书记重要指示精神，按照党中央、国务院决策部署，充分发挥海关特殊监管区等开放平台作用，大胆先行先试、积极探索经验，确保海南自由贸易港建设起好步、开好头。调研期间，胡春华来到洋浦经济技术开发区、洋浦保税港区等地，实地考察港口作业和口岸监管等情况，详细了解海关监管改革创新工作进展，并与当地政府和企业负责人深入交流。胡春华强调，建设好海南自由贸易港对于推进我国更高水平开放，做好"六稳"（稳就业、稳金融、稳外贸、稳外资、稳投资、稳预期）工作、落实"六保"（保居民就业、保基本民生、保市场主体、保粮食能源安全、保产业链供应链稳定、保基层运转）任务具有重要意义。海关特殊监管区、经济技术开发区等园区是贸易投资政策的重要承载地，要充分发挥先行先试作用，积极承担压力测试等任务，积累高水平开放经验。要以提升贸易自由化便利化为核心，创新海关监管方式，提升监管效能。要做好产业规划，引入好项目，培育大项目，加快一体化平台建设。要积极打造综合保税区等新的开放平台，加强口岸基础设施建设，加大信息化系统和科技装备投入力度，提升服务能力。要坚持风险防控底线，有针对性地制定细化应对方案，完善风险预警快速反应机制，精准高效打击走私活动。

2020 年 6 月 1 日上午召开的海南省委常委会（扩大）会议，传达学习习近平总书记关于海南自由贸易港建设的重要指示，会议就贯彻落实习近平总书记对海南自由贸易港建设作出的重要指示提出 10 点要求，并逐项明确了责任部门和单位。一要广泛开展学习培训，进一步细化目标任务，将各项工作落实到具体单位和具体责任人，明确时间表、路线图，不论牵头或是配合的事项都要主动作为、挂图作战，用钉钉子的精神抓好落实。二要坚持行稳致远、久久为功，逐项推动各有关工作事项，同时对梳理出的自贸港建设中可能存在的 13 类、上百个风险点逐一分析研究，做实风险防范化解工作，确保干一件成一件。三要以"智慧海南"建设为抓手，为高质量高标准推进自贸港建设打牢基础。四要加快推进海南现代综合交通运输体系的规划建设。五要以只争朝夕的态度落实好早期安排，充分体现"六个把握好"的要求，即把握好体现中国特色这个重要方向，把握好制度创新集成，把握好"一线"放开和"二线"管住的关系，把握好海南的重点产业和特色优势，把握好政策优惠、特殊安排和节奏，把握好怎么放、怎么改，以超常规的认识、举措、行动和实效，全力争取早期收获。六要狠抓项目引进、项目开工和项目竣工，继续办好项目集中签约、集中开工和集中竣工活动。七要着手研究到 2025 年前每个年度的分解目标任务。八要把制度集成创新摆在极为重要的位置抓，从机构和部门设置、法治化配套、细化行动和措施，贸易投资自由化便利化，深化"极简审批"，把握好"一线"放开、"二线"管住的关系，促进生产要素自由便利流动，抓落实的体制机制创新，防范化解系统性风险等方面解放思想、大胆创新，尽快拿出工作方案。九要营造开放、公平、安全、便利和法治化的营商环境，坚决查处各类吃拿卡要行为和形式主义、官僚主义表现。十要加强党的领导，坚决贯彻党中央决策部署，在省委统一领导下扎实有效推进各项工作，重大事项严格按程序推进。

2. 海南省切实履行主体责任

中央 12 号文件明确要求："建立健全'中央统筹、部门支持、省抓落实'的工作机制，坚定自觉地把党中央、国务院的决策部署落到实处。"正是在这种工作机制发挥强力作用的情况下，两年来，海南坚决按照习近平总书记和党中央的一系列重要部署，高标准高质量建设自由贸易试验区，并取得显著成绩，为中央如期出台海南自由贸易港建设总体方案创造了有利条件，为海南自由贸易港的产生确立奠定了良好的基础。

2020 年 5 月 28 日，习近平总书记对海南自由贸易港建设作出重要指示，强调海南省要认真贯彻党中央决策部署，把准方向、敢于担当、主动作为，抓紧落实政策早期安排，以钉钉子精神夯实自由贸易港建设基础。这是就《总体方案》实施向海南省提出的明确要求。

"把准方向"，就是要坚持用习近平新时代中国特色社会主义思想武装党员干部头脑，走中国特色社会主义道路，建设社会主义制度下的自由贸易港而不是别的什么自由贸易港；坚持重大改革事项由党中央决定、整体工作进度由党中央把握、政策实施情况及时向党中央报告。"敢于担当"，就是要切实履行好建设自由贸易港的主体责任，扛起海南应有的担当，大胆试、大胆闯、自主改；凝聚起全省上下的力量，坚持"五级书记"抓自贸港建设，发挥好基层党组织战斗堡垒作用和党员先锋模范作用；打造忠诚干净担当的干部队伍，提高干部治理能力，坚持正确的政绩观，建立激励机制和容错纠错机制，把想干事、能干事、干成事的干部发现出来、任用起来。"主动作为"，就是要抢抓机遇、不等不靠，干一件成一件，以钉钉子精神抓落实，抓紧推进早期安排争取早期收获；以"功成不必在我"的精神境界和"功成必定有我"的历史担当，多做打基础、利长远、惠民生的实事，高质量高标准建设自由贸易港。

《总体方案》提出，"在推进海南全面深化改革开放领导小组指导下，海南省要切实履行主体责任，加强组织领导，全力推进海南自由贸易港建设各项工作"。《总体方案》2020年6月1日发布以来，海南省接续开展十大动作，真可说是好戏连台、台台精彩，充分体现在建设自由贸易港背景下的海南站位、海南特色、海南速度、海南效率、海南样板、海南风尚。

第一，2020年6月3日上午，海南自由贸易港11个重点园区在全省各地同步挂牌。这是海南正式承接实施自由贸易港早期安排政策，打造推动自由贸易港建设的样板区、试验区的起始，标志着海南自由贸易港建设正式拉开序幕。同时挂牌的11个重点园区是：海口江东新区、海南自由贸易港洋浦经济开发区、海南自由贸易港博鳌乐城国际医疗旅游先行区、海南自由贸易港海口国家高新技术产业开发区、海南自由贸易港海口综合保税区、海南自由贸易港三亚崖州湾科技城、海南自由贸易港三亚中央商务区、海南自由贸易港文昌国际航天城、海南自由贸易港陵水黎安国际教育创新试验区、海南自由贸易港生态软件园、海南自由贸易港海口复兴城互联网信息产业园。

园区是自贸港贸易投资政策的重要承载地，是大胆试、大胆闯、自主改的试验田和改革开放新高地。海南省委、省政府在推进海南自贸试验区建设时，就同步研究在园区压茬探索试行自贸港部分政策，坚持把园区高质量发展，作为事关海南全面深化改革开放全局的工作抓紧抓好，优化重点园区布局，创新园区管理体制，确定了先行承接自贸港政策的 11 个重点园区。11 个重点园区的挂牌，标志着海南自贸港建设拉开了序幕。按照海南省委的要求，海南各重点园区将立即围绕早期安排，狠抓项目引进和开工，把能做的抓紧做起来，把速度提起来，把园区打造成自贸港实施早期安排、实现早期收获的展示区；要坚定不移贯彻新发展理念，按照"全省一盘棋、全岛同城化"要求，集中精力做大做强优势产业，严把项目产业准入关，加强规划和基础设施建设，推进智慧园区建设，把园区打造成贯彻新发展理念、推动高质量高标准发展的示范区；要坚持把创新作为引领园区发展的第一动力，聚焦贸易和投资的自由化便利化，把园区打造成制度集成创新的先行区；要坚持底线思维，健全完善风险防控机制，高标准建设口岸基础设施，把园区打造成"一线放开、二线管住"和有效防范化解风险的样板区；要充分发挥市场在资源配置中的决定性作用，瞄准企业"痛点""难点"，提供最快捷贴心的服务，加强园区配套建设，把园区打造成开放、公平、安全、便利、法治化营商环境的标杆区；要立足国际竞争，加大全球招商力度，加快制定重点园区人才配套政策，推进园区要素市场建设，把园区打造成国内外资本、人才和各类高端要素的集聚区。

海南自由贸易港 11 个重点园区同步举行挂牌仪式受到国际媒体的关注。6 月 5 日，全球通讯社联盟刊登新华社稿件 *Key industrial parks unveiled in Hainan free-trade port*（海南自由贸易港 11 个重点园区同步举行挂牌仪式），在美国、巴西、日本、韩国、巴基斯坦等国家以英语、葡语、日语、韩语、乌尔都语等多种语言发布，吸引日本共同社、韩联社、MSN 韩国、NAVER、巴基斯坦国际通讯社、芝加哥《每日先驱报》、巴西《圣保罗州报》、美国《商业日报》、雅虎财经等近 350 家主流媒体、门户网站及重点资讯网站广泛转载落地。文章指出，海南自由贸易港集中挂牌的 11 个重点园区产业类型涵盖旅游业、现代服务业和高新技术产业三大领域，旨在推动海南自由贸易港建设加快发展、创新发展。

第二，2020 年 6 月 10 日至 11 日，中国共产党海南省第七届委员会第八次全体会议召开。这次全会深入学习习近平总书记对海南自由贸易港建设的重要指示，审议通过《中共海南省委关于贯彻落实〈海南自由贸易港建设总体方案〉的决定》和省委七届八次全会决议。全会对积极稳妥推进海南自由贸易港建设早期安排，全力争取早期收获作出部署。提出在党中央的坚强领导下，把握好政策优惠、特殊安排和节奏，科学制定 2025 年前年度工作安排，明确责任单位和市县主体责任，层层抓紧落实，确保干一件成一件。把握好"一线"放开和"二线"管住的制度集成创新。加快实现"一线"放开，扎实推进部分商品"零关税"政策，制定实施企业进口自用生产设备"零关税"负面清单，岛内进口用于交通运输、旅游业的船舶、航空器等营运用交通工具及游艇"零关税"正面清单，岛内进口用于生产自用或以"两头在外"模式进行生产加工活动（或服务贸易过程中）所消耗的原辅料"零关税"正面清单，允许岛内居民免税购买消费的进境商品正面清单。加强离岛免税购物的制度集成创新，完善市场准入标准，实现免税商品与国际原产地在品牌、品种、价格上"三同步"，有效引导境外消费回流，切实增强全国人民的获得感。加强跨境服务贸易制度集成创新，破除跨境交付、境外消费、自然人移动等服务贸易模式下存在的各种壁垒。开展财税体制改革制度集成创新，实施好企业所得税和个人所得税优惠政策。在洋浦保税港区实行"一线"放开、"二线"管住的管理制度，打造海南自由贸易港的"样板间"。加快设立海口空港综合保税区、三亚凤凰机场保税物流中心（B 型）等海关特殊监管区域，推动博鳌机场升级为正式开放口岸。以"中国洋浦港"为船籍港，建立海南自由贸易港国际船舶登记中心，取消船舶登记主体外资股比限制，逐步放开船舶法定检验，吸引一批"方便旗"船舶转籍海南。用好加注保税燃油和保税航油政策。高标准建设开放口岸和二线口岸基础设施、监管设施，加大信息化系统建设和科技装备投入力度，打好全面封关的基础。

第三，2020 年 6 月 13 日上午，在海口举行《总体方案》发布后首次项目集中签约活动。通过现场签约和线上"云签约"的方式，共签约重点项目 35 个。签约前，海南省委书记刘赐贵会见了参加现场签约的机构和企业代表，强调海南愿与境内外广大市场主体一道，深入贯彻习近平总书记对海南自由贸易港建设的重要指示精神，全面落实《总体方案》，以最好的资源吸引最好的投资者，充分体现海南特色、海南速度、海南效率，推动重点项目加快落地，高质量高标准建设海南自由贸易港。刘赐贵强调，海南将立足独特的地理区位、资源环境、开放政策等优势，坚持走社会主义道路，坚持高质量发展，坚持改革创新，对标当今世界最高水平开放形态，把制度集成创新摆在突出位置，努力打造法治化、国际化、便利化的营商环境和公平开放统一高效的市场环境，加快构建以旅游业、现代服务业、高新技术产业为主导，以热带特色高效农业为支撑的现代化经济体系，推动海南自由贸易港建设行稳致远、久久为功，不断取得新成效。海南欢迎全球市场主体前来投资兴业，共享发展机遇。希望各签约方以"急不得也慢不得"的态度，不断提高项目履约率，抓紧推动项目落地和建设运营，共同为海南自贸港建设作出新的更大贡献。

在随后的签约仪式上，海南省省长沈晓明致辞。他表示，海南建设自贸港，意味着人流、物流、资金流等以前所未有的方式涌入。海南将通过制度集成创新树立营商环境标杆，积极推动海南自由贸易港法立法进程，加快制定市场准入特别清单、外资准入特别清单和服务贸易极简清单，进一步精简审批事项，实行"非禁即入"。企业到海南以后，不仅能享受到海南优质的生态环境和政策环境，也会享受到越来越优质的营商环境。企业为海南自由贸易港建设作贡献，我们将竭尽全力为企业和个人排忧解难、创造条件、做好服务。仪式上，深圳证券交易所理事长王建军、中国东方航空集团有限公司董事长刘绍勇、法国电力集团副总裁兼中国区总裁傅楷德、美团点评集团副总裁陈荣凯等签约机构和企业代表发言，一致表示将乘着海南自由贸易港建设东风、把握难得机遇、发挥自身优势、找准项目定位、全力参与支持，为海南自由贸易港建设贡献力量。

本次签约仪式采取"现场签约为主、线上签约为辅"的方式分六轮进行，其中 8 个外资项目、27 个内资项目，另有中国人民大学、中央民族大学、中科院理化技术研究所、商业航天产业联盟、中国珠宝玉石首饰行业协会等机构，以及中化集团、吉祥航空、携程集团、中交海投、金融壹账通、渤海租赁、四川省铁路产业投资集团、华神科技集团等企业与海南有关方面分别签署项目合作协议。

2020 年 8 月 13 日，海南自由贸易港第二批重点项目集中签约活动在海南省国际会展中心正式举行，此次共计集中签约项目 59 个，预计总投资 142 亿元。签约仪式上，海南省有关方面与中国电信集团、招商局集团、阿里巴巴、华为技术、中冶集团、正威集团、德国途易、中信建设、日本伊藤忠商事株式会社、保利集团、宝能集团、嘉实基金、海丰国际、寺库集团、同程控股集团、途牛科技、金山云网络、海南航空、交银金融租赁、新东方教育、聚美优品、修正药业集团、联动天翼、国网什马、东方雨虹等境内外知名企业投资的 59 个项目签订合作协议，其中外资项目 12 个，内资项目 47 个，预计总投资额 142 亿元，涵盖旅游业、现代服务业、高新技术产业三大产业和自由贸易港建设、产业发展、民生公共服务等多个领域。

在签约仪式上，作为民营企业代表的新东方教育科技集团有限公司董事长俞敏洪对海南省政府关注重视民营企业发展表达了感谢。俞敏洪表示，他对海南在教育产业的发展充满期待，目前海南已经引进了哈罗公学等优质教育资源，还可以不断拓宽在国际教育方面的发展空间。他认为海南应该坚持开放，坚持创新，积极引进金融、服务、教育方面的企业，而新东方就十分符合海南未来的发展趋势。俞敏洪表示，此次新东方带着自身的资本和资源来到海南，也表达了愿意与海南一起共同发展的意愿。未来，新东方还希望能在海南资本市场愈发发展的情况下，与海南展开进一步深度合作。

全球领先的旅游集团中旅途易也在此次签约仪式上与海南省政府签订了合作协议，这也标志着途易集团正式布局海南自由贸易港。中旅途易首席执行官卜贵多表示，在海南省政府的全力支持和帮助下，中旅途易未来几个月将在海南成立途易亚太地区总部和合资公司，进一步深化与中国和亚太地区的业务关系，助力海南自贸港旅游产业国际化迈出坚实的一步。卜贵多说，2020 年是海南自由贸易港的开局之年，他非常高兴地看到海南将大力发展和扶持旅游业作为重要发展方向之一，并实施一系列开放优惠政策。未来中旅途易将在海南建立一支强大的本地团队，积极与中国本土航空公司合作，提供途易的技术平台和产品，扩大途易邮轮航线 / 包机航线到海南，同时还将引进途易酒店品牌和管理，逐步将途易的成功产品、技术和经验引入海南自由贸易港。加快海南作为全球知名旅游胜地的国际化推广，实现双方互惠共赢。

2020 年 10 月 13 日上午，海南自由贸易港重点项目集中签约活动在海口国际会展中心举行，这是自《总体方案》发布后举办的第三批重点项目集中签约活动。这次签约，由于有美国电动汽车制造商特斯拉（Tesla）及中国五矿、中国航油等一批重量级企业抢滩海南自由贸易港，体现了海南自由贸易港建设的阶段性成果，而受到广泛关注。

当天，46 个高质量项目落户海南，包括外资项目 9 个，内资项目 37 个，涵盖自由贸易港建设、产业发展、民生公共服务等领域，总投资额超 170 亿元。其中，中国五矿集团有限公司、中国航空油料集团有限公司等知名央企与海南省政府签订了战略合作协议。同时，特斯拉等一批重点外资企业也成功落户海南。当中，中国五矿集团将在设立海南区域总部的基础上，在物流、贸易、服务等领域积极寻求新的合作机遇，在五网基础设施和旅游基础设施建设上拓展合作空间。中国航油集团将大力支持海南航空事业发展以及国际航空枢纽建设，共同推进通航领域融合发展，深化航空物流及航空相关产业合作。特斯拉汽车香港有限公司落户海口，并设立海南特斯拉新能源汽车创新中心项目。海南有望成为特斯拉全球新能源产品的重要布局地区之一，开展电动汽车充换电等方面技术合作。

当天，"海南自贸港招商引资项目库资源库"成功上线。该资源库依托海南自贸港招商引才网平台，整合海南全省招商资源，全方位展示全省和各市县、各园区最新的商务动态、产业政策、招商项目和投资资源等信息，为海南自贸港招商引资工作增添新的动力。

第四，发布《推进"百家央企进海南"行动方案（2020—2022）》。2020 年 7 月 13 日，省内媒体报道，海南省委办公厅、海南省政府办公厅联合印发《推进"百家央企进海南"行动方案（2020—2022）》（以下简称《方案》），力争到 2022 年，实现"4·13"以来在琼新设中央企业子公司超过 100 家的招商目标。《方案》旨在大力推动主业与海南省重点发展的旅游业、现代服务业和高新技术产业高度契合的央企在琼设立区域总部、结算总部或业务子公司，投资重点产业项目，为海南自由贸易港建设开好头、起好步。《方案》确定的招商目标为：至 2022 年，"4·13"以来在琼新设央企子公司超过 100 家，超 40 家央企与海南省建立战略合作关系，不低于 30 家央企在琼建设总部基地；同时在琼新设立的央企，2020 年起三年内营业收入总额超过 3600 亿元，缴纳税收总额超过 50 亿元，新增固定资产投资总额超过 1200 亿元。同时，争取央企通过境外子企业直接投资或以商招商等方式在海南省引入外资方面发挥重要作用，力争三年内实现引入外资超过 40 亿美元。《方案》强调，要按照"成熟一家推进一家"的原则，用三年时间推动"4·13"以来省政府层面与 40 家央企建立以在琼设立区域总部、结算总部，新增在琼投资项目或新增在琼结算业务为主线的战略合作关系，原则上争取世界 500 强央企成为海南省战略合作伙伴。同时，在

"4·13"以来新设立30家央企子公司的基础上，2020年争取央企在琼新设子公司不少于20家。

根据《方案》规定，2020—2022年在海南投资建设总部大楼的央企不低于30家，达到总部企业认定标准并认定为总部企业的在琼央企不少于20家；同时，推动央企重点产业项目落地海南不少于20个，总投资超过1200亿元。

为实现"百家央企进海南"招商目标，海南省将积极争取国务院国资委支持，指导央企加大在海南的投资和布局力度，鼓励央企在海南设立区域总部、结算总部和业务子公司，参与重点产业园区、"五网"基础设施建设和美丽乡村建设。同时，鼓励央企参与加快推进崖州湾科技城、博鳌乐城国际医疗旅游先行区、洋浦石化产业基地、海口国际免税城、智能电网等重点园区和项目建设；与海南省高校、研究机构等共建国家级实验室，优先在海南省布局创新中心、研发中心。此外，海南省还将主动赴央企总部招商，争取在设立区域总部、新增业务结算、缴纳税收以及产业项目投资和外资引入方面予以支持，对接好服务并跟进落实，适时举办面向央企的专场招商活动。

第五，部署生态环保领域问题全面整治和百日大督察工作。2020年6月27日，海南省委召开省委常委会（扩大）会议，传达学习习近平总书记关于海南自由贸易港生态环保工作的重要批示精神，研究海南省贯彻意见，部署下一步重点工作。强调要深入学习贯彻习近平生态文明思想和习近平总书记重要批示精神，深刻领会生态文明建设对海南自贸港的极端重要性，认真对标对表找差距、找问题、改彻底，迅速开展为期百天的生态环保整治大督察，坚决落实抓生态环保的政治责任和主体责任，全面开展生态环保领域存在问题的整治，高质量高标准建设生态环境世界一流的自贸港，以实际行动和整改实效体现增强"四个意识"、坚定"四个自信"、做到"两个维护"。

会议原原本本传达学习了习近平总书记关于海南自由贸易港生态环

保工作的重要批示，重温了习近平总书记2013年视察海南时的重要讲话和"4·13"重要讲话中关于生态环保部分的内容；传达学习了韩正、胡春华等中央领导同志关于贯彻落实习近平总书记重要批示的工作要求。会议指出，习近平总书记对海南生态环境保护特别重视、格外关心，多次作出专门论述、提出明确要求，为海南生态文明建设指明了前进方向、提供了根本遵循。习总书记的重要批示，充分体现了以习近平同志为核心的党中央对海南生态环境保护的高度重视和深切关注，充分说明了生态文明建设在海南自贸港中举足轻重的特殊地位。全省上下要用脑用心用情学习领会习总书记重要批示的重大意义、丰富内涵，把优良生态环境作为建设自贸港的重要前提，生态环保上不掉以轻心，落实中央生态环保督察整改不浮于表面，高质量高标准建设海南自贸港。会议强调，2019年中央第二轮生态环保督察反馈意见指出，海南省大气和水环境质量保持全国一流水平，生态环境保护工作虽然取得积极进展，但与中央要求和群众期盼相比，特别是与习近平总书记对海南省提出的"为全国生态文明建设作出表率"的厚望相比，仍有较大差距。会议深入分析了存在的突出问题，提出在七届省委开展生态环境六大专项整治、农村人居环境整治、海岸带专项整治、清洁能源岛、"禁塑"等生态环保专项工作基础上进一步落实落细责任和措施，明确了六个方面具体要求：一是继续提高政治站位，全面加强领导，进一步明确生态环保的政治责任和主体责任。二是加大力度，全面开展生态环保领域存在问题的整治。三是加强生态文明建设制度集成创新。四是进一步加快补齐生态环保基础设施建设短板。要从规划编制、土地供应、环境评价、经费保障等源头加强管控，不断提升做好相关工作的本领，各部门通力配合，在极简审批上下功夫。五是牢固树立正确的政绩观，高质量高标准推进自贸港建设。六是在全省开展生态环保整治百日大督察。会议决定，成立督察工作领导小组并组成10个督察组，从7月起对全省开展为期100天的专项督察。要抽调精兵强将，加强督察培训，进一步明确督察内容和任务。会议提出，要约法三章，实施督察回避制、督察结果终身负责制和独立督察制，对整改不力的领导干部严肃追责问责。

第六，2020 年 7 月 13 日，海南自由贸易港建设项目（第二批）集中开工仪式在全省同步举行。本次集中开工项目 121 个，总投资 281 亿元，2020 年计划投资 59 亿元。项目类型涵盖产业发展、基础设施、民生公共服务等类型。从投资规模上看，总投资 30 亿元以上项目 1 个，投资共 37 亿元，占全部项目投资的 13%；总投资 10 亿—30 亿元的项目 3 个，投资共 52 亿元，占全部项目投资的 19%；总投资 1 亿—10 亿元的项目 52 个，投资共 167 亿元，占全部项目投资的 59%。从项目类型上看，涵盖了产业发展、"五网"基础设施提质升级、民生公共服务等领域。两年来，海南累计集中开工项目 1018 个，总投资 5122 亿元，其中产业发展项目占比达 60%。

2020 年 9 月 13 日，海南自由贸易港建设项目（第三批）集中开工活动在全省各地同步举行，活动主会场设在位于海口江东新区起步区的中银国际金融中心。本次集中开工项目共 151 个，总投资 403 亿元，2020 年计划投资 80 亿元，项目涵盖了产业发展、"五网"基础设施、公共服务等领域。这次开工的一大亮点，就是中国银行新项目——中银国际金融中心项目在江东新区的落户，这必将推动海南自由贸易港总部经济发展再上新台阶。中国银行党委书记、董事长刘连舸致辞中指出，中国银行将全力把中银国际金融中心打造成为海口的地标性建筑，为海南自由贸易港建设增光添彩。中国银行将以这次项目建设为契机，进一步加大在海南的资源投入力度，为海南打造我国开放型经济新高地、建成具有较强国际影响力的高水平自由贸易港作出贡献。

当天（9 月 13 日），中国银行在海口发布《中国银行海南自贸港综合金融服务方案》，为海南自由贸易港建设提供全方位、一体化金融服务。该方案共有 30 条措施，核心是发挥中国银行全球化、综合化优势，按照《总体方案》要求，聚焦贸易投资自由便利，支持海南三大主导产业发展，构建跨境、银发、教育、体育等特色服务场景，深化与个人客户、企业客户等各类市场主体的全面合作，将全行体制机制改革、金融科技应用、产品创新研发等成果优先在海南试点，推动金融开放创新，服务智慧海南建设，从机制、人才、科技、风险管控等方面加大工作保障力度。刘连舸表示，中国银行作为全球化、综合化程度最高的中资银行，将持续加大资源投入、深化金融产品创新，围绕贸易投资自由化便利化、现代产业体系建设、跨境资金流动、社会治理、民生改善等重点领域，向海南自贸港提供优质高效的一揽子综合服务。

中国银行还发布了《中国银行海南自贸港创新金融产品与服务》和《中国银行海南自贸港康养金融服务方案》。创新金融产品方面，将适时创新推出本外币跨境双向资金池、贸易外汇收支便利化服务，让客户第一时间享受到最开放最便利的跨境金融服务。康养金融服务方面，将围绕"产业金融、消费金融、投资金融、公益金融"四个方面，多方共同推进海南旅居康养发展。

在发布会上，中银香港、中行新加坡分行、中行伦敦分行等中国银行境外机构代表表达了深入参与海南自贸港建设的意愿。

在银政企签约环节，中国银行海南省分行分别与海南省发展改革委、海南国际经济发展局签署了服务海南自贸港合作备忘录，与海口江东新区、海口综合保税区等六家自由贸易港重点园区及多家重点企业签署战略合作协议。

第七，为海南自由贸易港法立法贡献"海南智慧"。2020年7月29日，海南省委召开海南自由贸易港法协助调研工作组会议，强调要深入学习贯彻习近平总书记"4·13"重要讲话和关于海南自贸港建设的系列重要批示指示精神以及中央12号文件、《海南自由贸易港建设总体方案》，充分认识加快推进海南自由贸易港法立法工作的重大意义，主动作为、坚守底线、敢闯敢试，全力做好协助调研工作，为加快海南自由贸易港法立法进程贡献更多"海南智慧"。会议指出，制定实施海南自由贸易港法，是以习近平同志为核心的党中央作出的一项具有里程碑意义的重大决策，并写入十三届全国人大三次会议工作报告，与《总体方案》共同构成海南自贸港制度体系的"两翼"，两者缺一不可。要充分认识海南自由贸易港法立法工作的重大意义，把制度集成创新摆在突出位置，在全力落实协助调研工作责任的过程中主动作为、敢于创新，充分反映自贸港建设的实践需求和可能存在的风险挑战，为海南自由贸易港建设提供坚实法律依据和法治保障。

会议强调，扎实推进海南自由贸易港法协助调研工作，没有现成的先例可循，不能照搬照套国外自贸港发展模式，必须坚持正确方向，自觉站在党和国家大局上想问题、提建议，坚持党的集中统一领导，坚持中国特色社会主义道路，坚持以人民为中心，紧紧围绕中央 12 号文件和《总体方案》，坚守"六个决不允许"的底线，开展立法工作；必须坚持宜粗不宜细原则，为全面深化改革开放留出充足的法治空间，确保法治建设始终与时俱进，不断适应自贸港建设实践的最新需求；必须充分运用全国人大及其常委会或国务院统一的法律授权，用好用足地方立法权和经济特区立法权，紧扣自贸港建设需要，建立以海南自由贸易港法为基础，以地方性法规和商事纠纷解决机制为重要组成的自由贸易港法治体系，营造国际一流的自由贸易港法治环境；必须广泛听取和吸纳全国人大及中央有关部委相关专家智库的意见建议，各协调工作组成员单位全力配合，加快形成推动海南自由贸易港法立法进程的强大合力。

海南省委对海南自由贸易港法立法工作抓得相当紧。2020 年 9 月 19 日，海南省委主要负责人主持召开海南自由贸易港法协助调研工作组会议，听取前一阶段海南自由贸易港法协助立法调研工作情况汇报，研究部署下一步工作。会议强调，要深入学习贯彻习近平总书记"4·13"重要讲话、中央 12 号文件和《海南自由贸易港建设总体方案》精神，牢固树立法治为先的理念，坚持结合自贸港建设实践推动法制探索，全力做好协助海南自由贸易港立法调研前期工作，确保各项重大改革于法有据、自贸港建设行稳致远。

会议指出，海南自由贸易港法是与《总体方案》共同构成海南自由贸易港制度体系"车之两轮""鸟之两翼"的重要组成部分。党中央和全国人大常委会对此高度重视，将海南自由贸易港法列入全国人大常委会2020年度立法工作计划。要深刻认识海南自由贸易港法立法工作的重大意义，按照中央部署和全国人大常委会的工作安排，全力做好协助海南自由贸易港法立法调研前期工作，将中央关于海南自由贸易港的各项制度安排固化为具有约束力的法律制度。

会议强调，制定一部中国特色社会主义制度下的自由贸易港法，是一项前无古人的开创性工作，必须牢牢扎根实践，勇于开拓创新。做好下一步的协助立法调研工作，一是把握好体现中国特色，坚持中国共产党的领导，坚持走中国特色社会主义道路，保证国家安全和意识形态领域安全；二是把握好对标高水平开放形态，大力营造法治化、国际化、便利化的一流营商环境，落实好五个"自由便利"和一个"安全有序流动"及零关税、低税率、简税制等国际自由贸易港的先进做法；三是把握好符合海南定位的要求，努力建设生态环境世界一流的自由贸易港，推动建设西部陆海新通道国际航运枢纽和国际航空枢纽，打造成为我国面向太平洋和印度洋的重要对外开放门户；四是把握好与内地联动发展的关系，发挥对外开放重要窗口的作用，努力打造成服务国内国际双循环相互促进新发展格局的重要节点，让全国人民在海南自由贸易港建设中增强获得感；五是把握好宜粗不宜细的原则，为自由贸易港建设制度集成创新留出足够空间。

2020年9月21日至23日，中共中央政治局委员、全国人大常委会副委员长王晨在海南就制定海南自由贸易港法进行调研，并召开座谈会听取有关方面对制定海南自由贸易港法的意见建议。海南省委就海南自由贸易港法立法提出应体现中国特色、体现高水平开放形态、体现海南定位、体现与内地的良好互动、体现"宜粗不宜细"原则和体现充分授权性等建议。

第八，组织《总体方案》发布以来海南省举办的首场重大对外政策宣介交流活动，也是海南建省办经济特区以来规模最大、层次最高的一次驻华使节集中到访。2020年8月12日下午，海南省委书记刘赐贵在海口会见了由来自六大洲37个国家驻华大使以及驻琼、驻穗、驻沪领事官员组成的访琼使节团代表一行。此次37国驻华使节来访，是海南建省办经济特区以来规模最大、规格最高的一次驻华使节集体来访活动。刘赐贵对各位驻华使节的到来表示欢迎，并向客人面对面介绍了海南自贸港建设情况。他说，建设海南自由贸易港，是习近平总书记亲自谋划、亲自部署、亲自推动的重大国家战略，是彰显"中国开放的大门不会关闭、只会越开越大"和推动构建人类命运共同体的重要举措。自习近平总书记发表"4·13"重要讲话以来，海南全省上下坚定信心、奋发努力，坚决贯彻党中央的重大决策部署，高质量高标准建设自贸试验区，分步骤、分阶段推进自贸港建设，市场主体突破103万户，实际利用外资规模逐年翻番，超过10万名境内外各类人才来琼就业创业，海南经济社会发展更具活力，取得了明显成效。同时，我们紧密结合海南实际，在自贸港建设中充分体现高质量高标准要求，坚持以最好的资源吸引最好的投资者，持续推进房地产调控、清洁能源岛建设、城乡"五化"等工作，确保海南的生态环境只能更好不能变差，建设生态环境世界一流的自贸港，打造全省人民的幸福家园、中华民族的四季花园和中外游客的度假天堂，让全国人民从自贸港建设中有更多获得感。

马耳他驻华大使卓嘉鹰代表使节团感谢海南的邀请，盛赞海南改革开放以来发生的翻天覆地变化。他说，海南正致力于建设全球最大的自贸港，并大力发展尖端科技和现代产业，未来发展将超乎想象。马耳他与海南有很多相似之处，愿意成为海南发展的伙伴，增强各领域务实合作，深度参与海南自由贸易港建设，共创美好未来。

爱尔兰驻华大使李修文、埃及驻华大使穆罕默德·巴德里也分别表达了与海南开展更宽领域、更深层次合作的强烈意愿。来自柬埔寨、塞内加尔、法国、马来西亚、乌拉圭、印度尼西亚、韩国、巴基斯坦、斯里兰卡、西班牙、巴拿马、加纳、以色列、新西兰、荷兰、土耳其、智利、古巴、白俄罗斯、尼泊尔、巴西、澳大利亚、科特迪瓦、泰国、瓦努阿图、美国、加拿大、比利时、奥地利、新加坡、英国、刚果（布）、俄罗斯、挪威等国驻华使领馆官员参加会见。

2020 年 8 月 13 日，来自 37 个国家的 73 位驻华大使以及驻穗、驻沪领事官员在海南继续参加第二天的参访交流活动。举办此次活动旨在向外国驻华使节宣介海南自由贸易港建设相关政策，推动海南与各国在各领域开展友好交流与务实合作。

第九，2020 年 8 月 13 日，在海南自由贸易港重点项目集中签约活动中，举办海南自由贸易港国际投资"单一窗口"上线仪式。国际投资"单一窗口"是海南省建设的全国首家投资全流程"套餐式"服务平台，聚焦投资便利化系统集成创新，整合多部门政务系统，为境内外投资者提供投资咨询服务、企业设立登记、变更、注销、银行预约开户和外汇登记、项目建设，以及购车指标申请、签证证件办理等投资相关事项办理服务，今后将进一步将海南更好的营商服务送给来海南投资兴业的企业客商与投资者们。

建设海南国际投资"单一窗口"，是海南主动适应国际经贸规则重构新趋势，实行以过程监管为重点的投资便利制度的创新举措，为全球投资者打造公开、透明、可预期的投资环境，进一步激发各类市场主体活力，打造自由贸易港开放新高地。海南创新设立国际投资"单一窗口"，将涉及投资相关的业务审批系统整合到一个窗口。国际投资"单一窗口"包含咨询服务、企业开办、项目建设、配套服务四大模块，整合招商、市场监管、发改等 13 个部门 20 个政务系统，实现企业设立登记、变更、注销、社保登记、税务发票申领、公积金登记等企业开办业务的一窗式受理以及项目建设、银行预约开户、外汇登记、签证证件办理等 179 项投资延伸服务，覆盖投资事前、事中、事后的全流程业务，通过整合企业业务办理事项和流程优化再造，实现企业开办最多跑一次，全流程缩减企业提交表单材料 55%，缩减审批时限和环节近 70%，企业办理全流程业务提速至最快两个工作日内即可办结。

第十，2020 年 8 月 31 日，海南省委、省政府召开海南自贸港创一流营商环境动员大会。这是海南史上规模最大的营商环境动员大会。不仅省四套班子领导悉数出席，并且通过视频方式直接开到基层，乡镇（街道）、村（社区）干部都在分会场参加。在海南自贸港建设开局之年，召开如此大规模的会议，向外界释放强烈信号：以实际行动创一流营商环境新高地、全球投资兴业优选地。会议强调，要深入学习贯彻习近平总书记关于海南自贸港建设的重要讲话和重要指示批示精神，进一步对标先进、明确方向、找准差距、立行立改，以不进则退的危机感和时不我待的紧迫感，以超常规的认识、举措、行动取得创一流营商环境的实效，努力打造营商环境的"海南样板"，确保到 2025 年达到国内一流水平，高质量高标准建设海南自贸港。

世界银行经过十几年的探索、整理和归纳，建立了一整套衡量各国营商环境的指标体系，目前将 10 个重要指标纳入评价体系，分别是开办企业、办理建筑施工许可、获得电力、登记财产、获得信贷、纳税、跨境贸易、保护少数投资者、执行合同、办理破产。这是一级指标，相应的还有 52 项二级指标。这次的海南自贸港创一流营商环境动员大会透露，以 2019 年数据为准，海南与北京、上海、广州对比，总体情况为两项指标优于北京、上海、广州，17 项指标与北京、上海、广州比有优有劣，19 项指标与北京、上海、广州持平，14 项指标落后于北京、上海、广州。可见，海南创国内一流营商环境的任务非常艰巨。

在这个时刻，召开创一流营商环境动员大会正当其时。大家清晰看到，《总体方案》明确，到 2025 年，海南营商环境总体达到国内一流水平。而对标北京、上海、广州、深圳等国内一流营商环境的地方，海南在办理施工许可证、获得电力、跨境贸易、执行合同、政务服务、公共资源配置、投资者保护、执法检查等方面，在教育、医疗、养老等社会保障，以及信用体系建设方面，还存在较大差距。这些差距还在动态变化中，海南要对标的不仅是北上广深 2020 年的营商环境水平，而且是它们 2025 年将要达到的水平。北上广深正在继续优化营商环境，而且速度更快、质量更高。对海南来说，改善营商环境，不进则退、慢进也是退，不拼不行，拼的劲头不足更不行，必须分秒必争，大踏步、跨越式奋力追赶。

2020 年 10 月 15 日，海南省委办公厅、海南省政府办公厅公布《海南省创一流营商环境行动计划（2020—2021 年）》，分别从开办企业、获得施工许可、财产登记、获得信贷和改善融资环境、纳税便利化、跨境贸易、保护投资者、执行合同、办理破产、人才流动、建设服务型政府等 11 个方面，提出 31 项行动举措，加快形成法治化、国际化、便利化营商环境，进一步激发各类市场主体活力和创造力，加快推进海南自由贸易港建设。

3. 中央和国家机关有关单位主动指导推动

习近平总书记在"4·13"重要讲话中强调："中央和国家有关部门要从全局高度出发，会同海南省做好顶层设计，坚持先谋后动，积极研究制定支持举措，共同推动各项政策落地见效。"

中央 12 号文件要求："中央有关部门要真放真改真支持，切实贯彻落实本意见提出的各项任务和政策措施，会同海南省抓紧制定实施方案。"

习近平总书记对海南自由贸易港建设作出重要指示强调："中央和国家有关部门要从大局出发，支持海南大胆改革创新，推动海南自由贸易港建设不断取得新成效。"《总体方案》提出，"中央和国家机关有关单位要按照本方案要求，主动指导推动海南自由贸易港建设，进一步细化相关政策措施，制定出台实施方案，确保政策落地见效。""6·1"以来，中央和国家机关有关单位主动指导推动海南自由贸易港建设，各项政策陆续落地，不断刷新速度。

2020 年 6 月 3 日，国家民航局出台《海南自由贸易港试点开放第七航权实施方案》，提出按照积极稳妥、有序开放、逐步推进的原则，分阶段、分步骤试点开放第七航权。民航局政法司司长颜明池表示，本次海南航权开放"对标当今世界最高开放水平"，首先是客运、货运全面开放，有别于某些地区仅开放货运第七航权；其次是单向自主开放，不以其他国家向我对等开放第七航权为前提；最后是开放政策叠加，此前海南已开放了第三、四、五航权。

2020 年 6 月 23 日，交通运输部在北京召开例行新闻发布会，交通运输部新闻发言人孙文剑表示，将采取三大举措落实国际船舶登记制度，助力海南自由贸易港建设。建立"中国洋浦港"为船籍港的船舶登记制度，是贯彻落实党中央、国务院支持海南全面深化改革开放的一项重要举措，是建设海南自由贸易港的重要抓手，是航运界的一件大事。交通运输部对此高度重视，积极探索，推动落地主要工作包括三个方面的内容。一是组建船舶登记中心。借鉴国际海运强国经验，在海南组建专门的船舶登记机构，为海南自由贸易港国际船舶登记制度的落实提供实施机构保障。交通运输部海事局是该机构的主管机关，按照特别登记程序规定具体为海南自由贸易港国际航行船舶提供海事服务，实现全岛通办，提高海事政务服务效率。二是制定特别登记程序。放开国际航行船舶登记主体的外资股比限制，逐步放开船舶检验业务；探索创新建立准入前船舶技术状态核查制度；提供 24 小时不间断、覆盖全球的政务服务能力，提供网络信息化申请渠道实现"不见面办理"，简化材料、优化审批环节和时限，实现"当场快捷办理"；借鉴先进经验施行"电子化船舶证书"等。三是探索"临时登记""卖据"登记制度。探索建立适合我国境内法律体系的"临时登记"登记制度，促进进口船舶快速进行船舶所有权登记公示，实现进口船舶在境内快速办理抵押贷款融资相关业务；研究国际航运普遍适用的"卖据"制度中的登记项目要素，将其适合境内法律体系要求的要素引入海南自由贸易港登记制度中，加快船舶所有权在取得、转让和消灭环节的登记公示效率。

这位发言人还特别说明，2020 年 6 月 4 日，中远海运"兴旺"轮成为第一艘以"中国洋浦港"为船籍港注册的货轮，标志着海南自由贸易港有关船舶登记政策正式落地实施。

2020 年 6 月 4 日下午，海南海事局、洋浦经济开发区管委会在洋浦经济开发区政务中心举行仪式，为洋浦中远海运特种运输有限公司所属新造船舶"中远海运兴旺"轮颁发船舶证书，标志着船籍港为"中国洋浦港"的首艘国际登记船舶诞生。这也是海南自由贸易港船舶登记中心筹备组完成的首艘国际航行船舶登记业务；是以"中国洋浦港"为船籍港国际船舶的首次亮相，或将成为国际航运业新势力，同时这也是海南海事部门贯彻落实《总体方案》要求的首个重要成果。

2020 年 6 月 29 日晚，财政部再放大招，对海南自由贸易港企业所得税、个人所得税作出重大调整。

财政部会同税务总局联合印发《关于海南自由贸易港企业所得税优惠政策的通知》（财税〔2020〕31 号）。通知要求：

为支持海南自由贸易港建设，现就有关企业所得税优惠政策通知如下：

一、对注册在海南自由贸易港并实质性运营的鼓励类产业企业，减按 15% 的税率征收企业所得税。

本条所称鼓励类产业企业，是指以海南自由贸易港鼓励类产业目录中规定的产业项目为主营业务，且其主营业务收入占企业收入总额 60% 以上的企业。所称实质性运营，是指企业的实际管理机构设在海南自由贸易港，并对企业生产经营、人员、账务、财产等实施实质性全面管理和控制。对不符合实质性运营的企业，不得享受优惠。

海南自由贸易港鼓励类产业目录包括《产业结构调整指导目录（2019 年本）》、《鼓励外商投资产业目录（2019 年版）》和海南自由贸易港新增鼓励类产业目录。上述目录在本通知执行期限内修订的，自修订版实施之日起按新版本执行。

对总机构设在海南自由贸易港的符合条件的企业，仅就其设在海南自由贸易港的总机构和分支机构的所得，适用 15% 税率；对总机构设在海南自由贸易港以外的企业，仅就其设在海南自由贸易港内的符合条件的分支机构的所得，适用 15% 税率。具体征管办法按照税务总局有关规定执行。

二、对在海南自由贸易港设立的旅游业、现代服务业、高新技术产业企业新增境外直接投资取得的所得，免征企业所得税。

本条所称新增境外直接投资所得应当符合以下条件：

（一）从境外新设分支机构取得的营业利润；或从持股比例超过 20%（含）的境外子公司分回的，与新增境外直接投资相对应的股息所得。

（二）被投资国（地区）的企业所得税法定税率不低于 5%。

本条所称旅游业、现代服务业、高新技术产业，按照海南自由贸易港鼓励类产业目录执行。

三、对在海南自由贸易港设立的企业，新购置（含自建、自行开发）固定资产或无形资产，单位价值不超过 500 万元（含）的，允许一次性计入当期成本费用在计算应纳税所得额时扣除，不再分年度计算折旧和摊销；新购置（含自建、自行开发）固定资产或无形资产，单位价值超过 500 万元的，可以缩短折旧、摊销年限或采取加速折旧、摊销的方法。

本条所称固定资产，是指除房屋、建筑物以外的固定资产。

四、本通知自 2020 年 1 月 1 日起执行至 2024 年 12 月 31 日。

财政部　税务总局

2020 年 6 月 23 日

财政部会同税务总局联合印发《关于海南自由贸易港高端紧缺人才个人所得税政策的通知》（财税〔2020〕32 号）。通知要求：

为支持海南自由贸易港建设，现就有关个人所得税优惠政策通知如下：

一、对在海南自由贸易港工作的高端人才和紧缺人才，其个人所得税实际税负超过 15% 的部分，予以免征。

二、享受上述优惠政策的所得包括来源于海南自由贸易港的综合所得（包括工资薪金、劳务报酬、稿酬、特许权使用费四项所得）、经营所得以及经海南省认定的人才补贴性所得。

三、纳税人在海南省办理个人所得税年度汇算清缴时享受上述优惠政策。

四、对享受上述优惠政策的高端人才和紧缺人才实行清单管理，由海南省商财政部、税务总局制定具体管理办法。

五、本通知自 2020 年 1 月 1 日起执行至 2024 年 12 月 31 日。

财政部　税务总局

2020 年 6 月 23 日

这两个政策文件出台，迅即引起轰动。媒体说《总体方案》落地一个月来，接二连三出台的"爆款"政策，一次次让海南成为国内外关注的焦点，其中离岛免税政策作为"含金量"极高的政策之一，更是备受瞩目。而这两个文件均标明："本通知自 2020 年 1 月 1 日起执行至 2024 年 12 月 31 日"，这是落实《海南自由贸易港建设总体方案》2025 年前早期安排的税收政策措施，对于海南自由贸易港建设，将起到十分重要的"稳预期"作用。

美国《福布斯》杂志网站 7 月 1 日文章说，随着 1.4 万美元的免税额度开始生效，中国（海南）将迎来购物热潮。7 月 1 日起，中国游客就能受益于新的（每人每年累计）10 万元人民币的离岛免税购物额度。此举是中央政府在旅游胜地海南岛建设自由贸易港总体规划的一部分——但这也将影响世界各地的机场免税店，因为更多的销售将集中于中国境内。从长期来看，中国正将海南打造成一个终将与香港相媲美的免税购物天堂和大企业的"内向"投资区。海南的面积相当于香港的 13 倍，但人口并没有多很多，两地分别为 930 万和 750 万，再加上两地的人均 GDP 分别为 7173 美元和 49334 美元，海南的发展潜力显而易见。

除提高免税购物额度外，中国还将海南的离岛免税商品品种由 38 种增至 45 种，并取消购买单件商品的免税限额（8000 元），从而为价值更高的奢侈品牌敞开了大门。一份报告显示，自 2 月经历国内疫情高峰以后，中国境内最大的免税零售商中免集团显示出强劲的复苏势头。2 月份该公司在三亚的零售额同比下跌 79%，但在 5 月同比增长高达 99%。旅游分析公司 Forward Keys 表示，2019 年海南是中国内地第二大免税市场，销售额为 17 亿美元，仅次于上海两大机场的 20 亿美元，但 2020 年随着离岛免税购物额度的提高，海南或将轻松独占鳌头。该公司的数据显示，6 月和 7 月前往三亚的（旅游）预订量已恢复至 2019 年 90% 的水平，领先于重庆、郑州、成都和长沙等热门旅游目的地。

2020 年 7 月 1 日，海南国际经济发展局内，一场该局与全球免税业知名研究机构 Moodie Davitt Report 创始人兼董事长 Martin Moodie 的"云会谈"如约举行。会后，Martin Moodie 受邀接受了新海南客户端记者专访，他说海南在特殊时期引领了全球旅游零售业。6 月 29 日晚，《关于海南离岛旅客免税购物政策的公告》正式发布，他认为对于旅游购物是一个具有里程碑意义的日子，海南这项新的、改进了的政策对全球旅游零售业都是一项意义重大的消息。他认为，现在全球处于抗击疫情的艰难时刻，相较于其他国家，如阿联酋、韩国等面临的困境，海南自贸港建设面临着更积极乐观的形势。他表示，这样的形势得益于政府给予了非常有利的政策支持。"政策中提到新增酒类、手机、平板电脑等多类消费者青睐的商品，力度很大。"在他看来，海南离岛免税新政最大亮点还包括额度的提升，"每年每人 10 万元的额度对消费者、零售企业都是非常有益的。"

对比国际其他地区的免税政策，海南此次免税政策开放水平如何？Martin Moodie 给予高度评价说，"就免税业来说，海南这次政策是世界上最有远见的政策，世界其他免税零售商都非常羡慕海南的这种状况"。他评价道，"我认为中国，尤其是海南，在这样特殊的时期引领了全球旅游零售业，海南将成为新的国际旅游消费中心。"他表示，将有更多国际公司参与免税市场竞争。专访最后，Martin Moodie 再次表达了对海南的期待，"海南免税政策是非常有雄心壮志的、有远见的长期规划。"他表示，离岛免税新政对酒店、餐饮业、旅游业都将产生重要利好，将引导当地社会、经济、民生走向一个新的纪元。

2020年6月30日，国家税务总局政策法规司发布的《支持海南自由贸易港建设的税收政策》中介绍说，税务总局党委高度重视海南自由贸易港建设工作，深入学习领会习近平总书记关于海南自由贸易港建设的重要指示精神，以及李克强总理、韩正副总理的指示要求，积极主动发挥税收职能作用，抓紧开展以下工作：（一）成立工作专班，健全工作机制。在税务总局内部成立了海南自由贸易港建设工作专班，逐项研究《总体方案》中的涉税重点任务，制定具体落实措施，明确责任人、时间节点和成果形式。工作专班与海南省税务局进行对接，及时了解自贸港建设过程中的涉税诉求、提供工作指导。（二）履行税收职能，抓好政策落地。贯彻落实《总体方案》，还有很多税收政策措施需要进一步细化。比如，落实企业所得税优惠需要明确鼓励类产业目录，享受个人所得税优惠政策需要确定高端紧缺人才清单，等等。税务总局将按照职责分工，积极配合牵头部门研究细化措施，稳步推进政策落地。（三）优化征管服务，防范税收风险。贯彻落实《总体方案》，既要落实好各项税收政策，确保优惠措施落地见效，又要避免海南自由贸易港成为"避税天堂"，出现偷税漏税风险。税务总局将坚持在"管得住"的基础上再"放得开"的原则，抓紧研究推出支持自贸港建设的征管服务措施。

2020年7月6日，为规范对海南离岛旅客免税购物的监管，促进海南自由贸易港建设，根据国务院调整海南离岛旅客免税购物政策的决定，海关总署当日发布重新修订的《中华人民共和国海关对海南离岛旅客免税购物监管办法》，自2020年7月10日起施行。监管办法明确，借海南离岛免税代购牟利将被依法依规处理。据海口海关统计，自2011年4月20日海南离岛免税购物政策实施，截至2020年第一季度，海关共监管销售离岛免税品7200.1万件，销售金额550.7亿元人民币，购物人数1609.7

万人次。

2020 年 7 月 14 日上午，国务院新闻办公室在北京举行新闻发布会。海关总署新闻发言人、统计分析司司长李魁文就海南自由贸易港建设相关情况，回答了中国新闻社记者的提问，说到海关总署坚决贯彻落实党中央、国务院关于海南自由贸易港建设的决策部署，大力支持海南自由贸易港建设，专门成立了支持海南全面深化改革开放工作领导小组，举全国海关之力正在支持海南全面深化改革开放，采取的主要措施是：一是迅速贯彻习近平总书记重要讲话精神，按照管得住是放得开的前提要求，正在积极谋划研究中国特色自由贸易港海关监管框架方案。二是结合海南自由贸易港实际，研究起草了洋浦保税港区"一线"放开、"二线"管住海关监管的办法。5 月 31 日，《中华人民共和国海关对洋浦保税港区监管办法》经推进海南全面深化改革开放领导小组第三次会议审议通过，6 月 3 日，海关总署出台《中华人民共和国海关对洋浦保税港区监管办法》公告。三是积极配合财政部等部门完成离岛免税政策调整。为进一步释放政策效应，高质量建设自由贸易港，经国务院同意，财政部、海关总署、税务总局联合发布了《关于海南离岛旅客免税购物政策的公告》，自 2020 年 7 月 1 日起实施。为进一步做好相关监管工作，海关也相应制定了《中华人民共和国海关对海南离岛旅客免税购物监管办法》。李魁文答问中还通报了 7 月 1 日到 7 日免税新政实施一周的相关数据。海关统计显示，7 月 1 日至 7 日，离岛旅客累计购物 6.5 万人次，购物总额 4.5 亿元，免税 6571 万元，日均免税 939 万元，比上半年日均增长 58.2%，日购物旅客稳定在 1 万人次左右，日购物额在 6000 万元至 7000 万元之间，购买量前三的商品为化妆品、香水和首饰。购买金额前三的商品化妆品、首饰和手表，合计占购物总额的 77.2%。总体来看，离岛旅客对新政普遍持积极评价，认为新政提高限额、扩大品类、放宽限量，充分满足了旅游购物的需求。免税店方面也认为，新政大幅释放红利，实施首日化妆品、手机、酒等热销商品出现备货不足现象，效果远超预期。海关将以海南自贸港海关智慧监管

平台为抓手，强化监管、优化服务，在确保监管到位的前提下，推动充分
释放改革红利和政策实施效应。同时，为了防止防范免税商品的倒卖、代
购和走私，海关将加大监管，加强和其他部门的联系，对违法违规行为联
合惩治。根据规定，倒卖、代购、走私免税商品的个人，将依法依规纳入
信用记录，三年内不得购买离岛免税商品，对于构成走私行为或者违反海
关监管规定行为的，由海关依照有关规定予以处理，构成犯罪的，依法追
究刑事责任。四是积极推进有关重点工作，比如海关总署正在会同有关部
门，研究海南自由贸易港零关税政策相关清单，并同步研究相关货物的海
关监管办法。我们会同海南省已初步研究形成了《海南自由贸易港口岸布
局方案》等。李魁文表示，下一步，海关将深入贯彻习近平总书记重要指
示批示精神，按照中国特色自由贸易港建设发展的方向，充分借鉴、吸收
国际先进管理经验，进一步加大海关监管改革创新力度，为加快海南自由
贸易港建设作出积极贡献。

　　这则新闻的一个新闻点是《海南自由贸易港口岸布局方案》初步形成，
正研究海南自由贸易港零关税政策相关清单。

　　2020 年 7 月 16 日下午，国务院国资委党委委员、秘书长、新闻发言
人彭华岗在国新办新闻发布会上回答记者提问时表示，国资委也在组织中
央企业积极融入国家重大战略区域规划发展，各个企业根据各自特点，也
在和各个区域包括海南加强这方面的合作。国资委多次研究过关于在海南
自贸港方面，中央企业如何更好地发挥作用。国资委非常关注海南国有企
业改革发展，不仅仅是海南省的国有企业，包括中央企业，也包括各地国
有企业驻海南的企业，将进一步在体制机制、结构调整方面给予更多的
指导。

　　2020 年 7 月 17 日上午，国家发展改革委通过网上方式举行 7 月新闻
发布会。政策研究室主任、新闻发言人袁达向媒体介绍了海南自由贸易港
政策落地情况和下一步计划等内容，说到 6 月 1 日党中央、国务院正式对
外发布《海南自由贸易港建设总体方案》，受到了社会各界的广泛关注，

一时间"海南自由贸易港"成为国内国际的舆论热词。近期，一系列配套政策相继出台，离岛免税购物政策、企业所得税和个人所得税优惠政策备受关注，让海南成为企业投资兴业的热土，也给游客和消费者带来了实实在在的优惠。此外，有关部门和海南省还出台了一批"含金量"很高的政策措施，第一艘以"中国洋浦港"为船籍港的货轮完成注册登记，进出海南岛的航班可加注保税航油，持续深化重点园区"六个试行"极简审批，推动园区规范有序、高效运转。相关政策的实施取得了初步成效。自 6 月 1 日以来，海南全省新增登记注册市场主体 2.28 万户，同比增长 62%，其中企业增长 151%，法国电力、携程集团、深交所等一批知名企业和机构到海南投资布局；信息传输、软件和信息技术服务业市场主体同比增长 431%，教育业增长 204%，金融业增长 200%。7 月 1 日开始实施离岛免税政策后的第一周，海南离岛旅客累计购物 6.5 万人次、购物总额 4.5 亿元，免税 6571 万元，日均免税额较上半年增长 58.2%。

袁达表示，下一步，国家发展改革委将会同有关方面，采取更加有力措施，进一步落实好海南自由贸易港总体方案，努力取得更多实实在在的成效。一是落实税收优惠。推动部分进口商品"零关税"政策落地，进一步明确实行"零关税"政策的商品范围，包括企业进口自用的生产设备、岛内进口营运用交通工具及游艇、进口原辅料、岛内居民消费的进境商品等，让海南自由贸易港的企业和居民尽早享受到优惠政策。二是优化营商环境。推动海南自由贸易港放宽市场准入特别清单、外商投资准入负面清单、跨境服务贸易负面清单尽快出台，打造公开、透明、可预期的营商环境，激发海南自由贸易港各类市场主体活力，吸引培育更多市场主体，促进海南自由贸易港服务贸易加快发展。三是切实防范风险。加强生态、贸易、投资、金融、房地产、税收等领域风险防控体系建设，严密防范重大风险，确保海南自由贸易港建设起步平稳、取得实效。

2020 年 7 月 17 日，国新办就 2020 年上半年外汇收支数据举行发布会。

国家外汇管理局副局长、新闻发言人王春英表示，三项外汇管理新举措已在海南自由贸易港正式实施，会努力在海南自由贸易港多尝试先行先试的开放政策。在发布会上，有记者提问，为了支持和改善海南自由贸易港外汇营商环境，国家外汇管理局出台了哪些措施来落实金融支持海南自由贸易港建设，目前具体效果怎么样？王春英介绍，为了支持海南自由贸易港的发展，2020年1月，外汇局批复同意在海南自由贸易港开展六项外汇管理新举措。其中三项已经正式实施，主要是：取消了非金融企业外债逐笔登记、开展境内信贷资产对外转让业务试点、简化外商直接投资外汇登记手续。另外三项政策也在抓紧制定相关细则，具体是：实施货物贸易和服务贸易外汇收支便利化试点、进一步便利合格境外有限合伙人（QFLP）资金汇出入管理、开展合格境内有限合伙人（QDLP）试点。这三项都在抓紧制定实施细则。3月外汇局批复了海南自由贸易港开展外债便利化额度试点，允许符合一定条件的高新技术企业在不超过等值500万美元的范围内自主借用外债，主要是支持高新技术企业对外融资。

王春英表示，未来还会密切跟踪海南自由贸易港资本项目外汇创新业务的开展情况和政策实施效果，加强事中事后管理和监测分析，及时解决政策实施过程中遇到的问题。也会努力在海南自由贸易港多尝试先行先试的开放政策，进一步研究便利企业跨境融资的措施，可能大家未来会看到一些新举措首先在海南自由贸易港推出。

2020年8月11日，海关总署署长倪岳峰接受新华社记者专访时表示：支持海南自由贸易港建设。我们将对标国际最高标准、最好水平，在洋浦率先实行"一线"放开、"二线"管住、区内自由的监管创新制度。抓紧出台自贸港口岸布局方案，为全岛封关运行打好基础。制定实施"零关税"设备、运输工具等政策配套监管办法，促进早期收获政策尽快落地见效。当中，海关总署署长在接受央视《新闻联播》记者专访中提到海南，他表示，目前海关正抓紧出台海南自贸港口岸布局方案。

在回答记者为支持海南自由贸易港建设，海关出台了哪些政策措施、有哪些制度创新时，倪岳峰表示，在海南建设中国特色自由贸易港，是党中央着眼国内国际两个大局作出的战略决策。海关总署以"管得住、放得开"为原则，对标国际最高标准、最好水平，全力支持海南自由贸易港建设。目前，主要做了以下三方面工作：一是结合海南自由贸易港实际，研究出台了《中华人民共和国海关对洋浦保税港区监管办法》，在洋浦保税港区率先实行"一线"放开、"二线"管住的创新管理制度，率先试行加工增值30%免征关税的优惠政策，率先实施一系列有利于贸易便利化自由化的措施，为海南自由贸易港建设进行探索和积累经验。二是为配合离岛免税政策，调整出台了《中华人民共和国海关对海南离岛旅客免税购物监管办法》。三是出台《海关总署关于调整海南进出境游艇有关管理事项的公告》，对自驾游进境游艇免担保，降低成本，支持海南国际旅游消费中心建设。下一步，海关总署将围绕建设具有国际竞争力和影响力的海关监管特殊区域，积极开展海关监管集成创新，组织推动海南省及有关部门研究制定《海南自由贸易港口岸布局方案》，为自由贸易港全岛封关运作打好基础。

2020年8月20日，在海口召开的海南自贸港航运发展高峰研讨会透露消息，交通运输部将按照《海南自由贸易港建设总体方案》要求，从多个方面全力支持海南自贸港港口和航运业发展建设。一是积极推进琼州海峡港航一体化发展。交通运输部将大力支持海南引入大型港口、航运企业等战略投资者，推进实施港口一体化运营管理，并积极支持按照政府引导、市场化原则开展琼州海峡南北两岸港航资源整合；指导广东省、海南省合理布局并加快推进琼州海峡客滚运输防台风锚地、待泊锚地建设，推进完善港口相关设施。二是创新邮轮、游艇管理政策，推动海南邮轮游艇产业发展。交通运输部将积极指导海南省加快三亚邮轮母港的建设，鼓励海南出台优惠政策促进邮轮要素集聚，吸引邮轮产业相关企业在三亚注册。鼓励邮轮企业以东南亚、港澳台等航线为重点，开发运营涉及三亚、海口邮轮港的邮轮航线产品；支持符合条件的邮轮企业开展海南邮轮海上游试点。三是推动航运相关财税政策尽快落地。《总体方案》明确了一批支持航运领域发展的财税政策，这些财税政策将有助于吸引航运领域服务企业到海南集聚发展。目前，国家相关部门正在抓紧研究制定这些财税政策的具体实施办法，交通运输行业将主动对接，最大限度地争取用足用好这些有利于海南港航业发展的政策，推动政策尽快落地实施。四是推进海南国际航运枢纽建设。交通运输部将加强指导海南建设航运交易所，借鉴上海、大连航交所等的经验，重点发展船舶买卖和租赁交易、邮轮游艇交易；支持指导海南创新发展现代航运服务业，在航运金融和航运保险、海事仲裁、信息咨询等方面走出一条特色之路；支持做优做强洋浦港，吸引更多货物到洋浦港中转，服务构建以国内大循环为主体、国内国际双循环相互促进的新发展格局。五是促进内地与海南自贸港间运输、通关便利化。交通运输部将积极配合海关总署制定出台海南自由贸易港运输工具管理办法，推动合理布局口岸并配备相应的查验能力；支持并指导海南省交通主管部门加快推进海口新海港综合客运枢纽、琼州海峡危险品车辆滚装运输通道、新海港航道拓宽工程等项目建设，提升通过能力和服务水平。六是创新港口、航运管理体制机制。交通运输部将会同有关部门和地方，针对海南自由贸易港"一线"放开、"二线"管住的监管制度安排，研究建立适应海南自由贸易港发展的航运管理制度；支持海南利用自贸港政策开展集装箱拆拼箱业务，促进要素资源集聚，服务临港产业升级，推动港产城深度融合发展。七是继续深化"放管服"改革。2020 年交通运输部已将在海南自贸港注册企业经营国际客船、国际散装液体危险品运输业务的审批权下放到海南。

交通运输部总工程师姜明宝出席高峰研讨会并发表主旨演讲。他认为，交通运输特别是航运在自由贸易港发展的过程中，始终发挥着基础性、先导性、战略性、服务性作用。《海南自由贸易港建设总体方案》印发后，交通运输部高度重视，正在制定交通运输的实施方案，以不断创新完善政策举措，让制度集成创新发挥更大作用。

2020 年 9 月 22 日，财政部网站发布消息称，为落实中共中央、国务院《海南自由贸易港建设总体方案》有关要求，积极支持海南自由贸易港建设，财政部近日会同税务总局联合印发《关于海南自由贸易港企业所得税优惠政策的通知》《关于海南自由贸易港高端紧缺人才个人所得税政策的通知》两项税收优惠政策。

企业所得税优惠政策包括三项，自 2020 年 1 月 1 日起至 2024 年 12 月 31 日，一是对注册在海南自由贸易港并实质性运营的鼓励类产业企业，减按 15%征收企业所得税；二是对在海南自由贸易港设立的旅游业、现代服务业、高新技术产业企业新增境外直接投资取得的所得，免征企业所得税；三是对企业符合条件的资本性支出，允许在支出发生当期一次性税前扣除或加速折旧和摊销。

个人所得税政策规定，自 2020 年 1 月 1 日起至 2024 年 12 月 31 日，对在海南自由贸易港工作的高端人才和紧缺人才，其个人所得税负超过 15%的部分予以免征，同时明确了享受优惠的所得范围等事宜。

消息指出，建设海南自由贸易港，是党中央着眼国内国际两个大局，深入研究、统筹考虑作出的战略决策，是改革开放的重大举措。税收优惠政策是支持海南自由贸易港发展的重要举措。优惠政策的出台，对推动海南自由贸易港产业发展壮大，吸引更多企业到海南自由贸易港投资兴业，吸引更多高端紧缺人才参与海南自由贸易港建设将发挥积极作用。

2020 年 10 月 16 日，海南省委组织部发布干部任用信息，是近期中央组织部选派新一批（总第三批）110 名优秀干部来海南挂职名单岗位。在中组部、中央有关部门和兄弟省市大力支持下，中组部同意选派新一批 110 名干部来琼挂职。这是中组部继 2018 年 6 月、2019 年 10 月，从全国范围选派两批共 174 名优秀干部来琼挂职之后，再次选派干部来琼挂职，以不断优化海南干部队伍结构，支援海南自由贸易港建设。

此批来琼挂职干部由中央国家机关各部委及下属单位选派 52 名，自贸区相关省市选派 34 名，中央企业选派 24 名。海南省委组织部相关负责人介绍，新一批来琼挂职干部在岗位拟安排上，有几个突出特点：突出《海南自由贸易港建设总体方案》任务要求，对照《总体方案》任务要求，海南省将结合工作实际需要，选派优秀干部到当前自贸港建设最急需的岗位，针对旅游业、现代服务业、高新技术产业等产业发展要求，拿出 51 个产业发展需求岗位，让挂职干部充分发挥作用；突出组团挂职作用，为加快推进自贸港重点改革、重点产业、重点项目落地见效，总结前两批挂职工作经验做法，这次选派加大组团挂职力度，提出农业种业、航天产业、旅游产业、现代服务业、园区建设、国家公园建设、药品监管、政务服务改革等 8 个组团共 38 个岗位，集中力量集体攻关；突出园区建设需要，海南省对全省产业园区挂职需求进行全面梳理，拟选派优秀干部到园区建设相关岗位挂职，帮助高水平谋划和推进产业园区建设。

4. 成立指导海南推进自由贸易港建设工作小组

《总体方案》提出"组织实施"，"推进海南全面深化改革开放领导小组办公室牵头成立指导海南推进自由贸易港建设工作小组，由国家发展改革委、财政部、商务部、中国人民银行、海关总署等部门分别派出干部驻海南实地指导开展自由贸易港建设工作，有关情况及时上报领导小组。"也就是说，派出干部到海南的实地指导工作的部门是国家发展改革委、财政部、商务部、中国人民银行、海关总署等。

2020 年 6 月 8 日，国务院新闻办公室在北京举行《海南自由贸易港建设总体方案》发布会，国家发展改革委、财政部、商务部、中国人民银行、海关总署五部门都表态推进自由贸易港建设工作。

国家发展改革委副主任林念修表示，下一步，我们将会同海南省和有关部门，以习近平总书记的重要指示精神为根本遵循，按照《总体方案》的要求，突出重点环节和关键领域，坚持"管得住"才能"放得开"的原则，把握好分步骤分阶段实施的推进节奏，只争朝夕，扎实稳妥，推动各项政策措施尽快落地见效，高质量高标准地建设海南自由贸易港。

商务部副部长兼国际贸易谈判副代表王受文在回答记者提问时表示，根据海南自由贸易港建设的总体方案，分为两个阶段，第一个阶段，2025年之前是第一步，主要做三方面的工作，体现早期收获。第一方面的工作，要在洋浦保税港区率先实行"一线"放开、"二线"管住的政策措施。第二方面，要建立"一负三正"的清单。在全岛封关运作之前通过"一负三正"，负面清单就是对企业进口自用设备零关税负面清单管理，负面清单之外商品的全部免税。要制定三个正面清单，就是对进口运营用的交通工具，对进口用于生产自用或者两头在外模式进行生产加工活动所消耗的原辅料，以及岛内居民消费的进境商品。三个正面清单之内的全部免税，所以这是要做的第二个内容，作为早期收获。第三方面，2020年制定跨境服务贸易的负面清单。这个跨境服务贸易负面清单，就是在服务贸易中的三种模式，对这三种模式项下的服务贸易，如果有限制就纳入到这个负面清单，如果没有限制，负面清单之外开放，这将是海南自由贸易港制度集成创新的一个亮点，它将是我们中国跨境服务贸易的第一张负面清单，值得期待。

财政部副部长邹加怡表示，我们会按照《总体方案》的要求，积极作为，推动自贸港财税政策尽早落地，高质量高标准建设海南自贸港，把海南自贸港打造成新时期改革开放的鲜明旗帜。

中国人民银行副行长、国家外汇管理局局长潘功胜表示，下一步人民银行、国家外汇管理局将会同海南省政府和其他金融管理部门，按照中央和国务院的统一部署，根据《总体方案》的实施进程，积极做好金融支持海南改革开放的各项工作。

海关总署副署长李国表示，下一步海关将积极做好监管服务工作，全力支持洋浦保税港区高水平开放高质量发展，及时总结评估洋浦保税港区先行先试的情况，逐步在海口综合保税区等海南省内符合条件的其他海关特殊监管区域推广实施成熟的方案。

2020年7月24日，推进海南自由贸易港建设工作专班首次在海南亮相。这天下午，海南省委、省政府与推进海南自由贸易港建设工作专班赴海南调研组在海口举行工作会谈，共同研究加快落实习近平总书记重要指示批示精神，推动海南自贸港政策落实等工作。这是工作专班成立来第一次来琼调研督导工作。《总体方案》发布以来，中央各有关部委迅速落实总体方案的要求，先后出台了一系列政策，对海南实施好总体方案发挥了重要作用。此次工作专班来琼实地调研督导，必将对下一步工作给予有力指导。海南方面希望工作专班及各有关部委在自贸港法律体系建设、用足用好离岛免税购物政策、出台"一负三正"清单等方面加强指导帮助和沟通协调，进一步加快落实自贸港建设年度重点工作，推动早期安排取得早期收获，确保自贸港建设开好局、起好步，让海南和全国人民从海南自贸港建设中增强获得感。

国家发改委副主任丛亮介绍了工作专班到全省各地开展调研督导的情况，对海南省迅速贯彻习近平总书记有关重要指示批示精神和总体方案部署所做的大量工作、取得的成效给予充分肯定。他表示，总体方案出台以来，海南努力克服疫情影响，加大招商引资、引才引智力度，市场主体数量和利用外资规模大幅增长，重点园区面貌焕然一新，自贸港政策效益初步显现。下一步，工作专班将继续贯彻落实习近平总书记系列重要指示批示精神和党中央、国务院重大决策部署，与海南共同抓好《总体方案》的实施工作，进一步推动生态环保问题整改、加快自贸港政策落地、支持重大项目建设、加强风险防控体系建设等重点工作，一道高质量高标准推进海南自贸港建设。

第二天，推进海南自由贸易港建设工作专班在海口就海南生态环境保护工作和自由贸易港建设情况召开调研反馈会。反馈会上，工作专班各小组分别反馈了调研督导情况，肯定了各项工作取得的进展，指出了存在的问题，并就加强生态环境保护、推动自贸港政策落地提出了建议。丛亮指出，生态环境是海南自贸港建设的前提，要深入学习贯彻习近平总书记重要批示精神，制定科学合理、切实可行的整改方案，抓好中央环保督察反馈问题整改，并建立健全生态环境保护长效机制。要狠抓自贸港政策落地，实行清单化管理，加大协调推进力度，开展政策落实评估，切实把政策落到实处；狠抓产业培育，明确重点产业领域，加强招商引资，延伸产业链条，优化营商环境；聚焦早期安排，补齐基础设施短板，强化要素保障，谋划建设好重大项目；强化法治建设，建立完善商事纠纷解决机制，提升风险防控能力，确保自贸港建设顺利推进。

5. 对海南自由贸易港建设开展全过程评估

《总体方案》中提出："国务院发展研究中心组织对海南自由贸易港建设开展全过程评估，牵头设立专家咨询委员会，为海南自由贸易港建设建言献策。"

2020 年 6 月 16 日，海南自由贸易港建设专家咨询委员会在北京正式成立，旨在为海南自由贸易港建设提供高水平智力支持。海南自由贸易港建设专家咨询委员会成立大会暨第一次专家座谈会 16 日在北京召开。国务院发展研究中心党组书记、海南自贸港专家咨询委员会主任委员马建堂说，建设海南自由贸易港是党中央着眼国内国际两个大局，深入研究、统筹考虑、科学谋划，为推动中国特色社会主义创新发展作出的重大决策部署，是我国新时代改革开放进程中的一件大事。根据中央指示要求，经严格遴选筹建了专家咨询委员会，核心使命、根本宗旨就是为推进总体方案的落实，为海南自由贸易港建设提供高水平智力支持。

建立第三方评估机制，更好发挥专家作用，对于海南自由贸易港健康发展意义重大。在社会主义市场经济体制下建设高水平的海南自由贸易港，是新时代改革开放的重大战略举措和最新试验探索，没有现成经验可以借鉴。开展全面客观的第三方评估，提出完善制度和政策措施的意见建议，既需要建立强大、独立、学习能力强、专业水平高的专家评估团队，扎实开展全面跟踪与评估工作；也需要建立独立、高水平的专家咨询委员会，提供相关支持。由于海南自由贸易港建设涉及领域广，第三方评估的专家应涵盖贸易、投资、产业、财税金融、服务业、农业、信息物流等诸多领域，既要熟悉自由贸易港政策和实践，又要具有一定的社会影响力和公信力、专业水平，确保评估质量。这个由正部级领衔超强阵容的海南自贸港专家咨询委员会，除马建堂担任主任外，由同样是正部级的国家商务部原部长陈德铭以及国务院发展研究中心副主任隆国强担任副主任。经严格遴选产生的其余 12 名委员，涵盖国际贸易和投资、财政、旅游、海关、金融、法律等领域的官员和专家。这个研究力量强大的第三方评估团队和专家咨询委员会是"国家队"的评估机构。

建立第三方评估机制，定期开展调研评估，及时总结经验、发现问题，有助于推动自由贸易港制度和政策体系持续完善。建设体现中国特色、符合海南发展定位的自由贸易港，是一项系统工程，需要分步骤、分阶段推进，以成绩坚定信心，在干中学、学中干，持续完善制度和政策体系。为此，要全面跟踪、定期评估，通过总结成效、剖析问题，提出有针对性的措施建议。按照中央提出的建设部署，2025 年前，定期开展半年、年度评估，助力自由贸易港建设开好局、起好步；到 2025 年自由贸易港制度与政策体系初步建立之时，开展五周年评估，系统、全面总结五年建设成就，深入分析面临的新形势新要求，推动自由贸易港制度和运作模式更加完善。

建立第三方评估机制，运用科学的评估方法，为评估提供有力支撑。每次评估将分别召开企业、海南各级政府相关部门和国家部委座谈会，听取各方意见和建议；开展实地调研，深入一线，了解实施进展情况和相关建议、诉求，并针对典型案例进行深度剖析；针对企业、政府相关部门开展问卷调查。除此之外，听取专家咨询委员会对自由贸易港建设的意见与建议。评估组根据不同层面、角度反映的情况和意见进行综合研判，提出较为全面、客观、有针对性的评估意见和建议，大力支持海南自由贸易港建设。

（三）稳步推进政策落地

《总体方案》中的"组织实施"内容还有：

加大督促落实力度，将各项政策举措抓实抓细抓出成效。认真研究和妥善解决海南自由贸易港建设中遇到的新情况新问题，对一些重大政策措施做好试点工作，积极稳妥推进方案实施。

抓好《总体方案》各项政策的落地实施，要充分发挥领导小组办公室的综合协调和督促指导作用，会同海南省和有关部门加大工作力度，完善工作落实督办机制，一件一件抓推进，一项一项抓落实。

2020年6月8日，在国务院新闻办公室举行的《海南自由贸易港建设总体方案》发布会上，香港紫荆杂志记者问：我们注意到日前公布的海南自由贸易港建设总体方案涉及贸易、投资金融等诸多方面的内容，可以说政策干货很多。请问领导小组办公室，准备如何抓好《总体方案》各项政策的具体落实和落地？

林念修的回答让人们了解到领导小组办公室的运作状态，对稳步推进海南自由贸易港各项政策落地充满信心。他说，为了加强对海南自由贸易港建设的领导，中央决定成立海南全面深化改革开放领导小组，办公室设在发改委，具体负责领导小组的日常工作。为了贯彻好习近平总书记的重要指示精神，落实好《总体方案》，领导小组办公室将进一步发挥好"服务器"和"加速器"这两方面的作用，努力做到服务到位、协调及时、督促有力，我们将会同海南省以及有关部门共同做好各方面的工作。办公室下一步的工作可以简单概括为四个加强：一是加强清单化管理，压实压细每一项工作的责任。《总体方案》已经发布了，接下来我们会把《总体方案》明确的各项工作任务细化分解，制定年度重点工作安排，明确每一项工作的具体要求、责任分工、成果形式和完成时限，建立台账，挂图作战，对每一项工作任务都紧盯不放，一件一件抓推进，一项一项抓落实，确保件件有着落、事事见成效，完成一项销号一项。大家从方案中可以看到，海南自由贸易港的建设有很多工作任务，应该说任务非常艰巨繁重，但是要完成这些任务，挑战也十分巨大。办公室会把每一项任务都列出清单，我们以抓铁有痕、踏石留印的作风，扎扎实实地推动每一项工作任务落实落地，确保不漏一项、不落一件。二是加强调查研究，前瞻性提出一些政策建议。在海南建设自由贸易港，是一项全新的探索，在建设过程中难免会出现这样或那样的问题，这种情况下，我们认为开展调查研究工作就显得尤为重要。办公室将会经常性地到海南去开展实地调研，深入一线听取意见，及时发现苗头性倾向性潜在性问题，及时作出分析研判，及时提出对策建议。在这方面我们准备安排一部分专门的人员，一年大部分的时间就在海南岛，实地调查研究，我们不搞蜻蜓点水、不搞花架子，扑下身子来认真地倾听地方党委政府的意见建议，认真地倾听市场主体特别是企业家的诉求和呼声，认真倾听人民群众的所盼所期，掌握第一手材料，为中央提出政策建议。三是要加强统筹协调，形成政策合力。大家都知道，在海南建设自由贸易港是一项系统工程，涉的领域很多，涉及的面也很广，需要协同协调合力来推进。领导小组办公室将进一步提高服务意识，主动与海南省和相关部门做好沟通衔接，特别是要靠前办公，把协调服务放在现场、放在一线，及时把问题解决在前端，打通政策落实的"最后一公里"。为了加快海南自贸港的建设，我们将对海南特事特办，开辟绿色通道，以最快的速度、最高的效率、最优的服务来推进每一项工作任务落实落地。四是要加强督促检查，确保政策能够落地见效。办公室将及时跟踪工作落实情况，按季调度重点工作任务的完成情况，认真排查工作落实不到位的原因和问题，逐条逐项提出改进措施。同时，办公室还将建立工作情况通报制度，对重大事项实行挂牌督办，重大情况及时向领导小组报告。

林念修表示，办公室将在领导小组的统一领导下，积极会同有关部门，积极配合海南省，把海南自由贸易港建设的各项工作做好。

从林念修的表态可以看出，为贯彻好习近平总书记重要指示精神，落实好《总体方案》，领导小组办公室将进一步发挥好"服务器""加速器"两大作用，以"四个加强"（加强清单化管理、加强调查研究、加强统筹协调、加强督促检查）为抓手，努力做到服务到位、协调及时、督促有力，会同海南省和有关部门共同做好各方面的工作。

海南自由贸易港建设制度设计和任务安排非常周密完备，具有全面性、科学性、系统性和实践性，它的设计理念是以贸易投资自由化便利化为重点，以各类生产要素跨境自由有序安全便捷流动和现代产业体系为支撑，以特殊的税收制度安排、高效的社会治理体系和完备的法治体系为保障，以守住不发生系统性风险底线为前提，由此构建了一整套海南自由贸易港政策制度体系。

我们再次回望，深深感到海南自由贸易港政策和制度体系是将《海南自由贸易港建设总体方案》描绘的"总蓝图"变成"实景图"的重要工具和抓手，是实现党中央赋予海南自由贸易港重大发展目标的关键因素。它的很多鲜明特点，给我们留下深刻印象。

第一，突出服务"三区一中心"战略定位。中共中央、国务院明确海南全面深化改革开放的战略定位是全面深化改革开放试验区、国家生态文明试验区、国家重大战略服务保障区、国际旅游消费中心，《总体方案》紧紧围绕服务支撑海洋强国、"一带一路"建设、军民融合发展等国家重大战略，加强顶层设计，坚持中国特色、立足海南实际，坚持陆海统筹、内外联动，统筹谋划和"量身打造"海南自由贸易港政策与制度体系。

第二，突出促进各类要素高效便捷流动。自由贸易港是当今世界最高水平的开放形态。在学习和借鉴国际自由贸易港通行政策做法的基础上，对标国际高标准经贸规则与最新趋势，结合我国实际和海南发展定位，坚持制度集成创新，实行高水平对外开放，出台促进贸易自由便利、投资自由便利、跨境资金流动自由便利、人员进出自由便利、运输来往自由便利和数据安全有序流动的政策和制度，构建具有国际竞争力的政策体系，有利于将海南打造成为我国对外开放的新高地，引领更高层次、更高水平的开放型经济新体制建设。

第三，突出系统性、集成性和协同性。海南全岛建设自由贸易港，是一项系统工程，需要从顶层设计和战略谋划的高度制定政策和制度体系。政策和制度体系的设计需突出系统性、集成性和协同性，构建包括贸易、投资、财税、金融、出入境等多方面协同发力的政策体系，建立适应自由贸易港建设需要的监管模式和管理体制。要注重在扩大开放的同时，修改完善相关法律、制度，推动开放措施真正落地。要注重市场主体的感受度与获得感，打造法治化、国际化、便利化的营商环境。要注重提升自由贸易港建设质量，在更深层次、更宽领域、以更大力度打造开放新高地，为国际经贸合作打造更多更好的平台，为经济全球化提供新的载体，为企业和个人创造更多商机。建设体现中国特色、符合海南发展定位的自由贸易港，是一项全新探索，没有现成的经验可以借鉴，对国家治理能力提出了更高的要求。因此，为推进海南自由贸易港建设，要推出转变政府职能、加强组织保障等相关配套措施，不断提升治理能力和水平。

第四，突出增强参与国际竞争合作新优势。建设海南自由贸易港要采取"非常之举"，集中释放政策效应，以流量汇聚带动发展。在短期内，自由贸易港建设要见成效，必须增流量、聚人气；长期来看，要打牢产业基础，培育形成参与国际经济竞争合作的新优势。海南自由贸易港建设要围绕旅游业、现代服务业和高新技术产业等主导产业发展，针对性实施优惠税率和贸易、投资、金融等自由便利措施，不断提升发展质量与产业竞争力。海南自由贸易港建设要通过高水平的开放，集聚全球资金、人才、创新、科研等各种要素和资源，充分发挥海南的特色与优势，注重陆海统筹、内外联动，加快建立开放型生态型服务型产业体系，不断增强海南的经济活力、创新能力和国际竞争力。

第五，突出先行探索和与时俱进。根据国家发展需要，抓住重点先行突破，逐步探索、稳步推进海南自由贸易港建设，发挥辐射带动作用，分步骤、分阶段建立自由贸易港政策和制度体系。当前，世界处于百年未有之大变局，国际经济格局正在大变革大调整，以信息技术为代表的新一轮技术变革正在进行。建设高水平的自由贸易港需要政策和制度体系与时俱进，因时而变，因自身建设进展而变，逐步完善，形成更加成熟的制度体系和运作模式。

第六，突出以监管创新支撑高水平开放、高质量发展。坚持"管得住"才能"放得开"，不断完善制度和政策。推进自由贸易港建设，必须守住安全底线，守住不发生系统性风险的底线，确保国家经济安全、国防安全、意识形态安全和社会安全。要充分利用前沿技术和互联网手段，加强重大安全风险防控体系与机制建设，提升监管能力与实效，为建设高度开放的自由贸易港提供有力支撑。

在自由贸易港建设过程中，要始终坚持底线思维，扎实做好各类风险的防控。尤其要深刻吸取海南历史上曾经有过的"大起大落"教训，牢牢把握"管得住才能放得开"这一前提，强化了风险防范化解的意识。科学预判、精准应对、妥善管控，着力防范和化解贸易投资、人员进出、资金流动、生态和公共卫生等领域的风险，确保自由贸易港建设行稳致远。

在海南建设自由贸易港，是习近平总书记在中华民族伟大复兴的关键阶段，科学把握中华民族伟大复兴的战略全局和世界百年未有之大变局，亲自谋划、亲自部署、亲自推动的改革开放重大举措，是党中央为推动中国特色社会主义创新发展作出的一个重大战略决策，是我国新时代改革开放进程中的一件大事，是海南千载难逢的历史大机遇，充分体现了党中央始终不渝奉行互利共赢的开放战略、践行"中国开放的大门只会越开越大"承诺的坚定决心和信心。

《海南自由贸易港建设总体方案》是支持海南全面深化改革开放的又一项具有战略意义的顶层设计文件，具有里程碑意义，赋予海南千载难逢的历史发展机遇，为海南全面深化改革开放注入强劲动力，充分体现了党中央对海南发展的深切关怀和殷切期盼。海南的广大党员干部要胸怀"两个大局"，埋头苦干、奋起直追，争创新时代中国特色社会主义的生动范例，让海南成为展示中国风范、中国气派、中国形象的靓丽名片。

附 录
"三次教训很沉重，海南的未来'可预期'"

——对话海南省社科院院长钟业昌

"这回，对海南有信心吗？"

这是很多人见到钟业昌时，抛出的第一句话。

钟业昌直言："首先，你信吗？你信的话，我才有必要说；不信的话，我也不必多说。"

这是钟业昌作为一个海南人的本能情感反应，但这种朴素的情感反应，绝非一时冲动，而是他深耕海南三十多年后，深邃思考的结果。

钟业昌是海南省定安县人，自 1984 年从中南财经大学毕业后，就回到海南大学执教。随后，他由高校转入报社，并在 1989 年任海南日报社理论部主任。至 2012 年，他担任海南日报报业集团社长、党委书记。如今，他是海南省社科联党组书记、省社科联主席，省社科院院长。丰富的职业履历，不仅让钟业昌对海南的发展一直保有着新闻人的职业敏感，同时更有着学者的广博思想和深邃思考力。钟业昌对海南的发展历史有着全面而深刻的认知，正是基于这种认知，他对海南的未来持乐观态度，他坚定地认为：海南的未来可期！

就外界对海南发展的一系列疑惑，2020 年 9 月 18 日、22 日，钟业昌两度接受红星新闻记者采访，向记者同时更是向外界阐述：自贸港为何落地海南？海南如何把握这次难得的机遇？历史上的三次教训，究竟给海南带来什么思考？

一、"这回，海南大不一样"

红星新闻：2018 年 4 月 13 日，习近平总书记出席海南建省办特区 30 周年大会并宣布，党中央决定支持海南全岛建设自由贸易试验区，支持海南逐步探索、稳步推进中国特色自由贸易港建设，分步骤、分阶段建立自由贸易港政策和制度体系。作为一个海南人，您听到这些消息后，什么反应？

钟业昌：那次大会我也参加了，会场听到这些消息后，非常兴奋，也很激动。我当时认为，这回，海南真的大不一样了。经过两年多的观察，后续的事实也印证了我当初的判断。

红星新闻：很多人可能比较疑惑，全国搞自贸区的省份和城市比较多，比如上海、广东等地都有自贸区，而且发展也不错，但今年 6 月，海南是第一个获得中央支持和肯定而升格为自贸港的地方，为什么是海南？

钟业昌：首先，党中央和国务院历来重视发展海南，自 20 世纪 80 年代以来，中央、国务院出台很多促进海南开发建设的重要文件，并采取一系列重大政策举措，使海南在对外开放中一路高开高走，从 1980 年的"准特区"，到 1983 年的"不是特区的特区"，到 1988 年的"大特区"，到 2009 年的国际旅游岛，再到 2020 年的全球最大的自由贸易港；海南走向世界最高水平开放形态，是一种历史的必然，时代使然。

其次，海南优势明显和战略意义重大。海南是我国最大的经济特区，地理位置独特，拥有全国最好的生态，同时又是相对独立的地理单元，具有试验最高水平开放政策的独特优势。而海南独特的区位优势，又有利于面向"两洋"（太平洋、印度洋）打造我国重要的对外开放门户。

最后，海南人口 60% 在农村，从某种意义上说，海南的发展基础、自然条件、人口结构等，更能体现当下中国社会和经济发展层面的基本特性，搞好海南更能印证和体现中国特色社会主义制度的优势。正因此，习近平总书记要求"海南争创新时代中国特色社会主义生动范例，让海南成为展示中国风范、中国气派、中国形象的靓丽名片"。

红星新闻：您认为，这回，海南可以吗？为什么？

钟业昌：我观察研究海南40年，从来没有今天这种强烈的感受，这回，海南可以发展得更好，海南未来可期，非常值得期待。

为什么？这回，真的大不一样。过去的海南，就像一个没有经过培训、没有系好安全带的人，却驾驶着一辆没有安装刹车系统的车，直接开上了没有画线、没有警察值班的高速公路；在这种情景下，只顾加大油门往前冲，那不出事、能顺利抵达终点是幸运，出事也是必然的。

这回的不一样还体现在，过去的国际旅游岛被纳入国家战略，现在则是海南全面深化改革开放本身就是国家重大战略。所以我常说，过去是海南地方战略上升为国家战略，现在则是国家战略"下放"海南，海南的使命是服务和融入国家战略。中央层面成立推进海南全面深化改革开放领导小组，国家发改委设有"海南办"，这就是国家战略"下放"才有的不同凡响、史无前例的大布局。

对海南的发展，中央还确定强力工作机制："中央统筹、部门支持、省抓落实"，从而以确保海南这一中国特色自由贸易港的重大国家战略得以顺利实施，行稳致远。

红星新闻：这回和过去不一样，说明了什么？

钟业昌：我读《海南自由贸易港建设总体方案》，一个前所未有的感受是，中央给海南人民一个"可预期"的全球自由贸易港。

这个"可预期"，就是海南自由贸易港建设"制度创新＋优惠政策＋法治规则"的重要安排。

财政部2020年6月29日晚再放大招，出台海南自由贸易港企业所得税、个人所得税重大调整通知，我注意到，两个文件均标明："本通知自

2020 年 1 月 1 日起执行至 2024 年 12 月 31 日"，这对于海南自由贸易港建设来说，将起到不可估量的"稳预期"作用。过去，我们不是老担心"政策多变"吗？

"稳预期"就能聚集天下财富，就能集聚全球优质生产要素，就能解决海南自由贸易港最需要的大流量经济活动问题。

我经历了海南改革开放激荡的 40 年，深深感到过去人们感叹的那种"政策＋神话"现象不会在新时代重现。海南自由贸易港的宏伟"总蓝图"，一定能如期变成美丽的"实景图"。

海南自由贸易港建设，"重大改革事项由党中央决定、整体工作进度由党中央把握、政策实施情况及时向党中央报告"，顶格开放有顶格保证。

二、历史教训是最好的老师

红星新闻：2018 年 10 月 16 日，《中国（海南）自由贸易试验区总体方案》对外发布。今年 6 月，自贸试验区升格为自贸港。中央对海南的支持力度很大，但外界反映，"看起来"，海南发展的还是不够快，和预期有些落差，您怎么看？

钟业昌：其实，海南全面改革开放作为国家重大战略，中央一开始就设计好了"两个模式，一次转型"的路径，海南自由贸易港是踩着不变的步伐，如约而至、震撼世界的。

过去两年，海南自由贸易试验区建设取得显著成绩，可谓是"蹄疾步稳，开局良好"，这为中央出台《海南自由贸易港建设总体方案》创造了良好条件。

外界的"看"，往往是图"表"、图"快"。看不到一哄而上的结果，往往就是一哄而散，最终留给海南"一地鸡毛"。在这方面，海南的历史教训是非常深刻的。

红星新闻：我们注意到，2018 年 10 月 17 日，《海南日报》刊发海南省委书记刘赐贵的文章。文章中，刘赐贵回顾海南发展经历时指出，海南有三次"大起大落"的教训，值得反思。您如何理解和看待这三次教训？

钟业昌：历史的教训是最好的老师，我们就要认真吸取教训，不犯同样的错误。过去常说"毒草可以变成肥料"，就是坏事可以变成好事，善于吸取教训对成就我们的事业非常重要。

海南历史上"大起大落"的教训主要有三次，分别是：1985年的"海南汽车事件"；20世纪90年代初期的房地产泡沫；2010年海南国际旅游岛建设初期的房价大涨。

在不同的时期，每次教训给海南发展带来的不好影响表现不一样，但海南为此付出的巨大代价是一样的。我们错失了一次又一次好的发展机遇，给人留下"扶不起的阿斗"的不好印象。

红星新闻：具体来看，三次教训分别带来哪些影响？

钟业昌：先说海南"汽车事件"。

1985年7月31日，新华社以《海南岛大量进口和倒卖汽车事件真相大白》为题，详尽地报道了中央联合调查组调查海南汽车事件的前后经过和处理意见，一时引起海内外强烈震动。

"汽车事件"错在哪里？错在大量进口汽车等物资倒卖出岛，冲击了国家计划，冲击了市场，违犯了外汇管理规定，破坏了信贷政策，败坏了党风和社会风气。

观察者认为，海南"汽车事件"花掉了中国辛辛苦苦赚回来的10亿美元外汇，引起了危机。

想想看，为了进口汽车等物资，当时非法高价从岛外购进外汇5.7亿美元，这个数字是国家允许海南提留外汇的10倍。用于进口汽车等物资的贷款累计达42.1亿元人民币，比海南1984年工农业总产值还多10亿元。

所以，《人民日报》评论说，海南岛大量倒卖汽车等物资的事件，"这是我国实行对外开放以来的一个重大事件"。

"汽车事件"留给海南什么？是三个"包袱"：

一是思想包袱。县处级以上干部思想不大稳定，许多同志深感辜负党的期望，感觉抬不起头来，想振作精神再干，又觉得问题一大堆，困难重重。因此，有的干脆谋求调离海南岛。

二是案件包袱。一些人在倒卖汽车中存在贪污等问题，检查处理这些案件的任务，十分繁重。

三是经济包袱。"汽车事件"中，海南要负担贷款利息，当时要处理的债权、债务约有 6 亿元。此外，盲目进口、积压待售的各种物资，价值 11 亿多元。

更大的后果是，当时经济"起飞"势头很好的海南，受到了一次前所未有的沉重打击。海南一时失去了改革的动力。有人甚至说："汽车事件使海南的改革和发展推迟了 10 年。"

红星新闻：第二次是房地产泡沫。

钟业昌：这次房地产泡沫主要是发生于 1991 年至 1995 年期间，教训同样十分深刻。据有关统计显示，1991 年海南商品房平均价格为 1400 元 / 平方米，1992 年猛涨至 5000 元 / 平方米，1993 年达到 7500 元 / 平方米。两年暴涨 4 倍，实属罕见。

巧合的是，这场房地产泡沫也给海南留下三大包袱：

一是 455 万平方米的空置商品房长期无人问津。

二是原规划报建 1631 万平方米的停缓建工程，这些工程俗称"半拉子工程"、烂尾楼。房地产泡沫破灭后，海南全省遍布着"烂尾楼"，多达 600 多栋。海口、三亚等主要城市更是"伤痕累累"，惨不忍睹。那时，占全国人口 0.6% 的海南，留下全国 10% 的空置商品房。

三是 2.38 万公顷被圈占的建设用地长期闲置荒芜。

如果说，"汽车事件"的恶劣影响是冲击国家计划、冲击国内市场，那么房地产泡沫破灭，是使海南成为金融高风险区，给海南发展造成致命伤。10 年之后的 2005 年底，海南才宣告摘掉金融高风险区帽子。

在国家的大力支持下，从 1999 年下半年到 2007 年上半年，海南才处置好积压房地产，消除泡沫后遗症，让海南露出健康发展的曙光。难道我们好了伤疤忘了痛？

所以，我非常欣赏海南以壮士断腕的决心，减少对房地产的依赖，决心不再做"房地产的加工厂"，而且采取一系列严格控制房地产开发的硬核措施，为实体经济发展腾挪空间，增强人们对海南发展的良好预期。

否则，一阵热闹过后，又是一地鸡毛。

红星新闻：第三次教训呢？

钟业昌：2009 年 12 月 31 日，《国务院关于推进海南国际旅游岛建设发展的若干意见》印发（2010 年 1 月 4 日正式公布），标志着海南岛国际旅游岛建设上升为国家战略。

想不到，随之而来的是大量资金涌入，使海南房价一夜之间猛烈飞涨，达到令人瞠目结舌的地步！统计数字显示，2010 年头 5 天，海南全省商品房交易额达 171.12 亿元，这相当于 2008 年海南省全年的交易总额！其中，三亚市凤凰岛建设项目一期 700 套房开盘当天就销售一空，均价5.5 万元一平方米，最高达每平方米 9 万元，创下海南之最，全国罕见。

不用"泡沫"，而是用"大涨"来界定国际旅游岛建设初期海南房地产是准确的。

同 1991 年至 1995 年泡沫经济时期不一样，这次不是卖不出去，而是中国人"富起来"，所以大家抢着买海南的房子。我当时就听说，内地人来海南买房就像是买白菜；海南大量的空置房，就像台风经过，"一扫而光"。

历史有惊人的相似，却不好辨认。

想不到，20 世纪 90 年代初期的房地产泡沫，造成了海南前所未有的金融危机；而国际旅游岛建设初期房价大涨，造成的却是海南前所未有的生态危机。

2017 年 12 月 23 日，中央环保督察组在向海南省反馈督察时，狠批当地房地产行业对当地生态的破坏，他们一针见血地指出："财政过分依赖房地产，房地产企业指到哪儿，政府规划跟到哪儿，鼓了钱袋，毁了生态。"

督察组说，海南一些地市轻视环境保护，热衷搞"短平快"的速效政绩，导致当地自然保护区、优质自然岸线、生态脆弱山体遭受破坏，成了当地生态环境难以抚平的伤痛。

所幸，党中央在海南自由贸易港制度设计中提出："在明确分工和机制措施、守住不发生系统性风险底线的前提下，构建海南自由贸易港政策制度体系。"并明确制定实施有效措施，有针对性防范化解贸易、投资、金融、数据流动、生态和公共卫生等领域重大风险。

海南省委、省政府的态度异常坚决：海南的生态环境只能变好，不能变差，要建设生态环境世界领先的自由贸易港！

三、"放"的程度，取决于"管"的能力

红星新闻：我们留意到，过去两年，无论在推进自贸区建设，还是进入自贸港建设的当下，海南主政者特别强调风险，会不会因历史的诸多教训，使海南这一次也放不开？新时代，海南全面深化改革开放，如何把好开放和管控间的关系？

钟业昌：当年海南发生"汽车事件"，原因是多方面的。在建设自由贸易港的今天，吸取其教训，就是要切实增强风险防控意识，加强重大风险识别和系统性风险防范，建立健全风险防控配套措施。把握好"一线"放开和"二线"管住的关系，坚持在"管得住"的基础上再"放得开"，把牢建设海南自由贸易港的安全屏障。

"放"的程度，取决于"管"的能力。只有管得住，才能放得开。否则，就会陷入"一放就乱，一乱就收，一收就死，一死就叫"的历史轮回中。

既"慢不得"也"急不得"，是海南建设自由贸易港应有的定力；也是海南自由贸易港建设的行稳致远、久久为功的伟力。

现在最重要的是：蹄疾步稳，持续实现良好的发展开局，给人们"可预期"的未来，重拾海南的发展信心。

实际上，我们观察近四个月的走势，可以看到，海南自由贸易港建设实现良好开局，经济增长由负转正，市场主体快速增长，实际利用外资连年翻番，总部企业和优质医疗教育机构加速入驻，尤其是国内外各方参与自由贸易港建设的热情空前高涨，充分显现了海内外对海南自由贸易港加快建设的强大信心。

红星新闻：和国内其他自贸区的产业发展相比，海南自贸港产业发展的最显著特征是什么？

钟业昌：我对此有个特别体会，就是说自由贸易港政策落地海南，"聚焦发展旅游业、现代服务业和高新技术产业，加快培育具有海南特色的合作竞争新优势"就是最大的落地。加上很多超预期政策的加持，让海南自由贸易港建设能在不断夯实实体经济基础、壮大实体经济规模与实力的健康方向上奋力前行。

早在对外开放之初，中央就要求海南从资源优势出发、建立具有海南特色的经济结构。1983 年 4 月中共中央、国务院批转的《加快海南岛开发建设问题讨论纪要》中强调："海南的开发建设，必须立足岛内资源优势，充分挖掘内部潜力，讲求经济效益，逐步建立起具有海南特色的经济结构。"

至海南筹备建省时，中央仍然重申这个方针，并提出新的要求："海南的开发建设，必须立足于海南的资源优势，充分挖掘内部潜力，同时大力引进外资，特别要注意引进港澳的资金，逐步建立具有海南特色的外向型经济结构。"

如今，告别房地产"一枝独大"的海南，以旅游业、现代服务业和高新技术产业三大主导产业构筑的具有海南特色的经济结构，将是全球最大自由贸易港最鲜艳、最亮泽的颜值。

红星新闻记者韦星发自海南

（来源：红星新闻 2020 年 10 月 8 日）

后 记

2020 年的"六一"儿童节有点特别。

这一天,在我们祝福祖国的花朵、祖国的未来的时候,发生了我国新时代改革开放进程中的一件大事——中共中央、国务院正式发布《海南自由贸易港建设总体方案》。

为了这一天,我"憋"了两个多月——我是 3 月 24 日看到这份中央2020 年 8 号文件的。从这个日期看,这个文件应该是要在 2020 年博鳌亚洲论坛年会期间发布的。这次年会原定于 3 月 24 日至 27 日在海南博鳌召开,但由于受突如其来的新冠肺炎疫情影响,年会先是决定推迟举行,再是决定取消举行。尔后,我们又推测 4 月 13 日那天会有重磅新闻,但我们的期待又落空了。

直到 6 月 1 日儿童节这一天,《海南自由贸易港建设总体方案》踩着不变的步伐如约而至,瞬间震惊世界!

这是海南"开港"的历史性一刻。对我而言,为了这一刻,期待了36 年(我在 1984 年就知道中央有意在海南搞自由贸易区,并写出《试论建立海南自由贸易区》的文章);而对很多人来说,这是"一夜之间"的事,像是突如其来。因此,海南建设自由贸易港的重磅消息发布后,"为什么是海南"就成为广大网民和社会舆论的群体追问。

我留意这些"舆情",也感到有些认识和议论比较肤浅和不求甚解;网民和社会舆论对在海南建设自由贸易港的前景,似乎也呈现两极化倾向,要么认为海南还是像过去"三起三落"那样,是"扶不起的阿斗";要么认为有中央超预期重大政策加持,"站在风口上,猪也能飞起来"。于是,我就感到对海南建设自由贸易港有个"怎么看"的问题。

经历了太多的兴奋,我开始集中心思研读博大精深、超大预期、极致完美的《海南自由贸易港建设总体方案》。四个多月中,经历了"五个一"之后,完成了这部书稿。

发表一篇体会文章。这篇文章题为《我国新时代改革开放进程中的一件大事》,发表于《中国社会科学报》2020年7月9日头版头条。我体会,这个总体方案是将海南自由贸易港打造成为引领我国新时代对外开放鲜明旗帜、重要门户和前沿地带的总体构想,是海南对外开放的"总蓝图"。由于此文切合本书的内容,因而作为序言置于卷首。两年前,2018年4月13日,习近平总书记在庆祝海南建省办经济特区30周年大会上的重要讲话。当年6月28日,我也在该报发表文章《新时代全面深化改革开放的宣言书 新起点全面深化改革开放的动员令》,谈习近平总书记"4·13"的重要讲话是指导海南全面深化改革开放的纲领性文献,是指引海南全面深化改革开放的行动指南。

主持编写一本读物。这本读物是《〈海南自由贸易港建设总体方案〉面对面》。编写此书是一项重要工作任务,我从书名、体例、内容到编排等各个环节和各个方面,给编写的专家团队予以指导和帮助。与专家们深入交流,也是深化学习海南自由贸易港政策的重要环节。而当中的一些专家,又对我的书稿提出很好的修改意见,使我获益匪浅。

出席一次重要会议。就是出席2020年6月10日至11日召开的中国共产党海南省第七届委员会第八次全体会议。这次全会深入学习习近平总书记对海南自由贸易港建设的重要指示,审议通过了内容丰富务实的《中共海南省委关于贯彻落实〈海南自由贸易港建设总体方案〉的决定》。

会中，发放了海南省深改办（自贸办）组织专班编写的《海南自由贸易港建设总体方案》重点政策简明读物，为我们学习、理解和把握自由贸易港政策提供了重要参考。我读后，得以深化对中央一些政策措施的认识。

参加一次学习测试。就是参加 2020 年 7 月 11 日海南省管厅级干部、市县党政主要负责人首批《海南自由贸易港建设总体方案》闭卷测试。这之前，海南省委办公厅下发了《〈海南自由贸易港建设总体方案〉重点政策测试题库（200 道）》，让我们学习海南自由贸易港政策有诸多收获，很多政策、知识、概念都得到释疑。

研习一本"百篇解读"。就是推进海南全面深化改革开放领导小组办公室编印的《海南自由贸易港建设总体方案》百篇解读。为深入做好政策解读工作，该办组织相关部门、海南省聚焦《总体方案》的重点内容，研究编制了"百篇解读"。重点阐述相关政策如何落地，为海南干部贯彻落实释疑解惑，为下一步工作怎么干提供有力指导。全书按照《总体方案》的章节顺序汇编成册，阅读非常方便。该书对海南自由贸易港政策的解读专业、精准、全面，是学习掌握自由贸易港政策不可或缺的权威读物。我们可从中打开视野，提高认识，增强实干本领。

这当中，我还接受了一次红星新闻记者韦星的专访。也就是红星新闻 2020 年 10 月 8 日推送的《"三次教训很沉重，海南的未来'可预期'"》。记者要我谈海南改革开放以来的"三次教训"，我觉得很有意义。这个专访也是以本书写作的材料为基础，从另外的视角，谈对《总体方案》的理解。想不到，专访推出后在网上迅速传播，反响强烈。是以把此文作为附录置于书后，以启迪来者。

这些经历，就是我撰写本书的基础和经过。学习、学习、再学习，让我时时感到《总体方案》充满无穷魅力，新理念的贯彻、新制度的设计、新政策的安排、新领域的开放、新知识的应用等，令人目不暇接、浮想联翩，对海南自由贸易港建设充满了无限憧憬。

　　我用"十讲"构筑本书记述的主体，包括时代背景、重大意义、深入谋划、鲜明导向、发展目标、政策制度重点、政策制度支撑、政策制度保障、任务安排、组织实施。我希望，这"十讲"能够帮助人们打开历史地、全面地、发展地看海南自由贸易港建设的大视野、新征程。

　　这"十讲"其实是"5+5"的结构，即前"5"是讲"理"，包括时代背景、重大意义、深入谋划、鲜明导向、发展目标，这是对在海南建设自由贸易港思想理念层面（包括新理念、新思想、新战略、新概念、新目标、新举措）的讲解；后"5"是讲"干"，包括政策制度设计（重点、支撑、保障）、任务安排、组织实施，这是干什么、怎么干、谁来干这些行为落实层面的讲解。

　　聚集这"十讲"，我希望能够回答为什么在海南建设自由贸易港、在海南建设什么样的自由贸易港、怎么样建设海南自由贸易港和以什么样的精神状态建设海南自由贸易港等问题。

　　这本书的"十讲"，与我于海南出版社 2019 年 9 月出版的《走向中国特色自由贸易港——十论学习习近平总书记"4·13"重要讲话精神》的"十论"，是一脉相承、与时俱进的关系。这"十论"，即论战略、论优势、论机遇、论范例、论开放、论改革、论前列、论表率、论中心、论方向。

　　而"十论十讲"两书内容上的区别是，"十论"以习近平总书记"4·13"重要讲话为学习研究对象，往上"打通"他 2010 年、2013 年、2018 年三次在海南考察发表重要讲话精神，力图解答什么是中国特色自由贸易港、海南应怎样建设、以什么样的精神状态建设中国特色自由贸易港等问题。"十讲"则是以《海南自由贸易港建设总体方案》为学习解读对象，往上"打通"习近平总书记"4·13"重要讲话、《中共中央　国务院关于支持海南全面深化改革开放的指导意见》和国务院的《中国（海南）自由贸易试验区总体方案》精神，全面"跟进"解读以习近平同志为核心的党中央决定在海南建设自由贸易港的时代背景、重大意义、战略构想、制度设计、任务安排和组织实施等内容。

可见,《走向中国特色自由贸易港》与《为什么是海南——海南自由贸易港十讲》是姊妹书;"十论十讲"在内容上前后呼应、相互贯通、启承闭合、鉴往知今,共同担负阐述在海南建设自由贸易港是我国新时代改革开放进程中的一件大事的使命。

早在 1990 年 5 月,我就写了一篇长文《怎样看海南这四十年》在《海南日报》分三次刊发,产生了强烈的社会反响。整整 30 年后,再来写"海南自由贸易港十讲",回答"为什么是海南"的时代命题,自是感慨万千。我已习惯于为海南"辩护",努力去讲好"海南故事"。所幸者,在当下海南,学习、研究、宣讲、落实自由贸易港政策的热潮滚滚,集拢成前所未见的"海南开港"的浓浓氛围。是以本书在写作过程中,得以直接或间接地引用了国内外很多专家学者、各级领导干部以及各级部门的深入解读,还有中央媒体、财经媒体、省市媒体和自媒体的精彩报道,由于篇幅所限,未能一一列出,在此表示衷心感谢!

需要说明的是,本书采用的文献资料截止时间是 2020 年 10 月 16 日。

本书的写作还得到很多专家学者的关心和帮助。海南省委深改办(自贸办)副主任陈小华、海南省委政研室副主任高佃恭、海南大学教授刘家诚、海南省委党校教授毕普云,还有同事熊安静副院长、詹兴文副研究员、李星良博士等都提出了许多宝贵的意义和建议,让我的学习研究少留些遗憾,在此一并表示感谢!

海南全面深化改革开放是国家重大战略。人民出版社有关社领导、总编室主任张振明十分关注海南自由贸易港建设,同时也关注我的研究,这种关注赋能我的写作,让我顺利完成对"我国新时代改革开放进程中的一件大事"的及时记录与思考,幸运之甚,至为铭谢!

钟业昌

2020 年 10 月 20 日于海口

责任编辑：张振明　余　平

封面设计：薛　宇

版式设计：周方亚

责任校对：吕　飞

图书在版编目（CIP）数据

为什么是海南：海南自由贸易港十讲／钟业昌　著．—北京：人民出版社，
　2021.1

ISBN 978－7－01－023034－4

I.①为…　II.①钟…　III.①自由贸易区－经济建设－研究－海南

IV.① F752.866

中国版本图书馆 CIP 数据核字（2020）第 262174 号

为什么是海南

WEISHENME SHI HAINAN

——海南自由贸易港十讲

钟业昌　著

人民出版社 出版发行

（100706　北京市东城区隆福寺街 99 号）

中煤（北京）印务有限公司印刷　新华书店经销

2021 年 1 月第 1 版　2021 年 1 月北京第 1 次印刷

开本：710 毫米 ×1000 毫米 1/16　印张：25

字数：351 千字

ISBN 978－7－01－023034－4　定价：66.00 元

邮购地址 100706　北京市东城区隆福寺街 99 号

人民东方图书销售中心　电话（010）65250042　65289539